LA LISTE DE KERSTEN

DU MÊME AUTEUR

Stratèges et Norvège 1940. Les jeux de la guerre et du hasard, Paris, Hachette, 1977.

Churchill and De Gaulle, Londres, Collins, 1981.

1940. La Guerre du fer, Paris, Tallandier, 1987 ; rééd. 2002, *Churchill contre Hitler.*

Norway 1940, Londres, Collins, 1990.

Vi stoler på England 1939-1949, Oslo, Cappelen, 1991 (en norvégien seulement).

Winston Churchill, le pouvoir de l'imagination, Paris, Tallandier, 2000 et 2009 ; nouvelle édition revue et augmentée, 2015.

Churchill et Monaco, Monaco, Éditions du Rocher, 2002.

Staline ; Roosevelt ; Churchill, Caen, Mémorial de Caen, coll. « 2 euros ».

MacArthur, Caen, Mémorial de Caen, coll. « 2 euros » (en anglais).

De Gaulle et Churchill, Paris, Perrin, 2002, traduction par l'auteur.

De Gaulle et Roosevelt, le duel au sommet, Paris, Perrin, 2004.

L'Affaire Cicéron : 1943, Paris, Perrin, 2005.

Lord Mountbatten, l'étoffe des héros, Paris, Payot, 2006.

Nouvelle traduction, introduction et commentaires des Mémoires de guerre *de Winston Churchill*, Paris, Tallandier, 2009 et 2010.

Hermann Goering : le deuxième homme du IIIe Reich, Paris, Perrin, 2009.

Le Monde selon Churchill : sentences, confidences, prophéties et reparties, Paris, Tallandier, 2011.

Hitler, Paris, Perrin, 2011.

Staline, Paris, Perrin, 2012.

Les Secrets du IIIe Reich, Paris, Perrin, 2013.

Stalingrad, Paris, Perrin, 2013.

MacArthur, Paris, Perrin, 2014.

Les Derniers Secrets du IIIe Reich, avec la collaboration de Yannis Kadari, Paris, Perrin, 2015.

Churchill, Paris, Perrin, 2016.

Tous les secrets du IIIe Reich, avec la collaboration de Yannis Kadari, Paris, Perrin, 2017.

Le Monde selon de Gaulle, vol. 1, Paris, Tallandier, 2018.

Le Monde selon de Gaulle, vol. 2, Paris, Tallandier, 2019.

De Gaulle, stratège au long cours, Paris, Perrin, 2020.

François Kersaudy

La liste de Kersten

Un juste parmi les démons

Fayard

Création graphique : Un chat au plafond

Cartographie : Philippe Paraire

ISBN : 978-2-213-71327-4

Dépôt légal : Janvier 2021.

Introduction

Tout le monde en France connaît l'histoire d'Oskar Schindler, qui a sauvé un millier de juifs en les soustrayant à l'extermination nazie durant la Seconde Guerre mondiale. Mais en vérité, Felix Kersten a accompli un exploit plus considérable encore qu'Oskar Schindler. Dès 1947, un mémorandum du Congrès juif mondial établissait que Felix Kersten avait sauvé en Allemagne « 100 000 personnes de diverses nationalités, dont environ 60 000 juifs, [...] au péril de sa propre vie ». Encore, à l'issue du récit qui va suivre, de tels chiffres sembleront-t-il passablement sous- évalués...

Un des livres les moins connus et les plus émouvants de Joseph Kessel s'intitule *Les Mains du miracle*. Ce roman retraçait déjà l'exploit du thérapeute d'Himmler qui se faisait rémunérer en libérations de juifs et de résistants – sans que le lecteur puisse toujours distinguer la part de Kessel de celle de Kersten. Il est vrai que ce dernier a rencontré chez les historiens occidentaux la même incrédulité condescendante que celle qui avait accueilli en leur temps Otto Strasser, Hermann Rauschning et Hans-Jürgen Köhler – autant de réfugiés politiques ayant décrit en toute connaissance de cause le régime d'Hitler dès la fin des années trente*.

* Un phénomène analogue s'est produit dans le cas de l'URSS : du vivant de Staline – et même longtemps après –, des réfugiés politiques parfaitement informés sur le système soviétique, comme Kravchenko, Krivitsky ou Bajanov, se sont heurtés au même scepticisme résolu de la part des historiens.

Mais s'agissant de Kersten, on peut également relever une certaine contradiction dans le fait que la plupart des historiens qui lui dénient toute valeur en tant qu'acteur ou témoin ne cessent de le citer dans leurs ouvrages. À quoi il faut ajouter que leur scepticisme se heurte à plusieurs faits incontestables: l'agenda et la correspondance d'Himmler montrent qu'il a bénéficié plus de deux cents fois des soins de Felix Kersten entre mars 1939 et avril 1945, à raison d'une heure par séance; en outre, les propos notés à l'issue de ces rencontres et rapportés dans les Mémoires du thérapeute dès 1947 correspondent parfaitement à ce que révéleront les transcriptions des conciliabules au sommet de la hiérarchie nazie publiées entre cinq et trente-trois années plus tard; par ailleurs, de nombreux documents originaux signés de la main d'Himmler ou de son secrétaire particulier Rudolf Brandt attestent surabondamment l'action de Kersten en faveur des victimes du régime; c'est également le cas des dépositions publiques et des Mémoires personnels de ses alliés comme de ses adversaires; du reste, la correspondance diplomatique américaine, britannique, néerlandaise et suédoise durant les deux dernières années de guerre indique clairement que, depuis les ambassadeurs jusqu'aux ministres des Affaires étrangères en passant par Franklin Roosevelt et Winston Churchill, tous étaient informés des entreprises de Felix Kersten; enfin, la plupart de ses assertions sont vérifiables, et lorsqu'elles se révèlent inexactes ou exagérées, il est presque toujours possible d'en découvrir les raisons.

Lourde tâche que celle de faire revivre Felix Kersten! L'homme est issu d'une famille allemande installée dans une province estonienne de l'Empire russe, il est devenu finlandais sans vraiment cesser d'être allemand, et les années trente en ont fait un Néerlandais de cœur, avant que la fin de la guerre l'incite à opter pour la nationalité suédoise; ses Mémoires sont répartis en quatre ouvrages rédigés en autant de langues sur une période de dix ans ; son journal, recherché depuis soixante-quinze ans, n'a finalement jamais existé en tant que tel ; les correspondances, attestations, témoignages, dépositions et enquêtes le concernant sont libellés en allemand, anglais, suédois, danois, norvégien, finnois et néerlandais ; le secret nécessaire au succès de ses entreprises pendant la guerre a persisté dans l'immédiat après-guerre et, à de rares exceptions près, les centaines de milliers de gens qu'il a sauvés n'ont jamais su à qui ils devaient leur salut ; enfin, pour des raisons tenant à l'extrême confusion des derniers mois de la guerre, le nombre même de ces rescapés est pratiquement impossible à évaluer précisément.

Le défi était d'empêcher que ces difficultés se reflètent dans le récit qui va suivre. Comment, par exemple, donner les traductions, expliquer les institutions, exposer les implications, préciser les localisations et faire constamment référence aux péripéties de la guerre alentour ? Les exclure rendrait la narration incompréhensible, mais les inclure la rendrait illisible. Nous avons donc choisi de les mettre en bas de page, où le lecteur pourra les consulter à loisir. Par ailleurs, on verra que ce récit comprend nombre de dialogues rapportés par Kersten, par le général Schellenberg, par le comte Bernadotte, par l'astrologue d'Himmler, par le ministre suédois des Affaires étrangères et par les diverses commissions d'enquête parlementaires d'après-guerre. Comment savoir si ces dialogues sont authentiques, à la virgule près ? Les commissions d'enquête avaient certes des sténographes, mais pour le reste, personne à l'époque n'était équipé de magnétophones portatifs – pas même les espions. Il nous a donc fallu accorder aux acteurs comme aux témoins un minimum de confiance, après avoir croisé les archives, les témoignages, le contexte, la vraisemblance et le bon sens…

Cette stupéfiante excursion dans les sombres dédales du Reich millénaire ouvrira sans doute quelques perspectives nouvelles aux historiens, et rappellera à tous qu'au sommet de ce régime aussi malfaisant qu'éphémère régnaient trois passions : la haine sourde et mortelle que se vouaient entre eux Himmler, Ribbentrop, Goebbels, Bormann, Goering, Hess et Rosenberg – dont a joué constamment Felix Kersten pour assurer le succès de ses entreprises ; le fanatisme aveugle et dépersonnalisant qui les animait tous, sous cette influence démoniaque du Führer qui faisait dire au maréchal Goering : « Je n'ai pas de conscience – ma conscience s'appelle Adolf Hitler » ; la peur, enfin, une peur abjecte qui les dominait en permanence et s'exprimait sans fard dans ces paroles du même Hermann Goering : « Quand j'entre dans le bureau d'Hitler, mon cœur descend invariablement dans mes bottes. »

Enfin, durant ce voyage agité et terriblement dangereux en compagnie du thérapeute Felix Kersten, le lecteur pourra vérifier que l'humour jaillit parfois au milieu des situations les plus tragiques. Certains s'en déclareront offusqués, car il y a maintenant des professionnels de l'indignation ; mais tous les autres passeront outre*, en se réjouissant plutôt d'avoir connu un de ces personnages d'exception qui vous réconcilient avec le genre humain.

---

* Encouragés en cela par le constat du grand artiste russe Sergueï Obraztsov : « *Ioumor, eto serioznoïe dielo* – l'humour, c'est une affaire sérieuse. »

Dramatis personae

Berger, Gottlob, général, chef du SS Hauptamt (Office principal) et recruteur en chef de la SS
Bernadotte, comte Folke, neveu du roi de Suède Gustave V et vice-président de la Croix-Rouge suédoise
Bormann, Martin, secrétaire d'Hitler et chef de la chancellerie du parti national-socialiste
Brandt, Rudolf, secrétaire particulier de Heinrich Himmler
Ciano, Galeazzo, ministre des Affaires étrangères d'Italie et gendre de Mussolini
Dönitz, Karl, grand-amiral et chef de la Kriegsmarine depuis 1943 ; successeur désigné d'Hitler en avril 1945
Goebbels, Joseph, ministre de la Propagande du Reich
Goering, Hermann, maréchal du Reich et commandant en chef de la Luftwaffe
Günther, Christian, ministre des Affaires étrangères de Suède
Hess, Rudolf, représentant du Führer pour les affaires du parti national-socialiste
Hewitt, Abraham, envoyé du président Roosevelt et agent de l'OSS à Stockholm
Heydrich, Reinhard, adjoint d'Himmler et chef du service de sécurité du Reich (RSHA)
Himmler, Heinrich, Reichsführer SS
Kaltenbrunner, Ernst, successeur de Reinhard Heydrich à la tête du RSHA

Kersten, Arno, deuxième fils de Felix Kersten
Kersten, Felix, médecin de thérapie manuelle
Kersten, Irmgard, épouse de Felix Kersten
Kivimäki, Toivo, ambassadeur de Finlande à Berlin
Lüben, Elizabeth, « sœur adoptive » de Felix Kersten
Masur, Norbert, adjoint de Hillel Storch comme représentant du Congrès juif mondial à Stockholm
Müller, Heinrich, chef de la section IV (Gestapo) des services de sécurité SS (RSHA)
Mussert, Anton, chef du mouvement national-socialiste néerlandais (NSB)
Nagell, baron Justinus van, ancien ambassadeur des Pays-Bas à Stockholm
Posthumus, Nicolaas, professeur d'économie et fondateur de l'Institut néerlandais de documentation sur la guerre (NIOD)
Quisling, Vidkun, chef du Nasjonal Samling, parti collaborationniste norvégien
Rangell, Johan, Premier ministre de Finlande, 1941-1943
Ribbentrop, Joachim von, ministre des Affaires étrangères du Reich
Richert, Arvid, ambassadeur de Suède à Berlin
Ryti, Risto, président de Finlande, 1940-1944
Schellenberg, Walter, chef de la section VI (renseignement étranger) du service de sécurité SS (RSHA)
Seyss-Inquart, Arthur, commissaire du Reich aux Pays-Bas occupés
Storch, Hillel, représentant du Congrès juif mondial à Stockholm
Terboven, Josef, commissaire du Reich en Norvège occupée
Witting, Rolf, ministre des Affaires étrangères de Finlande, 1940-1943
Wulff, Wilhelm, astrologue de renom, devenu « consultant » du Reichsführer Himmler

---

Nota bene : on trouvera la liste des sigles et acronymes p. 361.

Chapitre I
Entrée en scène

Notre histoire débute à la fin du XIXe siècle près de Yourieff, en Livonie – l'un des trois gouvernorats baltes de l'Empire russe. C'est là que naît en septembre 1898 Felix Alexandre Edouard Kersten. Le nouveau-né a trois parrains, tous personnages d'envergure et grands amis de son père, qui lui donnent ses trois prénoms : Edouard de Livron, ministre du tsar ; Alexandre Westberg, médecin particulier de la tsarine, et l'ambassadeur de France à Saint-Pétersbourg, Gustave Lannes, marquis de Montebello* ; mais ce dernier, plutôt que de lui donner son propre prénom, lui a choisi celui de Felix, en l'honneur du président français de l'époque, Félix Faure…

Ce n'est là qu'un élément de plus dans le cosmopolitisme qui va marquer dès son plus jeune âge le jeune Felix Kersten. Car dans cette Livonie très imparfaitement russifiée, le petit peuple est estonien, les fonctionnaires sont russes et les commerçants juifs**, mais les propriétaires terriens restent très majoritairement allemands ; c'est même le cas de la mère du petit Felix, Olga, née Stubing, et de son père, Friedrich Kersten, issu d'une longue lignée d'agriculteurs brandebourgeois remontant au XVIe siècle. Dès qu'il est en âge d'entrer à l'école, leur fils peut donc entendre parler l'allemand, mais aussi le russe,

* Et petit-fils du maréchal Lannes.

** Pour l'administration impériale, comme pour celle de l'URSS par la suite, il existe une « nationalité » juive.

LA LIVONIE DANS L'EMPIRE RUSSE
AU DÉBUT DU XXe SIÈCLE
Lac
Ladoga
GRAND-DUCHÉ
DE FINLANDE
Vyborg
Turku
Helsinki
Golfe de Finlande
Hanko
Saint-Pétersbourg
MER
BALTIQUE
Tallinn
Narva
Estonie
Hiiumaa
Novgorod
Saaremaa
Lac
Peipus
Yourieff
RUSSIE
Golfe
de Riga
Paju
Pskov
Livonie
Ventspils
Wenden
Duché de
Courlande
Riga
0
100 km
Liepāja
Daugavpils
Grand-Duché
de Lituanie
POLOGNE

l'estonien, le finnois, le yiddish et même l'ingrien*. Ainsi qu'il le dira bien des années plus tard: «Nous y avons appris très tôt à ne voir, dans ces gens d'origines, langues et conditions diverses, que leur valeur en tant qu'êtres humains[1].»

Y a-t-il appris beaucoup plus que cela? Ce n'est pas sûr, comme il le reconnaîtra lui-même: «J'étais loin d'être un élève exemplaire[2].» De fait, il se fait surtout remarquer de ses maîtres par sa gourmandise, sa négligence et son indolence; c'est bien ce qui chagrine ses parents, qui l'envoient dès 1907 au pensionnat du lycée germanophone de Birkenruh, près de Wenden, et enfin à Riga, où il terminera sa scolarité sans distinction particulière – et sans baccalauréat. Toutefois, Felix Kersten a hérité de son père la passion de l'agriculture, et en mai 1914, il entre à l'école d'agronomie de Jenfeld, dans le Holstein allemand. Cette fois, il semble avoir trouvé sa voie: ayant obtenu son diplôme deux ans plus tard, il effectue un stage pratique en tant qu'administrateur de domaine à Giersleben, dans l'Anhalt. «Cela m'a plu énormément, dira-t-il, car j'ai beaucoup de goût pour la vie à la campagne[3].»

Dont acte… Mais nous sommes désormais en 1917, la Grande Guerre fait rage depuis trois ans, et quel que soit leur lieu de naissance ou de résidence, les Kersten sont reconnus comme citoyens allemands. C'est d'ailleurs pour cela que les autorités russes ont exilé dès 1914 Friedrich et Olga Kersten au Kazakhstan, tandis que l'armée allemande, elle, incorpore leur fils à l'automne de 1917. On ignore comment Felix Kersten a pu éviter d'être envoyé dans les tranchées de France; sans doute le temps de formation et les divers services de garde dans le nord de l'Allemagne se sont-ils prolongés jusqu'à l'armistice, puisqu'il est démobilisé en décembre 1918 sans avoir combattu.

---

* Une langue finno-ougrienne parlée principalement dans la région de Saint-Pétersbourg.

Ce n'est que partie remise ; car six mois après la révolution bolchevique, la Finlande a conquis son indépendance en chassant l'Armée rouge de son territoire, et au début de 1919, elle envoie deux régiments de volontaires vers le sud pour participer à la libération des pays baltes : le 1er groupe libre finlandais et le régiment Pohjanpojad* du lieutenant-colonel Kalm. C'est cette dernière formation que Felix Kersten décide de rejoindre ; à vingt ans, c'est un solide gaillard, très grand, un peu enveloppé et déjà formé par les Allemands au métier des armes. On le nomme donc sergent, et le 31 janvier, à Paju, il participe au premier grand affrontement contre un bataillon de tirailleurs lettons de l'Armée rouge ; il est également présent lors de la libération de sa ville natale, Yourieff, qui vient de reprendre son ancien nom de Dorpat. Les Finlandais et leurs alliés estoniens compensent leur infériorité numérique par une très grande mobilité, et les opérations se déroulant souvent à cheval, le sergent Kersten invente un système permettant de monter des mitrailleuses légères sur les chevaux[4].

Mais Kersten ne verra pas la fin de la campagne de libération estonienne : lors d'un combat, il a dû rester allongé dans un marécage une journée et une nuit entières, et il contracte un rhumatisme articulaire aigu qui le prive de l'usage de ses jambes. La suite, il la racontera lui-même : « J'ai donc été dirigé sur un hôpital militaire d'Helsinki ; du fait de mon service dans l'armée finlandaise, j'avais acquis la nationalité finlandaise**, et c'est sur des béquilles que j'ai gagné ma nouvelle patrie. Pendant des mois, je suis resté à l'hôpital et je me suis ennuyé comme seul un malade peut s'ennuyer. [...] Lorsque les forces me sont revenues, j'ai commencé à aider occasionnellement le docteur Ekman,

---

* Littéralement « les gars de Botnie » ou « les gars de Pohja » – une municipalité du sud-ouest de la Finlande.

** Ce n'est pas très clair : dans un mémorandum du 30 septembre 1945, Kersten déclarera n'avoir acquis cette nationalité qu'en 1920 – ce qui paraît d'ailleurs plus vraisemblable.

médecin-chef de l'hôpital, lors de ses séances de massage. En Finlande, la thérapie par le massage était tenue en haute estime, et dans les cas les plus difficiles, le docteur Ekman avait l'habitude d'intervenir lui-même. Dès mon premier essai, le docteur m'a observé attentivement, et je l'entends encore aujourd'hui me dire : "Vous avez un véritable trésor dans les mains." [...] Il m'a donc proposé de me former à la thérapie par le massage[5]. »

« Un trésor dans les mains » ? Ce que l'œil exercé du docteur Ekman a repéré chez Kersten, ce sont des mains puissantes, des extrémités digitales extrêmement sensibles, et d'évidentes prédispositions pour se servir de l'ensemble. Voilà en tout cas de nouvelles perspectives qui s'ouvrent devant ce jeune homme qui ne sait trop quoi faire de sa vie : il ne compte pas rester dans l'armée, le gouvernement estonien a nationalisé les terres familiales dès l'indépendance, et il ne veut pas travailler comme employé sur les terres des autres. En outre, il raconte au docteur Ekman qu'il a vu pendant son enfance sa mère masser et guérir des paysans qui venaient solliciter son aide ; elle lui avait même confié que sa propre mère en faisait autant. « Vous voyez bien, lui répond le docteur, c'est dans la famille ! Prenez vos béquilles et suivez-moi à la polyclinique ; vous aurez votre première leçon en présence des patients[6]. »

Dès lors, Kersten va s'instruire, tout en assistant les médecins militaires qui soignent par le massage finlandais les soldats blessés pendant la campagne. Il a effectivement quelques dispositions pour cette pratique, puisqu'au bout d'un mois seulement, les soldats demandent à être massés par ses soins plutôt que par les praticiens professionnels ! Et puis, le docteur Ekman l'ayant présenté à son collègue Colander, une sommité dans son domaine, celui-ci est suffisamment impressionné pour prendre Kersten comme élève – à titre gracieux de surcroît... Mais dans l'intervalle, le jeune homme a été démobilisé par l'armée finlandaise,

LES PAYS BALTES APRÈS 1919
FINLANDE
Turku
Porvoo
Helsinki
Vyborg
Petrograd
(Saint-Pétersbourg)
MER
BALTIQUE
Hanko
Golfe de Finlande
Tallinn
Narva
Hiiumaa
Haapsalu
ESTONIE
RUSSIE
Saaremaa
Parnu
Tartu
(Yourieff-Dorpat)
Lac
Peipus
Golfe
de Riga
Paju
Pskov
Mazsalaca
Ventspils
Dundaga
LETTONIE
Riga
Daugava
Velikaia
Liepaja
Priekule
Jekabpils
Daugavpils
N
Klaipeda
LITUANIE
0
100 km
Šiluté

et s'il a désormais davantage de temps à consacrer à ses études médicales, il lui faut aussi assurer sa subsistance ; dès lors, il sera tour à tour docker, serveur, plongeur et homme de ménage. « Le soir, dans ma petite chambre, je restais penché sur mes livres – d'anatomie surtout. Pendant deux années, je me suis efforcé d'acquérir le plus possible de connaissances, tout en faisant mon stage pratique chez le docteur Colander[7]. » L'effort paie, puisqu'en 1921, il obtient son diplôme officiel de « massage scientifique ». Mais dès l'année suivante, son professeur lui conseille d'aller parfaire ses connaissances à Berlin, où la spécialité est encore plus développée.

Il ne fait pas bon arriver entièrement démuni dans le Berlin de 1922, où l'on se remet à peine des quatre années de la Grande Guerre, des deux années d'agitation révolutionnaire qui ont suivi, et de l'inflation galopante qui n'a jamais cessé de sévir. Cette fois encore, notre jeune étudiant va devoir exercer les métiers les plus divers : plongeur encore, figurant au cinéma et même interprète pour des hommes d'affaires finlandais de passage à Berlin. Du moins n'a-t-il pas le souci du logement, car il y a à Berlin une vieille amie de ses parents, la veuve du professeur Lüben, qui y vit seule avec sa fille Elisabeth. Celle-ci a douze ans de plus que Felix Kersten, c'est une femme extrêmement dévouée, et il va naître entre eux une amitié qui ne se démentira jamais ; Kersten la décrira souvent comme une sœur ou comme une mère, en ajoutant qu'il n'aurait rien pu faire sans elle…

Pour l'heure, notre homme poursuit sa formation avec assiduité : il assiste aux cours de la faculté de médecine, tout en suivant les enseignements pratiques de quelques sommités qui lui ont été recommandées à Helsinki : le professeur Binswanger, de Leipzig ; le docteur Cornelius, spécialiste du massage des points névralgiques, et le professeur Bier, chirurgien vasculaire de renom. C'est même chez ce dernier qu'il va faire une rencontre décisive pour le reste de son existence ; le professeur lui présente en effet un certain docteur Kô, petit Asiatique à l'âge respectable et au passé remarquable: né en Chine, il a été élevé à partir de l'âge de sept ans dans un monastère tibétain, où il a été successivement novice, moine, puis lama, et initié pendant quatorze ans aux sciences médicales chinoises et tibétaines; à vingt et un ans, il a été envoyé en Grande-Bretagne pour découvrir la médecine occidentale, s'est inscrit à la faculté de médecine de Londres, en a obtenu le diplôme et a ouvert un cabinet dans la capitale; mais sa réputation dépassant rapidement les frontières, il a été prié après la guerre de venir exercer à Berlin.

Quelque peu intimidé, Felix Kersten lui fait part de son expérience nettement plus limitée dans le domaine médical, mais le docteur Kô s'intéresse manifestement à son cas, et il l'invite dans son modeste appartement de l'Ansbacherstrasse; là, il se déshabille et lui demande de montrer ce que lui ont enseigné ses maîtres finlandais. Kersten se surpasse, puis le petit docteur se rhabille en silence, prépare le thé et finit par lui dire en souriant: «Mon jeune ami, vous ne savez encore rien – rien du tout. Mais il y a trente ans que je vous attends. [...] Selon mon horoscope établi quand je n'étais encore au Tibet qu'un novice, je devais rencontrer, dans l'année que voici, un jeune homme qui ne saurait rien et à qui je devrais tout enseigner. Je vous propose d'être mon disciple[*8].»

C'est ainsi que Felix Kersten devient le disciple du docteur Kô, tout en suivant les cours de la faculté de médecine et en exerçant les divers métiers qui lui permettent d'assurer sa subsistance. Pendant trois ans, entre 1922 et 1925, il va observer la technique du maître, devenir son assistant, être témoin de guérisons apparemment miraculeuses et s'initier à une science dépassant de très loin le simple massage. Cette

* Les versions du confesseur de Kersten, Achim Besgen, et de Joseph Kessel publiées la même année coïncident assez exactement. Il est vrai que Kersten leur a relaté ses souvenirs à peu près au même moment, peu de temps avant son décès.

pratique, qu'il nomme « thérapie manuelle » ou « thérapie physio-neurale », Kersten en exposera bien plus tard les principes fondamentaux : « Il s'agit du traitement et de l'entretien des tissus nerveux au moyen de pressions manuelles adaptées. [...] On peut pratiquement parler d'une thérapie des nerfs qui s'exerce en profondeur, dans la mesure où la peau, les tissus sous-cutanés et les tissus musculaires, avec leurs vaisseaux et leurs nerfs, sont saisis et étirés. [...] La plupart des indispositions dues à une circulation sanguine ralentie, provoquant des congestions et un nutriment insuffisant des nerfs et autres tissus, [...] constituent des indications particulières de la thérapie physio-neurale. D'un point de vue biologique, il existe une relation étroite entre la circulation sanguine et le système nerveux. Des perturbations circulatoires peuvent déclencher maux de tête, migraines ou douleurs périphériques : névralgie, névrite, etc., ainsi que des troubles nerveux dans les fonctions des organes internes, comme les maladies cardio-vasculaires, les problèmes digestifs, etc., et aussi des désordres psychiques pouvant aller jusqu'à une névrose profonde. À l'inverse, des manifestations psychiques comme l'agitation, la peur, les soucis, le surmenage et la dépression ont un effet constant et souvent délétère sur les fonctions vaso-motrices des vaisseaux, et par là sur la circulation sanguine, sur le métabolisme, sur la digestion et enfin sur la sécrétion interne[9]. »

En d'autres termes, pour soulager les principaux organes – cœur, foie, estomac, poumons, reins et même cerveau –, il s'agit de drainer, par des pressions, des pétrissements, des étirements et des glissements de la paume et des doigts, les dépôts et les congestions du système circulatoire qui font obstacle à l'approvisionnement des tissus nerveux et sous-cutanés en sang frais, et donc en oxygène. Kersten ne prétend nullement qu'une telle thérapie peut tout guérir – au contraire, il note qu'elle est formellement contre-indiquée en cas d'inflammations majeures, de formations tumorales, d'insuffisance cardiaque ou d'athérosclérose avancée[10]. Mais à l'évidence, le champ des indispositions résultant de troubles nerveux et circulatoires est suffisamment vaste pour que d'innombrables patients puissent trouver dans son traitement un soulagement quasi-miraculeux. D'autant qu'en l'occurrence, l'assistant du docteur Kô a un toucher très sûr, qui lui permet de localiser dans les profondeurs de l'abdomen les densifications, congestions, nodosités et adhérences qui sont à la fois ses repères et ses cibles essentielles. Avec le temps, du reste, il va encore progresser, jusqu'à pouvoir dire qu'avec ses seuls doigts, les yeux fermés, il « voit » toutes les voies neurales du patient[11].

Il y faut un degré de concentration tout à fait exceptionnel – manifestement acquis sous la houlette du docteur Kô. Kersten parlera d'une « concentration si extraordinaire qu'elle pourrait presque être comparée à l'état de transe atteint par les yogis indiens ». C'est en effet sur cette concentration qu'est centré l'enseignement de son vieux maître, dans le cadre d'une initiation à tous les aspects de la médecine tibétaine, indienne et chinoise, à partir des méridiens, des douze pouls et des sept cent soixante et un (principaux) points d'acupuncture. L'enseignement comporte également des exercices respiratoires, un entraînement à la méditation et une ascèse presque totale, sans lesquelles le très haut niveau de concentration nécessaire ne saurait être atteint : pas de tabac, pas d'alcool, aucun excitant, et respect très strict des horaires de repos pour conserver l'énergie*. Enfin, il y a tout l'élément initiatique – le plus difficile à pénétrer pour un Occidental : le lien du corps et de l'esprit avec le Cosmos, le système nerveux invisible, la doctrine des Trois Principes et ses conséquences thérapeutiques,

* En revanche, l'abstinence sexuelle n'est pas recommandée, le maître lui-même montrant l'exemple. Mais à l'étonnement de Kersten, il ne jette son dévolu que sur des femmes asiatiques – sans doute moins en raison de prescriptions religieuses qu'en fonction de ses goûts personnels. Kersten, lui, semble avoir été nettement plus éclectique dans ses choix.

autant d'éléments que Kersten mentionnera comme lui ayant paru « infiniment problématiques » – mais en ajoutant qu'ils lui ont ouvert « la voie de la vérité »[12]...

Felix Kersten aurait sans doute vécu longtemps encore cette vie trépidante, partagée entre parcours initiatique, vacations thérapeutiques, fréquentation des cours de la faculté de médecine, enchaînement de petits métiers « alimentaires » et aventures galantes, si un beau matin de l'automne 1925, le docteur Kô ne lui avait annoncé son départ. Selon les confidences de Kersten à Joseph Kessel, il l'aurait fait en ces termes : « Je pars demain rejoindre mon monastère. Je dois commencer à me préparer à la mort. Je n'ai plus que huit ans à vivre. [...] La date est depuis très longtemps écrite dans mon horoscope[13]. » Et le vieux maître d'assurer à un Kersten incrédule qu'il lui a transmis tout le savoir nécessaire pour reprendre son travail et ses patients.

Voilà qui paraîtra singulier à un esprit occidental, mais il faut se souvenir que l'astrologie telle qu'elle est conçue au Tibet, au Népal et au Bhoutan constitue une science au même titre que l'astronomie, et n'a qu'un rapport ténu avec l'astrologie commerciale pratiquée en Occident. Toujours est-il que la vie de Kersten va s'en trouver transformée du jour au lendemain : « Lorsqu'en 1925, le docteur Kô est rentré en Chine*, j'ai repris une partie de sa patientèle. Dès lors, je me suis trouvé provisoirement libéré de mes soucis financiers. Beaucoup de mes patients appartenaient à la classe aisée, et bientôt, j'en ai vu affluer de nouveaux, appartenant aux cercles dirigeants de l'industrie[14]. »

À l'âge de vingt-sept ans, pour la première fois de sa vie, Felix Kersten va donc recevoir une rétribution décente – plus que décente même, puisqu'elle lui permet de louer

* C'est littéralement exact, le Tibet étant déjà à l'époque sous suzeraineté chinoise.

un appartement spacieux au coin de la Rüdesheimer Platz, dans l'élégant quartier berlinois de Wilmersdorf. Son cabinet s'y trouve aussi, et le tout est géré par sa sœur d'adoption, la fidèle Elisabeth Lüben ; il s'achète également une belle voiture et engage un chauffeur. C'est une revanche sur cinq années de pauvreté, et aussi l'occasion de découvrir une problématique médicale qui lui était peu familière : « J'appris à connaître un nouveau type d'hommes, qui souffraient de divers maux causés par de trop gros efforts physiques et mentaux. On pourrait appeler cela des maladies professionnelles, consécutives à une vie de surmenage. [...] Ces hommes ne voyaient leur but dans la vie qu'à la mesure du succès économique. Du reste, leur motivation n'était plus seulement de gagner de l'argent, mais plutôt de constituer de grandes entreprises, des Konzerns, qui leur permettraient de maintenir et de renforcer leur puissance économique. [...] Chez eux, l'humain se trouvait refoulé par un complexe de puissance. En venant me voir, ils ne cherchaient guère d'aide ou de soulagement, ils voulaient seulement récupérer leurs forces physiques pour exercer davantage de pouvoir[15]. »

En l'occurrence, ces « maladies professionnelles » se manifestent par des migraines chroniques, des douleurs abdominales ou thoraciques, des névralgies, des troubles circulatoires, des rhumatismes, des sciatiques, de la tachycardie, des insomnies sévères, de l'impuissance, des vertiges et un épuisement généralisé. Or, tous ces symptômes étant par excellence du domaine de compétence de Felix Kersten, il entreprend de soigner des patients au faîte de leur puissance, mais dévorés par l'ambition, écrasés par les responsabilités, épuisés par le surmenage… et abandonnés par les médecins. Parmi ceux-là, il y a Carl Bosch, le grand patron de l'I.G. Farben ; August Rostberg, directeur général du Wintershall Konzern* ; August

* Spécialisé dans l'exploitation des gisements de potasse, de gaz et de pétrole.

Diehn, tout-puissant directeur du Kalisyndikat – le cartel de la potasse –, et Friedrich Flick, patron du principal conglomérat houiller et sidérurgique allemand.

Là où les meilleurs médecins ont échoué, le masseur finlandais et disciple du docteur Kô réussit brillamment ; en quelques semaines, quelques mois au plus, tous ces hommes sont libérés de leurs maux – pour des périodes variables il est vrai, car ils retombent souvent dans les errements qui avaient causé leur surmenage initial. Mais c'est précisément ce qui rend précieux leur thérapeute, vers qui ils peuvent toujours revenir pour de nouvelles cures. Le bouche à oreille fera le reste : dans leur milieu, ces hommes influents parlent de leur santé retrouvée et donnent autour d'eux l'adresse du cabinet de la Rüdesheimer Platz, qui voit affluer de nouveaux patients fortunés.

En fait, la réputation de Felix Kersten va rapidement passer les frontières. Le grand-duc Adolf Friedrich von Mecklenburg-Schwerin, ayant bénéficié de ses soins, l'a recommandé à son frère le prince Hendrick, qui est aussi le mari de la reine Wilhelmine des Pays-Bas ; il souffre d'insuffisance cardiaque congestive, ses médecins lui ont donné six mois à vivre dans le meilleur des cas, et depuis lors, il vit prostré dans son palais, terrassé par les douleurs. Au printemps de 1928, Kersten se rend à La Haye pour l'ausculter, et tout en mesurant la gravité de son état, il accepte de le prendre pour patient. La lettre que le prince enverra à son bienfaiteur le 27 octobre donne une idée des résultats obtenus : « Je tiens à vous remercier pour le résultat miraculeux de votre art de thérapie manuelle. [...] Je suis libéré de toutes les douleurs nerveuses qui me tourmentaient[16]. » Le prince pourra vivre ainsi pendant six longues années, en dépit d'une surcharge pondérale vertigineuse et d'un mode de vie résolument dissolu – ce qui tient effectivement du miracle... Et pour l'heure, la cour royale reconnaissante invite Kersten à venir s'installer aux Pays-Bas.

Dès la fin de 1928, ce sera chose faite : notre homme s'installe à Scheveningen, le quartier cossu de La Haye, et l'adresse du Badhuisweg n° 18* est bientôt connue dans tous les milieux de la haute finance, de l'industrie, de la politique, de la diplomatie et de l'aristocratie néerlandaises**. Comme en Allemagne, la plupart des patients présentent des symptômes de surmenage caractéristiques : trop de responsabilités, trop de réunions, trop de tabac, trop d'alcool, trop de mondanités le soir, trop peu de repos la nuit… Depuis 1925, Kersten s'en est fait pratiquement une spécialité, et il obtient des résultats étonnants : « Les guérir de leurs maux, dira-t-il, me rendait heureux[17]. » Une « cure » durant de deux à trois mois, il ne prend que huit patients simultanément – quarante par an environ ; ses tarifs sont très élevés pour les gens aisés, mais il soigne gratuitement les pauvres qui lui sont adressés. L'un de ses patients les plus fortunés, le directeur de la compagnie du béton hollandais J.L. Doedes, se souviendra ainsi que « Kersten ne prenait pas en traitement les patients qu'il ne pouvait pas guérir, même s'il y aurait gagné beaucoup d'argent. Dans un cas, il a passé plusieurs dimanches à traiter un de mes amis qui était sans le sou[18] ».

Les patients allemands ne sont pas négligés pour autant, car Kersten a conservé son cabinet de la Rüdesheimer Platz, et il y retourne chaque année, de janvier à avril. Il passe ensuite six mois à La Haye et le reste du temps en Suisse, en Italie, en Autriche ou sur la Riviera – sans jamais oublier de revenir en Estonie pour rendre visite à ses parents. Bien entendu, c'est toujours la très fidèle Elisabeth Lüben qui gère les appartements et les cabinets. À La Haye, des patients lui viennent des Indes néerlandaises, des États-Unis, de France et de Grande-Bretagne ; et pour Kersten, qui est reçu au palais royal, dîne aux tables les plus variées et ne laisse pas les dames indifférentes, ce sont là

* « Chemin des bains publics » ; Scheveningen est une station balnéaire.

** Conformément à l'usage de l'époque en allemand comme en néerlandais, nous utiliserons indifféremment et simultanément les mots de « Hollandais » et « Néerlandais », « Hollande » et « Pays-Bas ».

des années de bonheur sans mélange : « J'ai ressenti un lien très fort avec le peuple néerlandais, j'ai appris la langue, et bientôt je m'y suis senti chez moi. [...] La Hollande a été pour moi une révélation. Le paysage m'attirait, le cercle de mes patients s'élargissait, et je n'avais plus de soucis financiers[19]. »

Mais en Allemagne, le ciel ne cesse de s'assombrir : le 30 janvier 1933, après quatre années d'agitation politique, le vieux président Hindenburg a accepté de faire appel à Adolf Hitler, et dès lors, le nouveau chancelier va balayer ses adversaires politiques, juguler les libertés, laminer l'opposition, étouffer les Länder, éliminer les syndicats, mettre au pas les églises, bâillonner le Reichstag et instaurer un féroce État policier ; à l'été de 1934, la mort du président Hindenburg et l'élimination des principaux dirigeants de la SA* achèvent de faire d'Adolf Hitler le maître incontesté de l'Allemagne.

Felix Kersten, citoyen finlandais et résident néerlandais, n'est guère affecté par ces bouleversements politiques, mais il l'est davantage par leurs conséquences économiques : les Reichsmarks que lui paient ses patients depuis neuf ans n'étant plus convertibles, ils ne sont utilisables qu'en Allemagne. Kersten décide donc de les investir dans l'achat d'une propriété à 76 kilomètres au nord de Berlin, le domaine de Hartzwalde. « C'est ainsi que s'est réalisé un désir nourri de longue date d'avoir un morceau de terre qui m'appartienne en propre, et où je puisse passer mon temps libre loin des hommes et de leur vacarme. En outre, je trouvai là une occasion de renouer avec ma formation initiale au métier de mon père. La maison étant quelque peu délabrée, je la fis entièrement reconstruire, en y installant l'électricité, l'eau courante et le téléphone. [...] Et tout comme, lorsque j'étais à Berlin, j'aspirais toujours à revenir en Hollande, lorsque j'étais en Hollande, j'attendais avec impatience le temps des vacances à Hartzwalde[20]. »

---

* Et notamment de leur chef, Ernst Röhm, à l'issue de la « Nuit des longs couteaux ».

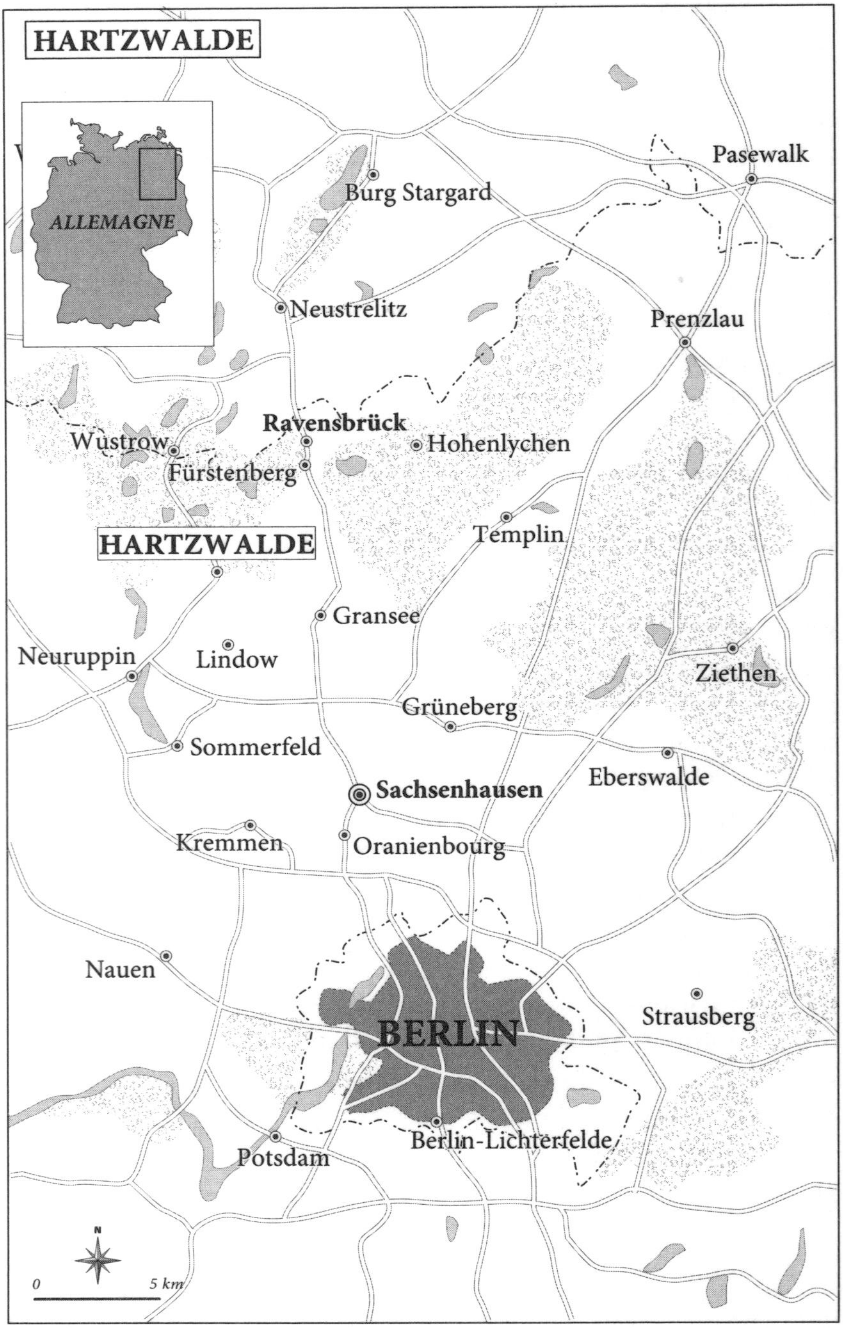
HARTZWALDE
ALLEMAGNE
Pasewalk
Burg Stargard
Neustrelitz
Prenzlau
Ravensbrück
Wustrow
Hohenlychen
Fürstenberg
Templin
HARTZWALDE
Gransee
Neuruppin
Lindow
Ziethen
Grüneberg
Sommerfeld
Sachsenhausen
Eberswalde
Kremmen
Oranienbourg
Nauen
Strausberg
BERLIN
Potsdam
Berlin-Lichterfelde
N
0
5 km

Bientôt, il ne s'y rendra plus seul; car, pour comble de félicité, il rencontre chez des amis en février 1937 une jeune fille nommée Irmgard Neuschäffer; elle est la fille du garde forestier en chef du grand-duché de Hesse, et c'est donc à Darmstadt qu'est célébré le mariage quatre mois plus tard. Dès lors, la nouvelle madame Kersten va suivre son époux dans ses navettes entre Berlin, Hartzwalde et La Haye – et lui donner un fils l'année suivante.

À Berlin comme à La Haye, le succès des traitements ne se dément pas: des médecins qui soignent, on en trouve, mais des médecins qui guérissent, on en cherche. Du reste, il arrive souvent que de grands professeurs de médecine adressent à ce simple diplômé en massage finlandais des patients qu'ils sont impuissants à aider; et lorsque ceux-ci sont soulagés ou guéris par les cures de Felix Kersten, ils ne manquent pas de le faire savoir autour d'eux. C'est ainsi qu'un de ses patients allemands, le comte Wilhelm von Hochberg, le présente à l'épouse de l'ambassadeur d'Italie à Berlin, Elisabeth Cerruti, qui souffre d'ischémie myocardique. À la suite d'un long traitement, elle est tirée d'affaire et s'empresse de recommander Kersten à un noble compatriote, le duc de Spolète, prince de Savoie-Aoste et cousin du roi d'Italie Victor-Emmanuel III. Le cas du duc est plus que délicat: à la suite d'un accident de hors-bord, il souffre d'une quadruple fracture de la jambe droite, compliquée d'une thrombose veineuse profonde – de sorte que les meilleurs médecins de Paris s'accordent pour prescrire l'amputation. Mais sur la recommandation d'Elisabeth Cerruti, le duc se rend à Berlin pour consulter Felix Kersten, et après auscultation, celui-ci se déclare en mesure de lui éviter l'amputation*; de fait, le duc va pouvoir marcher avec une canne

* On notera que, tout comme dans le cas d'Elisabeth Cerruti, il s'agit de problèmes d'alimentation en oxygène des tissus, consécutifs à des obstructions ou congestions des vaisseaux sanguins – une indication par excellence du « massage thérapeutique » pratiqué par Kersten.

trois mois plus tard – et sera guéri au bout de six mois ! À la suite de cela, Kersten jouit également dans la haute société italienne d'une réputation des plus flatteuses[21].

Bien que ce magicien du massage profond s'intéresse fort peu à la politique, il ne peut manquer de constater qu'à partir de 1937, les nuages de guerre s'accumulent dangereusement au-dessus de l'Europe : l'Allemagne réarme à une cadence accélérée, ses pressions sur l'Autriche et la Tchécoslovaquie se font plus pesantes, son rapprochement avec l'Italie et sa participation à la guerre d'Espagne laissent augurer de grandes conflagrations à venir, et les acolytes du Führer – Goebbels, Goering, Ribbentrop, Hess, Rosenberg et Himmler – rivalisent de discours belliqueux. Au printemps de cette année-là, le général Willem Roëll, commandant en chef de l'armée néerlandaise – dont Kersten avait sauvé le fils, abandonné par les médecins –, se rend à son tour au cabinet du 18, Badhuisweg et va droit au fait : « Écoutez, Kersten, vous avez des relations haut placées en Allemagne. Tâchez de vous rapprocher des plus hauts dignitaires nazis. Il nous faut savoir ce qu'ils veulent faire. Un jour, ils vont nous attaquer. Nous savons peu de chose, car aucun de nos hommes ne parvient à les approcher[22]. »

En fait, le général Roëll pensait que Kersten soignait à Berlin des dignitaires du régime – ce que son interlocuteur s'empresse de nier : ses patients allemands sont presque tous des hommes d'affaires importants, des magnats de la finance, de la chimie, de la sidérurgie, de l'extraction minière, de la construction automobile et aéronautique ; en public, tous ces hauts personnages doivent dissimuler soigneusement leurs sentiments, mais dans le secret du cabinet de la Rüdesheimer Platz, devant une oreille complaisante, ils n'ont absolument rien caché de leur détestation pour les aspects criminels et corrompus du régime hitlérien*. C'est pourquoi, en promettant

* Beaucoup d'entre eux avaient soutenu financièrement Hitler avant sa prise de pouvoir – et considérablement déchanté par la suite.

malgré tout au général Roëll de faire de son mieux[23], Felix Kersten n'imagine pas pouvoir un jour lui donner satisfaction. Mais dans l'Histoire comme dans la vie, le plus inattendu est toujours le plus certain…

Chapitre II
L'engrenage

Au début de 1939, la situation internationale s'est considérablement dégradée, du fait des dernières entreprises de l'Allemagne national-socialiste : l'Autriche et les Sudètes viennent d'être incorporés au Reich, et dans toutes les chancelleries, chacun comprend que l'invasion du reste de la Tchécoslovaquie n'est qu'une question de mois – ou même de semaines. Pour préparer ses conquêtes futures, Hitler a lancé un gigantesque programme de réarmement qui affecte tous les secteurs de l'économie, tandis que l'ensemble de la société allemande a été mis en coupe réglée : les gauleiters, gouverneurs du Reich dans les Länder, apparaissent déjà comme des satrapes locaux exerçant un pouvoir arbitraire sur leurs administrés ; une police secrète d'État centralisée a vu le jour, sous le commandement d'un « Reichsführer SS et chef de la police allemande » ; les persécutions contre les juifs n'ont cessé de croître en ampleur, atteignant leur paroxysme lors de la Nuit de cristal du 9 novembre 1938 ; des campagnes de harcèlement et d'emprisonnement systématique ont également frappé les socialistes, les communistes, les ordres catholiques, les tsiganes, les homosexuels, les francs-maçons, les intellectuels, les handicapés et les « asociaux », tandis que s'ouvraient chaque mois de nouveaux camps d'internement : Sachsenhausen, Buchenwald, Flossenbürg, Neuengamme, Ravensbrück, Mauthausen – avec déjà près de 20 000 prisonniers à la fin de 1938.

Tout cela n'a pas échappé à Felix Kersten, qui fait toujours la navette entre ses cabinets de La Haye et de Berlin. Dans la capitale allemande, ses patients, devenus pour la plupart de fidèles amis, lui racontent tout ce qui se murmure dans les milieux d'affaires berlinois: Joachim von Ribbentrop, le nouveau ministre des Affaires étrangères dont la suffisance n'a d'égale que l'incompétence, veut entraîner le Führer dans une guerre contre l'Angleterre; le maréchal Goering, morphinomane ventripotent et maître du plan quadriennal, cherche à monopoliser l'ensemble de l'industrie allemande au service d'un réarmement à outrance; Joseph Goebbels, nain venimeux, orateur fanatique et premier satyre du Reich, est l'organisateur des pires débordements du régime, depuis l'incendie du Reichstag jusqu'à la Nuit de cristal; le Reichsleiter Robert Ley, chef hautement alcoolisé de l'Arbeitsfront*, a érigé la corruption en industrie à haut rendement. Pourtant, c'est l'ancien ingénieur agronome et éleveur de poulets Heinrich Himmler, Reichsführer SS et chef de la police allemande, qui reste l'homme le plus redouté d'Allemagne – et à juste titre: ses 280 SS ont constitué la première garde rapprochée du Führer; sa Leibstandarte SS**, vingt fois plus nombreuse, a conduit la sanglante épuration de la Nuit des longs couteaux en 1934; son Sicherheitsdienst***, sous la direction de l'implacable Reinhard Heydrich, repère tous les ennemis potentiels du régime; sa Gestapo les arrête et les torture; les détachements de sa Sicherheitspolizei**** viennent de mener l'occupation de l'Autriche et des Sudètes; ses Totenkopfverbände – les sbires à tête de mort – gardent et maltraitent les internés des camps de concentration.

On juge donc de la surprise et de l'effroi de Felix Kersten lorsqu'au début de 1939, le directeur du cartel de la potasse

---

* Front du travail.

** Garde du corps personnelle (d'Adolf Hitler).

*** Service de renseignement de la SS, connu sous ses initiales SD.

**** Police de sécurité; en abréviation, Sipo.

August Diehn, l'un de ses plus vieux patients et amis, lui demande d'examiner Heinrich Himmler – et même de le soigner si possible ! Bien sûr, le vieil industriel se soucie fort peu de la santé du Reichsführer, mais il espère qu'un homme qui le soulagerait de ses maux pourrait le persuader de renoncer au projet qu'il ourdit, avec Ley et Goering, de nationaliser l'industrie lourde allemande. Kersten commence par se récrier : « Si je me laisse entraîner là-dedans, je n'en sortirai plus[1] ! » Mais August Diehn est persuasif, c'est un ami très cher, et notre masseur prodige finit par se laisser convaincre d'accepter une « invitation »...

C'est ainsi qu'au matin du 10 mars 1939, Felix Kersten pénètre là où le citoyen ordinaire ne se rendrait jamais de son plein gré : dans le Prinz-Albrecht-Palais, résidence du maître des SS*. On imagine aisément son état d'esprit au moment où il accède à cet antre, mais lui-même se contentera de dire : « J'étais des plus sceptiques en entrant pour la première fois chez cet homme redouté et détesté, dont j'avais entendu murmurer avec effroi les sanglants méfaits[2]. » Une fois passées les sentinelles en uniforme noir, l'homme à la silhouette massive et au regard paisible est conduit au dernier étage, jusqu'à l'antichambre du bureau d'Himmler : « Dans la pièce où j'attendais d'être introduit, j'ai jeté un coup d'œil aux étagères pleines de livres. En dehors de l'omniprésent *Mein Kampf* et des habituels livrets de propagande nazie, il y avait beaucoup d'ouvrages historiques, [...] portant principalement sur l'histoire allemande et sur celle du Moyen Âge. [...] À côté de cela, beaucoup de livres sur l'islam, des biographies de Mahomet, etc.[3]. »

---

* Joseph Kessel imagine Kersten entrant au n° 8 de la Prinz-Albrecht-Strasse, et même « foulant les dalles sous lesquelles les tortionnaires de la Gestapo procédaient à des interrogatoires sans merci ». Mais le n° 8 n'abrite que le QG de la Gestapo ; la résidence et le bureau du Reichsführer SS se trouvent dans le palais situé au coin de la Prinz-Albrecht-Strasse et du n° 102 de la Wilhelmstrasse.

Une fois dans le bureau d'Himmler, Kersten a une nouvelle surprise : « Je me suis retrouvé face à face avec un homme dont l'apparence ne correspondait pas du tout à l'image que l'on se faisait généralement d'un Reichsführer et chef de la police secrète. C'était un petit homme* qui me regardait d'un œil vif par-dessous son pince-nez ; on pourrait presque dire qu'il y avait quelque chose d'oriental dans ses pommettes saillantes et son visage arrondi ; il n'avait rien d'un athlète. [...] Ma première impression : ce n'était personne. [...] En le regardant, je pouvais très bien me le représenter comme un maître d'école – un maître pédant ayant le coup de règle facile**. Par contre, je ne voyais rien qui indiquât en lui l'agriculteur, même s'il l'avait été autrefois. Rien ne laissait deviner un quelconque contact avec la nature. C'était à l'évidence un pédant et un mystique qui lisait beaucoup ; un homme étrange, et un homme malade[4]. »

De fait, Himmler commence par lui énumérer ses nombreuses maladies : une paratyphoïde dans l'enfance, deux accès de dysenterie bactérienne suivis de jaunisse et un récent empoisonnement avec du poisson avarié, dont il s'est mal remis. Mais l'essentiel, ce sont ses crampes d'estomac qui le font souffrir depuis la Grande Guerre, qui l'épuisent et lui inspirent une sainte terreur du cancer – dont est mort son père. Il est soigné au moyen d'injections et de narcotiques, qui ne lui font plus aucun effet[5]. Et Himmler d'ajouter : « J'ai entendu parler de vos guérisons miraculeuses. Croyez-vous pouvoir me guérir de ces douleurs abdominales périodiques, qui sont pour moi un véritable martyre ? *Herr Professor*, aidez-moi !

— Pas professeur, répond Kersten ; je n'en suis pas un.

---

* La petite taille étant relative : Himmler, comme Hitler et Goering, mesure 1,74 mètre. Mais Kersten juge naturellement en fonction de sa propre taille.

** C'est bien vu : le fils du professeur Gebhard Himmler aura toujours un fort besoin d'enseigner.

— Mais vous êtes un grand médecin. J'ai entendu parler de vos capacités. Que pouvez-vous faire pour moi ?
— Il faut voir[6]. »

Kersten lui demande de retirer sa chemise et de s'allonger sur le long divan qui fait face au bureau, après quoi il s'assied aux côtés de ce corps pâle, aux épaules tombantes, aux muscles pauvres et à la bedaine naissante. Ses doigts courts et larges, à l'extrême sensibilité, effleurent la peau flasque, suivent les trajets nerveux vers le cœur, le foie, les reins, l'estomac, et s'appesantissent sur quelques densifications, arrachant chaque fois au patient des grognements et des gémissements. Le problème lui apparaît presque aussitôt : « C'était un dérèglement du système sympathique ; j'ai vu immédiatement que ce cas entrait dans mon domaine de compétence, et que personne d'autre ne pouvait l'aider[7]. »

Suit un quart d'heure de traitement, pendant lequel les doigts et la paume de Kersten s'enfoncent dans le ventre du patient, saisissant et pétrissant les faisceaux nerveux à travers la peau, les tissus sous-cutanés et les muscles profonds. Des halètements, quelques cris, mais lorsqu'enfin les mains se retirent, Himmler constate avec incrédulité que ses crampes ont disparu ; sans doute faute d'une meilleure expression, il balbutie : « Vos mains ont agi comme un baume. » Et il ajoute aussitôt : « Vous pouvez et vous devez m'aider. » À quoi Kersten répond : « J'essaierai[8]. » Mais il notera plus tard : « Je ne lui ai pas promis de traitement miraculeux ; dans son cas, je ne croyais pas pouvoir obtenir de véritable guérison*. Il m'apparaissait que je serais en mesure de soulager ses douleurs périodiquement, mais que je ne pourrais faire davantage. Pourtant, j'ai estimé qu'il serait déraisonnable de lui refuser mes soins[9]. » Déraisonnable, et surtout très dangereux…

* Il pouvait s'agir d'une maladie de Crohn, d'une colite spasmodique ou d'un ulcère à l'estomac – tous trois étant souvent liés à un état de stress important.

En fait, Himmler lui a proposé de rester entièrement à son service, et lui a même offert sur-le-champ un grade de colonel dans la SS – ce que Kersten a décliné poliment, en alléguant qu'il devait soigner de nombreux patients à Berlin, et d'autres plus nombreux encore à La Haye, où il avait sa résidence principale[10]. Mais, devant rester encore quinze jours à Berlin, il a accepté de revenir quotidiennement pour le soulager.

En l'occurrence, le traitement ne sera qu'épisodique, car dès le 15 mars 1939, Himmler se rend à Prague pour accompagner le Führer, qui fête au château de Hradčany son triomphe sans combat sur ce qui restait de la Tchécoslovaquie ; bien entendu, il ne s'agit pas que de cérémonie : Himmler est surtout venu superviser l'action de la Sicherheitspolizei (Sipo), chargée d'arrêter massivement les communistes, les juifs et les émigrés allemands. Pendant ce temps, à Berlin, Kersten s'est rendu à l'ambassade de Finlande pour informer ses compatriotes des responsabilités qu'il venait d'endosser – sans doute dans l'espoir d'être rappelé en Finlande ; mais à sa grande surprise, le conseiller d'ambassade Edvin Lundström l'encourage vivement à poursuivre ses activités à Berlin : la Finlande, menacée par l'Union soviétique, a absolument besoin de personnes bien introduites – voire d'agents d'influence – parmi les hauts dirigeants allemands[11].

Le 25 mars, notre agent-thérapeute finlandais rentre à La Haye pour quelques jours, et retrouve avec plaisir ses amis néerlandais ; l'un d'eux, P.J. Schijf, racontera bien plus tard : « Kersten m'a dit qu'il avait pris Himmler comme patient, puis il a ajouté : "Les nazis ne peuvent pas être considérés comme des gens normaux[12]." » Au général Willem Roëll, en tout cas, Felix Kersten peut annoncer que sa promesse de 1937 a été tenue[13] : il a réussi à se « rapprocher d'un haut dignitaire nazi » – bien à contrecœur, du reste…

Le 5 avril 1939, Kersten revient soigner le Reichsführer. Cette fois, c'est dans sa villa de Gmund, sur le Tegernsee, au sud de Munich. Les résultats obtenus le mois précédent s'étant révélés éphémères, Himmler s'est remis à souffrir, et son bienfaiteur se remet à l'ouvrage. En deux jours de traitement, il soulage les crampes abdominales, jusqu'à les faire disparaître presque entièrement. C'est dès ce moment qu'Himmler pose la question délicate de la rémunération : quels honoraires Kersten demande-t-il ? La réponse de l'intéressé semble lui venir spontanément : « Oui, oui, nous réglerons cela une autre fois[14]. » En fait, il est bien décidé à ne rien lui faire payer du tout : « Il n'était pas riche ; avec un revenu de 24 000 marks par an, il vivait très modestement[15]. » C'est exact : curieusement, Himmler est un des très rares dignitaires du IIIe Reich à ne pas être corrompu, et ses revenus sont dérisoires par rapport à ceux de Ribbentrop, Goebbels ou Goering*. Du reste, Kersten peut se permettre d'être magnanime, car ses patients allemands lui paient d'ordinaire 25 000 marks pour une cure de huit à dix semaines – ce que le Reichsführer gagne à peine en une année –, et il soigne au moins quarante patients par an. Mais naturellement, il y a d'autres raisons : en n'étant pas rétribué, il garde une certaine indépendance vis-à-vis d'Himmler ; à l'inverse, dans un pays où l'arbitraire règne en maître, la bienveillance du Reichsführer SS et chef de la police vaut toutes les rémunérations – surtout lorsqu'on a une famille et une belle-famille à protéger.

À la fin du mois d'avril 1939, Kersten retourne à La Haye. Si les soins prodigués à Himmler semblent n'avoir qu'une efficacité limitée, c'est peut-être en raison du mode de vie très particulier de ce grand prédateur, à la fois bourreau, courtisan, bureaucrate, intrigant et stakhanoviste ; l'homme travaille seize heures par jour, ne fait aucun exercice et ne se couche jamais avant deux heures du matin. À cet égard, les choses ne pourront qu'empirer, car dès le mois de mai, Himmler prépare fiévreusement la grande

* Ce dernier gagnant 100 000 marks par an officiellement, 700 000 officieusement… et au moins le double en « gratifications » (pots-de-vin).

offensive à venir contre la Pologne ; c'est que ses SS auront d'entrée de jeu un rôle essentiel à y jouer, en simulant une attaque polonaise contre l'émetteur allemand de Gleiwitz – ce qui servira de prétexte au déclenchement des hostilités*. Ensuite, ses Einsatzgruppen, groupes d'intervention de la police politique militarisée, ainsi que trois régiments de Totenkopfverbände – les unités à tête de mort – auront à traquer derrière la ligne de front les « éléments hostiles », un concept très extensif qui inclut les communistes, les francs-maçons, les juifs, les handicapés, le clergé, l'intelligentsia et l'aristocratie. Si l'on y ajoute le fait qu'Hitler a déjà pressenti Himmler pour organiser la future opération de « création de nouveaux territoires de peuplement allemand par des déplacements de population », et que le maître des SS est en conflit quasi permanent avec Goebbels, Goering, Rosenberg, Bormann, Ley, Darré et Ribbentrop – tout en redoutant à chaque instant de déplaire à son Führer –, on conçoit que ses dérèglements nerveux aient peu de chances de s'améliorer durablement.

De fait, le 26 août, alors que Kersten rentre à Berlin d'un voyage en Estonie avec sa famille, il est appelé d'urgence auprès d'Himmler, qui se plaint à nouveau de ses crampes. Ce n'est qu'à la deuxième séance que Kersten parvient à le soulager, et pendant une pause, il mentionne le pacte germano-soviétique du 23 août, ainsi que les grandes concentrations de soldats qu'il a pu voir lors de son passage à Königsberg et à Stettin. Cela signifie-t-il que la guerre va éclater ? Après quelque hésitation, Himmler admet que le Reich va envahir la Pologne, afin de châtier « les juifs anglais » qui ont garanti l'intégrité des frontières polonaises.

* Des bagnards, revêtus d'uniformes polonais et poussés en avant par des officiers SS, attaqueront effectivement l'émetteur quelques heures avant le déclenchement de l'offensive du 1er septembre 1939 – et seront abattus jusqu'au dernier.

Der Reichsführer-SS
und
Chef der Deutschen Polizei
im Reichsministerium des Innern

Berlin SW 11, den 25. August 1939
Prinz Albrecht-Straße 8

Bestätigung

Der Massage-Therapeut und Landwirt, Herr Felix Kersten, geboren 30.9.1898 zu Dorpat, ursprünglich deutscher, zurzeit noch finnischer Staatsangehöriger, ist mir persönlich wohlbekannt.

Ich bitte die Behörden, ihm behilflich zu sein und in jedem Zweifelsfalle bei mir anzufragen.

H Himmler

Attestation délivrée à Felix Kersten le 25 août 1939 par le Reichsführer SS et chef de la police allemande.

« Le masseur-thérapeute et agriculteur Herr Felix Kersten, né le 30.9.1898 à Dorpat, Allemand d'origine et actuellement sujet finlandais, m'est bien connu personnellement. Je prie les autorités de lui porter assistance et de m'en référer en cas de doute.

Signé : Heinrich Himmler. »

Kersten, consterné, fait valoir qu'une telle entreprise fera basculer le monde dans la guerre générale, mais Himmler rit de bon cœur : cette fois encore, l'Angleterre et la France s'abstiendront d'intervenir, et l'affaire sera terminée en dix jours[16].

Le 1er septembre, Hitler déclenche en effet l'invasion de la Pologne ; l'affaire a été minutieusement préparée, mais il y a un imprévu, et il est de taille : le 3 septembre, les dirigeants français et britanniques, pressés par leurs parlements et leurs opinions publiques, lui déclarent la guerre. Le Führer en est désagréablement surpris*, mais il le dissimule soigneusement ; et lorsque Felix Kersten revient soigner Himmler le 11 septembre, celui-ci ne paraît nullement troublé – et se fait comme toujours la voix de son maître :

« — Ce n'est pas l'Angleterre décente qui nous a déclaré la guerre, c'est celle des juifs anglais. Voilà ce qui rassure le Führer. Malgré tout, l'Angleterre va souffrir de cette guerre ; le Führer est fermement résolu à laisser la Luftwaffe éradiquer ville après ville, jusqu'à ce que les bons éléments en Angleterre comprennent à quoi les juifs ont mené leur pays. Et lorsqu'ils demanderont l'arrêt des hostilités, ils se verront accorder une paix généreuse en contrepartie de la livraison de tous leurs juifs à l'Allemagne. Cela fait, l'Allemagne en arrivera à donner à l'Angleterre la place qui lui revient dans le monde. Les Anglais étant des Germains, le Führer les traitera en frères.

Kersten exprime quelques doutes à ce sujet ; le Führer pourrait bien sous-estimer la possibilité et la volonté des Anglais de défendre leur pays :

— L'Angleterre n'a jamais perdu une guerre, et elle a toutes les matières premières nécessaires à sa disposition.

* Il avait prévu de déclencher les hostilités à l'Ouest entre 1943 et 1945 seulement – lorsque sa Wehrmacht serait entièrement armée et équipée pour une guerre mondiale.

Himmler s'esclaffe :

— Cela ne lui sera d'aucun secours pendant cette guerre, car les sous-marins allemands couleront tous ses approvisionnements. Rien ne parviendra en Angleterre, pas même une souris ; quant au reste, la Luftwaffe s'en occupera…

Kersten fait remarquer tranquillement qu'il est toujours plus facile de commencer une guerre que de la terminer, mais Himmler poursuit son monologue :

— On abattra d'abord l'ennemi extérieur, après quoi on s'occupera des ennemis intérieurs…

— Et qui donc sont les ennemis intérieurs ? demande Kersten.

— Ces messieurs les gros industriels, les officiers supérieurs, les grands propriétaires terriens, les hauts fonctionnaires et les intellectuels du monde académique. Ceux-là, nous nous en occuperons après la guerre. L'industrie lourde sera nationalisée, exactement comme toutes les grandes propriétés terriennes, et après cela, il fera bon vivre en Allemagne.

Kersten ayant fait remarquer que cela ressemblait furieusement à du communisme, Himmler se récrie :

— Non, non, absolument pas ! L'Allemagne ne sera jamais communiste. Le Führer est contre le communisme. Mais nous en introduirons certains aspects qui nous paraissent bons ; nous resterons nationaux-socialistes, avec une certaine part de capitalisme – ce que les Russes n'ont pas[17]. »

À la mi-septembre 1939, alors que Kersten est reparti pour les Pays-Bas, Himmler et son âme damnée Heydrich suivent à bonne distance la Wehrmacht, qui écrase systématiquement les concentrations militaires ennemies, cerne Varsovie et atteint le Bug, où l'intervention de l'URSS à partir du 17 septembre va sceller le sort de l'armée polonaise. Derrière le front, les trois régiments SS-Totenkopf, les sept Einsatzgruppen du Sipo-SD et la Leibstandarte dûment militarisée terrorisent la population, incendient les synagogues, assassinent des dizaines de milliers de juifs, aristocrates, officiers et intellectuels polonais. L'amiral Canaris, chef de l'Abwehr, proteste énergiquement auprès de son supérieur le général Keitel, mais en vain: ce sont les ordres du Führer, et Himmler est l'exécuteur de ses hautes et basses œuvres*.

Felix Kersten est-il informé de tout cela lorsque le 6 novembre, il retrouve à Berlin un Reichsführer épuisé et terrassé par ses spasmes abdominaux? Nul ne le sait, mais c'est peu probable: sur place, les liquidations s'effectuent dans le secret le plus absolu, et dans l'entourage d'Himmler, la consigne de silence est extrêmement stricte. Par contre, Himmler lui confie ce jour-là que le 8 novembre, Hitler se rendra à Munich pour la commémoration annuelle du coup d'État manqué de 1923, et prononcera un grand discours à la Bürgerbräukeller, haut lieu de ses exploits d'alors. Himmler propose donc à Kersten de l'accompagner à Munich pour l'occasion, et se fait fort de lui réserver une place dans les premiers rangs, afin qu'il puisse apprécier pleinement l'extraordinaire éloquence du Führer. Kersten accepte, mais lors de la séance de traitement du lendemain, Himmler s'est ravisé: «Vous êtes étranger et vous n'êtes pas membre du parti. Il vaut mieux que je ne vous amène pas avec moi demain[18].» Himmler a-t-il appris quelque chose d'important depuis la veille? Toujours est-il qu'à une heure du matin le 9 novembre, lorsque Kersten rentre à l'hôtel Vier Jahreszeiten de Munich, il apprend la nouvelle: à la Bürgerbräukeller, une bombe a explosé à proximité immédiate du pupitre où se tenait Hitler – qui était parti treize minutes plus tôt avec toute sa suite, après avoir écourté son discours; mais il y a eu sept morts parmi les membres du parti assis dans les premiers rangs. Sur le

* Mais, sur ordre de l'amiral Canaris, l'Abwehr parviendra à soustraire aux griffes de la Gestapo un certain nombre de Polonais catholiques et juifs – ainsi que le grand rabbin Joseph Isaak Schneerson –, pour les conduire discrètement en Roumanie ou en Suisse

moment, Kersten n'en saura pas davantage – il ne comprendra que cinq ans plus tard*[19]...

Dans l'intervalle en tout cas, Felix Kersten a eu de nombreuses occasions d'entendre et d'observer son étrange patient, et il en a déjà tiré quelques conclusions : Himmler est au fond un homme faible qui se fait violence pour paraître fort ; un bureaucrate qui se rêve en militaire ; un homme malingre qui aspire aux performances physiques ; un Bavarois brun aux yeux noirs qui n'admire que les blonds aux yeux bleus ; un velléitaire qui veut constamment entreprendre ; un reître avec une mentalité d'historien amateur ; un anticlérical fasciné par les religions – et avant tout, un homme entièrement sous influence : « Quand Hitler était au téléphone, notera Kersten, Himmler commençait à bégayer, et c'était tout à coup un homme entièrement différent : "*Ja – Ja – Ja – Jawohl, mein Führer, ganz meine Ansicht***." Il lui fallait au moins une demi-heure pour se remettre du fait que le Führer, le plus grand cerveau du monde, l'avait appelé, lui, Heinrich Himmler[20]. » Bien sûr, ce n'est là qu'une contradiction de plus : Himmler ne fait jamais ce qu'il voudrait faire, mais ce qu'il pense que le Führer voudrait qu'il fasse. D'où cette première conclusion de notre thérapeute : « Ses sévères convulsions abdominales n'étaient pas, comme il le supposait, dues à une constitution frêle ou à un excès de travail ; elles étaient plutôt l'expression d'une vie entière de contradictions et de

* En décembre 1944, il surprend une conversation entre officiers SS qui lui fait comprendre que ce vrai-faux attentat avait été organisé par la Gestapo, afin de montrer à la population que la « Providence » protégeait le Führer. Himmler le lui confirmera peu après, tout en ajoutant que cette « idée vraiment géniale » venait de Joseph Goebbels. Un éclairage intéressant, qui tendrait à conforter les thèses du pasteur Niemöller et des prisonniers britanniques Best et Stevens sur une manipulation par la Gestapo de Georg Elser, responsable de l'attentat. Celui-ci sera maintenu au secret et exécuté à Dachau le 9 avril 1945.

** « C'est tout à fait mon avis. » Kersten notera également que lors de ces appels, il arrivait fréquemment à Himmler de se mettre au garde-à-vous devant le téléphone.

tiraillements psychiques. C'est pourquoi j'ai vite fait de réaliser que si je pouvais le soulager momentanément, et même l'aider pendant de longues périodes, je ne pourrais jamais le guérir totalement[21]. »

Pour des centaines de milliers de personnes, ce sera une bénédiction absolue, mais cela, Kersten ne peut encore le savoir… Au début de décembre 1939, il rentre à La Haye, où règne une atmosphère d'inquiétude bien compréhensible ; c'est qu'après l'invasion et l'occupation de la Pologne, la Hollande et la Belgique sont manifestement en ligne de mire : à la fin du mois d'octobre, le major Sas, attaché militaire des Pays-Bas à Berlin, a été informé par son contact au sein de l'Abwehr, le colonel Oster*, de l'« Instruction n° 6 pour la conduite de la guerre » émise par le Führer le 9 octobre – avec ce passage significatif : « Dans le secteur nord du front occidental, préparer une opération offensive à travers le territoire belgo-luxembourgeois et la Hollande. Cette attaque doit être déclenchée aussi rapidement et aussi brusquement que possible[22]. » On n'ignore donc rien à l'état-major néerlandais des intentions allemandes, et lorsque Kersten retrouve à La Haye son vieil ami le général Roëll, celui-ci lui déclare sans ambages : « Il est possible que nous soyons occupés par les Allemands, mais l'Angleterre et la France finiront par nous libérer. Dans l'intervalle, vous devrez chercher auprès d'Himmler à aider la Hollande dans toute la mesure du possible[23]. »

Kersten promet, sans vraiment savoir à ce stade comment il pourrait s'y prendre pour aider la Hollande. Du reste, en ce mois de décembre 1939, la question n'est pas d'actualité : en raison du mauvais temps, des contraintes techniques, de la réticence des généraux (et du maréchal Goering), Hitler a dû reporter au printemps ses projets d'offensive à l'Ouest. D'ailleurs, il a d'autres préoccupations ; sur son flanc nord,

* Chef de la section Z (administrative) de l'Abwehr, Hans Oster est un adjoint immédiat de l'amiral Canaris – et l'âme du complot contre Hitler au sein de l'Abwehr.

une guerre a éclaté entre la Finlande et l'URSS, tandis que certaines sources font état d'une menace imminente de débarquement britannique en Norvège[24]. Enfin, il n'a pas entièrement digéré sa conquête polonaise : les premières mesures d'expulsion et de repeuplement entre le Warthegau et le Gouvernement général* se chevauchent, se contrarient et vont jusqu'à s'annuler ; les querelles de compétence entre Himmler – nommé le 7 octobre « commissaire du Reich pour le renforcement de la race allemande » –, le ministre de l'Agriculture Walther Darré et le maître du plan quadriennal Hermann Goering ne font que compliquer les choses ; et puis, la poursuite des exactions et des exécutions arbitraires par les Einsatzgruppen SS contre les juifs et les Polonais dans les régions occupées provoque des heurts avec la Wehrmacht et suscite des protestations redoublées de la part des responsables militaires, notamment les généraux von Bock, Petzel, Ulex et Blaskowitz.

La Finlande, qui contient l'Armée rouge avec peine mais non sans succès, peut compter sur l'aide de Kersten, qui mobilise ses relations en Allemagne, en Hollande, en France et en Italie pour obtenir de l'argent, des vêtements, des médicaments et du matériel – en quantités si substantielles que sa patrie d'adoption lui décernera peu après le titre de *Medizinälrat***. Le 21 décembre 1939, il va passer les fêtes dans son domaine de Hartzwalde, où vivent désormais à demeure son père de quatre-vingt-huit ans*** et son épouse Irmgard. Comme Felix,

* Le Warthegau, une vaste région allant de Poznan (Posen) à Lodz (Litzmannstadt), doit être incorporé au Reich, et ses populations polonaises et juives expulsées vers les régions de Lublin et Varsovie, dans le Gouvernement général. Parallèlement, des Allemands du Reich doivent repeupler le Warthegau. Mais dans les deux cas, les capacités de transport et d'accueil se révèlent tout à fait insuffisantes.

** C'est le plus haut titre que puisse obtenir un médecin en Finlande ; décerné par le président de la République et ratifié par le Parlement, il n'a été accordé que quatre fois dans l'histoire du pays.

*** Qui a dû quitter l'Estonie, destinée à passer sous le contrôle de l'URSS aux termes du pacte germano-soviétique. Son épouse Olga est décédée en

tous deux sont passionnés d'agriculture et d'élevage ; si les champs sont de taille modeste, le domaine boisé est immense et la famille ne se lasse pas de le parcourir à cheval ou en calèche. Décidément, il fait bon vivre dans ce domaine si bien isolé des tracas du monde…

Mais à Berlin, où l'atmosphère s'est faite plus lourde depuis le début de la guerre, les patients de Kersten sont toujours aussi nombreux, et il y a parmi eux le plus impatient de tous : Heinrich Himmler, périodiquement terrassé par ses douleurs abdominales. Bien entendu, les crampes du Reichsführer relèvent pratiquement du secret d'État, de sorte que même ses subordonnés immédiats ignorent ce que vient faire au QG des SS ce curieux civil, avec son air débonnaire, sa silhouette enveloppée et son accent de la Baltique. Le mystère attire la méfiance et la méfiance suscite la haine – surtout de la part du redoutable chef du RSHA*, Reinhard Heydrich, et du responsable de sa section IV, le sinistre « Gestapo Müller ». Mais par chance pour Felix Kersten, leur servilité à l'égard du Reichsführer n'a d'égale que la servilité du Reichsführer à l'égard du Führer.

Quoi qu'il en soit, ces séances de soins thérapeutiques restent pour Kersten des occasions uniques d'édification politique et d'observation psychologique, tout en étant pour Himmler de véritables exutoires : le fils du professeur Gebhard Himmler a un réel besoin de pontifier, il est ravi d'avoir un interlocuteur étranger à son cercle habituel où règnent la méfiance, la concurrence et la délation, et – comme souvent dans les relations entre un thérapeute et son patient – le soulagement que lui procurent les soins de son bienfaiteur l'incite à se laisser aller aux confidences. La séance du 6 février 1940 est typique à cet égard ; une

1936.

* Le RSHA, Reichssicherheitshauptamt – Office principal de sécurité du Reich –, regroupe depuis l'automne de 1939 la Gestapo (Amt IV), la Kripo (police criminelle, Amt V), le SD Inland (contre-espionnage, Amt III) et le SD Ausland (renseignement étranger, Amt VI).

fois de plus, Himmler en vient à parler de l'Angleterre – un sujet de préoccupation récurrent en Allemagne au beau milieu de cette «drôle de guerre» qui semble s'éterniser: «Aujourd'hui, note Kersten, Himmler était de très bonne humeur. Il m'a dit que le Führer avait reçu des nouvelles très favorables au sujet des dispositions du peuple anglais. Ce peuple ne voulait pas la guerre, et tout indiquait que l'Angleterre allait bientôt faire des propositions de paix, qui ne seraient certainement pas rejetées, mais accueillies chez nous comme une expression de solidarité grand-germanique. "Le Führer sera magnanime dans sa façon de traiter l'Angleterre. L'Allemagne n'a aucune intention de saper la position de l'Angleterre en tant que grande puissance. Au contraire, l'Angleterre doit être un des pivots de la nouvelle Europe germanique. [...] Un conflit entre les deux peuples ne peut se justifier d'un point de vue grand-germanique. Il y a assez de place dans le monde pour que les deux peuples puissent vivre en paix ensemble. Les avantages de la coopération sont évidents: l'Allemagne peut protéger l'Angleterre avec ses forces terrestres et sauvegarder ses possessions coloniales, tandis que l'Angleterre peut apporter à l'Allemagne la protection de sa puissante flotte. Ensemble, elles forment un bloc capable de résister à toutes les attaques et de s'étendre jusqu'au cœur de l'Europe*."» Et Kersten d'ajouter: «J'aurais aimé ébranler quelque peu cette frêle construction idéologique, mais Himmler n'avait plus guère de temps, et il a été fréquemment interrompu pendant le traitement[25].»

Du reste, il est probable qu'aucun argument n'aurait pu ébranler les convictions de ce patient fanatique et bureaucrate sous influence, puisqu'au cours de la séance du surlendemain, il conclut: «*Mein lieber Herr Kersten*, vous verrez qu'Adolf Hitler, Führer de la plus grande puissance terrestre germanique, sera reçu en visite officielle à Londres par le roi d'Angleterre, Führer de la plus grande puissance maritime

* Ce sont presque mot pour mot les propos de l'anglophile impénitent Adolf Hitler, que Himmler a dû entendre des dizaines de fois.

germanique ; et, en partenaires égaux, ils concluront une juste paix pour protéger la race germanique à travers le monde[26]. »

Apparemment peu sensibles à l'appel de la race germanique, les Anglais livrent sur mer une guerre sans merci aux sous-marins et aux raiders de la Kriegsmarine, tout en renforçant leur corps expéditionnaire dans le nord de la France ; et à partir d'avril 1940 se déroule en Norvège le premier affrontement terrestre, aérien et maritime entre les forces franco-britanniques et la Wehrmacht. Ce mois-là, ayant presque achevé son cycle de traitements en Allemagne*, Felix Kersten s'apprête à regagner la Hollande, et le 28 avril, il dépose comme d'habitude une demande de visa de sortie au bureau d'Himmler. « Bien, lui dit ce dernier, allez donc à Hartzwalde, et vous pourrez partir vers le 1er mai. » Kersten racontera la suite en ces termes : « Le soir même, Himmler m'a rappelé au téléphone et m'a dit : "Pour des raisons techniques, je ne peux pas vous donner ce visa." Je lui ai naturellement demandé ce qu'étaient ces raisons techniques, mais il s'est borné à me répondre qu'il ne voulait pas que je quitte Hartzwalde pendant les jours à venir. J'ai fait valoir qu'on m'attendait en Hollande, mais il a répondu : "Non, il n'y a rien à faire." Je lui ai dit : "Comment cela, il n'y a rien à faire ? Je suis de nationalité finlandaise, vous ne pouvez pas me retenir." Sur quoi il a rétorqué : "Vous pouvez être sûr que la Finlande ne nous déclarera pas la guerre à cause de vous !" – et il a raccroché[27]. »

Kersten en reste stupéfait : « Voilà que je ne devais plus quitter ma propriété, et je ne pouvais davantage m'adresser à l'ambassade de Finlande pour demander de l'aide, étant donné qu'après cette conversation avec Himmler, ma ligne téléphonique a été coupée pendant douze jours. Enfin, le 10 mai, mon téléphone s'est remis à sonner : Himmler m'invitait à Berlin.

---

* Au cours duquel il a commencé à soigner – à la demande d'Himmler – le ministre des Affaires étrangères von Ribbentrop et le « représentant du Führer » Rudolf Hess.

Je m'y suis rendu avec des sentiments mitigés. Himmler m'a accueilli très amicalement et s'est excusé poliment de m'avoir causé des désagréments, en expliquant qu'il n'avait malheureusement pas pu faire autrement : "C'est que, a-t-il poursuivi, les troupes allemandes sont entrées cette nuit en Hollande pour la sauver des capitalistes juifs." Je ne devais pas rentrer en Hollande, mais rester en Allemagne. Il ne me demandait rien de plus que de continuer à le soigner ; il était même disposé à m'admettre dans la SS, où je pouvais débuter avec le grade de Standartenführer*. Je lui ai répondu qu'en tant que citoyen finlandais, je n'avais nullement l'intention de me mettre au service de l'Allemagne ; j'ai ajouté que je considérais la Hollande comme ma seconde patrie, et que j'étais profondément indigné de ce qui venait d'arriver. "Le mieux, ai-je conclu, est que j'aille en Finlande avec ma famille." Sur quoi Himmler, très remonté, s'est écrié : "La Finlande fera bientôt partie du Grand Reich allemand. Pour nous, il n'y a que deux sortes d'hommes, les Germains [...] et les traîtres. Les Anglais et les Hollandais font maintenant partie de ces traîtres[28]." »

Mais Himmler a un autre atout dans sa manche : « Il m'a assuré qu'il ne voulait pas faire pression sur moi, mais qu'il avait reçu des renseignements au sujet de mes beaux-parents qui pouvaient s'avérer dangereux pour eux**, et que personne ne pouvait mieux que moi les protéger – en continuant à le soigner. Je pouvais ainsi m'assurer qu'il ne leur arriverait rien. J'ai compris ce qu'il entendait par là[29]. » C'est effectivement facile à comprendre : un chantage éhonté ! Kersten va donc devoir s'incliner : « Il m'est apparu clairement que j'étais désormais entre ses mains. Les circonstances de la guerre m'avaient enchaîné à l'homme qui, après Hitler, passait pour être le plus puissant, et aussi le plus dangereux[30]. » Rien n'est plus vrai...

* Équivalent d'un Oberst (colonel) dans la Wehrmacht.

** De fait, le garde forestier en chef Neuschäffer, régisseur du grand-duc de Hesse-Darmstadt, était connu pour son opposition au national-socialisme.

CHAPITRE III
LE RÉSEAU FELIX

Il est aisé d'imaginer l'état de démoralisation de Felix Kersten durant ce mois de mai 1940; être désormais prisonnier en Allemagne avec sa famille est déjà consternant, mais se sentir quintuplement apatride est peut-être pire encore. Qu'on en juge: à la sainte Russie de sa naissance s'est substituée une féroce dictature, qui s'apprête à absorber l'Estonie de son enfance; l'Allemagne, patrie de ses parents, est en proie à un régime criminel et prédateur; la Finlande, son pays d'adoption menacé par deux dictatures, l'a prié de rester en Allemagne; la Hollande, devenue son pays d'élection, vient d'être submergée par les hordes hitlériennes; et voilà que la France, celle qui lui avait donné son prénom et était si chère au cœur de sa mère*, se trouve envahie à son tour et peine à se défendre...

C'est accablant, mais qu'y faire? Felix Kersten découvre qu'il est véritablement enchaîné lorsque le 15 mai, Himmler, qui doit partir le lendemain pour la zone des combats, lui ordonne de se préparer à l'accompagner: le Reichsführer risque d'avoir besoin de ses soins pendant la campagne. Durant les semaines suivantes, Kersten va donc vivre dans le train personnel d'Himmler, stationné près de la frontière belge. Ce train, le *Sonderzug Heinrich***, quoique modeste comparé à celui du maréchal Goering, n'en est pas moins imposant: après la locomotive, un truck avec canon antiaérien

---

* Olga Kersten admirait la France et parlait couramment le français.

** « Train spécial Heinrich ».

à affût sextuple, un wagon de marchandises, le wagon-salon d'Himmler, un wagon-bureau pour les secrétaires et les assistants, deux wagons-lits, un wagon radio et télégraphe, un wagon-restaurant, quatre nouveaux wagons-lits, un wagon pour l'approvisionnement et un second truck antiaérien pour fermer la marche. Dans ce long QG ambulant sont embarqués les quarante-huit officiers et sous-officiers composant l'état-major et la garde rapprochée du Reichsführer, ainsi que les principaux responsables du SD, de la Gestapo et du contre-espionnage SS.

Pendant trente-cinq jours, ce sont les cris de victoire de tous ces hommes qui apprendront à Kersten la percée de Sedan, la prise d'Amiens et de Calais, le rembarquement britannique à Dunkerque, le franchissement de la Seine, l'entrée en guerre de l'Italie, la chute de Paris, la ruée vers la Loire et la Saône, pour aboutir au coup de grâce : l'armistice du 22 juin. Dans l'intervalle, Kersten a traité Himmler, mais aussi Rudolf Hess, le *Vertreter des Führers**, qui est son patient depuis le mois d'avril ; l'homme souffre de fortes douleurs abdominales, auxquelles ses blessures de la Grande Guerre, son surmenage et sa frustration ne sont sans doute pas étrangers. Le 24 juin, alors que tous deux ont quitté le train pour s'installer à Bad Godesberg, Kersten note dans son journal : « Voici plus d'une semaine que je suis avec Rudolf Hess à l'hôtel Dreesen**. Hess est très occupé et très excité du fait des événements récents – l'armistice français –, et en conséquence, son estomac le fait cruellement souffrir. Dans l'intervalle, il est allé dans la forêt de Compiègne*** et il en est revenu hier. Pendant le traitement, encore sous l'émotion de l'événement, il m'a décrit les derniers développements et m'a parlé de l'avenir,

---

* Représentant du Führer, habilité (en théorie) à le représenter pour toutes les affaires concernant le parti.

** Un établissement de sinistre mémoire : c'est là qu'a séjourné Hitler le 29 juin 1934, juste avant de se rendre à Munich pour superviser la purge sanglante de la Nuit des longs couteaux.

*** La clairière de Rethondes, où a été signé l'armistice.

qu'il envisageait comme une ère de fructueuse coopération franco-allemande. » Kersten lui ayant demandé ce qu'il faisait de l'Angleterre dans ce schéma optimiste, Hess a répondu avec enthousiasme : « Nous ferons la paix avec l'Angleterre comme nous l'avons faite avec la France. Il y a quelques semaines encore, le Führer a parlé de la grande valeur de l'empire britannique pour l'ordre mondial. L'Allemagne et la France doivent se joindre à l'Angleterre contre le bolchevisme, ennemi de l'Europe. C'est pourquoi le Führer a permis à l'armée anglaise de s'échapper à Dunkerque*; il ne voulait pas compromettre la possibilité d'une entente. Les Anglais doivent le comprendre et saisir leur chance[1]. »

Kersten semble avoir éprouvé une certaine sympathie pour la naïveté et l'idéalisme de cet étrange patient : « C'était un homme tranquille, aimable et reconnaissant. Il parlait fréquemment de sa demeure en Égypte, dont il avait la nostalgie**; il disait souvent que son plus grand bonheur serait de se retirer dans la solitude des montagnes bavaroises, mais il m'a assuré qu'il n'avait qu'un désir : mourir en héros aux commandes d'un avion***. Seulement, le Führer l'avait interdit de vol, de sorte qu'il était condamné à rester derrière un bureau. [...] Il avait un train de vie très modeste, c'était un végétarien qui s'entourait de voyants et d'astrologues, et qui méprisait la médecine officielle. [...] Lorsque le QG du Führer a été établi en Belgique et que Hess a dû s'y rendre, il m'a demandé de l'accompagner. Après la traversée des villes et des villages bombardés durant les récents combats, Hess m'a dit avec les larmes aux yeux qu'il était horrible de voir

* Une représentation des choses largement diffusée à l'époque, qui permettait de conforter la réputation d'infaillibilité du Führer. En réalité, le *Haltbefehl* (ordre d'arrêt) qu'Hitler avait donné à ses divisions visait à laisser à la Luftwaffe seule la mission d'empêcher le rembarquement britannique – ce qu'elle avait été hors d'état d'accomplir.

** Rudolf Hess, né à Alexandrie, a passé les quatorze premières années de sa vie en Égypte et en a conservé un souvenir ébloui.

*** Hess est un pilote virtuose.

des régions autrefois florissantes aussi dévastées. La guerre ne devait pas se prolonger ; le monde devait finir par reconnaître que l'Allemagne était invincible. Lui, Hess, devrait tendre la main pour amener une réconciliation entre l'Allemagne et les autres nations. [...] Une autre fois, il m'a dit qu'il lui fallait concentrer toutes ses facultés et s'endurcir, car il aurait besoin de toutes ses forces pour l'action qui allait assurer le salut de l'Allemagne. Lorsque je lui ai demandé ce qu'il entendait par "salut", Hess a répondu qu'il ne pouvait m'en dire davantage, mais qu'il se préparait pour une action d'importance historique[2]. » Ce qu'est au juste cette action, Kersten et le monde ne l'apprendront que onze mois plus tard...

Dans l'intervalle, les cinq semaines de promiscuité avec les occupants du « train spécial » lui ont permis de mieux connaître l'entourage d'Himmler. Il lui faut peu de temps pour constater l'hostilité que lui vouent les plus gradés, à commencer par le Standartenführer SS Willy Suchanek, aide de camp pour les questions de police, qui tient absolument à démasquer l'« espion anglais » Kersten, espérant en cas de réussite se voir récompenser d'un vaste domaine dans les territoires de l'Est ; il y a aussi l'Oberführer* Horst Bender, spécialiste des questions juridiques et truand notoire ; le Brigadeführer** Oswald Pohl, directeur de l'Office central SS pour l'économie et l'administration, ainsi que son adjoint Richard Glücks, tout aussi corrompu que lui – sans parler naturellement de « Gestapo Müller » et du Gruppenführer*** Heydrich, pour qui Kersten est tout bonnement l'homme à abattre dès que l'occasion s'en présentera.

Parmi les officiers subalternes les plus proches d'Himmler, Kersten trouve par contre des personnages plus décents,

* Grade intermédiaire entre colonel et général de brigade.

** Général de brigade.

*** Général de division (tous ces grades étant conférés uniquement « au titre de la police », à la différence de ceux des Waffen-SS).

comme le Sturmbannführer* Josef «Sepp» Tiefenbacher, commandant du convoi; le détective Kirrmayer, garde du corps d'Himmler; le Sturmbannführer Franz Lukas, son chauffeur personnel, et l'Untersturmführer** Werner Grothmann, son jeune aide de camp. Tous ces Bavarois sont des civils en uniforme qui se désintéressent de la politique, font leur travail de routine sans se poser de questions, attendent avec impatience la fin de la guerre et considèrent avec une sympathie mêlée d'indifférence ce curieux Finlandais sans uniforme, qui n'est pas avare de ses soins et semble jouir de toute la faveur du Reichsführer; et puis, il y a l'Untersturmführer Rudolf Brandt, petit homme en apparence insignifiant, mais aussi sténographe virtuose, docteur en droit et titulaire du poste clé de secrétaire privé d'Himmler. À la demande du Reichsführer, Kersten l'a soigné dans son wagon, et il a trouvé en lui un homme discret, décent, serviable, idéaliste, ennemi de toute brutalité et, comme Kersten ne tarde pas à le constater, très hostile à Hitler comme à Himmler[3]. Pendant ce sombre mois de juin 1940 va donc se nouer entre les deux hommes une complicité promise à un bel avenir…

Au soir du 28 juin, le «train spécial Heinrich» regagne Berlin, et Kersten va pouvoir retrouver ses patients dans le cabinet de la Rüdesheimer Platz, puis sa famille dans le domaine de Hartzwalde, plus florissant et plus étendu que jamais. Comble de félicité, son épouse attend un second enfant pour le mois d'août! Mais dans le monde alentour, les événements se précipitent: entre juin et août, l'Union soviétique occupe les pays baltes, et 190 000 Estoniens, Lituaniens et Lettons sont déportés ou liquidés; à l'Ouest, après l'échec de ses offres de paix à la Grande-Bretagne, Hitler a ordonné le déclenchement de l'opération *Adler* – l'attaque aérienne de l'Angleterre, première étape du plan d'invasion *Seelöwe****.

---

* Commandant.

** Sous-lieutenant.

*** Otarie.

Himmler s'est déclaré confiant: les Anglais ne tarderont pas à suivre l'exemple des Français, en se soumettant dès les premiers bombardements sérieux. N'est-ce pas le Führer lui-même qui l'a dit ?

À la mi-août 1940, alors que la bataille d'Angleterre vient à peine de commencer, Felix Kersten reçoit à Berlin la visite de son ami l'industriel August Rostberg ; il est venu lui demander d'intercéder auprès d'Himmler en faveur de son contremaître, un vieux social-démocrate récemment arrêté et envoyé dans un camp de concentration. En fait, son cas n'est pas isolé ; cet été-là, Kersten reçoit plusieurs demandes d'intercession, dont il ne sait trop que faire. Mais le 26 août, Himmler a une nouvelle crise, et son thérapeute est rappelé en urgence au palais de la Prinz-Albrecht-Strasse. Il réussit assez rapidement à apaiser les souffrances du Reichsführer, qui reste allongé sur son divan, encore pantelant et éperdu de reconnaissance. Son sauveur racontera lui-même la suite: «J'avais sur moi une liste de cinq ou six personnes, des Allemands*, peut-être aussi un Hollandais. Himmler m'a dit: "Écoutez, Kersten, nous n'avons jamais abordé l'aspect financier. Je sais bien que vos services sont très coûteux, bien sûr, *aber zahlen muss ich* – il me faut payer." J'ai répondu: "Vous savez, Reichsführer, c'est bien volontiers que je vous aide. Vous êtes dans le besoin et je sais que vous ne pouvez rien payer. Laissons cela. Qu'il y ait entre nous une amitié qui ne s'évalue pas en argent." Il a répondu: "Je vous remercie beaucoup. Vous savez, je n'ai pas d'amis. C'est que je suis si seul..." Alors, les mots me sont venus d'un seul coup: "Voyez ceci, Herr Reichsführer", et je lui ai montré la liste. Il a dit aussitôt: "*Das darf ich nicht* – je n'ai pas le droit." J'ai répondu: "Mais, Herr Reichsführer, entre amis, on a le droit de faire beaucoup de choses ; signez donc, et tout sera réglé !" Et il a signé[4].»

---

* Y compris son vieil ami l'industriel Friedrich Flick, soupçonné de travailler en secret pour les Alliés, et qui devait à ce titre être envoyé dans un camp de concentration avec son épouse.

Kersten a-t-il conscience dès ce moment d'avoir enclenché un processus inexorable ? Il n'en dit rien, mais tout porte à le croire. Trois jours plus tard, lorsque Himmler, ayant retrouvé à la fois sa santé et son agressivité, lui reproche amèrement d'avoir conservé sa maison de La Haye, il accepte de déménager, mais pourvu qu'il puisse aller diriger lui-même le déménagement. Himmler doit s'incliner, en posant toutefois des conditions très strictes : départ immédiat, dix jours sur place seulement, et obligation de se présenter chaque jour au bureau de Hans Albin Rauter, Höhere SS und Polizeiführer* pour les Pays-Bas. Mais peu avant son départ pour La Haye, Kersten obtient, grâce au concours du secrétaire Brandt, une faveur très exceptionnelle : la possibilité de recevoir son courrier à l'adresse du Reichsführer ; c'est le secteur postal militaire 35360 – seul numéro en Allemagne qui échappe complètement à la censure**[5]. Voilà le genre de requête que l'on ne présente pas sans intentions précises…

Arrivé à La Haye le 1er septembre 1940 avec son épouse, Felix Kersten est frappé par l'atmosphère de désolation qui y règne ; la ville a très peu souffert des bombardements, mais dix semaines d'occupation ont suffi à la métamorphoser : beaucoup de boutiques sont closes, l'accès au front de mer est interdit, les habitants se terrent et les miliciens du NSB*** patrouillent dans les rues désertes. Pourtant, la nouvelle de l'arrivée du médecin prodige se répand vite, et durant les jours suivants, plusieurs anciens patients reviennent discrètement au 18, Badhuisweg ; ils racontent les premières réquisitions opérées par le Reichskommissar Seyss-Inquart, l'exclusion

---

* HSSPF : commandant suprême de la police et des SS.

** Brandt aurait obtenu ce privilège pour Kersten en racontant à Himmler que le bon docteur souhaitait recevoir des lettres de ses maîtresses hollandaises à l'insu de son épouse. Le Reichsführer, qui entretenait lui-même une seconde famille, se serait montré compréhensif.

*** Les collaborationnistes du Nationaal Socialistische Beweging in Nederland – le mouvement national-socialiste néerlandais, dirigé par Anton Mussert.

des juifs de tous les emplois publics, les arrestations d'opposants ordonnées par le Polizeiführer Rauter et l'emprisonnement du général Roëll – un des dirigeants de l'organisation de résistance Ordedienst, qui encourt à ce titre une condamnation à mort.

Kersten en prend note, mais durant ces quelques jours à La Haye, il ne se borne pas à cela, ainsi qu'en témoignera Jacobus Nieuwenhuis, un jeune officier récemment revenu des Indes néerlandaises : « En septembre 1940, je suis entré en contact avec M. Kersten. Son nom m'était connu du fait que mes beaux-parents avaient été ses patients et s'étaient liés d'amitié avec lui. Mon épouse et moi avions donc reçu une introduction auprès de M. Kersten, ainsi que plusieurs cadeaux à son intention. [...] Nous lui avons rendu visite plusieurs fois et nous en sommes venus à parler de l'occupation allemande et de ses conséquences. Lors d'une de ces conversations, j'ai dit à Kersten que j'avais été membre du NSB durant mon séjour en Inde*, mais que, du fait de l'évolution des choses, j'avais perdu tout intérêt pour le mouvement, et qu'après mon arrivée en Hollande, je n'avais plus cherché à le contacter. [...] M. Kersten nous a laissé entrevoir ce à quoi la Hollande pouvait s'attendre du fait de cette occupation, car il connaissait exactement la politique des nazis. Il nous a raconté entre autres qu'on lui avait ordonné de quitter la Hollande et de se cantonner pour le moment à sa propriété de Hartzwalde, et aussi qu'il avait subi des pressions pour soigner Himmler, ainsi que quelques autres. »

Puis, sans doute après avoir discrètement sondé son interlocuteur**, Kersten en vient au fait : « Il m'a dit ensuite que, si moi-même ou bien des amis et connaissances devions éprouver des difficultés liées à l'occupation, il pourrait utiliser son

---

* En Inde néerlandaise, l'actuelle Indonésie.

** Ce Jacobus Nieuwenhuis ayant été membre d'un parti devenu collaborationniste, cela justifiait quelque prudence.

influence sur Himmler pour nous aider. Lors de conversations ultérieures, l'idée est venue d'organiser cette liaison et même de l'élargir en lui transmettant tout fait important qui viendrait à ma connaissance. De ce point de vue, Kersten a estimé que ma qualité de membre du NSB pouvait se révéler précieuse, puisqu'elle me permettrait d'obtenir des renseignements à l'intérieur du mouvement. C'est pourquoi il m'a dit que je devais absolument rester membre du NSB. Bien que j'aie initialement accueilli ces propos avec scepticisme, Kersten a su me convaincre de suivre son idée, en ajoutant que je pouvais faire davantage de cette manière qu'en restant tranquillement chez moi pour attendre la fin de la guerre. J'ai donc promis de le tenir régulièrement au courant de tout événement pouvant affecter la cause de la Hollande ou des Hollandais, et de son côté, il s'est engagé à utiliser son influence pour faire évoluer les choses dans un sens favorable. J'ai reçu la consigne très stricte de ne parler à personne de mes contacts avec lui, et surtout de me tenir toujours à l'arrière-plan – d'être membre du NSB en nom seulement. Je devais lui écrire au secteur postal militaire 35360, avec l'assurance que les lettres ne seraient pas ouvertes et contrôlées par la censure[6]. »

On comprend bien l'intention : Felix Kersten n'entend pas se borner à rendre service, il veut aussi se constituer un réseau de renseignement ; d'ailleurs, comment rendre service sans disposer de renseignements ? De fait, Jacobus Nieuwenhuis n'est pas le seul ancien patient à qui cette proposition a été faite : il y a aussi l'avocat Reyers et le professeur Schijf – qui dira huit ans plus tard : « Tous les patients de Kersten auxquels il s'est confié auraient traversé le feu pour lui[7]. » Mais le séjour à La Haye du thérapeute prodige va être brutalement écourté : au matin du cinquième jour, un ami hors d'haleine vient le prévenir qu'une perquisition est en cours dans la maison de l'antiquaire et commissaire-priseur Bignell, et que son arrestation est imminente. Or, Bignell, qui a vendu des tableaux à Kersten dans le passé, est devenu un ami, et cette nouvelle le pousse à l'action ; sans plus tarder, il se rend au QG de la Gestapo et demande à voir Hans Albin Rauter, le tout-puissant maître de la SS et de la police pour les Pays-Bas. À ce géant de 1,98 mètre qui le toise sans aménité, Kersten dit tranquillement : « Je garantis l'innocence de Bignell. Il n'a rien fait contre les Allemands, libérez-le ! » Rauter manque de s'étrangler, mais garde assez de calme pour répondre par un refus catégorique et quelques menaces à peine voilées. Pourtant, il reste sans voix lorsque Kersten lui demande posément d'appeler Himmler ; c'est évidemment très irrégulier, mais dans cette boîte de scorpions qu'est le IIIe Reich, seuls ceux qui ont de puissantes relations peuvent se permettre de parler avec tant d'impertinence. Rauter, décontenancé, s'exécute, et lorsque la communication est établie, il a l'immense surprise d'entendre le Reichsführer lui dire : « Passez-moi Kersten ! » Ce dernier l'informe en quelques mots de l'arrestation de son ami Bignell, ajoute qu'il se porte garant de son innocence et demande sa libération. La chance sourit aux audacieux : Himmler, repris par ses douleurs abdominales, le prie instamment de rentrer au plus vite. Kersten en profite pour lui rappeler qu'il a encore la permission de rester cinq jours, et que s'il rentrait sans que Bignell ait été libéré, son moral en serait si affecté que ses soins perdraient toute efficacité.

C'est la toute première fois que Kersten a recours à ce genre de chantage, qui va s'avérer remarquablement efficace ; Himmler veut reparler à Rauter, qui prend l'appareil, écoute un moment avec toutes les marques d'un respect craintif, puis répond obséquieusement : « *Zu Befehl*[*]*, Herr Reichsführer !* » Ayant reposé le combiné, il dit à Kersten : « Himmler m'a donné l'ordre de libérer Bignell. Moi, je sais que c'est un traître, *aber Befehl ist Befehl* – un ordre est un ordre[8]. »

---

* À vos ordres.

Bien sûr, Felix Kersten s'est fait là un redoutable ennemi – un de plus –, qui ne manquera pas d'en référer à son supérieur hiérarchique immédiat, le Gruppenführer Reinhard Heydrich. Mais pour l'heure, notre avocat improvisé a gagné la partie : son ami est libéré, lui-même peut quitter La Haye sans avoir achevé son déménagement, et il commence à mesurer l'étendue de son pouvoir sur l'homme qui fait trembler le bourreau de toute la Hollande…

De retour à Berlin, Kersten va s'empresser d'en faire un nouvel usage en faveur de son vieil ami et mentor Willem Roëll. Or, le cas du général est particulièrement grave : identifié comme figure majeure de la Résistance, l'ancien commandant en chef de l'armée néerlandaise vient d'être condamné à mort… Mais Kersten, faisant le siège d'un Reichsführer en souffrance, parvient à lui arracher une concession démesurée : au lieu d'être fusillé, le vieux général sera emprisonné, puis placé en résidence surveillée* ! Cet automne-là, plusieurs Allemands vont également bénéficier de l'intervention du physiothérapeute aux doigts d'or – ainsi qu'un Hollandais au moins, si l'on en croit ce témoignage de l'officier Jacobus Nieuwenhuis : « Comme je n'avais rien à faire, étant toujours en disponibilité, je me suis inscrit au cours de l'institut colonial d'Amsterdam. C'est ainsi que j'ai eu presque d'emblée l'occasion de transmettre à Kersten une information importante : un beau jour, j'ai entendu dire que le professeur Gerke avait été arrêté ; c'était un des principaux animateurs de notre cours. J'ai immédiatement rapporté la nouvelle à Kersten, qui m'a répondu qu'il s'occupait de la question et que le professeur Gerke serait sans doute rapidement de retour chez lui. [...] Effectivement, au bout de très peu de temps, le professeur a retrouvé la liberté[9]. »

---

* Himmler refusant par principe de revenir sur ses engagements, la protection ainsi obtenue va se révéler durable : le général Roëll restera indemne jusqu'à la fin de la guerre, et décédera de vieillesse en 1958.

Dans une lettre écrite à un ami après la guerre, Felix Kersten expliquera son *modus operandi*: « Je pouvais surtout aider les gens quand Himmler était très malade. Dans ces cas-là, il était sans défense [...] et très influençable. C'est pourquoi il me fallait toujours arriver avec mes listes au début de ses crises. Dans ces moments, il signait à peu près tout ce qu'on lui présentait. Mais l'homme une fois rétabli, il était presque impossible de lui faire signer la libération de qui que ce soit. [...] Avec ces dignitaires nazis, on n'obtenait rien par la logique et la raison – au contraire, cela les rendait méfiants. La mentalité de ces gens stagnait à de telles profondeurs qu'on s'en sentait séparé par un véritable abîme[10]. » Certes, mais on peut aussi obtenir des résultats concluants en exploitant leurs divisions et leurs haines réciproques; c'est ainsi que cet automne-là, Kersten répond à l'appel à l'aide du fabricant d'armes Willi Daugs, émigré en Finlande quatre ans plus tôt* et dont l'épouse est surveillée en Allemagne par les agents de la Gestapo – qui ont ordre de la faire arrêter dès qu'elle tentera de quitter le pays. Kersten ayant exposé l'affaire au ministre des Affaires étrangères von Ribbentrop, celui-ci, ravi de jouer un mauvais tour à Himmler, s'empresse de délivrer un visa de sortie à Frau Daugs[11] ! Par la suite, l'exploitation des relations exécrables entre Himmler, Goebbels, Goering, Rosenberg et Bormann permettra également d'obtenir quelques libérations quasi miraculeuses...

Parallèlement, Felix Kersten continue à soigner ses autres patients berlinois; les confidences qu'il recueille à ces occasions, ainsi que l'absence marquée du triomphalisme des mois précédents dans les propos d'Himmler, lui font supposer que Hitler a déjà renoncé à ses plans d'invasion des îles Britanniques**. Mais à la fin de septembre 1940, les échecs stratégiques sont couverts par les succès diplomatiques: à Berlin,

* Où il est devenu actionnaire majoritaire de la société d'armement finlandaise Tikkakoski Oy.

** Ce qui est effectivement le cas depuis la mi-septembre.

on signe solennellement le pacte tripartite entre l'Allemagne, le Japon et l'Italie*. C'est à cette occasion que Kersten est amené à rencontrer le ministre des Affaires étrangères italien – et gendre de Mussolini – Galeazzo Ciano ; il se trouve que le comte Ciano est un ami de l'ambassadeur Cerruti, dont l'épouse a tant bénéficié des soins de Felix Kersten, ainsi que du duc de Spolète, qui a reçu le traitement miraculeux que l'on sait. Tous deux lui ayant vanté les talents peu communs du physiothérapeute finlandais, Ciano, lui-même quelque peu souffrant, l'a fait inviter à l'ambassade d'Italie le 29 septembre, au surlendemain de la signature du pacte tripartite. Kersten résumera ainsi ses premières impressions : « Un bel homme, et qui en était tout à fait conscient. Avec son tempérament vivace et exubérant, il se présentait comme un Italien typique ; c'était également l'avis des Allemands, qui ne l'aimaient pas. [...] Grand amateur de théâtre français et admirateur de la culture française en général, il parlait bien le français, passablement l'anglais et abominablement mal l'allemand. Le comte Ciano avait été partout – que ce soit pour le service du consulat ou pour son propre plaisir. Il connaissait Shanghai, New York et Rio ; il connaissait Paris et Londres... Quand on s'entretenait avec lui, c'était comme une bouffée d'air frais venue du monde extérieur[12]. »

Tout cela a donné à Kersten le temps d'examiner ce brillant patient et d'établir un premier diagnostic : « J'en ai conclu que je pouvais l'aider, mais que la cure devrait durer assez longtemps[13]. » Ciano lui propose alors de venir s'installer à Rome pour un temps, et s'engage même à lui obtenir une chaire à l'université ! Kersten ayant répondu qu'il était pour ainsi dire interné en Allemagne et ne pourrait la quitter, même pour quelques jours, sans l'accord d'Himmler, Ciano se fait fort de régler la question avec le Reichsführer. De fait, les convenances

* Par lequel les trois pays se promettent d'instaurer un « ordre nouveau » en Europe et en Asie, et s'engagent à s'aider mutuellement en cas d'attaque par une tierce puissance.

diplomatiques au lendemain du pacte tripartite font qu'il est difficile de refuser ce petit service au gendre de Mussolini, et Felix Kersten reçoit l'autorisation de séjourner à Rome entre le 27 novembre et le 16 décembre. La suite, l'intéressé la racontera lui-même : « À Rome, j'habitai au Grand Hôtel, en tant qu'invité du gouvernement italien. Je pus ainsi poursuivre mon traitement du comte Ciano, qui me recommanda à d'autres personnalités de premier plan, dont son ami Guido Buffarini, le ministre de l'Intérieur ; c'était le type même du César romain enveloppé, qui n'avait aucune confiance dans les nazis et était opposé à la politique de l'Axe. Il disait que, de quelque façon que tournent les choses, cela finirait mal pour l'Italie : si l'Axe perdait la guerre, l'Italie serait ruinée ; mais si l'Axe la gagnait, l'Italie serait occupée par les Allemands et ruinée d'une autre façon. Tout à perdre, rien à gagner ! L'entrée en guerre de l'Italie avait été une erreur[14]. »

Kersten n'est pas peu surpris d'entendre s'exprimer ainsi l'un des principaux ministres d'un gouvernement qui s'est engagé résolument aux côtés de l'Allemagne deux mois plus tôt. Mais il n'a encore rien entendu : « Ciano lui-même, à mesure que mes soins le soulageaient, s'exprimait de plus en plus ouvertement, et ses propos allaient encore beaucoup plus loin ; il nourrissait à l'égard des chefs nazis une profonde répugnance. [...] Il me dit un jour qu'il considérait le national-socialisme comme une contrefaçon du fascisme – et même une très mauvaise contrefaçon. Il ne croyait pas en une victoire allemande et considérait les Allemands comme des barbares tels qu'ils étaient déjà décrits dans l'histoire romaine. Mais il ne voyait aucune possibilité de se séparer de l'Allemagne tant que son beau-père Mussolini serait au pouvoir. Il racontait que celui-ci avait très peur des nazis, du fait que ces derniers avaient tissé en Italie tout un réseau d'agents secrets[15]. »

Qui, même parmi les diplomates les mieux introduits, entendra dès 1940 ces deux piliers du régime fasciste s'exprimer avec tant de franchise ? À l'évidence, un médecin

– finlandais de surcroît* – attire à Rome la sympathie, et même les confidences. Du reste, Kersten ajoutera : « J'ai remarqué chez les autres hautes personnalités fascistes le même manque de confiance à l'égard du IIIe Reich. On semblait généralement persuadé qu'Hitler était un aventurier qui exerçait une fâcheuse influence sur Mussolini[16]. » Bien sûr, Kersten ne voit que les apparences ; il ne peut savoir que tous ces dirigeants fascistes qui font devant lui étalage de germanophobie comptent simultanément sur les Allemands pour leur fournir des matières premières et des avions de transport, afin de les aider à surmonter la situation désastreuse dans laquelle ils se sont fourvoyés en attaquant la Grèce**. À cet égard, le comte Ciano est tout aussi schizophrène que les autres[17].

Felix Kersten est enchanté de son séjour à Rome, et il notera : « Le 12 décembre, quelques jours avant mon départ, un déjeuner d'adieu a été donné en mon honneur, au cours duquel Ciano m'a décerné personnellement la croix de commandeur de l'ordre de Maurice et Lazare. » Mais les meilleures choses ont une fin, et il faut bien rentrer : « J'ai trouvé la capitale allemande bruissant de rumeurs au sujet d'un nouveau front, qui serait ouvert cette fois quelque part dans les Balkans. Il y avait de gros mouvements de troupes dans cette direction. » Kersten, lui, doit affronter le front intérieur : « La santé d'Himmler n'était pas bonne du tout lorsque je l'ai retrouvé, et il s'est plaint amèrement de ma longue absence. Les nouvelles de Hollande étaient mauvaises, et par d'autres canaux, j'ai reçu des informations effrayantes et déprimantes sur ce qui s'y passait. Il m'a donc fallu me remettre au travail[18]. »

---

* La guerre menée par la Finlande contre l'agresseur soviétique durant l'hiver 1939-1940 a valu aux Finlandais une grande popularité en Italie.

** Agressés le 28 octobre, les Grecs ont fait mieux que se défendre, en repoussant les Italiens jusqu'en Albanie ; au moment de la visite de Kersten, ces Italiens ont même du mal à se maintenir en Albanie, et le 10 décembre, le général Graziani a subi en Cyrénaïque un grave revers contre la VIIIe armée britannique.

Au cours des semaines suivantes, ce travail sera principalement le traitement du Reichsführer et la présentation de nouvelles listes de personnes condamnées à gracier, à libérer ou à placer en résidence surveillée ; il y a aussi l'achèvement de ses études, car si extraordinaire que cela puisse paraître, Kersten a suivi pendant ces deux années très agitées les cours de la faculté de médecine de Berlin et passé tous les examens requis, si bien que le 25 février 1941, il se voit conférer très officiellement le titre de *Arzt für Naturheilkunde* – médecin naturopathe[19]. Mais pour notre practicien fraîchement diplômé, il y a au même moment une première alerte : lors d'une séance comme les autres, Himmler lui demande de but en blanc s'il prend des notes de leurs conversations, ajoutant qu'il aimerait bien savoir en quoi elles consistent ; à l'évidence, la Gestapo surveille de très près ce médecin hautement suspect, et ses chefs font feu de tout bois pour le déconsidérer auprès d'Himmler. Kersten, voyant venir le danger et sentant qu'il serait inutile de nier, réplique placidement : « C'est vrai, Herr Reichsführer, je note tous les entretiens que j'ai avec vous et avec vos collaborateurs. » Il ne s'attendait sans doute pas à la réponse que lui fait Himmler : « C'est bien, Herr Kersten, continuez, car ainsi, vous serez le seul à savoir ce qui se passe ici, au moment où nous faisons l'histoire du monde. Comme cela, vous pourrez témoigner pour la postérité de la façon dont a été fondé le Grand Reich allemand[20]. » Sauvé par la vanité de son patient ! Le soulagement de Kersten a dû être immense, mais l'alerte a été chaude…

En fait, Himmler se montre assez peu prolixe sur sa contribution personnelle à la fondation du Grand Reich allemand ; peut-être sent-il qu'elle n'est pas entièrement avouable, ou que son bienfaiteur, trop marqué par des préjugés moraux ou religieux dépassés, ne saurait l'apprécier – et pourrait même s'en offusquer. C'est qu'en tant que Reichsführer SS, chef du « Bureau de la race et du peuplement » et « commissaire du Reich pour le renforcement de la race allemande », Himmler a déjà supervisé les mesures d'élimination par le monoxyde de carbone des patients d'asiles psychiatriques polonais, organisé les premières déportations de juifs et de Polonais des territoires annexés par le Reich vers le Gouvernement général, et apporté sa contribution aux projets successifs de « solution finale », depuis la déportation vers Madagascar jusqu'à la constitution de ghettos à l'Est, en passant par le refoulement des juifs vers des régions périphériques encore tenues secrètes ; c'est qu'elles sont liées à un plan que personne ne doit connaître, en dehors des chefs d'état-major et des principaux dignitaires du Reich : « Barbarossa »[21].

Pourtant, le 26 février 1941, Himmler se trouve confronté à un problème imprévu : à Amsterdam, les habitants se sont mis massivement en grève pendant deux jours, et 300 000 travailleurs ont manifesté pour protester contre les premières grandes rafles de juifs ; les SS, entièrement pris au dépourvu, ont dû surseoir temporairement aux déportations*, mais durant les semaines suivantes, la répression prend la forme d'arrestations et d'exécutions de tous les meneurs présumés – des mesures si rapides et si brutales que Kersten n'aura même pas la possibilité d'intervenir. Pourtant, c'est précisément à cette époque que se situe un épisode remarquable, bien connu de tous les lecteurs des *Mains du miracle*, de Joseph Kessel : le 1er mars 1941, au mess de l'état-major des SS, Kersten surprend une conversation entre Heydrich et Rauter, qui s'entretiennent de la déportation prochaine vers la Pologne de toute la population néerlandaise ! Très choqué, Kersten demande confirmation de ce projet au secrétaire Brandt, qui lui présente le soir même une enveloppe estampillée « Ultra Secret ». « Alors, écrit Joseph Kessel, Kersten vit se développer, noir sur blanc, détail après détail, paragraphe par paragraphe, la condamnation de tout un peuple[22]. » Les vingt pages suivantes du livre de Kessel

* Cette grève de solidarité unique en Europe occupée est toujours commémorée aux Pays-Bas sous le nom de Februaristaking – la grève de février.

sont le récit haletant des efforts faits par notre héros pour inciter Himmler à renoncer à ce projet délirant – ou plutôt à persuader Hitler de surseoir à la déportation jusqu'à la fin de la guerre ; profitant habilement des lancinantes douleurs du Reichsführer que lui seul peut apaiser, il obtient après six semaines d'efforts que Himmler se plie à sa volonté et fasse la démarche nécessaire auprès d'Hitler, qui renonce à son projet le 18 avril 1941 – juste après la fin de la campagne de Yougoslavie.

L'ensemble de l'affaire, raconté avec toute la verve de Joseph Kessel, constitue l'un des passages les plus émouvants de son livre. Hélas ! Plus d'un lecteur sera cruellement déçu en apprenant que cet épisode est entièrement fictif – même si Joseph Kessel le raconte en toute bonne foi : il le tient de Kersten en personne, qui l'a exposé en détail dans trois de ses quatre ouvrages*. Mais c'est précisément au niveau de ceux-ci – et des déclarations de Kersten aux enquêteurs dans l'après-guerre – que se révèlent les fragilités de l'affaire : trop de versions incompatibles, trop d'impossibilités dans les dates et les lieux cités, trop de documents introuvables, trop de vérités successives, trop de contradictions, trop de témoignages suspects et eux-mêmes contradictoires. Il faudra pourtant attendre encore cinquante-trois mois pour comprendre les raisons de cette surprenante invention…

Du reste, Kersten n'avait nul besoin d'ajouter un acte d'héroïsme à son palmarès : il a déjà quelques exploits stupéfiants à son actif, et il en aura bien davantage au cours des quatre années à venir. Mais pour l'heure, le nouveau péril qui le guette n'a absolument rien d'imaginaire, car à l'origine de l'affaire qui éclate le 11 mai 1941, il y a un de ses patients

---

* *Samtal med Himmler* (Dialogue avec Himmler), Stockholm, Ljus, 1947 ; *Klerk en Beul. Himmler van nabij* (Clerc et bourreau. Himmler vu de près), Amsterdam, Meulenhoff, 1948 ; *The Kersten Memoirs*, New York, Macmillan, 1957. Mais l'affaire de la déportation des Hollandais a complètement disparu dans la version allemande : *Totenkopf und Treue*, Hambourg, Robert Mölich, 1952.

– et non des moindres, puisqu'il s'agit de Rudolf Hess en personne. On se souvient qu'un an plus tôt, le *Vertreter* du Führer avait confié à Kersten qu'il se préparait pour « une mission d'importance historique ». De fait, le 10 mai 1941 vers dix-sept heures, Hess s'est envolé d'Augsburg aux commandes d'un chasseur Messerschmitt* pour une « mission de paix », et il est parvenu en Écosse six heures plus tard. Au Berghof, Hitler n'en a été informé que le lendemain matin, et sa réaction a été extrêmement violente** ; même une fois calmé, le Führer n'a cessé de ressasser l'affaire devant son entourage : « Hess a toujours eu des idées folles. [...] Ses obsessions ont été renforcées par la fréquentation de devins et autres charlatans donnant dans le surnaturel. [...] Cet acte a été inspiré au plus haut point par les fantasmagories astrologiques dont il s'entourait. Il est donc temps de balayer radicalement ce fatras nocif de divination aberrante[23]. »

Aussitôt dit, aussitôt fait : aux quatre coins du Reich, tous les astrologues, devins, mages, spirites, anthroposophes, magnétiseurs et thérapeutes de divers acabits reçoivent la visite de la Gestapo et se retrouvent sous les verrous. Pour le Gruppenführer Heydrich, c'est là une occasion rêvée d'éliminer également ce maudit Finlandais et espion anglais, qui exerce une influence si néfaste sur son supérieur ; n'est-il pas un praticien de médecine alternative, qui a soigné Rudolf Hess de surcroît ? Rien ne sera plus conforme aux ordres du Führer que de le mettre hors d'état de nuire ! Le 14 mai en début d'après-midi, Felix Kersten est donc convoqué chez Heydrich ; après avoir demandé à l'officier SS de service de prévenir Himmler, en déplacement à Munich, il se rend avec quelque inquiétude à la Prinz-Albrecht-Strasse.

---

* Ce qui est déjà un exploit, le Me 110 Zerstörer étant un chasseur lourd, dont le pilotage nécessite deux hommes d'équipage.

** En dehors de l'énorme perte de prestige que cela représente pour le Reich, il y a le fait gravissime que Hess est un des rares dignitaires initiés au prochain déclenchement de l'attaque contre l'Union soviétique.

Le chef suprême du Sipo et du SD se charge lui-même de l'interrogatoire, sans doute avec une certaine délectation – qui n'exclut pas la prudence, car son suspect n'est pas n'importe qui. Heydrich commence par demander à Kersten s'il a parlé de l'Angleterre avec Rudolf Hess, et s'il ne l'aurait pas encouragé dans son entreprise – allant même jusqu'à insinuer qu'il aurait aidé Hess à planifier sa fuite. Kersten lui répond qu'il s'est fait une règle de ne parler à ses patients que de questions médicales, et qu'il n'évoque jamais d'affaires politiques ou économiques, auxquelles il ne connaît rien par ailleurs. Heydrich lui fait comprendre qu'il n'en croit pas un mot, puis ajoute :

« — Je sais que vous n'êtes pas de notre côté. Il viendra bien un jour où vous devrez comprendre qu'il faut dire la vérité.

La « conversation » glisse ensuite sur la Hollande, et Heydrich exprime son étonnement que Kersten soit si bien informé sur ce qui s'y passe. Son interlocuteur a dû avoir quelques sueurs froides, mais il feint la décontraction :

— Peut-être suis-je devin !

— Peut-être le suis-je aussi, répond Heydrich. Je commence même à deviner qui vous êtes…

Cette joute à fleurets à peine mouchetés se prolonge pendant près de cinq heures ; Heydrich est champion d'escrime, au propre comme au figuré, mais une sonnerie de téléphone dans le bureau attenant interrompt ce duel inégal. Après quelques minutes, le Gruppenführer revient et dit à son « invité » :

— Vous pouvez partir. Le Reichsführer a appelé ; il se porte garant de votre innocence et se chargera lui-même de reprendre votre interrogatoire lors d'une prochaine rencontre. En attendant, vous restez à notre disposition et vous ne quittez pas Berlin, excepté sur ordre du Reichsführer[24]. »

Heydrich, pourtant si calculateur, avait oublié deux choses : d'une part, Himmler lui-même a recours aux « fantasmagories astrologiques » comme aux « charlatans donnant dans le surnaturel »*; d'autre part, l'état de santé du Reichsführer est tel qu'il ne peut absolument pas se passer des services de Felix Kersten…

* C'est exact : Himmler ne prend aucune décision importante sans consulter au moins deux astrologues.

Chapitre IV
La conquête de l'Est

Au printemps de 1941, c'est le secret le mieux gardé d'Allemagne ; seuls les principaux dignitaires du Reich et les plus hauts responsables des trois armes savent que la plus grande opération d'invasion de tous les temps va bientôt se déclencher à l'Est. Felix Kersten ne devrait pas en savoir davantage que n'importe quel citoyen allemand, car comme tous les hiérarques nazis, Heinrich Himmler a le culte du secret ; mais sous l'effet du soulagement induit par les traitements de son thérapeute, le Reichsführer se fait plus bavard à mesure que l'échéance approche. Dès le 20 mars, alors que la conversation porte sur la Finlande et le peu d'appui que lui a apporté l'Allemagne durant sa guerre d'Hiver contre l'URSS*, Himmler dit soudain : « Attendez, Herr Kersten, beaucoup de choses vont changer à l'Est. Malheureusement, notre Führer a eu les mains liées jusqu'ici, mais un jour viendra où les troupes allemandes et finlandaises combattront ensemble à l'Est. » Kersten ayant répondu que cela lui paraissait très improbable, du fait qu'un an plus tôt, le Führer « était resté au garde-à-vous » alors que la Finlande se faisait déposséder d'un dixième de son territoire au profit de l'Union soviétique, Himmler reprend : « Ne soyez pas si dur dans votre jugement, Herr Kersten ; la Finlande récupérera tout ce qu'elle a perdu, et

* Entre décembre 1939 et la mi-mars 1940, la Finlande a résisté à la tentative d'invasion soviétique, mais elle a finalement dû s'incliner et céder l'isthme de Carélie à l'URSS.

même bien davantage[1].» Comment ne pas comprendre un message aussi limpide?

Ce que Kersten ne peut soupçonner, c'est l'intensité des tractations et des affrontements qui se déroulent en coulisses, où l'on se partage déjà la peau de l'URSS avant de l'avoir tuée: le Reichsleiter Rosenberg vient bien d'être nommé «ministre pour les territoires de l'Est occupés», mais il est déjà en concurrence avec le Reichsmarschall Goering, grand maître du plan quadriennal, qui prétend se réserver l'exploitation économique des territoires à conquérir, ainsi qu'avec le Reichsführer Himmler, qui se prévaut d'une «mission spéciale du Führer» pour y faire régner sa loi, de même qu'avec le ministre des Affaires étrangères von Ribbentrop, qui veut s'assurer le monopole des relations avec les futurs territoires «autonomes», depuis les pays baltes jusqu'au Caucase en passant par la Crimée[2] – sans compter que le ministre de l'Intérieur Frick, le ministre de l'Agriculture Darré et l'éminence brune du Führer Martin Bormann prétendent également avoir leur mot à dire! Comme à son habitude, Hitler refuse de trancher nettement: les querelles d'attributions entre ses acolytes ne sont-elles pas le meilleur gage de leur servilité envers le Führer? En tout cas, cette foire d'empoigne ne risque pas de calmer les spasmes nerveux de Heinrich Himmler – alors que l'entreprise de conquête n'en est encore qu'au stade de la planification…

Les militaires, eux, ont préparé leur affaire avec des degrés d'enthousiasme variables[*] et une *Gründlichkeit*[**] typiquement prussienne. Dès lors, à l'aube du 22 juin 1941, trois groupes d'armées s'ébranlent depuis la Baltique

---

* Ainsi, le maréchal Goering, grand maître de l'aviation, tonne devant le général Kammhuber: «Pour moi, c'est ce que nous pourrions faire de pire. C'est une erreur économique, c'est une erreur politique et c'est une erreur militaire.»

** Sans véritable équivalent français – quelque chose entre la grande minutie et l'extrême rigueur.

jusqu'aux Carpates : 3,5 millions d'hommes, 190 divisions, 3 350 tanks, 2 465 avions franchissent les frontières soviétiques. En trois semaines, leurs colonnes blindées s'enfoncent profondément à l'intérieur du pays, en effectuant de vastes mouvements tournants qui font des centaines de milliers de prisonniers ; au nord, le groupe d'armées du maréchal von Leeb traverse les pays baltes et atteint la Louga, à 100 kilomètres de Leningrad ; au centre, les blindés du maréchal von Bock capturent Minsk, puis Smolensk, à moins de 400 kilomètres de Moscou ; au sud, les armées de von Manstein sont aux portes de Kiev dès le 11 juillet. Réparties entre ces trois groupes d'armées, il y a six divisions de Waffen-SS, ainsi que quatre Einsatzgruppen – ces groupes d'intervention tristement célèbres depuis la campagne de Pologne ; et de fait, alors que les Waffen-SS combattent en première ligne aux côtés des unités de la Wehrmacht, les Einsatzgruppen* opèrent en arrière du front contre les unités soviétiques isolées, les commissaires politiques, les civils en général et les juifs en particulier.

Voilà qui explique la présence du Reichsführer à proximité du QG de campagne d'Hitler en Prusse orientale : Himmler tient essentiellement à son rôle de chef militaire, et il veut rester le plus près possible de son Führer. Celui-ci s'est établi à demeure dans le Wolfsschanze – la tanière du loup –, un complexe de bunkers près de Rastenburg, au beau milieu de la forêt de Görlitz. Le *Sonderzug Heinrich* s'est donc arrêté à 32 kilomètres plus à l'est, dans une forêt de pins aux abords de Lötzen. Bien entendu, Himmler a insisté pour se faire accompagner de Kersten, qui décrira ainsi l'installation du grand chef des SS : « Tant que son quartier général était établi en Prusse orientale, il était désigné par le nom de code "Hochwald". [...] Une dérivation ferroviaire menait jusqu'à un bois, et c'est sur cette voie que stationnait le train du Reichsführer. À environ

* Les Einsatzgruppen A dans les pays baltes, B en Biélorussie, C et D en Ukraine.

OPÉRATION *BARBAROSSA* (juin-novembre 1941)

QG d'Hitler — Axes d'attaque allemande — Marais

vingt mètres de cette voie, on avait édifié quatre gros bunkers*, afin que les occupants du train puissent se mettre en sécurité lors d'une alerte aérienne. Autour du train, vingt baraques en bois permettaient aux SS de se loger et de travailler. Celle du Reichsführer mesurait soixante-dix mètres de long sur onze de large ; il avait un bureau spacieux, au milieu duquel trônait une grosse table en noyer brun clair, et les sièges avec leur revêtement vert donnaient à l'ensemble un aspect quelque peu diplomatique ; le long du mur, un coffre-fort où Himmler rangeait ses dossiers secrets. [...] Face au siège d'Himmler, sur le mur opposé, une photo d'Hitler ; à côté du bureau, sa chambre à coucher, avec toujours le Coran sur la table de nuit. [...] La salle à manger était également d'une extrême simplicité et arrangée avec goût ; il y avait aux murs quelques bonnes reproductions d'œuvres de Dürer et de Breughel. Le couloir qui menait à ces pièces pouvait être condamné par une grille de fer, que Himmler commandait électriquement depuis son bureau, mais je ne l'ai jamais vue fermée – elle ne servait que pour les cas d'urgence. Dans la baraque d'Himmler, il y avait aussi des pièces pour le docteur Brandt**, les secrétaires, les ordonnances et son détective, qui l'accompagnait partout[3]. »

Mais Kersten ne se contente pas d'observer l'architecture intérieure ; Himmler restant son principal centre d'intérêt, il relève bien des aspects contradictoires du caractère et du comportement de son inquiétant patient : « Himmler avait été influencé par les anciens idéaux et dieux germaniques revenus à la mode vers 1900 ; il avait dans le sang la mentalité de l'enseignant, la méticulosité du fonctionnaire, l'engouement pour les questions policières et militaires. [...] À l'effarement de ses assistants, il travaillait presque chaque jour jusqu'à deux ou trois heures du matin, et nombre de ses entretiens avec eux

---

* On peut encore les voir aujourd'hui près du village de Pozezdrze, désormais en Mazurie polonaise.

** Docteur en droit, s'entend ; les Allemands attachent une importance extrême aux titres académiques.

se déroulaient la nuit. Il avait l'habitude de dire : "L'histoire ne demandera pas si Heinrich Himmler dormait bien, mais ce qu'il a été capable de réaliser. [...] Le Führer doit avoir au moins un homme sur qui compter implicitement, et il me faut être cet homme." Tout cela donnait l'impression qu'il s'absorbait beaucoup trop dans les détails, [...] au lieu de se limiter à un contrôle d'ensemble. Il était noyé dans un océan de paperasses [...] et de questions d'importance secondaire[4]. »

Ayant noté que ce curieux dignitaire nazi était « personnellement incorruptible », méprisait le luxe et déclarait que sa plus grande ambition était de « mourir dans la pauvreté », Kersten poursuit : « La modestie et la simplicité du personnage se reflétaient dans son mode de vie ; il mangeait et buvait très modérément. [...] À sa table, on ne parlait jamais de questions de service ni de trivialités ; Himmler aimait discuter de sujets historiques – les royaumes des Goths, des Vandales, des Vikings, des Varègues et des Normands ; la transformation de l'Europe par les trois grands mouvements de tribus germaniques ; la politique de peuplement du roi Henri Ier ; Gengis Khan et ses méthodes de gouvernement ; les grands bâtisseurs d'empires, etc. Mais il n'avait pas l'habitude d'accaparer la parole ; au contraire, il aimait que ses collègues ou ses invités contribuent à la discussion – même s'il se réservait d'énoncer ensuite les applications pratiques que l'on pouvait tirer de cette discussion. [...] J'ai pu observer Himmler de très près lors de ses entretiens avec diverses catégories de gens ; à moins d'avoir des raisons particulières d'être en colère, il était toujours poli, soucieux des convenances et souvent très amical[5] » – l'hôte parfait, en quelque sorte !

Mais lorsque cessent les mondanités, Kersten remarque également quelques pratiques déroutantes : « Himmler avait l'habitude de faire attendre pendant deux ou trois jours ceux qu'il avait convoqués à son quartier général. Les généraux SS et les chefs de la police arrivaient habituellement avec tout leur lot de réclamations et de reproches, et comptaient s'en décharger le plus tôt possible ; mais comme on ne leur disait pas quand Himmler pourrait les recevoir, ils n'avaient qu'à attendre tranquillement. Au bout de trois ou quatre jours d'attente, ils s'étaient beaucoup ramollis. C'est alors qu'on les introduisait auprès d'Himmler, qui leur demandait sèchement ce qu'ils désiraient, et les interrompait rapidement pour leur donner quelques ordres brefs sur un ton péremptoire. Toute cette comédie, jouée sur un ton d'impatience crispée, permettait à Himmler, qui était au fond très irrésolu, de donner l'apparence de la toute-puissance. Brandt lui-même m'avait confirmé que Himmler repoussait toujours aussi longtemps que possible le moment de se décider ; la peur était son principal moteur, et il ne prenait aucune décision sans en avoir intérieurement délégué la responsabilité à Hitler. [...] Il y avait quelque chose de spasmodique dans tout ce qu'il faisait ; [...] avec sa dualité intérieure et sa faiblesse de caractère, il prêchait la dureté et prenait des mesures tout à fait étrangères à son tempérament, simplement parce que son Führer les avait ordonnées[6]. »

Ce n'est pas tout à fait ainsi que l'on se représente le maître suprême des SS, mais le fait est que Himmler se rend presque quotidiennement au Wolfsschanze et en revient à chaque fois comme transfiguré ; lors des interminables monologues dans son sinistre et massif bunker de commandement, Hitler a certifié à son entourage que la conquête de l'URSS ne prendrait pas plus de trois à quatre mois, et Himmler, de retour à son propre QG, dit à Kersten : « La guerre durera deux mois au plus – trois mois à l'extrême limite. [...] Ce sera une promenade d'agrément[7]. » L'interprète d'Hitler, Paul Schmidt, qualifiera bien plus tard Himmler de *Gramophonplatte* – la voix de son maître*.

Pourtant, le Reichsführer ne parle pas à Kersten des instructions qu'il a reçues dans le repaire d'Hitler, et la plus

* Il portera le même jugement sur Goering et Ribbentrop – avec autant de justification.

secrète est aussi la plus terrible : les Einsatzgruppen-SS ont désormais pour mission de rendre les régions conquises *judenfrei* – libres de juifs. C'est ainsi que se dérouleront entre juillet et octobre 1941 les abominables tueries d'Augustovo*, Brest-Litovsk, Minsk, Kiev**, Krivoï Rog, Mogilev, Novgorod, Kovno et Riga. Le 15 août 1941, Himmler tient à assister personnellement au massacre perpétré par l'Einsatzgruppe B*** d'une centaine d'« espions et saboteurs » juifs près de Minsk ; les victimes sont contraintes de s'allonger face contre terre dans une fosse profonde de deux mètres, et au commandement, un peloton d'exécution de douze hommes tire plusieurs salves sur les hommes prostrés. Karl Wolff, le chef d'état-major du Reichsführer, voit son supérieur pâlir, puis verdir, chanceler au bord de la fosse, essuyer d'une main tremblante la parcelle de cerveau humain qui a giclé sur sa joue, puis se détourner pour vomir[8]. Cœur dur et tripe sensible ? Kersten notera lui-même qu'Himmler n'aurait jamais tué quelqu'un de ses propres mains, car « il était bien trop lâche pour cela[9] ».

C'est possible, mais si le Reichsführer est incapable de tuer lui-même****, il ne cesse d'exhorter ses hommes à le faire – car ce sont les ordres d'Hitler. Juste après le massacre de Minsk, du reste, il s'est suffisamment remis de ses émotions pour faire aux hommes du peloton d'exécution un petit discours aux termes duquel il prend sur lui la responsabilité d'un forfait « rebutant, mais nécessaire »[10]... Sous une forme ou sous une autre, c'est ce qu'il ne cessera de répéter durant ses inspections des Einsatzgruppen A, C et D – tout en s'ingéniant à trouver des

---

* Au nord-est de la Pologne, repris aux Soviétiques à la fin du mois de juin.

** Où se déroule à la fin de septembre l'hécatombe de Babi Yar – 33 800 juifs tués en deux jours.

*** Sous les ordres du Gruppenführer SS Arthur Nebe, chef de la police criminelle – et informateur de l'opposition à Hitler !

**** À la différence d'un autre boucher plus artisanal, Ernesto « Che » Guevara, qui éprouvera une jouissance certaine à massacrer lui-même ses prisonniers – et restera l'idole des jeunes candides comme des adultes « progressistes ».

moyens plus efficaces de réaliser l'ambition démente de son maître ; c'est que le processus de liquidation est bien trop lent, les bourreaux SS, même fanatisés et alcoolisés, sont affectés nerveusement par leur tâche et deviennent incontrôlables, tandis que ces hécatombes publiques indignent bien des soldats de la Wehrmacht, tout en suscitant les protestations de certains de leurs officiers – souvent relayées à l'étranger*. Or, le Führer a ordonné d'éliminer encore des centaines de milliers d'« indésirables » : officiers de l'Armée rouge, commissaires politiques, nationalistes ukrainiens, tsiganes, malades mentaux, juifs soviétiques, juifs polonais, juifs allemands, juifs de tous les pays d'Europe conquis... Les méthodes « artisanales », les massacres sauvages perpétrés en Pologne, en Biélorussie et en Ukraine ne pourront y suffire ; c'est pourquoi Himmler charge au mois d'octobre le SS und Polizeiführer de la région de Lublin, Odilo Globočnik, de faire construire deux camps d'extermination au sud de Lublin : Majdanek et Belzec, auxquels vont s'ajouter durant l'hiver deux autres camps plus au nord – Treblinka et Sobibor. Et puis, au début de septembre, dans le camp d'Auschwitz**, près de Cracovie, le Hauptsturmführer SS*** Karl Fritzsch, adjoint du commandant Rudolf Höss, a fait procéder à des expériences de gazage sur 600 fonctionnaires soviétiques à l'aide de Zyklon B – des cristaux d'acide prussique destinés à la dératisation. Le succès de l'opération, immédiatement communiqué à ses supérieurs, va ouvrir au Reichsführer Himmler de toutes nouvelles perspectives...

Felix Kersten est-il informé de tout cela ? C'est très improbable, car seuls circulent des allusions, des rumeurs et des noms de code obscurs : « Dans certains cercles, on parlait à voix basse

* Notamment par les soins de l'amiral Canaris, qui proteste en personne auprès du chef de l'Oberkommando der Wehrmacht, le maréchal Keitel. Mais la plupart des officiers supérieurs, à l'exemple de von Manstein et von Reichenau, approuvent les massacres ou refusent de les condamner.

** Bâti au printemps de 1940 sur l'emplacement d'une caserne d'artillerie polonaise.

*** Capitaine.

des abominations qui se dérouleraient constamment dans ces camps, mais tout cela était enveloppé d'un épais voile de secret. J'avais l'impression que ceux qui en savaient plus se taisaient, et chaque fois que j'essayais d'en savoir davantage auprès d'Himmler ou de son entourage, on me répondait invariablement qu'il s'agissait d'établissements de rééducation, où les malfaiteurs étaient convertis en citoyens honorables et utiles à la société ; on me certifiait en outre que les détenus de ces camps étaient convenablement traités [...]. Du reste, on m'a conjuré plus d'une fois de ne pas importuner Himmler avec ces affaires de camps de concentration, car il aurait certainement pu prendre en mauvaise part des questions de ce genre venant d'un étranger[11]. »

Après la guerre, des auteurs en mal de sensationnel tenteront d'établir que Kersten a accompagné Himmler lors de ses tournées d'inspection dans les camps de concentration polonais et ukrainiens[12]. Pourtant, ils se heurteront toujours à deux obstacles majeurs : d'une part, alors que les déplacements du Reichsführer étaient abondamment filmés et photographiés, aucune pellicule ne montre de civil corpulent au milieu des officiers SS en visite ; d'autre part, Himmler notait toujours dans son agenda les noms de ceux qui l'accompagnaient à ces occasions, et celui de Kersten n'y figure nulle part. Enfin, il y a une question de vraisemblance : le Reichsführer, connaissant les dispositions humanistes et altruistes de son médecin et tenant essentiellement à conserver son estime, se serait bien gardé de lui faire franchir les portes de l'enfer industrialisé dont il avait la charge – à supposer même que Kersten ait accepté de l'y suivre. Mais à ce citoyen d'une nation devenue alliée*, Himmler ne cache pas ses ambitions ultimes – et surtout celles de son maître : « La condition d'une bonne entente permanente avec la

* Cobelligérante plus exactement : les Finlandais n'ont accepté de coopérer avec l'Allemagne dans l'attaque de l'URSS que pour récupérer les territoires pris par les Soviétiques à l'issue de la guerre d'Hiver.

Finlande, c'est que celle-ci résolve sa question juive conformément aux lois de Nuremberg. Car à la fin de cette guerre, l'Europe doit être libre de juifs ! Celui qui s'oppose aux ordres clairement énoncés du Führer, ou même exprime de la compassion pour les juifs, est un traître envers le peuple germanique. [...] Si la Finlande veut entrer dans la grande communauté des peuples germaniques après la guerre, elle doit introduire les lois raciales allemandes et se tenir prête à livrer sans condition les juifs finlandais à l'Allemagne, dès que celle-ci l'exigera. » Et Kersten d'ajouter : « Lorsque je lui ai demandé si tout cela reflétait également son point de vue personnel, Himmler m'a répondu de façon significative que, pour quelqu'un dans sa position, les opinions personnelles n'entraient jamais en ligne de compte, et qu'il s'agissait uniquement d'exécuter les ordres du Führer[13]. »

Ainsi donc, il faut que tous les juifs d'Europe soient livrés à l'Allemagne, et à la fin de la guerre, l'Europe devra être libre de juifs... La conclusion n'est pas bien difficile à tirer, mais Kersten devra encore attendre trois mois avant d'en obtenir l'aveu de la bouche même d'Himmler : « La destruction des juifs est imminente. » Devant l'indignation de son interlocuteur, le Reichsführer voudra bien concéder que « l'extermination des peuples est une pratique non germanique », mais en ajoutant aussitôt qu'il s'agit là de « l'éternel conflit entre la volonté et le devoir »[14]. En fait, Himmler aurait parfaitement pu reprendre à son compte cette phrase péremptoire : « Je n'ai pas de conscience ; ma conscience s'appelle Adolf Hitler » – à condition bien sûr d'ignorer qu'elle avait déjà été prononcée par son ennemi intime, Hermann Goering !

Pendant tout l'été, notre thérapeute séquestré continue à recevoir en Prusse orientale des lettres venues de tout le Reich, de Hollande, de Belgique et de Finlande. L'une d'elles émane de son deuxième « correspondant » à La Haye, P.J. Schijf, qui lui signale à la mi-septembre l'arrestation de l'ancien Premier ministre néerlandais Hendrikus Colijn[15] ; en dépit de ses prises de position politiques assez fluctuantes*, le vieil homme d'État reste très respecté dans son pays, et Kersten se sent tenu d'intervenir. Il demande à Brandt de lui montrer le dossier du prisonnier, et apprend ainsi que Colijn est accusé par le commissaire du Reich en Hollande Seyss-Inquart et le Höhere SS und Polizeiführer Rauter d'espionnage au profit de l'Angleterre ; en outre, l'homme serait un catholique convaincu, appartenant à des cercles particulièrement hostiles à l'Allemagne. Kersten ayant demandé à Brandt ce qu'est la peine encourue, le petit secrétaire et docteur en droit répond sans hésiter : « La mort. » Dès lors, Kersten entreprend de se documenter, et dès la séance de traitement suivante, il évoque devant son patient le cas de Colijn. Himmler, qui vient de lire le dossier, déclare que l'affaire est claire et que l'accusé, « un jouet des menées antiallemandes du pape », est absolument indéfendable. Kersten saisit la balle au bond : « Comment pouvez-vous croire de telles âneries ? Rauter vous a trompé ! » Himmler, piqué au vif, s'écrie : « Personne ne peut me mentir ! » À quoi Kersten répond posément : « Oh, que si ! En l'occurrence, Rauter vous a menti effrontément [...] au sujet de l'appartenance religieuse de Colijn, qui n'a jamais été catholique – il a toujours été protestant ; et en plus, il appartient à un parti politique protestant qui a toujours lutté contre l'Église catholique... » Himmler, manifestement décontenancé, déclare qu'il ne peut se prononcer sur l'heure, mais qu'il va réfléchir à la question.

Lors du traitement suivant six jours plus tard, Kersten revient à la charge, en rappelant à Himmler que le SD de La Haye et le commissaire du Reich Seyss-Inquart ont manifestement voulu jouer sur ses sentiments anticatholiques

* En juin 1940, Colijn, indigné par le départ du gouvernement et de la reine pour Londres, avait fait publier une brochure intitulée *Op de grens van twee werelden* (*À la lisière de deux mondes*), dans laquelle il prédisait une longue période d'hégémonie allemande sur l'Europe, dont il faudrait s'accommoder ; mais il avait rapidement déchanté et s'était rapproché des milieux de la Résistance.

pour l'amener à accepter l'élimination de Colijn. Himmler, pensif, répond : « Vous avez peut-être raison. J'ai fait procéder à des vérifications, et il s'avère que Colijn n'a rien à voir avec les catholiques. C'était un malentendu. » L'affaire n'est pas gagnée pour autant, car Himmler ajoute : « Mais les protestants sont au moins aussi dangereux... » Pourtant, le Reichsführer semble avoir été passablement ébranlé, car il reprend ensuite : « Peut-être que Colijn n'est pas aussi mauvais qu'on nous le représente. [...] Mais une chose est sûre, c'est que si lui et ses partisans étaient un peu mieux disposés envers les Allemands et soutenaient quelque peu le Führer, j'aurais 600 000 volontaires hollandais de plus à engager dans la campagne de Russie. » À quoi Kersten répond que la discussion ne porte pas sur des renforts pour le front de l'Est, mais sur la question de savoir si Colijn – « un vrai Germain, comme vous et le Führer » – est innocent et a été accusé de façon mensongère. Pour finir, Himmler se laisse fléchir : « Que proposez-vous ? » Kersten n'hésite pas : « Libérez-le sans tarder ! » Mais pour son patient, ce n'est pas si simple : « Je ne peux pas le laisser rentrer en Hollande. Colijn a beaucoup d'ennemis au sein du NSB, qui pourraient s'en prendre à lui. » Après une nouvelle journée de réflexion, le Reichsführer finit par se décider : « Nous le libérerons, mais nous le placerons en résidence surveillée dans une de nos maisons pour hautes personnalités en Rhénanie*. » Après quoi il commence à s'effrayer de sa propre audace : « Je viens de prendre le contre-pied de la direction du parti, du SD et du NSB. Ma décision va les effarer[16]. »

Entre l'été et l'automne de 1941, Kersten rompt des lances pour bien d'autres malheureux pris dans les filets de la Gestapo : le directeur de la compagnie d'aviation KLM Albert Plesman, la famille du diamantaire juif Aascher, le directeur d'Unilever-Allemagne Hendricks, une Mme van Dijk et des

* Ce qui sera fait ; Colijn, traité en otage de marque, décédera de causes naturelles en septembre 1944 à Ilmenau, en Thuringe.

dizaines d'autres, dont il parvient à obtenir, sinon la libération immédiate, du moins une dispense d'exécution. Pourtant, parmi les personnes emprisonnées que citera plus tard Felix Kersten, un nom au moins ne laisse pas d'étonner : celui de la baronne Ella van Heemstra ; car non seulement son arrestation n'est documentée nulle part, mais encore elle n'aurait aucun sens : la baronne, qui a rencontré Hitler en 1935 et l'a trouvé charmant, reste en 1941 une sympathisante déclarée du NSB et une collaborationniste enthousiaste*. Il s'agit vraisemblablement d'une confusion, car le nom de Heemstra est très répandu en Hollande ; mais elle permet de mettre le doigt sur un fait essentiel : en dehors des personnalités les plus connues, de ses anciens patients et de leurs familles, Kersten ne connaît pas la très grande majorité de ceux dont il demande la libération, même s'il les présente souvent à Himmler comme des amis personnels – une autre de ses techniques consistant à discréditer progressivement leurs accusateurs aux yeux du Reichsführer…

Notre avocat improvisé tentera bien plus tard de faire comprendre comment se jouait la partie en ces occasions : « C'était souvent un véritable marchandage de maquignons. […] Si, par exemple, j'avais une liste de vingt personnes emprisonnées par la Gestapo pour une raison ou pour une autre, et en faveur desquels des amis ou des relations m'avaient demandé mon intervention, je profitais des heures de traitement pour parler de leur cas à Himmler. […] J'insistais sur le caractère honorable et remarquable des personnes concernées, et suggérais à Himmler toutes sortes de motifs pour lesquels une libération était souhaitable. La plupart du temps, Himmler ne demandait pas du tout ce qui avait amené ces gens en prison, mais plutôt qui s'intéressait à leur

* Ella van Heemstra, par ailleurs mère d'Audrey Hepburn, commencera à déchanter en août 1942, après l'exécution de son beau-frère, le comte Otto van Limburg Stirum. Elle se rapprochera ensuite de la Résistance, mais ne sera pas davantage arrêtée.

cas. Il parcourait alors rapidement la liste des noms, puis il disait : "Vous voulez en faire libérer vingt ? À quoi cela vous avance-t-il ? Qu'en penseront mes hommes ? Je vous en donne cinq. Contentez-vous de cela, sinon vous n'aurez rien du tout." Il lui arrivait d'autoriser la libération des cinq premiers sur la liste, parfois aussi du dernier, et cela arbitrairement, tout à fait au hasard. J'allais donc la plupart du temps porter ma liste au docteur Brandt, chargé d'ordinaire par Himmler de s'occuper de ces questions, et je le priais de ne pas se contenter d'exécuter la décision d'Himmler, mais d'arrondir la liste vers le haut avant de la lui soumettre – ce qui se produisait généralement. À ce stade, Himmler lui-même ne se préoccupait plus du tout du nombre de noms, mais signait prestement le document tel que Brandt l'avait rédigé[17]. »

Telles sont donc les coulisses de l'exploit ! Mais Kersten ne mentionne que très succinctement un autre aspect de son activité durant cet automne de 1941, alors qu'il est de retour à Berlin ; il faut donc se tourner vers un autre de ses informateurs en Hollande, Jacobus Nieuwenhuis, dont on se souvient qu'il avait renouvelé son adhésion au NSB en septembre 1940, et avait depuis lors tenu Kersten au courant de tout ce qui se disait parmi les hauts responsables de ce parti collaborationniste. En juillet 1941, deux officiers du SD étaient venus informer Nieuwenhuis de l'acceptation de sa demande de visa pour l'Allemagne ; il n'y avait rien compris, jusqu'à ce qu'il reçoive une lettre de Kersten lui demandant de venir le retrouver à Berlin vers la mi-septembre : « Le 15 septembre 1941, rapportera-t-il, je suis arrivé à Berlin, chez Kersten. Celui-ci m'a confié qu'il avait mis au point un nouveau plan ; il avait appris que les Allemands envisageaient d'acheter massivement des marchandises au marché noir en Hollande, en Belgique et en France, au bénéfice du Reich allemand. Cela devait s'effectuer dans le cadre du plan quadriennal de Goering. [...] Comme Kersten considérait ce plan comme très préjudiciable à la Hollande, car cela reviendrait en pratique à la dépouiller entièrement, il lui paraissait essentiel d'en être informé le plus exactement possible, afin de pouvoir le torpiller grâce à ses interventions auprès d'Himmler. Il avait beaucoup réfléchi à la question et décidé de m'inclure dans le circuit. Il avait dit à Himmler qu'il me cherchait un emploi et que, comme j'avais une formation commerciale, il suggérait de me faire entrer dans cette nouvelle entreprise. Lorsque je suis arrivé à Berlin, Kersten avait très largement préparé l'affaire. Comme cela impliquait ma participation à une entreprise entièrement allemande, j'ai demandé un délai de réflexion, mais à la demande pressante de Kersten, j'ai fini par accepter le 15 octobre. Kersten m'a dit que je devrais probablement commencer par travailler pendant un temps à Berlin, mais que par la suite, il ferait en sorte que je sois transféré en Hollande. C'est exactement ce qui s'est produit ; à partir du 15 novembre, j'ai commencé par recevoir une formation à Berlin, dans le cadre du Wirtschafts-Verwaltungshauptamt* de la SS ; deux mois plus tard, j'ai été transféré à La Haye et installé dans la Dienststelle für Auftragsverlagerung**, qui avait son siège dans la Javastraat*** n° 2 B. [...] Comme convenu avec Kersten, je lui ai fait chaque semaine un petit rapport récapitulant les affaires les plus importantes[18]. »

En l'occurrence, Kersten veut prendre de l'avance sur l'événement, dans la mesure où ce projet aussi ambitieux que potentiellement catastrophique ne pourra être lancé qu'au printemps de 1942. C'est que pour l'heure, les dirigeants allemands ont bien d'autres préoccupations, car la campagne en URSS, loin d'être une « promenade d'agrément », tourne inexorablement au calvaire. On se souvient que les grandes offensives de l'été avaient mené la Wehrmacht aux approches

* Office principal d'administration de l'économie.

** Service SS de transfert des commandes. Comme toujours dans la terminologie administrative national-socialiste, ces titres insignifiants servent à camoufler les véritables activités des services en question.

*** Rue de Java.

de Leningrad, à l'ouest de Kiev, à l'est de Smolensk et à moins de 400 kilomètres de Moscou ; mais ensuite, Hitler n'a cessé d'hésiter entre les trois objectifs du nord, du centre et du sud, tandis que l'usure des combats, les difficultés de ravitaillement et l'opiniâtreté des défenseurs soviétiques ont fatalement retardé des offensives encore freinées par un Führer qui intervient intempestivement, change souvent d'avis, ne tient aucun compte des distances, de l'état du terrain, des conditions d'approvisionnement, de l'épuisement des hommes, de l'usure des matériels et du potentiel de l'ennemi. Lorsqu'enfin il se décide à lancer l'effort principal sur Moscou au début d'octobre, deux mois ont été perdus, ses troupes sont dispersées sur un front de 3 600 kilomètres entre la Laponie et la Crimée, et les conditions atmosphériques ne vont pas tarder à se dégrader…

C'est ce qui se produit à la mi-novembre 1941, alors que les soixante-sept divisions du groupe d'armées Centre entament l'encerclement de Moscou : la température descend à – 20°, puis à – 30°, les avions ne peuvent plus décoller, les tourelles des panzers se figent, les mitrailleuses s'enraient, l'huile des moteurs gèle, les locomotives s'immobilisent, les convois de ravitaillement n'arrivent plus, l'essence commence à manquer et les fantassins, vêtus et équipés pour l'été, supportent mal ces conditions extrêmes. À l'aube du 6 décembre, alors que la Wehrmacht est immobilisée sur l'ensemble du front, dix-sept armées soviétiques commandées par le général Joukov passent brusquement à la contre-offensive au nord et au sud de Moscou. Dès lors, c'est tout le centre du dispositif allemand qui doit refluer en désordre vers l'ouest, imité en cela par les groupes d'armées Sud et Nord face à Rostov et à Leningrad. Même si le Führer interdit formellement toute retraite ultérieure et ordonne de former des « hérissons » autour des localités occupées, le fait demeure que dès la mi-décembre 1941, la Wehrmacht a subi son premier coup d'arrêt.

Himmler, qui ne cesse de procéder à des inspections depuis la Pologne jusqu'à l'Ukraine en passant par les pays baltes, est profondément déçu par cette campagne lancée dans l'enthousiasme six mois plus tôt ; non seulement elle menace de s'éterniser et vient de déboucher sur une humiliante retraite, mais encore les divisions SS dont il était si fier n'ont pas répondu à son attente. Ce n'est ni le courage ni la férocité qui leur a manqué, mais bien l'entraînement, l'armement et l'encadrement ; trop hâtivement constituées, elles se distinguent certes par d'abominables massacres contre les populations civiles de Biélorussie et d'Ukraine, mais montrent rapidement leurs limites face à un ennemi pugnace et résolu : dès le 6 juillet, la division Totenkopf fait état de pertes anormalement élevées – 1 700 hommes en moins de trois semaines[19] ; le 13 juillet, la brigade SS « Nord » est sévèrement étrillée près de Salla, sur le front de Mourmansk, obligeant Himmler à envisager le remplacement de son commandant, l'Obergruppenführer Hans Maria Demelhuber* ; en septembre, c'est à nouveau la division Totenkopf qui essuie des pertes inacceptables lors des combats de Demiansk – au cours desquels deux de ses régiments se débandent devant une contre-offensive soviétique ; sept semaines plus tard, les divisions SS « Leibstandarte Adolf Hitler » et « Wiking » se trouvent en grande difficulté dans le sud de l'Ukraine, notamment par manque d'artillerie – après quoi c'est la division SS « Reich » qui subit des pertes qualifiées d'« extraordinairement élevées » lors des combats de Rjev, au nord-est de Smolensk. En outre, il y a de nombreux problèmes de discipline au sein de toutes ces unités : vols, alcoolisme, corruption, maltraitance des subordonnés – autant d'infractions passibles de la peine de mort au sein de la SS –, et le propre neveu du Reichsführer,

* Ce qu'il ne pourra faire avant avril 1942, faute de remplaçant compétent.

Hans Himmler, vient d'être jugé et condamné à mort par un tribunal SS pour homosexualité*[20].

Bien entendu, ce sont des choses que Heinrich Himmler ne confie pas à son thérapeute attitré, qui notera à l'époque: « Lorsque des événements jetaient une ombre sur l'"honneur", la "camaraderie" et la "loyauté" au sein de la SS, il était muet comme une tombe[21]. » En fait, ce que le Reichsführer redoute le plus, c'est que ces déconvenues lui portent tort auprès d'Hitler, et que ses nombreux adversaires dans les hautes sphères du régime s'en saisissent pour ternir une réputation de grand chef militaire certes usurpée, mais à laquelle il tient énormément. Pourtant, tout cela va se trouver relégué à l'arrière-plan par un coup de théâtre stupéfiant: le 7 décembre 1941, le Japon fait une entrée fracassante dans la guerre en bombardant la base navale américaine de Pearl Harbor. Les Japonais n'ont prévenu personne – pas même leurs alliés allemands –, et aux termes du pacte tripartite, Berlin n'a aucune obligation d'assistance: les signataires du pacte s'étaient engagés à se porter secours « en cas d'attaque par une tierce puissance », alors qu'en l'occurrence, c'est le Japon lui-même qui attaque une tierce puissance. Qu'importe ! Le 11 décembre, Hitler déclare la guerre aux États-Unis…

Rien n'indique que le Führer ait consulté ses ministres, ses diplomates ou ses militaires avant de prendre une décision aussi fatidique ; comme toujours, il agit sous le coup de l'inspiration – et de quelques préjugés tenaces: il surestime fortement le potentiel militaire japonais, sous-estime fatalement celui des États-Unis, et prévoit que ceux-ci seront hors d'état d'intervenir en Europe avant au moins un an. À cela s'ajoute sa satisfaction de pouvoir enfin attaquer dans l'Atlantique les convois de ravitaillement américains à destination de la Grande-Bretagne. Comme toujours, ses principaux acolytes Ribbentrop, Goebbels, Ley, Rosenberg,

---

* Himmler le laissera fusiller – pour l'exemple…

Goering et Himmler, quoique pris par surprise, s'inclinent devant cette initiative brusquée et s'emploient aussitôt à la justifier ; au matin du 12 décembre, lorsque Himmler annonce fièrement la nouvelle de la déclaration de guerre à Kersten, celui-ci demande :

« — Était-ce vraiment nécessaire ?

— Bien sûr, répond ce patient sous influence. Nous ne pouvions plus tolérer les provocations du valet des juifs Roosevelt…

— Et qu'en dit le peuple allemand ?

— On ne le lui demande pas ; il n'a qu'à obéir. Celui qui s'élèvera contre cette décision sera immédiatement écrasé par le Führer. Les juifs américains et leurs mercenaires se sont solidarisés avec les juifs anglais et russes, c'est pourquoi ils doivent être anéantis.

— Mais il n'y a pas que des juifs aux État-Unis…

— Je le sais, mais les non-juifs en Amérique sont dégénérés et ramollis ; ils laissent les juifs diriger et régenter. En Amérique, c'est le dollar qui règne, et il est entre les mains des juifs. Lorsque nous aurons gagné la guerre, nos seules conditions de paix seront : "Livrez tous les juifs à l'Allemagne." Des État-Unis, nous n'exigerons rien de plus. Avec les autres Américains, nous nous entendrons rapidement et amicalement[22] ! »

Cette fois encore, Heinrich Himmler n'a été que la voix de son maître ; c'est donc sans regret et sans appréhension que les dirigeants nazis vont glisser dans la nouvelle année – et dans une guerre devenue véritablement mondiale…

CHAPITRE V
L'INDICIBLE

Le 24 septembre 1941, Reinhard Heydrich a été nommé adjoint du gouverneur de Bohême-Moravie*, avec un titre éloquent: *Stellvertreter des Reichsprotektors*; c'est qu'au sens littéral, un *Stellvertreter* est davantage un remplaçant qu'un adjoint, et c'est bien de cela qu'il s'agit: le «protecteur du Reich» Constantin von Neurath ayant été jugé trop laxiste, Hitler a décidé de lui substituer un homme à poigne. À Hartzwalde, où Heydrich était craint comme le démon lui-même, la nouvelle a été accueillie avec un intense soulagement; dans le proche entourage du Reichsführer également, où Heydrich était unanimement détesté. Mais tous ont dû déchanter rapidement, car le nouveau maître de Prague, promu Obergruppenführer**, n'en a pas moins conservé la direction du RSHA – le service de sécurité protéiforme du IIIe Reich. C'est même à ce titre qu'il préside le 20 janvier 1942, dans une villa de Wannsee, la conférence de treize responsables nazis visant à mettre en place la «Solution finale de la question juive en Europe». Au cours des mois qui suivent, il sera donc le grand organisateur d'un mouvement de déportation et d'élimination sans équivalent dans l'histoire des crimes humains – à tel point que l'historien allemand Eberhard Jäckel pourra écrire: «L'architecte suprême du génocide ne fut pas Himmler, mais Heydrich. Il poussa Hitler lui-même[1].» Si la première phrase est parfaitement exacte, la seconde ne l'est

* L'actuelle Tchéquie.
** Général de corps d'armée (au titre de la police).

pas, car personne ne pousse Hitler – et moins encore depuis une position aussi subordonnée : Heydrich n'est qu'un exécutant – redoutablement efficace il est vrai…

Cette efficacité est naturellement très prisée de son supérieur direct ; Himmler ne cesse de chanter les louanges de son grand inquisiteur devant Kersten, qui en retire toutefois l'impression que leurs relations sont plus complexes qu'il n'y paraît : « Face à Himmler, qui semble toujours le traiter le plus amicalement du monde, Heydrich se comporte invariablement avec une servilité tout à fait inexplicable. Il donne à Himmler du "“Herr Reichsführer”, […] au lieu de simplement “Reichsführer”. Lors de leurs entretiens, le propos de Heydrich ressemble à peu près à ceci : “Certainement, Herr Reichsführer. Si c'est ce que désire le Herr Reichsführer, je prendrai sans délai toutes dispositions en ce sens et j'en rendrai compte au Herr Reichsführer. Oui, certainement ; oui, oui, c'est entendu* !” Il est clair qu'en tant que personnalité politique, Heydrich est bien plus dynamique qu'Himmler, et il en est parfaitement conscient. […] D'un autre côté, Heydrich bat immédiatement en retraite dès qu'Himmler manifeste quelque signe d'opposition, ou exprime un point de vue différent du sien. Himmler semble avoir quelque emprise secrète sur Heydrich, qui explique que ce dernier se soumette inconditionnellement[2]. »

Ce qu'est cette emprise, Himmler ne le dit pas à Kersten en ce début de février 1942 ; il lui faudra encore attendre quelques mois pour le découvrir. En revanche, le Reichsführer va lui faire une autre confidence de taille au matin du 8 février :

« — Je vais avoir besoin de toutes mes forces durant les semaines à venir. […] De nouvelles missions m'attendent.

Kersten lui ayant fait remarquer qu'il n'était guère en état d'augmenter sa charge de travail, Himmler reprend :

---

* Et certainement sur un ton haut perché, car ce colosse avait la voix d'une jeune fille prépubère.

— Au cours des semaines à venir, la Suède sera incorporée au Reich…

Une pause, puis :

— Oui, oui, ce sera une affaire plaisante. Vous pensez vraiment que nous pouvions tolérer que cet État de parasites continue à nous mener par le bout du nez ? Il nous faut vider cet abcès au milieu du *Lebensraum* grand-allemand. C'est le centre d'activité de tout l'espionnage mondial ; toute sa presse ne cesse de s'en prendre à l'Allemagne* et de plus, il nous faut davantage de minerai de fer – le double de ce qu'ils nous livrent actuellement. […] Une fois que nous serons en Suède et que nous aurons rasé Stockholm, nous aurons vite fait d'apprendre aux Suédois ce qu'est la pensée germanique…

Kersten se récrie :

— Mais c'est complètement idiot ! Si vous occupez la Suède, vous n'aurez plus de minerai de fer du tout… les Suédois détruiront leurs mines, ou du moins ils les rendront inutilisables. […] Et puis, il y aura une vague de sabotages dans tout le pays qui paralysera toute l'activité. Même si vous exécutez des centaines d'hommes, cela ne servira à rien.

Himmler répond en expert :

— Nous avons nos méthodes pour forcer les gens à travailler…

Mais Kersten insiste :

— Je suis sûr que vous faites fausse route. Ce sont des choses que vous pouvez peut-être faire avec les Russes ou les gens des Balkans, mais pas avec des Germains. Quand les stocks de vivres suédois seront épuisés, ce sera à vous de nourrir la population suédoise […], parce que vous ne pourrez tout de même pas la laisser mourir de faim. »

---

* C'est exact : la plupart des grands journaux suédois sont très critiques à l'égard du Reich, et Hitler ne cesse de s'en indigner.

Ce ne sont manifestement pas des arguments auxquels Himmler est sensible; Kersten tente donc une autre approche:

« — Je ne comprends pas comment vous, qui pensez d'habitude si logiquement et si intelligemment, pouvez vous apprêter à commettre une telle erreur. Vous n'aurez que des ennuis dans une Suède occupée; par contre, une Suède libre et indépendante serait à même d'assurer toutes les livraisons promises.

C'est déjà plus intelligible pour Himmler, qui répond:

— Je comprends; comme vous venez de ces pays de la Baltique, vous connaissez peut-être personnellement la Suède…

Kersten confirme qu'il est plusieurs fois passé par la Suède pour aller en Finlande, et que les Suédois lui ont fait l'effet d'un peuple laborieux et courageux, mais par-dessus tout respectable – et en outre incorruptible.

— Oui, admet Himmler, nous l'avons remarqué: avec des offres de pots-de-vin, nous n'arrivons à rien. Leur politique étrangère est si lisse qu'il n'y a aucun moyen de l'accrocher par la diplomatie…

C'est déjà un aveu, et notre thérapeute suédophile tente de pousser son avantage:

— Je crois que l'Allemagne aurait plutôt intérêt à laisser la Suède en paix.

— Vous le croyez vraiment? s'enquiert Himmler; Goering, qui connaît bien la Suède, est d'un autre avis.

Kersten, très au fait de l'antagonisme féroce opposant Himmler au bedonnant maréchal du Reich, lui demande innocemment s'il se conforme désormais aux avis de Goering. L'effet est immédiat:

— Pas du tout! Ce porc stupide peut aller au diable…

— Goering, reprend Kersten, peut avoir des motifs personnels pour préconiser une invasion de la Suède, peut-être pour satisfaire ses propres intérêts égoïstes…

— Ce n'est pas impossible. Je n'y avais pas pensé. [...] Je dois me rendre chez le Führer ce soir, et nous discuterons de cette question suédoise[3]. »

Et Kersten de préciser que, dès le 14 février, il est allé à l'ambassade de Finlande pour informer son ami l'ambassadeur Toivo Kivimäki de ce qu'il venait d'entendre...

Un tel plan d'invasion de la Suède a-t-il existé à cette époque, et une conversation aussi surréaliste a-t-elle vraiment pu se tenir ? La première objection saute aux yeux : jamais Hermann Goering ne se serait prononcé en faveur d'une attaque de la Suède, son « domaine réservé[4] » – il aurait même tout fait pour l'empêcher. Mais l'argument n'est pas probant, car Himmler, pourtant l'un des hommes les mieux informés du Reich, ne peut avoir aucune idée de ce qui s'est dit entre Hitler et Goering ; c'est que le Führer reçoit ses acolytes individuellement et compartimente soigneusement ses conciliabules* : *Divide et impera*** ! Le dernier Conseil des ministres du Reich s'est tenu en 1938, et depuis lors, les dignitaires du régime en sont réduits aux conjectures quant aux prises de position de leurs rivaux devant le Führer – et ils se fient plus souvent aux rumeurs fantaisistes qu'aux informations fiables.

En définitive, il n'y a qu'un moyen de vérifier la véracité de tout cela : si Kersten a effectivement prévenu l'ambassade de Finlande comme il le prétend, les diplomates finlandais n'ont pu manquer de communiquer des renseignements d'une telle importance à leurs homologues suédois. Dès lors, on devrait nécessairement en retrouver une trace dans les archives du ministère suédois des Affaires étrangères ; or, c'est bien le cas, ainsi qu'il ressort de la correspondance diplomatique de février 1942 entre l'ambassadeur de Suède à Berlin Richert et le chef de la section politique du ministère suédois des Affaires étrangères Söderblom – et surtout

---

* « J'ai un principe : je ne dis aux gens que ce qu'ils doivent savoir, et au moment où ils doivent le savoir... »

** Diviser pour régner.

des délibérations qui en résultent au sein du gouvernement suédois : « Des rumeurs et des informations diffuses au sujet d'une action imminente – ou du moins au stade de la planification – de la part de l'Allemagne ont été relayées par l'ambassade de Berlin pendant les premières semaines de l'année. [...] À la mi-février, ces rumeurs se sont intensifiées et ont été rapportées à l'ambassade par des sources habituellement fiables[5]. » Quelle source pourrait être plus fiable que l'ambassade de Finlande, avec laquelle les diplomates suédois sont en relation permanente ? – et « à la mi-février » de surcroît, alors que Kersten déclare précisément s'être rendu à l'ambassade le 14 février ! En tout cas, le gouvernement suédois ne prend pas l'information à la légère, puisque quelques jours plus tard, il annonce la mobilisation de l'aviation, de la DCA et de l'artillerie côtière, ainsi qu'un renforcement de l'armée de terre par le rappel sous les drapeaux d'environ 100 000 hommes[6].

Si les choses n'iront pas plus loin, c'est peut-être en raison de cette mobilisation partielle immédiate, d'un message personnel du roi Gustave V remis à Hitler le 24 février, et surtout du fait que l'état-major allemand vient d'estimer à quelque trente divisions les effectifs nécessaires pour conquérir la Suède[7]. Au vu de ses plans d'offensive imminente en Ukraine et au Caucase, le Führer a dû trouver une nouvelle aventure scandinave inutilement dispendieuse – du moins à ce stade[*8]. On voit en tout cas que les notes prises par Kersten à cette époque ne doivent rien à son imagination – même s'il se serait fait bien des illusions en croyant qu'une fois persuadé lui-même, Himmler convaincrait le Führer de renoncer à ses projets

* Himmler lui-même n'a pas voulu dire à Kersten – ou n'a pas su lui-même – ce qu'était l'origine de ces velléités d'occupation de la Suède. Depuis la fin de 1941, Hitler redoutait un débarquement britannique le long des côtes norvégiennes – en coopération avec une Suède pouvant prendre à revers les troupes d'occupation allemandes. Au moins concernant la Suède, c'était là une vision passablement paranoïaque des choses – mais on sait que le Führer est coutumier du fait.

d'invasion ; car en matière de stratégie, Hitler n'écoute que lui-même – et décide « avec l'assurance d'un somnambule* ».

Mais Kersten, qui a décidément de la suite dans les idées, mène auprès du Reichsführer d'autres combats contre une entreprise nazie tout aussi délétère : c'est le plan d'accaparement du marché noir en France, en Belgique et aux Pays-Bas, dont les préparatifs ont beaucoup progressé depuis septembre 1941. « Je choisis, se souviendra Kersten, de revenir sans cesse sur le sujet dès qu'une occasion s'en présentait – d'adopter en quelque sorte une tactique de harcèlement. [...] Je parvins à convaincre Himmler que les Hollandais étaient au fond d'eux-mêmes favorablement disposés envers l'Allemagne, mais qu'ils ne manqueraient pas de devenir hostiles si leur pays était soumis à un pillage économique. Quel bénéfice l'Allemagne tirerait-elle d'une Hollande pillée, que ce soit pendant ou après la guerre ? demandai-je. Cette Hollande, qui était après tout le fer de lance naturel de l'Allemagne contre l'Angleterre, devait être préservée dans toute sa puissance, etc., etc.[9]. » Mais tout cela va s'avérer inutile, car si Himmler veut bien se laisser convaincre, il n'a pas davantage de pouvoir sur l'économie du Reich que sur sa stratégie : cette funeste centrale d'achat en train de se constituer à La Haye, Paris et Bruxelles ne dépend pas de sa SS, mais du *Vierjahresplan* – le plan quadriennal du maréchal Goering.

On comprend dès lors que Kersten puisse se sentir déprimé par la vanité de ses efforts – d'autant qu'il est très éprouvé à l'époque par la perte de son père, décédé à l'âge respectable de quatre-vingt-onze ans, et qu'il a dû rester alité pendant plusieurs jours au début de mars. Même alors, il poursuit sa tâche avec acharnement ; on ignore à quelle affaire se rapporte ce message adressé le 5 mars à Rudolf Brandt, mais il est très révélateur du *modus operandi* de notre stakhanoviste du sauvetage humanitaire : « Votre appel téléphonique

* L'expression est d'Hitler lui-même.

m'a beaucoup effrayé. Je ne sais pas si vous m'avez tout à fait compris, c'est pourquoi j'envoie ma sœur à Berlin avec cette lettre. Je suis encore consigné au lit avec de la fièvre [...]. Je vous prie donc instamment de garder par-devers vous ce rapport de Rauter, et de ne le présenter en aucun cas au Reichsführer, avant que j'aie pu lui en parler et allumer des contre-feux. [...] Ce message est à détruire, afin qu'il ne tombe pas en de mauvaises mains[10]. »

Bien entendu, rien de tout cela n'empêche Kersten de revenir presque immédiatement soigner ses patients berlinois, et d'obtenir du premier d'entre eux quelques libérations supplémentaires – même par correspondance ; ainsi, le 15 juin 1942, cette lettre à Himmler : « Merci d'accepter la libération des douze officiers néerlandais. Merci aussi pour la libération des six Français et des trois Françaises. J'en appelle à votre compassion humanitaire et à votre sentiment d'équité germanique[11]. » Entre le 16 et le 20 mai, il va accompagner Himmler aux Pays-Bas, et le Standartenführer SS Wilhelm Harster, adjoint de l'Obergruppenführer Rauter, donnera avec un dépit évident une bonne idée des résultats obtenus : « Kersten vient ici huit jours*, et cinq jours après son départ arrivent les premiers ordres de libération. À plusieurs reprises, on a reçu ici des ordres du Reichsführer SS de libérer certaines personnes qui avaient été arrêtées. J'ai dit à Rauter : "Regardez ça, c'est encore une liste de damnés types que ce foutu médecin finlandais Kersten a soutirée au Reichsführer à coups de massages**[12]." » Il n'y a pas d'attestation plus éloquente...

Dans les QG de Berlin comme de Rastenburg, l'optimisme règne en ce printemps de 1942 ; c'est qu'en cinq mois, les Soviétiques, ayant contre-attaqué partout, n'ont pu percer nulle part. Le Führer estime donc que sa décision d'interdire tout recul était la bonne, et il se vante à tout propos d'avoir

---

* Cinq jours en réalité – mais le temps a dû lui paraître plus long.

** *Herausmassiert* : une expression forgée pour la circonstance, sans véritable équivalent français – mais parfaitement expressive.

« évité une débâcle napoléonienne » ; le fait qu'il ait pratiquement ruiné son aviation de transport et considérablement affaibli son armée pour tenir le front lui semble apparemment secondaire. Du reste, partout ailleurs ce printemps-là, le conflit paraît tourner en faveur de l'Axe ; à Malte, en Libye, en Malaisie, en Birmanie, dans l'Atlantique Nord comme dans le Pacifique Sud, les Britanniques et leurs alliés sont sur la défensive ou en pleine retraite. Avec Rommel aux portes de l'Égypte et les Japonais aux confins de l'Inde, les plus grands espoirs sont permis : *Deutschland siegt an allen Fronten*[*] !

Mais le 27 mai se produit un coup de théâtre – soigneusement préparé à Londres : Reinhard Heydrich, Reichsprotektor « adjoint » de Bohême-Moravie, est victime d'un attentat perpétré par des membres de la section tchèque du SOE[**]. Depuis huit mois, Heydrich s'était imposé dans le pays par la terreur, en faisant emprisonner et exécuter des milliers d'opposants ; mais le « bourreau de Prague » avait également réussi à se concilier les ouvriers des usines d'armement tchèques travaillant pour l'Allemagne, en améliorant substantiellement leurs conditions de vie. Pour les stratèges britanniques, c'est surtout cela qui le rendait dangereux – d'autant qu'il s'apprêtait à transposer ses méthodes en France occupée. Son erreur fatale aura été d'emprunter toujours le même chemin entre sa résidence et son bureau du centre de Prague, à bord d'une Mercedes découverte et non blindée, sans la moindre escorte[***]. Vers dix heures trente au matin du 27 mai, les parachutistes Jozef Gabčík et Jan Kubiš arrêtent sa voiture dans

* « L'Allemagne est victorieuse sur tous les fronts ! » – un slogan récurrent de la propagande du docteur Goebbels jusqu'en… 1945.

** Special Operations Executive, une organisation secrète britannique chargée par Churchill de « mettre le feu à l'Europe », en encadrant les mouvements de résistance locaux et en menant des opérations de sabotage, attentats et désinformation.

*** La veille, il avait assisté à un concert au palais Wallenstein, où était joué le prélude intitulé *Reinhards Verbrechen* – le crime de Reinhard –, composé en 1895 par son propre père, le chanteur d'opéra Richard Bruno Heydrich.

un virage serré, ne parviennent pas à l'abattre, mais lancent une grenade antitank qui explose à l'arrière du véhicule, en projetant des débris de portière et de siège dans le dos de Heydrich, qui s'écroule peu après. Transporté à l'hôpital, il subit une opération et ses jours ne semblent pas en danger ; mais le rembourrage des sièges qui a pénétré dans son dos étant constitué de crin de cheval, une infection se déclare au bout de six jours, et il meurt d'une septicémie le 4 juin 1942, à seulement trente-huit ans*.

À Berlin, des funérailles grandioses lui sont réservées : avec la disparition de Heydrich, Adolf Hitler perd l'organisateur suprême de la Solution finale, Heinrich Himmler un adjoint au zèle incomparable, et Felix Kersten un ennemi implacable qui avait juré sa perte… Le 9 juin, à l'issue de la cérémonie funèbre, Himmler reçoit les principaux chefs de section du RSHA et leur déclare qu'« il est impossible qu'un autre homme puisse jamais diriger l'appareil gigantesque du RHSA […] comme Heydrich l'aurait souhaité ». C'est pourquoi, « en accord avec le Führer, il va assumer lui-même la direction du RSHA, en attendant la nomination d'un successeur approprié[13] ». Peu après, il reçoit en privé le chef de la section VI (renseignement étranger) de l'organisation, Walter Schellenberg, et lui dit ceci : « Je me suis entretenu à plusieurs reprises avec le Führer au sujet de la succession de Heydrich. Vous-même n'entrez pas en ligne de compte ; pour le Führer, vous êtes trop jeune**, et pour moi, vous n'êtes pas assez dur. » Après quoi Himmler change brusquement de sujet : « Dites-moi très franchement quelles étaient vos relations avec Heydrich ces derniers temps… » Et sans attendre la réponse, il poursuit : « Avez-vous tenté de persuader Heydrich qu'il était le seul

* Les représailles contre la Résistance et la population tchèque seront terribles : plus de 1 200 morts, et le village de Lidice entièrement rasé, après le massacre de la plupart de ses habitants.

** Le Standartenführer Schellenberg n'a que trente-deux ans.

homme capable de succéder au Führer ? Heydrich lui-même m'avait laissé entendre quelque chose de ce genre, même de façon allusive. Veuillez vous expliquer[14]. »

Schellenberg n'a aucun mal à faire valoir qu'au vu des relations particulièrement tendues qu'il entretenait de longue date avec Heydrich, la dernière chose qu'il aurait pu souhaiter était son accession au pouvoir suprême. Mais la question du Reichsführer en dit très long : derrière une façade de grande cordialité et de coopération harmonieuse, Himmler se méfiait au plus haut point de Heydrich, à qui il devait son ascension foudroyante, mais qui, étant bien plus capable que lui à tous égards, risquait un jour de le supplanter dans ses fonctions – voire dans des fonctions plus hautes encore ; Himmler conservait donc un épais dossier contenant des pièces compromettantes pour son subordonné Heydrich, qui en avait lui-même constitué un de même nature sur son chef Himmler. C'est ce qui explique que, dès le décès de Heydrich, le Reichsführer se soit précipité à son chevet – pour récupérer les clés de son coffre[15] ! Il ne faut jamais l'oublier : nous sommes au beau milieu d'un nid de scorpions[16].

Tout cela a donné à Schellenberg le temps de s'expliquer, et Himmler, apparemment rassuré, a poursuivi : « Quelle que soit la personne nommée à la tête du RSHA, vous conserverez la responsabilité de la section VI, mais vous me serez directement subordonné. [...] Tâchez de mener une vie abstinente. À l'avenir, mon médecin personnel, Kersten, s'occupera de vous ; il vous examinera, et s'il le juge bon, il vous soignera régulièrement, comme il le fait pour moi. Il a déjà accompli des miracles, et son traitement devrait à coup sûr vous être très bénéfique. Kersten est finlandais et il m'est très dévoué. Vous pouvez donc lui faire confiance. Peut-être devrez-vous faire un peu attention, parce qu'il lui arrive de parler trop ; en plus, il est très curieux. Mais sinon, c'est une bonne pâte et il est extrêmement serviable. Bon, vous verrez vous-même[17] ! »

En reprenant les fonctions de Heydrich, Himmler va se trouver engagé plus profondément encore dans la mise en œuvre de la Solution finale ; déjà courroie de transmission des ordres du Führer, aiguillon, inspecteur et propagandiste, il va devoir se faire organisateur. Ce n'est pas son rôle de prédilection : cet exécutant fanatique et théoricien nébuleux n'a guère le sens pratique du bâtisseur ; à la différence d'Hitler, il sait certes donner des ordres parfaitement clairs, mais en théoricien hésitant, tatillon, surmené et procrastinateur, il a tendance à les donner dans le désordre, sans se préoccuper de savoir s'ils sont compatibles ou exécutables – le critère essentiel étant qu'ils puissent plaire à son Führer. Cela n'a pas échappé à Kersten, qui affirmera plus tard : « Himmler était capable d'ordonner, non de réaliser[18]. » Mais à ce stade, les fondations de l'entreprise d'extermination industrielle conçue par Heydrich sont déjà terriblement solides ; les juifs et les tsiganes du Reich, de Pologne, de Bohême-Moravie, de Slovaquie, d'Ukraine et des pays baltes ont été déportés et entassés par dizaines de milliers dans les principaux ghettos de l'Est : Theresienstadt, Varsovie, Cracovie, Kovno, Vilna, Grodno, Bialystok, Łódź, Lublin, Minsk, Czestochowa et des dizaines d'autres. De là, beaucoup ont été acheminés vers les Arbeitslager, les camps de travail de Mauthausen, Auschwitz I, Kaunas, Riga, Janowska, Płaszów et d'innombrables camps secondaires, où ils rejoignent les prisonniers soviétiques, les intellectuels polonais, les homosexuels, les socialistes, les témoins de Jéhovah, les résistants et les communistes ; dans ces camps, les conditions de vie sont abominables et le taux de mortalité effarant. Mais le comble de l'horreur est atteint avec la mise en service des nouveaux camps d'extermination d'Auschwitz-Birkenau, Belzec, Sobibor, et bientôt Treblinka* ; à partir du mois de juin 1942, la plupart des déportés de France, de Belgique,

* S'ajoutant aux deux camps déjà en service depuis l'hiver précédent : Chelmno et Majdanek.

des Pays-Bas et du Luxembourg sont convoyés directement vers ces camps de la mort.

Le 17 juillet, Himmler vient en personne inspecter les installations du camp d'Auschwitz, et il assiste au gazage de 449 juifs arrivés des Pays-Bas le matin même ; le commandant du camp, Rudolf Höss, déclarera par la suite : « Il a observé le processus d'extermination dans un silence total et n'a fait aucun commentaire[19]. » Il en fera tout de même quelques-uns peu après, sous forme d'ordres péremptoires : « Il faut que les cadavres soient brûlés plutôt qu'enterrés* » ; « La capacité de travail des survivants doit être accrue, en dépit de la réduction des rations » ; « Même si une partie des gardes d'Auschwitz va être envoyée au front, il est impératif d'empêcher les évasions par tous les moyens ». Mais au dîner du soir, l'homme est comme métamorphosé : débordant d'amabilité, galant avec les dames, parlant de l'éducation des enfants, d'art, de littérature, de voyages, de religion et de philosophie. « Je ne l'avais jamais vu ainsi », commentera Rudolf Höss[20]. C'est pourtant l'autre face du Janus de l'Ordre noir, celle qu'il sait si bien présenter à Felix Kersten...

À Auschwitz et partout ailleurs, Himmler, ayant laissé en place tout le personnel nommé par Heydrich, va se borner à pousser les policiers à une répression plus féroce, les commandants des camps de travail à une productivité accrue**, les bourreaux des camps de la mort à toujours plus de zèle, les médecins dévoyés à des expériences sans cesse plus terrifiantes***, et tous les officiers SS au respect du secret le plus absolu sur le

* Les fours crématoires ne seront installés que l'année suivante.

** Des industries d'armement, de munitions et de véhicules ont commencé à être installées aux abords des camps de travail, notamment à Buchenwald, Neuengamme et Auschwitz I.

*** Visant notamment à évaluer le degré de résistance humaine aux conditions extrêmes de froid et de manque d'oxygène – le tout au bénéfice (espéré) de la Wehrmacht et de la Luftwaffe ; il y a aussi des expériences de stérilisation massive, tandis que beaucoup d'autres, sous couvert scientifique, semblent surtout destinées à satisfaire le sadisme des praticiens.

LE SYSTÈME CONCENTRATIONNAIRE
Mer du Nord
Mer Baltique
Riga-Jungfernhof
Dantzig
Stutthof
Hambourg
Neuengamme
Štettin
TREBLINKA
Papenburg
Brême
Weser
Elbe
Ravensbrück
Esterwegen
Bergen-
Belsen
Sachsenhausen
Brest-Litovsk
Vistule
Warta
CHELMNO
Amsterdam
PAYS-BAS
Hanovre
Berlin
Poznan
Varsovie
SOBIBOR
Vught
Magdeburg
Lublin
Oder
ALLEMAGNE
Dora-Mittelbau
MAJDANEK
POLOGNE
Bruxelles
Rhin
Buchenwald
Breslau
BELZEC
BELGIQUE
Meuse
Erfurt
Dresde
Gross-Rosen
Auschwitz
Coblence
Theresienstadt
Cracovie
BIRKENAU
Plaszow
Main
Flossenbürg
Prague
Moselle
Hinzert
Monowitz
Nuremberg
BOHÊME-
MORAVIE
Paris
Sarrebrück
Nancy
HONGRIE
Danube
Seine
Schirmeck
Strasbourg
Augsbourg
Mauthausen
0
200 km
Linz
Vienne
Dachau
Natzweiler-
Struthof
FRANCE
Danube
Munich
Budapest
Principaux camps de concentration
Camps d'extermination
SUISSE
AUTRICHE
Berne

processus en cours dans ces antichambres de l'enfer… Dès la fin de 1941, Himmler a expressément interdit que les exécutions soient photographiées, «excepté pour raisons de service[21]», et en application stricte des ordres d'Hitler, il impose à tous ses subordonnés la *Tarnsprache* – «langue de camouflage»: ainsi, les documents ne doivent pas faire état de liquidations, mais il leur faut user d'euphémismes tels que «déportations», «assignations au travail», «transferts», «traitements spéciaux», «mises à l'écart», «solutions adaptées», «départs», «mesures d'application», «refoulements», «Action Reinhard», «évacuations», «actions spéciales», «déplacements», «éloignements», etc. *ad nauseam*[*].

Bien que les consignes de silence soient observées à la lettre, Felix Kersten ne peut ignorer entièrement qu'à moins d'un millier de kilomètres de Berlin, à l'est de la Pologne occupée, il se produit des abominations sans nom – d'autant que Himmler lui a avoué huit mois plus tôt les intentions génocidaires du Führer à l'égard du peuple juif; mais la logique et l'optimisme aidant, Kersten semble avoir longtemps cru que les dirigeants nazis, entièrement absorbés par l'effort de guerre, ne procéderaient à une élimination aussi massive qu'après la victoire. Quant aux camps «ordinaires» en Allemagne même – Konzentrationslager, Arbeitslager, Sammellager, Durchgangslager[**] –, il a manifestement ajouté foi aux propos du Reichsführer et de son entourage lui certifiant qu'il s'agissait uniquement d'«établissements de rééducation, où les malfaiteurs étaient convenablement traités et convertis en citoyens honorables et utiles à la société[***]».

C'est seulement en juillet 1942 qu'il ouvre les yeux, dans des circonstances qu'il racontera lui-même: «Il se trouve que je manquais de bras dans ma propriété de Hartzwalde,

* La signification d'autres termes de camouflage comme *Endlösung* (Solution finale) ou «NN» (*Nacht und Nebel* – Nuit et Brouillard) n'est devenue évidente pour tous qu'après la chute du Reich.

** Camps de concentration, de travail, de transit et de «court séjour».

*** Voir *supra*, p. 84.

alors que la période des récoltes approchait. C'est alors que j'ai appris que certains de mes voisins s'étaient procuré des travailleurs venus du camp de concentration de Ravensbrück. Je me suis donc adressé directement au commissaire agricole pour lui demander d'en mettre également à ma disposition. Le 27 juillet 1942*, on m'a donc envoyé dix femmes pour une semaine. [...] Par faveur exceptionnelle, elles avaient la permission de rester sur place pendant la nuit, car ma propriété était située assez loin de la voie de chemin de fer et, sur les 22 kilomètres menant au camp, la route était particulièrement mauvaise. [...] Ces femmes appartenaient à la secte des témoins de Jéhovah. Du fait de leurs convictions religieuses, elles avaient toujours refusé d'adhérer au parti nazi, et même de faire le salut hitlérien ; [...] comme elles considéraient la guerre comme un péché, elles refusaient également de participer à des travaux pouvant servir à la guerre, ce qui leur avait valu les pires châtiments : enfermées individuellement dans des cachots, elles avaient connu le fouet et subi toutes sortes d'humiliations. [...] Une fois leurs chaussures usées, elles n'en recevaient pas d'autres et devaient marcher pieds nus dans la neige pendant l'hiver ; il leur fallait travailler jusqu'à l'épuisement, et on les contraignait à des marches rapides auxquelles même des soldats en pleine forme n'auraient guère survécu. Avec cela, elles avaient reçu pendant des années des rations de famine ; maigres comme des squelettes, elles souffraient de nombre de maladies dues au manque d'hygiène et à la malnutrition[22]. »

Mais ce qu'elles ont à raconter est plus effrayant encore : « Elles ne me demandaient qu'une seule chose : le silence absolu, car s'il venait à se savoir qu'elles avaient parlé, ce serait pour elles la mort à coup sûr. Petit à petit, j'en vins à connaître davantage de détails, qui me firent comprendre

---

* Comme souvent, la date n'est pas fiable. Les faits ont dû se dérouler avant le 17 juillet ou entre le 20 et le 23 juillet, car Kersten n'était pas en Allemagne entre le 17 et le 20, et il n'y était plus à partir du 24.

pourquoi le peuple allemand savait si peu de chose au sujet des camps de concentration ; car dans le camp lui-même, les internées vivaient souvent sans rien soupçonner des meurtres constamment perpétrés contre leurs compagnes d'infortune. C'est ainsi qu'une des femmes, qui avait travaillé pendant des années dans la baraque d'habits du camp, [...] s'était aperçue un jour que les habits de plusieurs femmes qui étaient parties travailler le matin lui avaient été retournés le soir, alors que les femmes elles-mêmes avaient disparu. Où étaient-elles passées ? Après quelques jours, cette femme, qui avait posé la question à l'une des gardiennes, avait reçu une réponse assez claire, accompagnée d'une injonction de garder là-dessus un silence absolu – si elle tenait à la vie[23]. »

Kersten est sidéré : « J'étais édifié : les sombres pressentiments des dernières années, les craintes et les préoccupations de mes amis, tout cela se trouvait confirmé et même surpassé au centuple. Je savais qu'il me fallait faire quelque chose, mais quoi ? Je résolus de demander au plus tôt à Himmler confirmation de ces atrocités ; mais il me fallait attendre à cet effet une occasion favorable[24]. »

Si l'occasion tarde à se présenter, c'est que le front de l'Est vient de s'embraser à nouveau. Conformément au plan *Blau* élaboré au cours du printemps, Hitler veut partir de Koursk et de Kharkov, frapper à l'est en direction de Voronej, puis attaquer au sud et au sud-est pour détruire les armées soviétiques concentrées entre le Don et le Donets ; il établira ensuite une vaste ligne de défense allant de Rostov à Voronej en passant par Stalingrad sur la Volga, avant d'occuper le Caucase avec ses champs pétrolifères. Après avoir remporté entre mai et le début de juillet 1942 trois victoires écrasantes à Kharkov, Sébastopol et Voronej – en faisant plus de 500 000 prisonniers –, Hitler a lancé dès la mi-juillet deux armées vers Rostov et une autre en direction du sud-est, avec la Volga et Stalingrad pour objectifs. Le 16 juillet, il a établi son QG dans une forêt de pins à 12 kilomètres de Vinnitsa, au sud-ouest de Kiev ; depuis un camp de baraquements en rondins parfaitement camouflé dans la forêt, le Führer dirige désormais la campagne jusque dans ses moindres détails, et il va infléchir presque immédiatement sa stratégie : le 23 juillet, il ordonne que les attaques en direction de la Volga et du Caucase s'effectuent *simultanément* ; cela revient à diviser ses forces pour les faire combattre sur deux fronts opposés – et séparés par plus de 700 kilomètres de steppes, de forêts et de montagnes !

C'est que le premier stratège du Reich* n'est toujours pas troublé par des considérations de distance, de relief, d'état des routes, de conditions d'approvisionnement, d'épuisement des hommes et d'usure des matériels ; en outre, il ne se fie qu'à ses intuitions, dédaigne les rapports de ses services de renseignement, méprise ses généraux, rejette leurs conseils, veut attaquer partout à la fois, croit aveuglément à la toute-puissance de la volonté et sous-estime constamment l'adversaire. Tout cela est vrai, mais en cette fin de juillet 1942, entre Don et Donets, la Wehrmacht ne cesse d'avancer et l'Armée rouge reflue en désordre…

* Il n'y en a pas de second – c'est même ce qui causera la perte du premier.

OFFENSIVE D'ÉTÉ DE LA WEHRMACHT, 1942

QG d'Hitler — Offensives allemandes — Marais

Limites de l'avance allemande, mai 1942 — Zone pétrolière

Chapitre VI
Ligne de crête

Hitler ayant établi son quartier général en Ukraine, Himmler ne va pas tarder à le rejoindre. Le 24 juillet 1942, c'est chose faite ; le Reichsführer s'installe avec son état-major près de Jitomir, à environ 110 kilomètres au nord de Vinnitsa – et naturellement, il est accompagné de son thérapeute attitré, qui décrira ainsi leur nouveau cadre de vie : « Le QG de Jitomir était installé dans les locaux d'une école militaire soviétique, qu'il n'avait donc pas été nécessaire de reconstruire ou de modifier. Le premier étage du bâtiment principal était constitué d'un immense hall, parfaitement approprié aux réunions et aux conférences. J'étais l'unique civil, et mes possibilités de déplacement étaient assez limitées. En Prusse orientale, je pouvais faire de longues promenades en forêt ; à Jitomir, ce n'était pas possible. Je devais me contenter de déambuler le long du champ de tir, qui n'avait que cent mètres de longueur et était entouré de fil de fer barbelé. [...] Je ne pouvais que tourner en rond comme un prisonnier, en m'arrêtant de temps en temps pour observer les exercices de tir des soldats. C'était mon premier séjour en Russie, et cette restriction de ma liberté de mouvement m'irritait. "Si vous mettez un uniforme, vous pourrez aller où vous voudrez", m'a dit Himmler, mais j'ai refusé l'offre, comme d'habitude. Voyant que tout cela ne me convenait pas, Himmler a mis de temps à autre une voiture à ma disposition, et le jour de marché, j'ai pu aussi aller à Jitomir, sous protection*. Le pays

* Dans une autre version, il se souvient d'y être allé seul et sans protection, avant d'être sévèrement rappelé à l'ordre par le service de sécurité

que nous traversions me paraissait tout à fait irréel : des étendues jaunes, plates et infinies, écrasées sous le brûlant soleil d'été. Au marché, les gens étaient pittoresques dans leurs vêtements multicolores, mais paraissaient oppressés et craintifs ; ils se déplaçaient lentement et lourdement, comme dans un rêve. J'ai parlé à quelques-uns* et leur ai acheté des graines de tournesol[1]. »

Himmler, lui, ne pense pas à flâner : « Le 27 juillet, note Kersten, il est revenu de chez le Führer à cinq heures du matin. Cela avait été une réunion importante, où l'on avait discuté de la partition de la Russie d'Europe après la victoire. Himmler annonçait que le Führer était absolument convaincu que toute la résistance russe allait être oblitérée et qu'il fallait maintenant se dépêcher de préparer le partage de la Russie[2]. » En conséquence, Himmler a réservé les sols fertiles de l'Ukraine pour ses SS, et il propose généreusement à Kersten de lui attribuer un domaine dans la région – ce que ce dernier refuse poliment, en alléguant qu'il a l'intention de se retirer en Finlande une fois la guerre terminée. Après quoi Himmler en vient aux choses sérieuses : « Hitler désire que les juifs finlandais soient amenés en Pologne, à Majdanek. Il estime que la guerre sera bientôt finie, et qu'il faut donc se dépêcher d'éradiquer les juifs. [...] Le moment est particulièrement propice pour obliger la Finlande à faire des concessions au sujet des juifs, car ce pays souffre pour l'heure d'une pénurie aiguë de grain panifiable. Le gouvernement allemand a fait savoir qu'il était tout disposé à fournir ce grain, à condition que les juifs lui soient livrés. De fait, les provisions de grains dont disposent les Finlandais ne leur permettraient de tenir que jusqu'en septembre, et sans l'importation d'environ

---

d'Himmler. L'admonestation pouvait se justifier : trois mois plus tard, le pilote d'Himmler Carl Schnäbele, faisant la même escapade, sera massacré par des partisans ukrainiens.

* Probablement avec les rudiments de russe glanés à Yourieff, auprès de ses camarades d'école.

30 000 tonnes, ils seraient inéluctablement confrontés à une sérieuse crise alimentaire[3]. »

C'est bien ce marché qu'Himmler compte proposer – ou plutôt imposer – aux Finlandais lors de sa visite à Helsinki deux jours plus tard. Kersten s'empresse de communiquer la nouvelle à l'ambassadeur de Finlande Kivimäki*, qui l'adjure de persuader le Reichsführer de renoncer à ce voyage – et en cas d'échec, de l'accompagner coûte que coûte. « Le lendemain, j'ai donc déclaré à Himmler que son état de santé ne lui permettait pas d'entreprendre un voyage aussi fatigant. Mais mon patient a rétorqué que l'exigence pressante d'Hitler rendait ce voyage indispensable, sans parler du fait qu'il voulait inspecter les unités de Waffen-SS en Finlande du Nord ; là-dessus, il m'a proposé de l'accompagner en Finlande pour poursuivre le traitement[4]. » Himmler semble avoir ajouté que Kersten pourrait aussi faire fonction d'interprète durant cette visite.

Au matin du 29 juillet, le Reichsführer s'envole donc pour la Finlande, accompagné de Felix Kersten, de son aide de camp Karl Wolff et du personnel de sécurité habituel. Mais peu après leur atterrissage à Helsinki, Himmler est repris par ses crampes abdominales, et Kersten doit le soigner sans délai ; il racontera la suite en ces termes : « Comme nous étions seuls, j'en ai profité pour le persuader de l'inopportunité d'une discussion impromptue sur la question juive avec le gouvernement finlandais. Sous le coup de la douleur, il était plus malléable qu'à l'ordinaire, et il a fini par me donner son accord pour une prise de contact avec quelques hautes personnalités finlandaises. Le traitement terminé, Himmler, Wolff et moi nous sommes rendus à un déjeuner avec le président Ryti et son épouse. Du fait de son indisposition, Himmler a regagné son hôtel immédiatement après le repas, de sorte que j'ai pu

* On ignore comment il s'y est pris, car ses conversations téléphoniques étaient écoutées, et il lui était strictement interdit de parler une autre langue que l'allemand.

m'entretenir de l'objet de sa visite avec le ministre finlandais des Affaires étrangères, Witting. Nous nous sommes entendus sur le fait qu'il fallait avant tout essayer de faire traîner l'affaire en longueur. Diverses possibilités s'offraient à nous : la plus simple était de dire à Himmler que l'on ne pouvait livrer les juifs qu'avec l'accord du Parlement finlandais ; or, pour le moment, il n'était pas en session et ne se réunirait à nouveau qu'en novembre. Sans préciser exactement la position du gouvernement finlandais, on laisserait entendre qu'il était disposé à convoquer une session extraordinaire du Parlement, mais en même temps, on ferait remarquer à Himmler qu'une telle convocation au milieu de la guerre risquerait de déchaîner les passions politiques et de poser une série d'autres problèmes désagréables. En outre, on représenterait à Himmler que la livraison des juifs ne pourrait conduire qu'à une exacerbation du sentiment antiallemand – et ce d'autant plus que, durant la guerre d'Hiver et par la suite, un certain nombre de juifs avaient donné leur vie pour la Finlande ; aucun Finlandais ne comprendrait que l'on livre à présent les mères et les femmes de ceux qui s'étaient sacrifiés. D'un autre côté, il fallait tenir compte du fait que la Finlande se trouvait prise à la gorge par sa pénurie de grains. En vertu de toutes ces considérations, il a été décidé que le ministre Witting s'exprimerait dans le sens précité dès qu'Himmler soulèverait la question juive ; dans l'intervalle, j'emploierais mon influence auprès d'Himmler pour soutenir la position de Witting[5]. »

La suite est moins claire, car dans ses divers ouvrages, Kersten en donne plusieurs versions incompatibles – dont certaines sont en outre chronologiquement aberrantes. Toutefois, en se fondant sur l'agenda d'Himmler et la vraisemblance des faits, on retiendra la version des Mémoires en suédois, *Samtal med Himmler* : « De retour à mon hôtel, j'ai dit à Himmler [...] que le gouvernement finlandais acceptait en principe sa proposition concernant les juifs de Finlande. Mais j'ai ajouté qu'en pratique, l'exécution du plan se heurtait à certaines difficultés, et j'ai présenté les choses en termes si choisis qu'Himmler, au lieu d'être déçu et fâché, s'est déclaré au contraire parfaitement satisfait. Il a immédiatement demandé à être mis en relation téléphonique avec le QG d'Hitler, et a rapporté au Führer que les négociations évoluaient favorablement – ce dont Hitler s'est contenté pour le moment[6]. »

Cette communication a dû être établie dans la soirée du 29 juillet*, et dans l'après-midi du lendemain, Himmler part rendre visite au maréchal Mannerheim dans son QG de Mikkeli – après quoi il prévoit de passer quatre jours en visite d'inspection auprès des unités de la Wehrmacht et de la SS dans le nord de la Finlande, depuis Oulu jusqu'à Rovaniemi. Le civil Kersten, lui, a été laissé à Helsinki, et dans l'après-midi du 31 juillet, il est invité chez le président Risto Ryti, en compagnie du ministre Rolf Witting. Lors d'un long entretien, les trois hommes s'accordent sur le fait que « le vaisseau finlandais devrait lentement et discrètement s'éloigner des eaux allemandes ». Kersten ayant demandé si la Finlande ne devrait pas mettre un terme à toute coopération avec l'Allemagne, Witting lui répond : « Pour l'heure, c'est malheureusement impossible ; la Finlande ne peut se livrer aux Russes. Mais les idées et les propositions qu'apporte Himmler sont effarantes** ; la Finlande est un pays libre, dont la politique est régie par l'honneur et la justice. Elle ne peut ni ne veut extrader ses juifs[7]. »

Le 4 août, Himmler, de retour de ses visites d'inspection, est invité par le Premier ministre Rangell, devant lequel il soulève d'emblée la question des juifs de Finlande. Ayant reçu la réponse réfrigérante : « *Wir haben keine*

* Ou dans la nuit : Hitler est insomniaque.

** Himmler semble également avoir proposé à Witting, lors d'un entretien en tête-à-tête, que la Finlande entre en conflit avec la Suède, ce qui donnerait à l'Allemagne un prétexte pour envahir cette dernière. Sans rien en laisser paraître, Witting a été indigné par la malhonnêteté de la proposition.

Judenfrage[*8] », le Reichsführer, dont le courage n'est pas la vertu principale, s'empresse de faire machine arrière : « Je voulais emmener immédiatement les juifs finlandais avec moi, mais le Medizinalrat Kersten m'a expliqué que cela poserait des problèmes techniques pour le moment, et comme j'ai toujours été contre les mesures qui causaient trop d'émotion dans le public, il m'a semblé plus juste d'attendre que l'affaire soit traitée de façon plus discrète lors de la session ordinaire du Parlement en novembre[9]. » Naturellement, il n'en sera pas question en novembre, mais cet hiver-là, les Finlandais recevront leur grain, les juifs ne seront pas extradés, et Felix Kersten se verra décerner la croix de commandeur de l'ordre finlandais de la Rose blanche – en récompense d'autre chose que de ses services d'interprète[**]...

Le 6 août, sur le chemin du retour, Himmler a-t-il déjà l'impression d'avoir été floué ? Il confie en tout cas à Kersten : « Ce Ryti est un *Sir* anglais, il a été à l'école en Angleterre, et en plus, c'est un franc-maçon. Il ne sera jamais un ami du national-socialisme et il est certainement antiallemand[***]. Je le considère même comme un homme très dangereux. [...] Du reste, je me suis toujours méfié de ces francs-maçons Ryti et Mannerheim[****], et maintenant, je vois que j'avais raison[10]. »

À Jitomir, la vie quotidienne reprend son cours sous une chaleur écrasante, mal compensée par le froid de la nuit, l'humidité permanente de la forêt et l'assaut ininterrompu de moustiques voraces. La santé du Reichsführer laissant

---

* « Nous n'avons pas de question juive. »

** Qui n'avaient pas été requis : depuis le président jusqu'au Premier ministre, en passant par le ministre des Affaires étrangères et le maréchal Mannerheim, tous ces Finlandais parlaient parfaitement allemand...

*** Il y a beaucoup de vrai dans tout cela : Risto Ryti a été brièvement étudiant à Oxford, il est commandeur de l'ordre de Victoria (KCVO), incontestablement franc-maçon, nettement plus anglophile que germanophile, et tout à fait hostile au national-socialisme.

**** Le maréchal Mannerheim n'a jamais été franc-maçon.

toujours à désirer, les traitements de Kersten restent nécessaires, et il les dispense avec dévouement – sans oublier ses résolutions du mois précédent au sujet des camps de concentration : « Sans doute un médecin devait-il se contenter de guérir les maladies… mais il m'est apparu clairement qu'il me fallait agir si je voulais conserver ma tranquillité d'esprit. […] J'ai donc conçu un plan qui m'a semblé susceptible de m'aider auprès d'Himmler. Appelé au QG quelques jours plus tard, j'ai pris immédiatement l'offensive, en demandant avec une feinte naïveté s'il était vrai que les internés des camps de concentration étaient systématiquement torturés et assassinés. Himmler a répondu en riant : "Eh bien, Kersten, vous voilà victime de la propagande de l'ennemi ! Il est vraiment très fort en matière de propagation de fausses rumeurs sur notre compte !" J'ai rétorqué qu'il ne s'agissait pas de rumeurs ; ce que j'avais entendu provenait de source sûre… Himmler a immédiatement voulu savoir de quelle source il s'agissait. J'ai répondu : "Il y a quelque temps, j'ai rencontré à la légation de Finlande quelques Suisses qui s'apprêtaient à partir pour la Suède. Ils avaient des photos des camps de concentration qu'ils avaient achetées à des gardes SS…" Himmler est tombé aussitôt dans le piège, et il m'a interrompu : "C'est impossible ! Avez-vous vraiment vu des photographies des camps de concentration ? Ces messieurs sont-ils toujours en Allemagne ? Dans ce cas, il faut que je leur parle tout de suite." J'ai répondu que ces messieurs suisses étaient probablement déjà en Suède, et j'ai ajouté que, de toute évidence, les rapports sur les camps de concentration n'étaient pas que de la propagande. Alors, il a dit : "J'avoue qu'il peut se produire là-bas de temps à autre des choses regrettables – mais tout cela est déformé et exagéré. Pour l'amour du ciel, dites-moi : n'y a-t-il pas un moyen de racheter ces photographies ?" Lorsque je lui ai répondu que c'était tout à fait impossible, Himmler a eu l'air très préoccupé[11]. »

Désormais édifié, Kersten entreprend d'en savoir davantage, en suscitant les confidences du personnel de l'entourage d'Himmler : « Petit à petit, j'ai réussi à vaincre leurs réticences, et tout en me faisant jurer le silence, ils m'ont raconté des choses qui non seulement correspondaient aux effrayantes descriptions des femmes de Ravensbrück, mais encore les surpassaient de beaucoup. La plupart en avaient honte, [...] très peu tentaient de les justifier, presque tous s'accordaient pour dire que le peuple allemand était entièrement ignorant des conditions qui régnaient dans les camps [...]. Mais lorsque je faisais valoir qu'eux-mêmes occupaient des fonctions qui leur permettraient d'intervenir, ils se contentaient de hausser les épaules : ils étaient impuissants – et du reste, ce n'était pas leur affaire. [...] Lorsque je demandais pourquoi ils ne refusaient pas de participer à de telles atrocités, ils me regardaient d'un air déconcerté et répondaient : "Nous devons obéir, sinon nous serons tués nous-mêmes[12]." »

En ce milieu du mois d'août 1942, l'optimisme le plus complet reste de mise aux QG de Vinnitsa et de Jitomir : avançant vers l'est à marches forcées, la 6e armée du général Paulus a encerclé et détruit deux armées soviétiques devant Kalatch, à seulement 70 kilomètres de Stalingrad ; au sud, le groupe d'armées A du maréchal List a traversé les plaines du Kouban pour occuper Stavropol, Armavir et Maïkop. Le 19 août, Hitler confie à Goebbels que le grand assaut contre Stalingrad va commencer et que la ville sera capturée en huit jours, après quoi elle sera « entièrement rasée ». Il ajoute qu'il compte s'emparer de tous les champs pétrolifères du Caucase pendant l'été, assurer définitivement ses approvisionnements pétroliers et interrompre ceux de l'URSS, puis « faire irruption au Proche-Orient, occuper l'Asie Mineure, envahir l'Irak, l'Iran et la Palestine, et priver les Britanniques de leur ravitaillement en pétrole[13] ». À l'évidence, le Führer ne s'embarrasse toujours pas des considérations de temps, de distances et de moyens matériels...

Himmler, lui, se préoccupe plutôt d'aménager le terrain conquis ; il a exposé à Hitler ses idées sur l'édification en Russie de villages habités par des « paysans soldats* », et le lendemain matin, il accueille Kersten dans un état de grande excitation : « Vous ne pouvez pas savoir combien je suis heureux, Herr Kersten ! Non seulement le Führer m'a écouté, mais en plus, il s'est abstenu de m'interrompre constamment, comme il en a l'habitude. [...] Non, aujourd'hui, il est allé jusqu'à approuver mes propositions, en posant des questions et en attirant mon attention sur des détails importants auxquels je n'avais pas pensé** [...]. C'est le plus beau jour de ma vie ! »

Kersten le prie de s'allonger pour qu'il puisse débuter le traitement, mais Himmler n'entend même pas : « J'ai lié mes propos à l'idée de la défense de l'espace vital européen, à laquelle je savais que le Führer tenait essentiellement. Des villages habités par une paysannerie armée seront le fondement de la colonisation à l'Est – et en même temps de sa défense ; ils formeront le noyau du grand mur défensif de l'Europe, que le Führer va édifier après la conclusion victorieuse de la guerre. Des villages germaniques habités par une paysannerie militaire et formant une ceinture large de centaines de kilomètres – imaginez cela, Herr Kersten, quelle idée sublime ! [...] Lorsqu'il aura accompli cela, le nom d'Adolf Hitler sera le plus grand de l'histoire germanique – et c'est à moi qu'il a confié cette tâche ! »

---

* *Wehrbauern*. Dans *Totenkopf und Treue*, son « journal » publié en 1952, Felix Kersten fixe cette conversation au 16 juillet 1942, ce qui n'est pas raisonnable : à cette date, le Reichsführer SS n'avait même pas encore établi son quartier général à Jitomir ! En fonction de l'agenda d'Himmler, la date la plus probable est le 10 août, compte tenu de cette inscription : « Déjeuner avec Hitler à Vinnitsa le 9 août, 14 h-15 h. Traitement par Kersten à Jitomir le 10 août, 9 h du matin. »

** De fait, Hitler avait déjà exprimé son intérêt pour ce projet en avril 1942. Voir Henry Picker (éd.), *Hitlers Tischgespräche*, Berlin, Ullstein, 1989, p. 202.

Himmler extrait un document d'une pile de dossiers et le présente à son médecin ébahi :

« — Regardez, Herr Kersten, voici le plan d'un village de paysans armés germaniques, tel qu'il sera constitué à l'Est. Il comprendra entre 30 et 40 fermes, chaque fermier pouvant recevoir jusqu'à 120 hectares de terrain, en fonction de la qualité du sol. C'est ainsi que se développera une classe de fermiers indépendants et puissants financièrement. [...] Le chef de cette communauté fermière sera en même temps le commandant militaire du village de paysans armés.

« — Ce sera donc aussi une unité militaire ? demande Kersten.

— Bien sûr, ce sera même l'une des tâches les plus importantes confiées à ces villages de paysans armés. [...] Chaque village, avec ses 40 fermes, fermiers, fils de fermiers et métayers, formera à peu près l'effectif d'une compagnie [...]. Ils lutteront tous pour leurs propres fermes et pour leurs propres foyers. Chacun saura que les mesures à prendre n'ont pas été édictées par une bureaucratie éloignée, mais par des fermiers autonomes et se gouvernant selon les lois qu'ils auront eux-mêmes édictées.

Kersten, bien qu'encore sous le coup de la surprise, présente une première objection :

— Je conçois que le plan de colonie lui-même puisse être réalisé, mais lier cela au problème militaire me semble tenir du fantasme. Après tout, nous ne vivons plus à l'âge de Gustave Adolphe, qui pouvait combattre avec des armées de paysans et qui se contentait des armes les plus primitives ; aujourd'hui, on opère avec des tanks, des lance-flammes, des avions, etc. Dès lors, tout cela me fait surtout l'effet d'une belle manifestation de romantisme allemand. »

« Nous ne vivons plus à l'âge de Gustave Adolphe »... Comment Kersten pourrait-il savoir que, tout au contraire, le Führer vit entièrement dans l'esprit de la guerre de Trente Ans ? Que, de son propre aveu, l'une de ses plus grandes ambitions est de « liquider le traité de Westphalie[14] » ? Son *Pressechef* Otto Dietrich le décrira effectivement comme « un personnage venu du passé[15] », et Himmler n'est après tout que sa marionnette ventriloque. Mais Kersten, lui, a plutôt la mentalité d'un siècle plus rationnel – et plus civilisé –, ce qui ne facilite pas la compréhension entre les deux hommes :

« — Je vois, Herr Kersten, que vous vous croyez plus malin que le Führer [...]. Il a stipulé que chaque paysan armé devra rentrer chez lui avec son fusil, ainsi qu'avec son casque et tous les autres équipements. La plus petite unité aura des mitrailleuses, des armes automatiques et des grenades ; il y aura des tanks à l'échelon du bataillon.

Kersten reste dubitatif :

— Est-ce que les hommes accepteront de devoir toujours jouer aux soldats ? Les jeunes gens s'en satisferont pendant quelques années, et participeront même volontiers à des périodes d'exercice, mais ils ne seront certainement pas heureux d'être soumis en permanence à la discipline militaire...

— Cela, c'est notre affaire. Nous y remédierons rapidement par des méthodes psychologiques ; ce n'est qu'une question de dressage – tout à fait notre spécialité. [...] Les lâches viennent des villes, les héros viennent des campagnes. Il nous suffira de créer les bonnes conditions, et une nouvelle nation de héros émergera à l'Est[16] ! »

Mais les meilleures choses ont une fin, et Kersten notera : « Himmler avait encore oublié tous ceux qui l'attendaient dans l'antichambre – de même que son traitement ; j'ai donc proposé de le reporter au soir. "Mon Dieu, m'a dit Brandt quand je suis sorti du bureau, vous avez vraiment prolongé le traitement, aujourd'hui ! – Pas du tout, ai-je répondu ; aujourd'hui, c'est lui qui m'a administré le traitement. La tête me tourne encore de toutes ces histoires de paysans militaires, d'unités d'agriculteurs tireurs d'élite, de chasseurs de tanks et de parachutistes." »

C'est donc à Brandt que Kersten réservera sa conclusion: «Le Reichsführer ne connaît pas les fermiers; il s'en fait l'image idéalisée d'une paysannerie militaire germanique qui n'existe pas dans le monde réel. Le fermier est avant tout un égoïste; il sera certainement heureux d'obtenir une ferme à l'Est, mais s'il lui faut être constamment en guerre, le Reichsführer se heurtera rapidement à une opposition. [...] Le fermier est entièrement occupé par sa ferme, et il considère tout ce qui l'en détourne comme une perte de temps. Et puis, quel fermier acceptera de saccager son champ en roulant dessus avec un tank[17] ?» De fait, nous avons assisté à la conversation de deux anciens étudiants en agronomie, dont l'un a les pieds sur terre et l'autre ne les a plus...

Si, à ce stade, Felix Kersten a l'impression d'évoluer dans un asile d'aliénés administré par ses plus dangereux pensionnaires, on peut difficilement l'en blâmer; mais n'étant pas au bout de ses surprises, il note quelques jours plus tard: «20 août 1942*. Aujourd'hui, j'ai traité Himmler, qui souffrait de douleurs exceptionnelles. Une fois soulagé, il est resté allongé, s'est détendu, et ce que j'ai connu si souvent s'est reproduit: ses pensées, longtemps contenues, se sont écoulées en cascades [...]. La conversation a porté sur la mort de Heydrich. Hitler en avait été profondément affecté; elle avait représenté pour lui "davantage qu'une bataille perdue". Un destin vraiment tragique. Il allait être difficile de remplacer un homme aussi extraordinairement doué; Hitler avait d'autres grands projets pour lui[18].» Kersten saisit l'occasion de lui poser une question:

---

* Cette fois encore, la date ne peut être retenue: le 20 août, Himmler est en visite d'inspection entre Lvov (Lemberg) et Lublin – Kersten n'étant pas du voyage. L'entretien s'est certainement déroulé à Jitomir le 11, le 12 ou le 13 août – les trois dates de traitement indiquées dans l'agenda du Reichsführer. (Le plus vraisemblable est que Kersten avait omis la plupart des dates dans les notes prises à l'époque, et qu'il a dû les reconstituer tant bien que mal sept ans après la guerre.)

« – Selon certaines rumeurs, Heydrich n'aurait pas été entièrement aryen. Cela ne peut guère être vrai, n'est-ce pas ?

– Si, c'est exact.

– Vous le saviez auparavant, ou bien vous ne l'avez appris que depuis son décès ?

– Je le savais déjà lorsque j'étais à la tête de la police bavaroise ; j'en ai informé le Führer à l'époque, et celui-ci a convoqué Heydrich, il a eu avec lui un long entretien et en a retiré une impression très favorable. Plus tard, le Führer m'a dit que ce Heydrich était un homme extrêmement doué, mais aussi très dangereux, dont le mouvement devait exploiter les talents. Mais il ne fallait employer de tels hommes que si on les tenait bien en main, et ses origines non aryennes étaient très utiles à cet égard ; c'est qu'il nous serait éternellement reconnaissant de l'avoir gardé sans l'expulser, et il obéirait aveuglément. C'est bien ce qui s'est produit… »

Et Kersten d'ajouter : « Pendant qu'Himmler parlait, je me suis souvenu de l'attitude servile que Heydrich adoptait toujours dans ses relations avec lui, et cela m'a ouvert les yeux. » Mais Himmler poursuit :

– Le Führer pouvait en toute confiance charger Heydrich de tâches que personne n'aimerait endosser, en étant sûr qu'il les accomplirait au mieux – même l'action contre les juifs.

Kersten a un mouvement d'indignation :

– Alors, pour exterminer les juifs, vous avez utilisé l'un des leurs, que vous contrôliez ? C'est vraiment un jeu diabolique !

– Qu'est-ce à dire ? Lisez donc Machiavel et ses arguments sur la raison d'État, vous y trouverez bien mieux. Croyez-vous que les temps aient changé ? Les méthodes sont seulement devenues plus raffinées. Machiavel aurait agi exactement de la même façon, s'il avait fallu préserver l'État et employer à cet effet des forces pouvant être gardées constamment sous contrôle…

« Là-dessus, écrit Kersten, je me suis tu, et Himmler a conclu la conversation en me demandant expressément de garder le silence sur ce qu'il venait de me dire[19]. »

Puisque de nos jours, la plupart des historiens s'accordent pour dire que Heydrich n'avait pas d'ascendants juifs, on pourrait en déduire que la conversation rapportée ci-dessus est purement imaginaire. Mais ce serait oublier que les acteurs de 1942 ne se sentaient pas liés par les conclusions des historiens de 2020 ; les premiers étaient plutôt influencés par les informations et rumeurs circulant dans l'entre-deux-guerres, qui pouvaient se résumer ainsi : au début des années trente, un boulanger de Halle avait révélé que la grand-mère paternelle de Heydrich, qu'il avait bien connue, se prénommait Sarah et était juive. Reinhard Heydrich avait porté plainte contre le boulanger et gagné son procès, le « diffamateur » n'ayant pas été en mesure de fournir « la preuve matérielle de ses informations » ; mais lors d'une procédure en révision, ce boulanger avait demandé la consultation des registres ecclésiastiques et d'état civil de Halle, et l'on s'était aperçu que dans les deux registres, les pages correspondant au mois de mars 1904 avaient disparu*. En 1935 et 1937, Heydrich avait poursuivi en justice deux autres hommes qui prétendaient prouver son ascendance juive, mais avant que ces affaires ne passent en jugement, le premier s'était rétracté et le second avait « mystérieusement disparu ». En 1939, on croyait aussi savoir qu'au cimetière de Leipzig, la pierre tombale de Sarah Heydrich avait été remplacée par une autre portant simplement l'inscription : « S. Heydrich »[20].

Quelle que soit la valeur de ces informations, le fait demeure qu'elles étaient prises très au sérieux à l'époque ; elles avaient même alimenté un certain nombre de dossiers constitués par

* Reinhard Heydrich était né à Halle le 7 mars 1904.

les principaux hiérarques du parti nazi* – et même par certains militaires : ainsi, le général Hans Piekenbrock, chef de la section I de l'Abwehr**, se souviendra que son chef, l'amiral Canaris, détenait la copie intégrale des actes des trois procès susmentionnés, ainsi que la facture du marbrier de Leipzig qui avait changé la pierre tombale de Sarah Heydrich[21]. L'amiral en aurait même informé le petit-fils Reinhard, afin de se constituer une « assurance-vie » – pratique extrêmement courante sous le IIIe Reich[22]. Un autre chef du renseignement se prononcera dans le même sens : l'officier SS Walter Schellenberg, chef de la section VI du RSHA, et donc subordonné direct de Reinhard Heydrich : « Canaris m'a avoué lui-même, au cours d'une chevauchée matinale peu après la mort du chef du RSHA, qu'il avait – ou avait eu, je ne me souviens plus très bien – en sa possession la preuve formelle de l'ascendance juive de Heydrich[23]. » On admettra que, lorsque les chefs de section de deux services de renseignement aussi implacablement rivaux que l'Abwehr et la SS s'accordent au moins sur une chose, il est difficile de ne pas la prendre au sérieux – ce qu'a manifestement fait Heinrich Himmler lui-même…

C'est ce même Walter Schellenberg qui se rend le 12 août 1942 à Jitomir, sur convocation d'Himmler ; celui-ci a diverses missions à lui confier, mais Schellenberg a également une proposition assez inattendue à lui faire. C'est que le chef du renseignement SS, ayant longtemps étudié les capacités économiques et militaires des États-Unis comme de l'URSS, est parvenu au plus tard en janvier 1942 à la conclusion qu'une guerre contre ces deux grandes puissances coalisées était impossible à gagner ; il a donc décidé de demander à Himmler l'autorisation de prendre des contacts secrets avec les Alliés, afin d'évaluer les possibilités d'une paix de compromis ! Après lui avoir demandé s'il était devenu fou, le Reichsführer va

* À commencer par Martin Bormann, pour qui Heydrich constituait une menace permanente…

** Chargée du renseignement militaire à l'étranger.

passer par tous les stades émotionnels – indignation, incrédulité, incertitude, anxiété, résignation –, pour aboutir à un assentiment conditionnel; après tout, il faut bien se ménager une porte de sortie pour le cas où l'aventure militaire du Führer tournerait mal. Mais l'affaire est très risquée, et puis, pour espérer négocier valablement avec les Alliés, il faudrait d'abord écarter Ribbentrop du ministère des Affaires étrangères. En définitive, Schellenberg reçoit le feu vert pour prendre certains contacts exploratoires avec des intermédiaires en pays neutres. Mais la peur reprenant aussitôt le dessus, Himmler ajoute cette mise en garde caractéristique: «Si vous faites une faute grave dans vos approches, je vous laisserai tomber comme une patate chaude[24].»

L'agenda du Reichsführer indique que Schellenberg a bien été reçu à déjeuner avec sept autres officiers ce 12 août à 14 h, puis une nouvelle fois à 16 h 45 pour un entretien en tête-à-tête; or, le visiteur suivant, à 18 h 30, n'est autre que Felix Kersten[25]. Les deux hommes se sont donc nécessairement croisés... En fait, ils ont fait bien davantage; ce soir-là, Schellenberg, suivant la recommandation de son chef*, rend visite à Kersten pour un examen médical. Il est vrai que sa santé lui donne des inquiétudes: il maigrit beaucoup sans raison apparente, ce que les médecins SS ont imputé à des troubles hépatiques ou biliaires mal définis. Kersten et Schellenberg s'étaient-ils déjà rencontrés? Ils se sont tous deux beaucoup contredits à ce sujet**. En tout cas, Walter Schellenberg nous donne ce jour-là une description intéressante d'un homme qu'il sera amené à beaucoup fréquenter: «D'apparence physique, c'était un homme assez peu attrayant – une silhouette ronde, enveloppée, dont j'évaluais le poids à plus de 200 livres. Ses mains massives n'auraient jamais laissé deviner la sensibilité

* Voir *supra*, p. 105.

** Ainsi, Schellenberg affirmera dans ses Mémoires qu'ils s'étaient déjà rencontrés l'année précédente, mais il dira l'inverse à ses interrogateurs britanniques en 1945.

de ses extrémités digitales ; en outre, les iris de ses yeux bleu clair étaient curieusement cernés de noir, [...] ce qui donnait parfois à son regard un aspect étrangement perçant et reptilien. Avec cela, il se montrait bienveillant et amical – jovial même le plus souvent[26]. »

Kersten nous livre l'autre moitié du portrait croisé : « Schellenberg m'avait frappé par la correction de son comportement ; ce n'était pas un national-socialiste délirant, mais un militaire qui ne manquait pas d'intelligence et nourrissait une aversion instinctive pour la brutalité du système. [...] M'étant convaincu de la sincérité de cette aversion, j'ai entrepris de l'associer à mon entreprise[27]. » De fait, les deux hommes s'entretiennent pendant toute la nuit et sympathisent d'emblée : « Il s'avéra bientôt, se souviendra Schellenberg, que Kersten partageait entièrement mes idées au sujet d'une fin anticipée de la guerre ; il accepta même immédiatement d'user de son influence en ce sens auprès d'Himmler. [...] Pour ma part, je promis à Kersten de le protéger contre Müller[*28]. »

C'est là une bonne base d'entente, presque aussitôt scellée par la thérapie : le Medizinalrat Felix Kersten, ayant diagnostiqué ce soir-là une dysphrénie fonctionnelle** doublée de fortes tensions au niveau du duodénum[29], soulage son nouveau patient dès le premier traitement – et fera disparaître entièrement ses douleurs à l'issue du cinquième[30] ! Ce sont des choses qui entretiennent l'amitié ; leurs intérêts communs se chargeront d'entretenir également la complicité...

* Heinrich « Gestapo » Müller, le chef de la section IV du RSHA.
** Une malformation du diaphragme, pouvant occasionner des difficultés respiratoires.

CHAPITRE VII
L'OMBRE D'UN DOUTE

Avec l'automne de 1942, le triomphalisme a quelque peu régressé parmi les hauts responsables allemands ; au Caucase et devant Stalingrad, la résistance soviétique s'est considérablement durcie, et comme le confie Joseph Goebbels à son journal le 16 septembre : « Il faut bien admettre qu'en l'occurrence, les bolcheviks font preuve d'une énergie défensive dont très peu les auraient encore crus capables[1]. » Certes... D'autant que les puits de pétrole du Nord Caucase, qui étaient le principal objectif d'Hitler, ont été incendiés et obturés avant le retrait des armées soviétiques, si bien que la Wehrmacht n'en tirera pas une seule goutte d'essence ; et puis, les bombardements de l'aviation alliée sur l'Allemagne se sont beaucoup intensifiés, et ceux de septembre sur Karlsruhe, Brême, Düsseldorf, Francfort et Munich ont causé de sérieux dommages aux installations industrielles ; en Égypte, l'armée germano-italienne du maréchal Rommel s'est immobilisée à 100 kilomètres d'Alexandrie, devant une bourgade côtière nommée El-Alamein ; dans le Pacifique Sud, enfin, l'expansion japonaise a subi un coup d'arrêt au sud de l'archipel des Salomon, autour de la petite île de Guadalcanal.

En ce mois de septembre 1942, Hitler seul fait toujours preuve d'un optimisme inébranlable : la chute de Stalingrad n'est plus qu'une question de jours, et une fois prise, la ville sera entièrement rasée – avec ce qui reste de ses habitants ; quant à l'occupation des côtes géorgiennes jusqu'à Batoum, ce devrait être une simple formalité : « Les difficultés sont surmontables [...]. Il nous faut d'abord conquérir la route. Après cela, le chemin des plaines du Caucase du Sud sera libre, et là, nous pourrons en toute tranquillité faire cantonner nos armées et constituer des bases d'approvisionnement. [...] Alors, avec des forces minimes, nous serons à même de libérer la Perse et l'Irak ; les Indiens réserveront à nos divisions un accueil triomphal[2]. »

Himmler partage-t-il cet enthousiasme ? Admirateur servile et inconditionnel du Führer, il ne doute pas un seul instant de son génie stratégique – d'autant que les aptitudes militaires de Heinrich Himmler sont tout à fait comparables aux compétences économiques de Hermann Goering... Malgré tout, le Reichsführer n'a pu manquer de relever quelques faits troublants : les défaites successives des armées soviétiques depuis quinze mois ne semblent pas avoir entamé substantiellement leur capacité de résistance, ainsi qu'en témoignent les pertes disproportionnées que continuent à subir ses divisions SS ; l'exploitation des ressources agricoles, minières et énergétiques de l'Ukraine et de la Russie blanche s'est révélée décevante – notamment en raison d'une politique de terre brûlée ordonnée par Staline[3] ; l'essor du mouvement des partisans dans des régions qui avaient accueilli les Allemands en libérateurs l'année précédente est également une source de préoccupation croissante[*] ; enfin, il y a quelque chose d'assez peu rassurant dans le fait que le Führer ait cru bon de limoger en moins d'un mois son chef d'état-major, le général Halder, et le chef du groupe d'armées A au Caucase, le maréchal List ; au vu de quelques précédents récents[**], on pourrait soupçonner qu'ils ont servi de boucs émissaires...

---

* Mais le fanatisme d'Himmler l'a sans doute empêché de comprendre que les causes en sont à la fois les odieux massacres perpétrés par ses Einsatzgruppen et la cruelle incompétence des commissaires du Reich d'Alfred Rosenberg.

** Neuf mois plus tôt, à la suite de la contre-offensive soviétique de décembre 1941, le Führer avait déjà limogé trente-cinq généraux, les

C'est peut-être pour toutes ces raisons que le Reichsführer s'abstient de faire état des triomphes de la Wehrmacht lors des séances de thérapie matinales qui se succèdent sans interruption entre le 8 et le 23 septembre 1942[4]. En fait, c'est le plus souvent Kersten qui parle – cette fois encore pour vanter les mérites de tous ceux dont il demande la libération : Belges, Luxembourgeois, Estoniens, Lettons, Néerlandais, Français… et Norvégiens. Deux de ces derniers lui ont été particulièrement recommandés par l'ambassadeur de Finlande Kivimäki : le banquier et consul honoraire de Finlande à Oslo Johannes Sejersted Bødtker et le recteur de l'université d'Oslo Didrik Arup Seip* – tous deux arrêtés l'année précédente et envoyés en camps de concentration. Au cours des semaines suivantes, le second, interné à Sachsenhausen, va faire l'objet d'intenses marchandages : « Himmler me donnait des réponses dilatoires. Pourtant, j'ai fini par savoir […] qu'il ne pouvait être question de libérer le professeur Seip, parce qu'il s'était fait pincer pour vol ! Je me suis enquis des véritables raisons, et j'ai fini par savoir, grâce au docteur Brandt, que lors d'un déchargement de carottes, Seip en avait pris quelques-unes, ce qui lui avait valu une condamnation à cinq coups de bâton ! C'est ce que j'ai rapporté à Himmler ; il a fait vérifier l'information, qui s'est avérée exacte. Sur quoi je lui ai demandé s'il était conciliable avec la dignité d'un Germain que le professeur Seip – un homme de la même race – subisse un châtiment corporel. Himmler a semblé très affecté par toute l'affaire ; en tout cas, il a ordonné que le commandant du camp présente ses excuses à Seip. […] Pour finir, Himmler s'est déclaré prêt à le libérer, mais a refusé de le laisser rentrer en Norvège : il aurait la permission de travailler dans une bibliothèque de Munich et pourrait faire venir sa femme[5]. »

---

commandants des trois groupes d'armées engagés en Russie et le commandant en chef de l'armée de terre, Walther von Brauchitsch.

* Sans que les Allemands le sachent, le recteur Seip était l'un des dix membres du directoire de la résistance civile norvégienne, un organisme connu (des seuls initiés) sous le nom de *Kretsen* – le Cercle.

Le 31 octobre 1942, au camp de concentration de Sachsenhausen où sont entassés 16 000 prisonniers de toutes nationalités – dont des milliers meurent chaque mois de privations, d'épuisement et de mauvais traitements –, le recteur Seip, considérablement amaigri, est pris en charge par deux SS et conduit à Berlin. Son nouveau lieu de détention sera la *Hausgefängnis** du 8, Prinz-Albrecht-Strasse – le siège de la Gestapo –, ce qui ne laisse rien augurer de bon. Mais à partir de là, le recteur va aller d'étonnement en stupéfaction : on lui demande s'il préfère une cellule individuelle, et ses interrogatoires prennent l'aspect d'interviews au cours desquelles il doit parler de sa jeunesse, de ses études et de ses voyages ! Pourtant, ce n'est encore rien : le 23 décembre, il reçoit la visite d'un « général Müller » en grand uniforme**, qui lui présente les excuses du Reichsführer Himmler pour les sévices qu'il a subis, en ajoutant : « Je tiens à vous faire savoir que les coupables ont été punis[6]. » Et la veille de Noël 1942, Seip est embarqué dans un train à destination de Munich, où on le loge au Vier Jahreszeiten – le meilleur hôtel de la ville ; trois jours plus tard, il y est rejoint par son épouse venue d'Oslo, et informé qu'il pourra poursuivre ses recherches à la bibliothèque universitaire de Munich[7].

Comme tous ces prisonniers libérés sur ordre d'Himmler, le recteur Seip ignore complètement à quoi il doit sa bonne fortune ; mais après la guerre, dans un livre très émouvant intitulé *Hjemme og i fiendeland* (Au pays et chez l'ennemi), il écrira ceci : « En décembre 1945, l'ambassadeur [de Suède à Berlin] Richert m'en a révélé davantage : en 1942, alors qu'il séjournait en Suède, le prince Eugène*** l'avait prié de tout entreprendre pour me faire libérer. Richert avait répondu qu'à ce stade, il n'avait aucune influence à Berlin, mais qu'il

* Prison interne, littéralement : « prison de la maison ».

** On aura reconnu le Gruppenführer Heinrich Müller, dit « Gestapo Müller ».

*** Eugène Bernadotte, le plus jeune frère du roi de Suède Gustave V.

demanderait à son collègue finlandais Kivimäki de se charger de l'affaire. Celui-ci avait tenté de négocier avec le ministère des Affaires étrangères allemand, mais en vain ; dès lors, il s'était adressé au médecin d'Himmler, le Medizinalrat germano-balte de nationalité finlandaise Felix Kersten, qui avait persuadé Himmler de s'occuper de mon affaire[8]. » Avec les résultats que l'on connaît…

Mais sans qu'il le sache, le recteur Seip n'est pas hors de danger. « Je pensais la question réglée, se souviendra Kersten, mais quelque temps après, grâce aux renseignements du docteur Brandt, j'ai appris que le commissaire du Reich en Norvège, Terboven*, avait écrit à Himmler pour lui exprimer son indignation au sujet de la libération de Seip et avait exigé son exécution, en raison du grand danger que représentait ce Norvégien. Dans sa lettre, Terboven suggérait que l'homme soit "abattu au cours d'une tentative de fuite"[9]. » Pour Felix Kersten, c'est un cruel dilemme : comment soulever à nouveau la question devant Himmler, sans révéler qu'il lui arrive de lire le courrier du Reichsführer avant même que celui-ci puisse en prendre connaissance ? D'un autre côté, il n'est pas question de laisser abattre le professeur Seip… Kersten va donc devoir se surpasser – et recourir à quelques ruses ayant fonctionné dans le passé : « En prétendant avoir entendu dire par les Finlandais que Terboven voyait en Seip un grand ennemi de son administration, j'ai demandé à Himmler ce qu'il ferait si Terboven exigeait l'exécution de Seip ; Himmler, à qui ma question a quelque peu déplu, m'a répondu que l'affaire était réglée, et que Terboven ne formulerait certainement pas une telle exigence – mais que si, contre toute attente, il le faisait malgré tout, lui, Himmler, refuserait à coup sûr[10]. »

* Josef Terboven, ancien gauleiter d'Essen et protégé du maréchal Goering, est un dangereux truand très alcoolisé, dont les relations tendues avec le « ministre-président » norvégien Quisling sont très comparables à celles de Seyss-Inquart avec Mussert aux Pays-Bas.

C'est effectivement une attitude maintes fois observée chez cet étrange bureaucrate de la mort : une fois un engagement pris, même avec réticence, Himmler tient essentiellement à l'honorer. Voilà pourquoi l'honorable recteur norvégien pourra poursuivre ses recherches à la bibliothèque universitaire de Munich, puis à celle de Berlin, sans jamais être inquiété…

Son compatriote Bødtker, lui, n'en est pas quitte pour autant : enfermé dans le sinistre camp de Grini, près d'Oslo, il est à la merci du Reichskommissar Terboven, et ses jours sont manifestement comptés : « Lorsque Himmler m'a confirmé la libération du professeur Seip, se souviendra Kersten, il a ajouté que je devais m'en contenter, et que dans le cas de Bødtker, il ne pouvait rien faire. D'après lui, la grève des théâtres avait été organisée par les services secrets britanniques, et Bødtker y avait pris part* ; il n'échapperait pas à la corde. J'ai attiré son attention sur le fait que la pendaison d'un consul général finlandais dans la période actuelle ne serait pas précisément de nature à promouvoir la bonne entente entre la Finlande et l'Allemagne. Après de longues négociations, Himmler a fini par se déclarer disposé à parler de l'affaire avec le commissaire du Reich Terboven, qu'il devait bientôt rencontrer à Berlin[11]. » C'est donc un sursis à exécution, en quelque sorte, mais Kersten ne compte pas lâcher l'affaire.

Il a pourtant bien d'autres engagements à l'époque, ainsi qu'en témoignera son principal « correspondant » à La Haye, Jacobus Nieuwenhuis : « Kersten m'a demandé de revenir à Berlin, et cette fois encore, il s'est occupé de mon visa. À Berlin, […] il m'a appris que l'action contre le marché noir allait démarrer dans très peu de temps ; il avait

* Cette grève de cinq semaines avait été déclenchée en mai 1941 à Oslo, Bergen et Trondheim, en réaction à la révocation des permis de travail de six acteurs ayant refusé de participer à des émissions de la radio nationale NRK, contrôlée par les nazis.

déjà essayé de faire intervenir Himmler, mais jusque-là sans succès – principalement parce que l'action devait être entreprise dans le cadre du plan quadriennal de Goering. Dès lors, je devais avant tout le tenir précisément et ponctuellement au courant de l'action, car avec des faits précis, il pourrait certainement obtenir davantage[12]. »

Rien n'est moins sûr, ainsi que Kersten le reconnaîtra lui-même : « Pendant longtemps, Himmler n'a rien voulu savoir ; il n'arrêtait pas de répéter que dans cette affaire concernant Hitler et Goering, lui-même était incompétent. J'avais plutôt l'impression qu'il n'était pas personnellement opposé à l'entreprise, tout simplement parce qu'il y avait là quelque chose à ramasser pour le IIIe Reich. N'avais-je pas trouvé une fois [...] au QG d'Himmler un livre intitulé crânement *La Loi du plus fort au Moyen Âge* ? Cela m'a paru particulièrement éclairant pour expliquer l'arrière-plan de cette affaire de marché noir[13]... »

Mais ce ne sont pas les seuls engagements de Kersten durant cet automne particulièrement chargé ; il a également à connaître de l'affaire Kieschke – un exemple presque caricatural du fonctionnement des institutions du IIIe Reich : au printemps de 1942, Hitler s'était plaint amèrement des dysfonctionnements du système des transports vers le front de l'Est, et il en avait rendu responsable le secrétaire d'État Kleinmann. Mais celui-ci, ancien compagnon de lutte, militant en vue du parti nazi et carriériste acharné, ne pouvait être remercié sans une compensation adéquate ; de fait, il n'avait accepté de se retirer qu'à condition de se voir confier la direction de Mitropa – la compagnie européenne des wagons-lits et wagons-restaurants. Or, celle-ci avait depuis dix-sept ans un directeur nommé Werner Kieschke, qui n'était certes pas membre du parti national-socialiste, mais s'acquittait fort consciencieusement de sa tâche. Qu'à cela ne tienne : des rapports anonymes ont commencé à circuler au sujet du manque d'efficacité de la compagnie, il y a eu une série d'accidents mystérieux, et le secrétaire d'État Kleinmann, fort de l'appui du Parteiminister Bormann, a exigé l'arrestation de Werner Kieschke.

En désespoir de cause, ce dernier s'est adressé à Felix Kersten – un ami de quinze ans –, qui racontera la suite en ces termes : « Est-ce que j'accepterais de me mouiller pour lui ? Bien évidemment ! Les éléments à charge transmis à Himmler étaient au nombre de quatre : Kieschke n'était pas membre du parti, il s'était exprimé devant témoins en termes méprisants au sujet de certaines théories national-socialistes, il avait en plusieurs occasions traité ses subordonnés d'une manière incompatible avec les principes du IIIe Reich, et – pire que tout – la mère de sa grand-mère était juive. Kleinmann lui-même apportait les preuves des quatre chefs d'accusation avancés ; il affirmait que Kieschke et son épouse présentaient un danger pour le peuple allemand, et il réclamait leur arrestation, ainsi que leur internement dans un camp de concentration. J'ai décidé Himmler à s'intéresser personnellement à l'affaire. Pour finir, Kieschke a été contraint de démissionner de la direction de Mitropa, Himmler étant d'avis que l'arrière-grand-mère juive constituait un obstacle insurmontable à son maintien en fonction. Mais il m'a promis l'abandon de toutes poursuites ultérieures contre Kieschke et son épouse. Kieschke et moi sommes tombés d'accord sur le fait que c'était là le traitement le plus favorable que l'on puisse attendre[14]. »

C'est en effet le cas, dans cette Allemagne de cauchemar où l'on va jusqu'à outrepasser les lois de Nuremberg*, où l'on crée des « juifs d'esprit », des « aryens d'honneur »,

* « § 2.2. Est métissée de Juif la personne qui descend d'un ou deux grands-parents qui sont racialement des Juifs intégraux. § 5.1. Est Juif celui qui descend d'au moins trois grands-parents qui sont racialement des Juifs intégraux. »

des «juifs économiquement utiles*» et même des aryens de contrefaçon**... Mais s'agissant du traitement réservé aux juifs dit «intégraux», Kersten avoue son impuissance, et il en souffre manifestement: «Je me demandais ce que je pouvais faire [...] pour ces infortunés, sur qui pesait une menace d'anéantissement total. Je savais que dans ce combat solitaire, il m'était impossible de m'appuyer sur une instance supérieure. Je tentais d'intervenir en faveur de patients et de connaissances juifs allemands et néerlandais qui avaient sollicité mon aide, mais les résultats étaient minimes. [...] Lors de mes démarches en leur faveur, je ne rencontrais que dérision et me trouvais moi-même attaqué. Ainsi, on m'a dit plus d'une fois que je devais être corrompu par des juifs; une autre fois, on a exprimé le soupçon que j'avais moi-même du sang juif. Mon comportement semblait hautement suspect à ceux pour qui il était impossible qu'une personne consciente de sa race intervienne en faveur de la lie de l'humanité. Petit à petit, il m'arrivait d'obtenir la libération de quelques-uns, ou du moins de leur apporter de l'aide sous une forme ou sous une autre, mais dans l'ensemble, le résultat de mes tentatives restait dérisoire. Dans le cas des juifs, on se heurtait partout à un rejet borné[15].»

Au début d'octobre 1942, Kersten se rend à Rome avec son épouse; Ciano lui a lancé une invitation pressante, et Himmler, qui doit lui-même aller en Italie le 11 octobre, a donné son accord sans difficulté. Une fois sur place, Kersten trouve l'atmosphère très changée depuis sa dernière visite: «Le pays grouillait d'Allemands et bouillait de mécontentement. Après les terribles défaites de Graziani et du duc d'Aoste en Afrique, le trouble régnait en Italie, chez les

---

* *Wirtschaftlich Wertvoller Jude* ou WWJ.

** Comme Robert Ley, le chef de l'Arbeitsfront, devenu aryen après avoir obtenu de l'état civil l'effacement de la lettre *v* du milieu de son patronyme.

civils comme chez les militaires, et les exigences de paix rendaient l'atmosphère orageuse. La *guerra fulmine** du Duce avait traîné en longueur et s'était transformée en guerre d'attrition[16]. »

C'est bien ce qui chagrine le Führer, et son loyal serviteur Himmler s'en entretient avec Mussolini dès le soir de son arrivée à Rome. Le lendemain 12 octobre, Kersten en apprend les résultats de la bouche même du Reichsführer : « Le but du voyage, m'a-t-il dit, était de mettre de l'ordre dans les affaires italiennes. Les Italiens opposaient partout une résistance passive à la guerre ; le parti de la paix, auquel appartenait Ciano, ne cessait d'augmenter en nombre et en influence. Mais le Führer était fermement décidé à soutenir le Duce et, si nécessaire, à désarmer les militaires italiens et à occuper le pays** ; l'Italie actuelle n'avait plus le droit d'exister. La maison royale et la noblesse étaient achetées par l'Angleterre. Himmler a ajouté qu'il avait traité à fond du problème avec le Duce, mais celui-ci lui avait demandé de renoncer pour l'heure à une occupation : il se chargerait lui-même de reprendre fermement les choses en main[17]. »

Le même soir, une grande réception est donnée en l'honneur d'Himmler à l'hôtel Ambassadore, et Kersten note : « Ciano m'a invité aussi. Tous les chefs du parti fasciste devaient être présents, ainsi que les membres du gouvernement italien. Après le repas, Buffarini*** et moi avons rejoint Himmler et Ciano ; celui-ci a relaté à Himmler les bénéfices extraordinaires qu'il avait retirés de mon traitement. Himmler a répondu qu'il ne savait pas comment il aurait pu vivre sans mon aide : "La thérapie de Kersten est tout à fait unique, a-t-il dit, c'est un grand magicien, un Bouddha, et

---

* Guerre éclair : une version italienne (très ralentie) du *Blitzkrieg* allemand.

** Une préfiguration exacte – et très peu connue – de ce qui se produira effectivement onze mois plus tard…

*** Le ministre de l'Intérieur.

nous avons tous de bonnes raisons de lui être reconnaissants. Il est parvenu à traiter mes maux d'estomac, là où tous les autres docteurs avaient échoué. [...] Le seul reproche que je puisse lui faire, c'est qu'il n'accepte ni gratifications ni distinctions." À quoi Ciano a répondu en riant : "Dans ce cas, nous, Italiens, pouvons être fiers, car il a accepté la distinction que nous lui avons conférée*." La conversation me devenant pénible, je me suis contenté de dire que le seul honneur que je briguais était la satisfaction de mes patients et le soulagement de ceux qui souffraient. Alors, Himmler a enchaîné : "Oui, mais notre Bouddha me cause bien du souci ; il trouve toujours des excuses pour me demander la libération d'hommes qui s'opposent à nos idéaux et à notre effort de guerre. La plupart sont des Hollandais, des juifs et des traîtres allemands ; et il est si incroyablement obstiné et persistant que je dois toujours lui céder." Et lorsque Ciano a surenchéri amicalement qu'"on ne pouvait rien refuser à Kersten", Himmler a repris : "Justement, notre Bouddha le sait bien, et c'est pourquoi il revient toujours à la charge." Là-dessus, notre conversation a été interrompue à l'approche de quelques autres convives[18]. »

Le comte Ciano mentionnera effectivement dans son journal « *il dottor Kestner* [*sic*], que Himmler appelle le Bouddha magique, et qui guérit tout avec des massages[19] ». Ciano a même vanté à son beau-père les exploits de ce prodigieux thérapeute, mais le Duce, bien que souffrant cruellement d'un ulcère à l'estomac, ne s'est pas montré intéressé – de sorte que Felix Kersten ne comptera jamais Benito Mussolini au nombre de ses patients...

Après le départ d'Himmler deux jours plus tard, Ciano, Buffarini et plusieurs autres membres du gouvernement confient à Kersten leurs inquiétudes au sujet des ingérences allemandes et de la tournure prise par la guerre partout

---

* L'ordre de Maurice et Lazare ; voir *supra*, p. 67.

alentour. Ces alarmes sont pleinement justifiées : en Libye et en Égypte, les militaires italiens, traités par les officiers de l'Afrika Korps en alliés subalternes, souffrent presque autant des privations et des humiliations allemandes que des bombes et des obus anglais ; en Méditerranée, des milliers de marins périssent lorsque les convois de ravitaillement italiens à destination de Tripoli et de Benghazi sont torpillés par les sous-marins de la Royal Navy ; enfin, depuis plus d'un mois, des bombardements aériens particulièrement intenses ont touché les villes de Rome, Turin, Milan, Gênes et Brindisi.

Pourtant, tout cela n'est rien encore ; Kersten est toujours à Rome au début de novembre 1942 lorsque tombe l'annonce de la défaite complète de l'Afrika Korps devant El-Alamein – les Italiens, à court d'essence et abandonnés par leurs alliés allemands, constituant la très grande majorité des 31 800 hommes faits prisonniers. Et pour les Italiens comme pour les Allemands, le pire est encore à venir : au matin du 8 novembre, les troupes anglo-américaines débarquent en Algérie et au Maroc. Ce jour-là, Ciano déclare à Kersten : « Les Alliés ont choisi le mauvais endroit ; ils auraient dû débarquer à Gênes* ! Alors l'Italie serait sortie de la guerre… Maintenant qu'ils sont en Afrique, il nous faut continuer à combattre, et cela signifie que pour nous, la guerre va traîner en longueur. Beaucoup d'Italiens vont encore devoir mourir – et pour quoi ? Pas pour l'Italie, mais pour l'Allemagne nazie[20]. »

Avec en outre un minimum de reconnaissance ; le 18 novembre, Himmler déclare à Kersten, revenu de Rome deux jours plus tôt : « Je commence à croire qu'avec une seule exception – celle de Mussolini –, tous les Italiens sont des traîtres à la cause de l'Axe. Mais attendez un peu ! Un beau jour, les SS prendront Rome et captureront le pape !

* Une entreprise bien périlleuse ! Winston Churchill lui-même, pourtant stratège téméraire, ne s'y serait pas risqué cette année-là.

[...] Je ferai en sorte d'être présent en personne quand on le pendra avec ses plus beaux habits et sa tiare sur la tête. Lorsqu'il se balancera sur le gibet et que la tiare tombera de sa tête pour rouler dans la poussière, ce sera le symbole de la chute de Rome. [...] Les catholiques et les juifs travaillent main dans la main pour dominer le monde. [...] Pour le moment, nous avons les mains liées, et pour des raisons diplomatiques, il nous faut dissimuler nos véritables intentions ; mais une fois que nous aurons gagné la guerre, Hitler réglera ses comptes avec l'Italie et l'Église catholique romaine[21]... »

Sans doute, mais pour l'heure, il y a d'autres urgences : le débarquement allié en Afrique du Nord a contraint les Allemands à lancer en France l'opération *Anton* d'occupation de la zone libre pour s'assurer le contrôle de la côte méditerranéenne, et à organiser un pont aérien depuis la Sicile pour gagner les Alliés de vitesse et déverser 50 000 hommes en Tunisie. Du sud au nord et d'est en ouest, c'est une véritable course contre la montre pour colmater les brèches les plus béantes ; c'est que la situation s'est également beaucoup dégradée sur le front de l'Est, depuis ce mois de septembre où Hitler décrétait que « les Russes sont à la dernière extrémité » et que « la résistance à Stalingrad est à considérer comme une affaire purement locale[22] ». Depuis lors, en effet, les 22 divisions et les 280 panzers de la 6e armée du général Paulus ont certes pénétré dans la ville détruite par les bombardements aériens du mois d'août, mais les soldats soviétiques du général Tchouikov se sont retranchés dans les grandes usines longeant la rive occidentale de la Volga ; les multiples offensives du mois d'octobre se sont révélées impuissantes à les en déloger, et l'ensemble du groupe d'armées B, avec des lignes de communication étirées à l'extrême entre Voronej et Stalingrad, s'est trouvé au début de l'hiver dans la même situation de blocage que le groupe d'armées A, immobilisé au Caucase sur les hauteurs du Terek et devant les forêts de Sotchi. Dès la mi-octobre, le général Paulus avait recommandé un arrêt des opérations à Stalingrad et un retrait de la 6e armée à l'ouest du Don ; mais pour toute réponse, Hitler émettait un « ordre opérationnel nº 1 » interdisant formellement tout recul. Paulus a donc dû poursuivre ses coûteuses attaques contre les derniers réduits soviétiques le long de la Volga, jusqu'à ce jour du 19 novembre 1942 où ses effectifs se sont trouvés submergés par une contre-offensive d'un million d'hommes et de 900 chars, enveloppant Stalingrad depuis le nord-ouest et le sud-est – deux pinces gigantesques qui se referment près de Kalatch dès le 22 novembre. Pour quelques jours encore, une retraite à l'ouest du Don reste possible, mais Hitler s'y oppose une nouvelle fois, et les 270 000 hommes de la 6e armée vont se retrouver inexorablement repoussés vers l'est – en direction des ruines d'une ville qu'ils ont méthodiquement dévastée pendant trois mois ; c'est donc un siège en règle au cœur de l'hiver russe que le commandement suprême de la Wehrmacht va désormais devoir affronter…

Vers la fin de son séjour à Rome, Kersten avait rencontré un général de l'ancienne armée tsariste*, qui lui avait confié : « Les Allemands courent au désastre, la guerre à l'Est est perdue pour eux », car « ils ont commis en Russie toutes les erreurs possibles ». Kersten lui ayant demandé s'il n'y avait plus rien à faire, le général avait répondu : « Oh, si, mais seulement à une condition : les Allemands doivent constituer une armée nationale russe**. Sur les trois millions de prisonniers de guerre russes***, il y a peut-être dix

* Kersten ne donne pas son nom, mais il s'agit certainement du général prince Anton Tourkoul, qui était à l'époque en exil à Rome.

** C'est, avec quelques mois d'avance, le projet d'Armée de libération russe (*Rouskaïa Osvoboditielnaïa Armiïa*) du général Vlassov, dont Tourkoul deviendra l'un des conseillers.

*** Il ne peut savoir que deux millions d'entre eux sont déjà morts de faim et de froid dans les camps de prisonniers.

pour cent de vrais communistes ; ceux-là doivent être mis à l'écart ; mais les autres seront heureux de combattre pour une Russie libre, s'il est possible de leur présenter le projet sous cette forme[23]. »

Kersten lui ayant demandé d'exposer ses idées par écrit, il reçoit le lendemain un mémorandum détaillé, qu'il emporte avec lui en Allemagne. Le 18 novembre, ayant rejoint Himmler à son « QG de campagne » installé dans le château d'Aigen*, près de Berchtesgaden, il entame une nouvelle série de traitements, et trois jours plus tard, il note dans son carnet : « 21 novembre 1942 – Ce matin, Himmler était d'excellente humeur. Le traitement d'hier lui avait fait du bien et il avait parfaitement dormi. Il a parlé de l'Italie avec beaucoup de mépris ; la situation en Russie étant plutôt sérieuse**, j'ai pensé que c'était le bon moment et je lui ai remis le mémorandum. Il y a jeté un rapide coup d'œil et a dit : "C'est extrêmement intéressant." Après le dîner, Himmler m'a dit qu'il avait lu le mémorandum et en avait parlé à Hitler l'après-midi même. Hitler était entré en transe et avait hurlé qu'au moment où il était le maître de la Russie, on prétendait lui voler sa victoire. Il n'en était absolument pas question. Les difficultés sur le front de Stalingrad seraient surmontées en quelques semaines, et après cela, la Russie tomberait comme un fruit mûr. [...] Pour Himmler, l'affaire était donc réglée. Mais ceci mis à part, il m'a exposé en détail les projets d'Hitler pour la Russie ; il avait l'intention d'incorporer au Reich tous les territoires s'étendant jusqu'aux rives de l'Ob***. Quant à la région allant de l'Ob à la Lena, il en confierait l'administration aux Anglais, avec qui il espérait s'entendre dans un

* Nom de code : « Bergwald » – sans doute en imitation du Berghof d'Hitler, situé à proximité.

** Un doux euphémisme, deux jours après la redoutable contre-offensive soviétique autour de Stalingrad.

*** C'est-à-dire très à l'est de l'Oural, et pratiquement jusqu'aux contreforts des monts Altaï !

proche avenir ; l'Angleterre ne tarderait pas à réaliser que cette guerre n'était pas menée contre ses positions autour du globe, mais contre les ennemis du monde qu'étaient les judéo-bolcheviks. Enfin, les États-Unis d'Amérique recevraient la région comprise entre la Lena, le Kamtchatka et la mer d'Okhotsk[24]. »

Cette fois, Kersten doit sans doute se demander pour de bon s'il ne s'est pas égaré dans un asile d'aliénés ; mais il n'en laisse rien paraître, car il a une nouvelle requête à présenter au Reichsführer : « J'ai profité de ce moment favorable pour lui remettre une liste avec les noms de vingt-huit Hollandais, six Allemands et quatre Norvégiens soupçonnés d'un crime passible de la peine de mort, et j'ai demandé qu'ils soient libérés. Himmler a parcouru rapidement la liste et a dit : "Vraiment, je ne devrais pas faire ça !" J'ai répondu : "Je le sais bien, mais vos sentiments humains vous pousseront à signer leur ordre de libération." Sur quoi Himmler a dit : "Soit ! Mais ces gens ne le méritent pas..." Il a signé, puis il a appelé le docteur Brandt, et en ma présence, il a ordonné que toutes les personnes portées sur la liste soient libérées sur-le-champ[25]. »

Si, à l'issue de cet entretien surréaliste, Felix Kersten s'est posé quelques questions quant à l'équilibre mental d'Adolf Hitler, il va y trouver un début de réponse moins de trois semaines plus tard. En effet, lors d'une séance de traitement qu'il situe au 12 décembre*, Kersten se voit demander par Himmler s'il accepterait de se charger d'un nouveau patient. « J'ai répondu prudemment : "Cela dépend du cas..." – "Il souffre, me dit Himmler, de maux de tête, de vertiges et d'insomnie." Puis, après une petite pause : "Bon, voici le

* La date a manifestement été ajoutée après coup, car le 12 décembre 1942, Himmler est en visite d'inspection entre Peenemünde et Friedrichsruh, sans qu'une séance de traitement soit mentionnée dans son agenda. L'entretien en question n'a pu avoir lieu qu'entre le 3 et le 8 décembre, période où Kersten prodigue ses soins quotidiennement.

rapport, voyez vous-même. Mais vous devez me promettre de ne parler à personne de ce que vous y lirez." Là-dessus, il a posé sur la table un dossier bleu. J'ai dit que, naturellement, je n'avais pas l'habitude de divulguer les secrets médicaux. Il a encore hésité un peu, et puis il m'a tendu le dossier. Je l'ai feuilleté ; il contenait vingt-six pages dactylographiées – l'ensemble constituant un rapport détaillé sur l'histoire médicale d'Hitler. "Lisez-le tout de suite, pendant que je suis là." Malheureusement, je ne pouvais pas prendre de notes en présence d'Himmler, [...] mais voici ce que j'en ai retenu : Hitler souffrait effectivement de maux de tête, de vertiges et d'insomnie, ainsi que d'un léger tremblement du bras gauche*[26] et d'une raideur peu accentuée de la jambe gauche. Pendant la Première Guerre mondiale, il était resté aveugle plusieurs jours à la suite d'une attaque au gaz. Le gaz avait affecté sa gorge, de sorte qu'il avait des difficultés d'élocution. Il s'était fait exciser un polype des cordes vocales. Durant son engagement militaire, il avait contracté une syphilis qui n'avait pas été bien traitée, et ses yeux ayant été affectés, il risquait constamment de devenir aveugle. À sa sortie de l'hôpital, il était considéré comme guéri, et par la suite, sa santé avait été bonne jusqu'en 1937, lorsque plusieurs symptômes avaient réapparu. Au début de 1942, son état s'était aggravé, et à la suite d'examens approfondis, on avait établi un diagnostic de paralysie progressive. Tous les symptômes allaient dans ce sens, à l'exception de deux : les pupilles réagissaient toujours et les difficultés d'élocution avaient disparu. Pendant plusieurs mois, il n'avait pu travailler que grâce aux injections quotidiennes de son médecin – injections qui contenaient manifestement toutes sortes de choses**, excepté de la morphine,

* Bien vu : c'est précisément à cette époque que le valet d'Hitler note ses premiers tremblements de la main gauche, « qu'il a beaucoup de mal à contrôler ».

** Rien n'est plus vrai : au total, *quatre-vingt-dix* médicaments différents pendant huit ans...

qu'il refusait catégoriquement. [...] Il y avait eu plusieurs incidences de tuberculose dans la famille, ainsi que des cas de cancer. Une fois dans sa jeunesse, il avait été hospitalisé à la suite d'une pneumonie. Il ressortait aussi de ses antécédents médicaux qu'Hitler souffrait d'impuissance depuis des années et se trouvait hors d'état d'avoir des relations sexuelles avec les femmes. Par ailleurs, toute homosexualité était absolument exclue, et il était mentionné qu'Hitler éprouvait une satisfaction sexuelle lorsqu'il parlait devant un large auditoire – lui-même ayant raconté qu'il lui était arrivé d'avoir des orgasmes en de telles occasions. Enfin, il y avait quelques détails sur son régime, qui était strictement végétarien, avec l'information supplémentaire qu'il ne fumait pas et ne buvait aucun alcool[27]. »

Kersten relit quelques passages, puis rend sans mot dire le dossier à Himmler, qui l'interroge : « "Eh bien, Kersten ? Acceptez-vous de prendre ce patient ?" J'ai répondu que je n'avais pas la compétence nécessaire pour traiter la maladie d'Hitler, qui était essentiellement psychique ; j'ai ajouté que ce qu'il fallait à Hitler, c'était un psychiatre, et je me suis récusé. [...] Himmler a dit qu'il le regrettait, mais on sentait qu'il s'était attendu à une telle réponse. Par contre, lorsqu'ensuite je me suis avancé jusqu'à dire qu'à mon avis, la capacité de jugement d'Hitler devait être altérée et qu'il faudrait mettre fin à ses fonctions de Führer, il s'est fâché et a pratiquement crié : "C'est impossible ! Le parti dépend entièrement d'Hitler... Il faut faire tout ce qui est humainement possible pour lui conserver sa capacité de travail !" [...][28] »

S'étant quelque peu calmé, Himmler s'enquiert de ce qu'il conviendrait de faire dans un tel cas. Avant de se prononcer, Kersten lui demande si Hitler reçoit un traitement :

« — Bien sûr, répond Himmler ; le docteur Morell lui fait des injections qui, selon lui, vont ralentir la progression de la maladie, et en tout cas conserver au Führer sa capacité de travail...

— Comment peut-il le garantir ? Dans l'état actuel de la science, il n'y a aucun remède reconnu pour la paralysie progressive.

— J'ai pris cela en compte. [...] Mais lorsque je considère que le Führer nous a été envoyé par la Providence, je ne peux pas croire qu'il n'y ait aucun moyen de le préserver des conséquences de la syphilis. Alors, quand arrive Morell qui nous dit qu'il peut aider le Führer, il n'y a rien qui me permette de le contredire, car après ses injections, le Führer est étonnant de logique et de lucidité d'esprit. [...] C'est pourquoi j'ai décidé de faire confiance à Morell et de le laisser faire. Je veillerai à ce qu'il n'arrive rien de grave. L'essentiel est qu'il permette au Führer de continuer jusqu'à ce que nous ayons gagné la guerre. Après, nous verrons ; le Führer pourra se retirer et prendre un repos bien mérité.

Là-dessus, conclut notre thérapeute, Himmler a remis les documents dans le dossier et les a enfermés dans son coffre-fort – non sans m'avoir enjoint une fois encore de conserver le secret le plus absolu[29]. »

Kersten, sorti quelque peu abasourdi de cette entrevue, pose à Brandt deux questions : combien de personnes connaissent le secret, et qui a bien pu écrire ce rapport ? Le petit secrétaire, effrayé qu'un étranger ait été mis au courant de « notre plus grand secret d'État », finit tout de même par lui confier qu'en dehors d'Himmler, seuls Bormann et probablement Goering sont informés ; quant à l'auteur du document lui-même, Brandt refuse de divulguer son nom, mais précise qu'il s'agit « d'un homme ayant au plus haut point le sens des responsabilités, une personne dont l'intégrité ne peut être mise en doute[30] ». Kersten devra se contenter de cela.

Le lecteur également... Mais il lui reste quelques indices : l'auteur du rapport a manifestement eu accès à un dossier médical d'Hitler, car avant comme pendant la guerre, les vertiges du Führer, son impuissance, la nature des traitements de son docteur et même l'excision de son polype en 1935 avaient valeur de secrets d'État. Toutefois, l'« homme intègre » en question n'a sans doute pu consulter que des documents médicaux déjà anciens*[31], de sorte qu'il a dû étoffer son rapport avec des bruits de couloir et des informations de seconde main, pour en faire une synthèse très personnelle. Ainsi, on voit mal comment Hitler aurait contracté une maladie vénérienne, alors qu'il évitait soigneusement toute relation sexuelle avec les femmes[32] ; en outre, les quelques symptômes mentionnés dans le rapport sont aisément attribuables à d'autres causes, et personne parmi les médecins d'Hitler n'a fait état à ce stade d'une « paralysie progressive » ; enfin et surtout, on ne trouvera absolument aucun diagnostic de syphilis dans les notes détaillées du docteur Morell, qui est pourtant spécialisé dans la dermatologie et les maladies vénériennes**[33]. Bref, comme c'est souvent le cas, Himmler s'est laissé abuser par un de ses informateurs, pour se retrouver ensuite très perplexe quant à l'usage à faire des renseignements ainsi obtenus. Du reste, le Reichsführer dira à Kersten le lendemain de cet entretien qu'« il sera toujours temps d'agir s'il s'avère que le rapport est exact[34] » – ce qui montre bien qu'il n'en est pas tout à fait sûr !

À tout prendre, c'est le diagnostic formulé à distance par le docteur Kersten qui paraît le plus fiable : la maladie d'Adolf Hitler est essentiellement psychique. Encore

* Avec un dossier médical plus récent, il n'aurait pas manqué de faire état du diagnostic posé à l'été de 1942 : « sclérose évolutive des artères coronaires ».

** Sans compter qu'un homme présentant en 1940 des résultats négatifs aux tests de Wassermann, Kahn et Meinicke peut difficilement avoir de lourds antécédents syphilitiques. Malgré tout, le fait que le docteur Morell ait fait procéder à ces examens montre qu'il avait au moins envisagé une telle éventualité. En revanche, il lui faudra attendre jusqu'en *avril 1945* pour diagnostiquer le véritable problème : une maladie de Parkinson.

notre médecin ne connaît-il pas toutes les phobies de ce Führer qui a peur des ascenseurs, de la nuit, de la solitude, de l'immobilité, de la trahison, du tabac, de l'alcool, de l'altitude, de la chaleur, des attentats, des chats, du sport, des microbes, de l'anesthésie, des contacts physiques, de la constipation, de l'obésité, des journalistes, du soleil, de la viande, de la baignade, de la navigation, des chevaux et bien sûr de l'empoisonnement…

Chapitre VIII
Tangages

Avec la fin de janvier 1943, c'est la lente agonie de la 6e armée allemande qui s'achève ; depuis le 22 novembre précédent, l'étau soviétique s'est resserré inexorablement autour de Stalingrad, rendant toute sortie de ses occupants très improbable et toute résistance prolongée bien incertaine. En ordonnant au général Paulus de tenir ses positions dans l'attente de renforts, Hitler a fatalement surestimé les capacités défensives de vingt-deux divisions très éprouvées, prises au piège à 1 000 kilomètres de leurs bases de départ, sans ravitaillement adéquat, en plein cœur de l'hiver russe et pour un temps indéterminé. À la mi-décembre, le maréchal von Manstein a bien tenté une percée depuis le sud pour rompre l'encerclement de la ville, mais il a dû faire retraite précipitamment lorsque sa 4e armée blindée s'est trouvée repoussée au nord, menacée à l'est et sans protection à l'ouest. Dès lors, à Stalingrad cernée par 90 divisions soviétiques, 120 000 hommes encore valides ont dû se terrer pendant quarante jours au milieu des ruines, par – 30°, sous un feu d'artillerie meurtrier et avec un ravitaillement de plus en plus précaire. Le 10 janvier 1943, enfin, les Soviétiques déclenchent l'opération *Koltso**: 57 divisions, 270 000 hommes et 457 chars partent à l'assaut de la ville, soutenus par 7 000 canons, mortiers et orgues de Staline. Les défenseurs tiennent vingt jours encore, mais au matin du 31 janvier 1943, le maréchal Paulus** se rend avec

* Anneau.

** Sa promotion lui a été annoncée la veille.

tout son état-major, tandis que 45 000 soldats épuisés, transis, affamés et en guenilles sortent des caves et des éboulis pour aller entasser leurs armes sur la place Rouge, avant de partir en captivité ; ils laissent derrière eux les cadavres de 110 000 de leurs camarades.

C'est la première défaite majeure de l'armée allemande ; l'échec devant Moscou à la fin de 1941 pouvait encore passer pour un repli stratégique, mais l'écrasement d'une armée entière, avec sa fin lamentable filmée par la propagande soviétique, n'est rien d'autre qu'un désastre complet. Pendant trois jours encore, la nouvelle va être cachée au peuple allemand, et Kersten se souviendra : « Le 3 février 1943, je me trouvais justement au QG d'Himmler à Hochwald, en Prusse orientale, lorsque la radio a annoncé la capitulation des armées allemandes à Stalingrad. Himmler était très malade à l'époque, et son traitement s'effectuait assez péniblement. Lorsque je lui ai demandé pourquoi cette défaite était rendue publique aussi tard – après tout, le peuple allemand était depuis longtemps au courant de la débâcle de Stalingrad –, Himmler m'a répondu que c'était pour des raisons de propagande. D'ailleurs, on ne pouvait parler de défaite, mais plutôt de la plus grande victoire allemande de l'histoire. Grâce à la courageuse résistance des soldats allemands à Stalingrad, les armées russes avaient été contenues et totalement laminées. Leur grand assaut contre l'Europe s'en était trouvé différé et contrecarré. Seul un maître de guerre ayant la dimension historique d'Adolf Hitler était capable de choisir le bon moment pour porter un coup d'une telle ampleur et l'emporter. Ce n'est que dans les siècles à venir que le peuple allemand pourrait comprendre l'arrière-plan de cet exploit, mais aujourd'hui, le moment n'était pas venu. C'était certes regrettable pour tous les soldats tombés dans la bataille, mais considérées dans une perspective historique, ces pertes n'étaient qu'une bagatelle. [...] En fait, il était dommage pour le Führer qu'il n'ait jamais eu un adversaire à sa hauteur, et que de toute sa vie, il n'ait eu à livrer bataille qu'à des nullités[1]. »

Il y a bien une ombre de vérité au milieu de toutes ces élucubrations, mais Kersten ne peut le savoir : la résistance désespérée de la 6e armée dans Stalingrad a donné le temps à tout le groupe d'armées A du général von Kleist, bloqué au Caucase et menacé d'encerclement par le sud et par l'est, de remonter en catastrophe vers Rostov à la mi-janvier, afin de rejoindre la ligne principale de défense allemande entre le Dniepr et le Donets. Mais pour Himmler, évoquer cela aurait été reconnaître que le Führer avait commis une erreur stratégique majeure en divisant ses forces pour les aventurer 700 kilomètres trop au sud, dans les steppes et les montagnes du Caucase*.

Ce que Kersten peut constater avec un contentement secret, c'est que même dans l'entourage d'Himmler, la plupart des officiers ont négligé la propagande du docteur Goebbels et pris la mesure du désastre de Stalingrad. Mais au même moment tombe une annonce qui alourdit considérablement l'atmosphère : un successeur a enfin été trouvé à Reinhard Heydrich. Sans doute sur ordre du Führer, qui ne fait réellement confiance qu'à ses compatriotes**, le nouveau chef du RSHA sera désormais Ernst Kaltenbrunner, un policier autrichien massif, malfaisant, borné, brutal, arriviste et alcoolique. L'homme est bien moins intelligent que Heydrich, mais non moins dangereux ; en association avec son subordonné « Gestapo Müller » et son acolyte Oswald

* En outre, Himmler, qui a un officier de liaison permanent auprès d'Hitler, ne peut ignorer que c'est seulement sur intervention du chef d'état-major Zeitzler et du maréchal von Manstein que le Führer a donné l'ordre au groupe d'armées A de faire retraite vers Rostov. Encore a-t-il annulé cet ordre peu après – mais trop tard : la retraite était devenue irréversible.

** Pourvu naturellement qu'ils aient fourni la preuve de leur absence totale de scrupules : « Il me faut des hommes à poigne, et qui ne méditent pas sur les principes avant d'assommer quelqu'un. »

Pohl*, il va désormais faire peser une menace permanente sur Felix Kersten et toutes ses entreprises…

Pour l'heure, en tout cas, celles-ci semblent prospérer : c'est ainsi que Himmler a fini par se laisser convaincre de gracier Johannes Sejersted Bødtker ; ce banquier et consul général de Finlande qui « ne devait pas échapper à la corde » est renvoyé au camp de Grini, d'où il sera discrètement libéré dix-sept mois plus tard. À Hartzwalde, Kersten a pu se faire affecter cinq témoins de Jéhovah supplémentaires – et persuader ses voisins d'en engager d'autres ; enfin, il a l'immense satisfaction d'apprendre dès février 1943 que les autorités allemandes vont renoncer à leur projet de mainmise sur le marché noir en France, en Belgique et aux Pays-Bas – un abandon qui ne doit certes rien à ses efforts : le dilettantisme du maréchal Goering, ajouté aux dissensions persistantes entre ses représentants en France, l'ambassadeur Abetz et le Militärbefehlshaber in Frankreich von Stülpnagel ont eu finalement raison de l'entreprise.

En revanche, c'est bien l'intervention de Kersten qui va s'avérer décisive lors de l'arrestation par Kaltenbrunner de son vieux patient et ami le prince Adolf Friedrich zu Mecklenburg, ancien gouverneur du Togo et beau-frère de la reine Wilhelmine ; Kersten n'est pas appelé à traiter Himmler pendant cette période, mais le 21 mars, il lui écrit : « Votre nouveau chef de la Gestapo, le docteur Kaltenbrunner (que je considère d'ailleurs comme un de vos ennemis), semble vouloir pêcher en eaux troubles dans l'affaire présente. […] Cet *alter Kämpfer*** déjà condamné à deux reprises est en outre un alcoolique notoire. […] Il accuse le prince d'être un espion de la reine et de boire le champagne chaque soir à la

* Devenu dans l'intervalle Obergruppenführer SS (général de corps d'armée), inspecteur des camps de concentration et chef de l'Office central SS pour l'économie et l'administration.

** Ancien combattant (des temps « héroïques » précédant la prise du pouvoir).

santé de la victoire alliée, tout en crachant sur un portrait du Führer… C'est plutôt le dénonciateur qu'il faudrait enfermer dans un camp de concentration.» Et Kersten de terminer sa lettre en rappelant à Himmler sa promesse du 20 mai 1940 de ne pas exercer de représailles contre la famille princière de Mecklembourg – avec ce *post-scriptum* plutôt hardi: «En même temps, je joins une liste comprenant les noms de trois Estoniens, quatre Françaises, onze Hollandaises, deux Belges et trois Norvégiens. Je vous prie instamment de les libérer[2].» Le plus extraordinaire est encore que ce sera bientôt chose faite – et que la Gestapo présentera ses excuses au prince Adolf Friedrich zu Mecklenburg, en l'invitant courtoisement à regagner son château!

L'autre cas dont Kersten va avoir à connaître ce mois-là pourrait paraître banal, compte tenu des pratiques politiques en vigueur sous ce régime criminel. L'été précédent, la Gestapo avait arrêté à Varsovie sept hommes d'affaires suédois: Herslow et Widén, directeurs pour la Pologne de la compagnie Svenska Tändsticksbolaget*, Gerge, Grönberg et Lagerberg, ingénieurs dans la même société, ainsi que Berglind et Häggberg, les deux directeurs de la société des téléphones L.M. Ericsson. L'accusation d'espionnage est pratiquement rituelle dans de tels cas**, mais il est vrai que tous ces hommes ont eu des contacts assez suivis avec la résistance intérieure polonaise; pourtant, le véritable motif de leur arrestation est à chercher ailleurs: en mai 1942, Sven Norman, directeur régional de la société suédoise ASEA***, était parvenu à quitter la Pologne occupée avec une documentation très détaillée sur la façon dont 700 000 juifs avaient déjà été assassinés, et sur les expérimentations conduites à Auschwitz et Treblinka pour trouver le meilleur moyen d'en liquider secrètement

* Société des allumettes (suédoises).

** Sous le IIIe Reich, on n'est pas arrêté parce qu'on est espion; on est espion parce qu'on est arrêté.

*** Allmänna Svenska Elektriska AB – Société générale d'ingénierie électrique suédoise.

beaucoup d'autres – à commencer par les 500 000 juifs de Varsovie. Ces documents, dûment transmis à Londres, avaient été rendus publics par la BBC, à la stupéfaction du monde et à la consternation du régime nazi. Dès lors, l'arrestation des hommes d'affaires suédois restés en Pologne apparaissait plutôt comme le reflet d'une rage impuissante – mais potentiellement dévastatrice…

Depuis l'été de 1942, les sept Suédois ont été envoyés en Allemagne, mis au secret et interrogés sans ménagements. Mais leurs deux sociétés ayant une certaine influence et leur pays un poids économique certain*, ils ont tout de même eu droit à un avocat – qui se trouve être également un vieux patient de Felix Kersten** : « Mon ami le docteur Karl Langbehn, qui avait été engagé par les deux firmes pour assurer la défense des accusés, m'a rendu visite en février 1943 en compagnie du directeur de la Tändsticksbolaget Axel Brandin, et c'est alors que j'ai obtenu des renseignements sur l'identité des sept hommes arrêtés et sur leurs chefs d'accusation. […] Les charges contre Grönberg et Lagerberg étaient relativement insignifiantes, mais celles qui pesaient sur les cinq autres étaient si lourdes qu'ils risquaient la peine de mort. […] J'ai promis de faire de mon mieux et j'ai commencé par exposer toute l'affaire à Schellenberg, de telle sorte que je l'ai eu d'emblée de mon côté. C'était un bon début, car en tant que chef du service de renseignement, cette "histoire d'espionnage" découverte à Varsovie était de sa compétence. Par la suite, je n'ai rien entrepris dans cette affaire sans m'entendre au préalable avec Schellenberg[3]. »

* La Suède fournit notamment au Reich une bonne partie de son minerai de fer et couvre l'essentiel de ses besoins en roulements à billes de précision, indispensables à l'industrie d'armement.

** Ainsi qu'un vieil ami d'Himmler : leurs deux filles étaient camarades de classe à l'école, ce qui a rapproché les parents. C'est grâce à cela qu'en 1938, Langbehn a obtenu du Reichsführer la libération et la permission d'émigrer de son professeur de droit Fritz Pringsheim, qui avait été emprisonné en tant que juif.

Certes, mais Walter Schellenberg n'est qu'un exécutant, et il convient de s'adresser plus haut : « Lorsque j'ai exposé la question pour la première fois à Himmler, il n'a même pas voulu en discuter, au motif qu'il lui était impossible d'intervenir ; c'était une affaire d'importance internationale, et qui devait donc être traitée par le ministre des Affaires étrangères – Ribbentrop en l'occurrence... Mais petit à petit, il a commencé à s'intéresser au problème et à considérer les sept Suédois internés avec davantage de sympathie. Il a accepté de recevoir Brandin et Möller* afin d'entendre leur version de l'affaire, après quoi il s'est mis en relation avec le ministre allemand de la Justice Thierack et s'est fait communiquer les pièces du dossier. J'ai finalement réussi à lui soutirer une promesse d'aide pour obtenir la grâce des sept Suédois – *mais à condition que Ribbentrop se laisse également convaincre*[4]. »

Ce ne devrait pas être une mince affaire – d'autant qu'il y a un obstacle supplémentaire : Langbehn est très proche des cercles de l'opposition à Hitler, et il n'est pas particulièrement discret : « Dans l'intervalle, écrira Kersten, le docteur Brandt m'avait laissé entendre qu'il valait mieux que mon ami Langbehn se retire du jeu, car la Gestapo était en train de réunir des preuves contre lui afin de pouvoir l'arrêter. Rester avocat de la défense dans l'"affaire d'espionnage" ne serait bon ni pour lui ni pour les hommes arrêtés. J'ai prévenu Langbehn du danger qui le menaçait et il s'est retiré de l'affaire. Pour lui succéder, Möller a recommandé le docteur Dix, et ce choix a été entériné par la Gestapo[5]. »

Il reste donc l'épineux problème de la coopération de Ribbentrop, qui est en villégiature dans son château de Fuschl**, près de Salzbourg : « Le hasard m'est venu en

* Alvar Möller, le directeur pour l'Allemagne de la Compagnie des allumettes suédoises.

** Un château qu'il s'est approprié en faisant envoyer son propriétaire à Dachau, où il mourra.

aide ; au printemps de 1943, Ribbentrop était très malade, et sur la recommandation d'Himmler, j'ai été appelé à le soigner. » En entamant ce traitement, Kersten constate que le ministre des Affaires étrangères du Reich est aussi atteint physiquement que mentalement ; il souffre de maux de tête, de vertiges, de spasmes abdominaux et de troubles digestifs, le tout associé à des états d'apathie récurrents et à d'inquiétantes pertes de mémoire. Malheureusement, la mémoire lui revient rapidement dès que Kersten soulève la question des sept Suédois de Varsovie : « Ribbentrop s'est montré fort peu accommodant, en déclarant qu'il s'agissait d'espions et qu'ils ne méritaient pas la moindre compassion. J'ai suggéré qu'il y avait d'autres aspects à considérer que le fait qu'ils méritaient ou non de la compassion – par exemple le point de vue politique : la Finlande avait déjà fait des représentations, et il fallait également prendre en compte la politique pacifique de la Suède, ainsi que son fer… À quoi Ribbentrop a rétorqué qu'il était fatigué de lire la presse suédoise, avec ses propos hostiles à l'Allemagne. La Suède avait depuis longtemps perdu son droit à l'indépendance politique et devait être traitée avec sévérité plutôt qu'avec bienveillance. Les Suédois arrêtés à Varsovie avaient mérité leur châtiment. Il ne voulait plus entendre parler d'indulgence dans cette affaire[6]. »

Kersten pense impressionner Ribbentrop en mentionnant que le Reichsführer Himmler est d'un avis contraire, mais c'est une erreur de calcul : « Il s'est montré extrêmement irrité et a demandé de quel droit Himmler se mêlait d'affaires qui ne concernaient que le ministère des Affaires étrangères. Il ferait mieux de s'occuper de sa police et de se tenir à l'écart de la politique. Ribbentrop a clos l'entretien en assurant qu'il allait se plaindre à Hitler de l'immixtion d'Himmler dans cette affaire[7]. »

À son retour, Kersten doit avouer à Himmler l'échec de sa tentative : « Il a surtout été préoccupé à l'idée que Ribbentrop pourrait le dénoncer auprès d'Hitler. Tout bien considéré et à proprement parler, a-t-il dit, cette affaire ne le concernait pas, et il ne s'en occuperait plus – il s'en lavait les mains[8]. »

C'est donc avec un minimum absolu d'appuis en haut lieu que les sept Suédois vont devoir affronter leurs juges au matin du 30 juin 1943 ; ils peuvent difficilement être rassurés par le fait que le président de séance se nomme Roland Freisler* et qu'il officie dans la première chambre du tribunal du peuple, où Hans et Sophie Scholl ont été condamnés le 22 février – et décapités quelques heures plus tard. De fait, le nouveau procès est tout aussi expéditif, et la sentence tombe dès le lendemain 1er juillet : Einar Gerge, prison à vie ; Stig Lagerberg et Reinhold Grönberg, acquittés, mais maintenus en prison et à la disposition de la Gestapo jusqu'à nouvel ordre ; Carl Herslow, Sigge Häggberg, Nils Berglind et Tore Widén, condamnés à mort…

La diplomatie suédoise se met aussitôt en branle, et le roi Gustave V lui-même écrit une lettre personnelle à Hitler pour lui demander de gracier les quatre hommes – tout cela en vain. Mais Kersten, lui, connaît une meilleure adresse, et il retourne immédiatement au QG d'Himmler : « Je n'ai vu d'autre solution que de recourir à un mensonge éhonté ; je lui ai dit que j'avais reçu à Berlin une lettre du président finlandais Ryti, qui demandait ce qu'il advenait des sept Suédois arrêtés. Il écrivait que les Finlandais étaient chaque jour plus conscients de leur appartenance à la Scandinavie, et qu'ils commençaient à s'impatienter au sujet de cette affaire. […] J'ai vu tout de suite que Himmler était frappé par le retentissement international de cette "histoire d'espionnage suédois", et après cela, j'ai eu l'impression qu'il allait s'engager pour de bon dans la cause. C'est ce qui a fini par se produire[9]. »

---

* Responsable de milliers de condamnations à mort en moins de trois ans, le juge Roland Freisler était l'incarnation même de la terreur judiciaire nazie.

Sans doute, mais il y faudra encore beaucoup de temps et d'efforts de la part de Schellenberg comme de Kersten. Pour ce dernier, ce ne sera jamais qu'une nouvelle croisade prolongée, mais les rebondissements de l'affaire des *Warszawasvenskarna** vont provoquer en Suède une intense émotion – et jouer dans le destin de Felix Kersten un rôle tout à fait décisif…

Dans l'intervalle, Schellenberg n'a pas ménagé ses efforts pour ouvrir des voies de négociations secrètes avec les Alliés : grâce à des intermédiaires comme l'administrateur Karl Lindemann**, le consul Kurt Rieth, le professeur Albrecht Haushofer, l'avocat Carl Langbehn et le prince Max zu Hohenlohe***, il a pu approcher nombre d'ambassadeurs, attachés militaires, consuls, hommes d'affaires et agents secrets britanniques et américains en Suisse, en Espagne, au Portugal, en Suède et en Turquie ; Schellenberg lui-même est allé rencontrer diverses personnalités à Zurich, Stockholm et Ankara – le tout avec des résultats uniformément décevants : les hommes qu'il a contactés se sont montrés peu réceptifs, surtout en apprenant qui était son supérieur. Du reste, ce dernier ne lui a guère facilité la tâche : à Zurich, le consul de Grande-Bretagne, Eric Cable, s'était déclaré disposé à entamer des négociations, mais Himmler, effrayé par l'audace de l'entreprise, a fini par déclarer qu'il valait mieux soumettre la question au ministre des Affaires étrangères – celui-là même dont il se faisait fort d'obtenir la démission l'été précédent ! Il va effectivement s'en ouvrir à Ribbentrop, avec des résultats prévisibles : sur ordre d'Hitler, tout contact avec des personnalités étrangères en vue de négocier la fin des hostilités est rigoureusement interdit[10].

---

* « Suédois de Varsovie », dans leur langue.

** Président de la compagnie de navigation Norddeutscher Lloyd.

*** Le plus piquant est que les trois derniers remplissent parallèlement des missions très semblables pour les cercles d'opposition à Hitler ; le prince de Hohenlohe en effectue même à l'occasion pour Hermann Goering !

C'est bien cette versatilité d'Himmler qui inquiète Schellenberg et Kersten; il leur paraît impossible d'ouvrir des négociations valables avec les Alliés et d'obtenir la démission de Ribbentrop – voire la destitution d'Hitler – en s'appuyant sur un Reichsführer aussi falot. Tous deux connaissent bien sa dépendance à l'égard de l'astrologie, mais lequel a eu l'idée de l'influencer en lui présentant un nouvel astrologue ? D'après Schellenberg, ce serait Kersten, mais le choix du candidat et l'exécution pratique portent la marque distinctive de la section VI du RSHA de Walter Schellenberg.

Ce choix s'est porté sur un certain Wilhelm Wulff, astrologue déjà bien connu de la section IV du RSHA – de la Gestapo, en d'autres termes*. Natif de Hambourg, Wulff compte depuis vingt ans parmi les praticiens les plus réputés de la profession, ce qui lui a valu une priorité absolue lors de la grande vague d'arrestations qui a suivi le départ de Rudolf Hess. Son séjour dans la prison-camp de travail de Fühlsbuttel lui a laissé un souvenir amer, mais il a été libéré discrètement au bout de quatre mois, sans pour autant échapper à l'attention des gestapistes; pour mieux le surveiller, ceux-ci lui ont trouvé un emploi chez un industriel berlinois nommé Zimmermann, qui sert également d'« honorable correspondant » aux services secrets nazis**. Au printemps de 1943, c'est cet homme qui reçoit de ses employeurs occasionnels l'instruction de conduire Wilhelm Wulff jusqu'à un cabinet situé au coin de la Rüdesheimer Platz, à Wilmersdorf; sur la porte, une grande plaque dorée : « Medizinalrat Felix Kersten ».

Le portrait que Wulff nous brosse de Kersten – pour qui il conçoit une antipathie presque instantanée – est intéressant

* Où travaillait Schellenberg jusqu'à sa nomination à la tête de la section VI en juillet 1941.

** Sur le modèle du *sekretnyi sotroudnik* (collaborateur secret) omniprésent en Union soviétique.

à plus d'un titre : « Felix Kersten avait une stature démesurée ; il était grand et fortement enveloppé. Avec son corps éléphantesque et son poids colossal, il écrasait les fauteuils et les chaises normales. [...] Noyés dans ses meubles, les mortels ordinaires se trouvaient recroquevillés jusqu'à l'insignifiance. Moi-même, je me sentais bien petit face à ce bibendum. De son visage bouffi émergeaient les petits yeux avides d'un enfant. [...] Malgré son embonpoint, il se déplaçait avec souplesse et adresse ; ses volumineux battoirs, couverts d'innombrables cicatrices blanchâtres, jouaient constamment avec un crayon ou une petite image. C'était un flegmatique mâtiné de sanguin, selon la caractérologie classique. De but en blanc, il m'a dit : "Vous pouvez me parler ouvertement des développements politiques ; j'en sais déjà beaucoup, ce qui me donne des soucis au sujet de la guerre et de la situation en Allemagne. Que pensez-vous de l'horoscope d'Hitler ? Pouvez-vous m'en dire quelque chose ?" Je lui ai décrit avec beaucoup de réserve et de précautions la constellation astrale, en indiquant que celle d'Hitler se présentait très mal ; une telle personnalité ne pouvait rester durablement à la tête d'une nation avec quelque chance de succès. [...] Alors, Kersten m'a dit : "Pouvez-vous me transmettre l'horoscope d'Hitler ? J'aimerais le montrer à Himmler." Ayant remarqué mon effarement, Kersten a repris : "Mon cher, vous n'avez aucune raison d'avoir peur ; Himmler ne vous fera rien, j'y veillerai. Mais ce que vous me dites là au sujet de l'avenir d'Hitler est intéressant et important ; il faut qu'Himmler en soit informé." Tout cela prononcé sur un ton condescendant... J'ai répondu : "Non, je ne veux pas. S'il vous plaît, n'en dites pas un mot à Himmler. Je n'ai pas envie de me retrouver en détention de sûreté, aux bons soins de ces messieurs de la Gestapo. Himmler ne doit rien savoir ; il ne comprendrait pas et considérerait cela comme un comportement hostile envers l'État. Je vous en prie, prenez ma déclaration sur l'horoscope d'Hitler comme une information confidentielle qui vous est uniquement destinée ; ne me causez pas d'ennuis." – "Vous avez donc tant souffert pendant votre détention de sûreté ?" m'a demandé Kersten. J'ai répondu que j'avais vu et connu autant de choses terrifiantes que les autres internés, en ajoutant que je pouvais compléter mes propos sur les perspectives défavorables d'Hitler avec les horoscopes d'autres personnalités politiques nationales et étrangères. [...] "Il faudra m'en raconter davantage, Herr Wulff ; c'est extraordinairement intéressant et utile pour moi et pour mes plans. Maintenant que vous avez commencé, il ne faut pas vous arrêter." Zimmermann, qui avait tout suivi, m'a encouragé, mais j'ai justifié mon refus par le fait que tout mon matériel avait été confisqué par la Gestapo, qui avait certainement découvert beaucoup de mes prédictions sur la base des horoscopes que j'avais établis pour l'Allemagne. Je ne pouvais que reconstituer quelques bribes de mémoire – donc très insuffisantes, car une partie de mes calculs et de mes déductions remontait à vingt ans... Après un échange qui était devenu très vif, Kersten m'a dit : "Il faut que vous fassiez la connaissance d'Himmler ; du reste, il vous plaira. Il est aimable et sympathique, et peut faire beaucoup pour vous, si vous y consentez." Je l'ai remercié de son offre ; je n'avais aucune envie de connaître Himmler personnellement ; ce que je savais de lui m'avait suffi. [...] Kersten a conclu : "Eh bien, je vous demande donc de m'établir un horoscope complet – sur Himmler aussi." [...] C'est ainsi que j'ai entamé mon travail pour Kersten, moyennant l'assurance d'être préservé de nouvelles tracasseries de la part de la Gestapo d'Himmler. À cet égard, Kersten devait tenir parole. Quelques semaines plus tard, je lui ai livré un horoscope détaillé, mais il me manquait des données sur Himmler, de sorte que je ne pouvais pas encore accomplir cette partie du travail. [...] C'est ainsi qu'a commencé l'époque où des agents de la Gestapo venaient périodiquement me chercher dans ma demeure de Hambourg pour me conduire jusqu'à Hartzwalde, la propriété de Kersten, en passant par Oranienburg ou Ravensbrück. Dans cette propriété travaillaient des témoins de Jéhovah, venus du camp de concentration de Ravensbrück[11]. »

Kersten n'a menti que partiellement à Wulff en décrivant Himmler comme « aimable et sympathique » ; c'est une face du Reichsführer qu'il connaît bien, celle de l'hôte parfait, du joyeux convive, du bon père de familles*, de l'ami des animaux, du passionné d'histoire médiévale, de religions et de sciences occultes. Mais il connaît aussi les faces les plus sombres de l'exécutant servile, de l'idéologue fanatique, du politicien retors, du fonctionnaire besogneux, du satrape craintif, du militaire par procuration, du potentat indécis et du bourreau implacable – l'ensemble se confondant toujours et se contredisant souvent. « J'ai remarqué, écrira Kersten en observateur attentif, que non seulement Himmler avait peur des hauts personnages du parti, mais qu'en outre il avait très peu de pouvoir sur eux. Il était disposé à leur faire d'amples concessions pour éviter les conflits et les ruptures. [...] Il avait souvent le mot d'histoire à la bouche. Pas un instant il ne doutait du fait que sa place était assurée au panthéon des célébrités ; il pouvait manquer d'assurance de son vivant, mais il était absolument sûr d'être honoré après sa mort. [...] Il faisait en sorte de se tenir dans l'ombre et de laisser agir les autres ; mais cet être rusé était passé maître dans l'art d'utiliser les faiblesses de ses adversaires et de les monter les uns contre les autres. Avec toutes ses limites, il pouvait aussi être honnête : une fois qu'il avait donné sa parole, il la tenait. L'honneur, l'histoire, le Führer et la camaraderie – tels étaient ses grands slogans[12]. »

Encore Kersten ne peut-il connaître toutes les bizarreries et les contradictions de ce Reichsführer caricatural : au beau milieu des opérations militaires de l'été 1942, il patronne une expédition chargée de conduire des

---

* « Familles » au pluriel, car il en entretient deux.

recherches zoologiques, anthropologiques, ethnologiques et botaniques dans les montagnes du Caucase*; il demande à son chef du RSHA de déterminer quels passages du Coran annoncent l'avènement d'Adolf Hitler; il fait mobiliser des ressources considérables, des milliers d'hectares de terres et des dizaines de milliers de prisonniers pour cultiver le *Taraxacum kok-saghyz*, ou pissenlit de Russie, dans l'espoir de produire un latex de meilleure qualité que le Buna synthétique; il fait réaliser des études sur les Hunza, une population du haut Indus ayant une réputation de longévité**; il charge son chef de la Gestapo d'un rapport sur la quantité de terres en friche sur le sol français; il intrigue constamment pour que le Führer confie aux SS la production et les essais de la fusée V2; avide d'augmenter ses pouvoirs, il se fait nommer ministre de l'Intérieur à l'été de 1943, sans avoir le temps matériel d'en exercer les fonctions; toujours jaloux de ses attributions, il entre en conflit avec Joseph Goebbels, qui a chargé ses services de faire évaluer l'ambiance dans les bars et les tripots de Berlin; déjà juge de l'opportunité des mariages et divorces au sein de sa SS, il prend également sur lui d'interdire le divorce du chef des collaborateurs néerlandais Anton Mussert; à la suite de la plainte d'un capitaine de sous-marin, il fait sanctionner des membres de la Gestapo d'Innsbruck ayant « insulté une femme lors de son interrogatoire »; au général commandant le corps des SS en Croatie, il ordonne de sévir durement contre les instructeurs qui, « conformément aux coutumes balkaniques, prononcent des grossièretés contre les mères des recrues*** » – ce général SS ayant ordre « de

* Sous l'égide de son Ahnenerbe (Société du patrimoine ancestral). En raison des « complications » militaires au Caucase à la fin de 1942, le Sonderkommando Kaukasus sera dissous en février 1943.

** D'ailleurs largement mythique, avec une espérance de vie moyenne de cinquante-trois ans…

*** Une allusion à l'insulte serbo-croate « passe-partout » : *Jebem ti mater !* – Je b… ta mère !

faire fusiller sur-le-champ les contrevenants, et dans des cas particulièrement graves, de les faire pendre » ; peuvent également être traduits en justice les SS qui auraient procédé à des assassinats de Polonais, de Russes ou de juifs sans en avoir reçu l'ordre exprès – *Ordnung muss sein*[*] *!* C'est ce même Himmler qui remercie chaleureusement le Gruppenführer Globočnik pour « l'immense et unique mérite d'avoir organisé l'assassinat d'environ 1,5 million d'hommes[13] », qui supervise des expériences de « réfrigération profonde » sur les prisonniers soviétiques de Dachau et ordonne le massacre de 71 000 juifs, suivi de la déportation à Treblinka de 7 000 autres, lors de la destruction du ghetto de Varsovie entre avril et mai 1943[**14].

À cette époque, le front des opérations militaires s'est stabilisé à l'Est, et le maréchal von Manstein a même réussi à reprendre Kharkov et Belgorod ; mais le 2e corps blindé SS a perdu près de la moitié de ses effectifs dans l'opération, ce qui met Himmler dans une position difficile vis-à-vis d'Hitler. Plus préoccupant encore : alors que les soldats allemands se battent déjà à un contre sept, le docteur Korherr, statisticien en chef de la SS, informe le Reichsführer que les réserves en hommes de l'Armée rouge sont loin d'être épuisées[15]. Mais la situation sur d'autres fronts est plus alarmante encore : à la mi-mai, l'Afrika Korps capitule en Tunisie, et 275 000 soldats allemands et italiens partent en captivité ; dans l'Atlantique, les pertes des sous-marins allemands sont telles que l'amiral Dönitz doit mettre fin temporairement à leurs opérations[***]. Deux mois plus tard, Hitler tente de reprendre l'avantage à l'Est en lançant l'opération *Zitadelle* contre le saillant de Koursk ; mais le 14 juillet 1943, après la plus grande bataille de chars de l'histoire, la Wehrmacht

* « Il faut de l'ordre ! »

** Avec la « liquidation » presque simultanée de tous les autres ghettos du Gouvernement général.

*** 5 sous-marins coulés et 17 endommagés pour la seule nuit du 5 au 6 mai ; 38 perdus au total en mai 1943.

doit se replier devant une contre-offensive soviétique au nord et à l'est d'Orel. C'est d'autant plus inquiétant qu'en Méditerranée, un nouveau front s'est ouvert quatre jours plus tôt : le 10 juillet, les Alliés anglo-américains ont débarqué en Sicile ; après quinze jours de combats et la prise de Palerme, Mussolini, mis en minorité par le Grand Conseil fasciste, a été désavoué par le roi, arrêté et incarcéré. Son successeur est le maréchal Badoglio, qui s'engage à poursuivre la lutte aux côtés de l'Allemagne, mais Hitler ne lui fait aucune confiance ; ayant ordonné l'évacuation de la Sicile et l'occupation des cols alpins, il fait préparer une opération éclair pour mettre la main sur Rome, et charge Himmler de retrouver à n'importe quel prix le lieu de captivité de Mussolini…

Un mois plus tard, le 26 août, Himmler reçoit dans le plus grand secret le ministre des Finances de Prusse Johannes Popitz, qui lui a été recommandé par son ami l'avocat Langbehn. Popitz, qui fait partie des cercles de l'opposition civile à Hitler*, vient tout simplement proposer au Reichsführer de prendre la tête d'un mouvement qui « écarterait » Hitler et Ribbentrop, avant d'ouvrir des négociations immédiates avec les États-Unis et la Grande-Bretagne ! La réaction d'Himmler n'est pas connue, mais le fait que les deux hommes soient convenus de se revoir prochainement semble indiquer qu'elle n'a pas été négative[16].

Le 3 septembre 1943, lorsque les Alliés traversent le détroit de Messine et prennent pied en Calabre, le maréchal Badoglio consent à signer un armistice, dont l'annonce cinq jours plus tard précipite le déclenchement de l'opération *Alarich* : les huit divisions du maréchal Rommel s'emparent de tous les points stratégiques du nord de l'Italie et désarment les forces italiennes, deux divisions aéroportées occupent Rome, tandis que plus au sud, les six divisions du

* Notamment de la Mittwochsgesellschaft (Société du Mercredi), présidée par le général Ludwig Beck.

maréchal Kesselring prennent position pour interdire aux Alliés toute progression en direction de Naples. Il reste la mission confiée six semaines plus tôt à Himmler de retrouver le lieu de captivité du Duce, dont Schellenberg a été le témoin direct : « À ce stade, nous n'avions aucune idée d'où pouvait se trouver Mussolini. Dès lors, Himmler a eu recours à l'une de ses marottes occultes ; il a fait réunir quelques-uns des "représentants des sciences occultes" emprisonnés après le départ de Rudolf Hess pour l'Angleterre, et les a confinés dans une villa au bord du Wannsee ; c'étaient ces voyants, astrologues* et radiesthésistes dont la magie devait faire émerger l'endroit de détention du Duce disparu. Leurs séances nous ont coûté très cher, car les besoins de ces "scientifiques" en bonne chère, boisson et tabac étaient très considérables. Mais voilà qu'un maître du pendule sidéral a établi après quelque temps que Mussolini devait se trouver sur une île à l'ouest de Naples[17]. »

C'est exact : le Duce était bien retenu sur l'île de Ponza, mais il a été transféré depuis lors sur celle de Maddalena, puis ramené sur le continent et installé dans un hôtel au sommet du Gran Sasso. Cette fois, ce n'est pas l'occulte qui le révélera, mais l'interception d'un message radio italien par les services de Herbert Kappler, le chef du Sipo-SD établi à Rome. Dès lors, un commando de parachutistes, accompagné par l'Obersturmbannführer SS Skorzeny, de la section VI du RSHA**, va réussir à délivrer le Duce et à l'amener à Vienne par la voie des airs dans l'après-midi du 12 septembre.

Cet exploit aurait pu être porté au crédit du chef de la section VI, mais c'est l'inverse qui se produit : tout le mérite

* Avec parmi eux un certain Wilhelm Wulff...

** Dont la propagande nazie fera le héros du jour ; mais cette opération *Eiche* était en fait commandée par le major parachutiste Harald Mors, sous le contrôle opérationnel du général Kurt Student – deux officiers sans aucun lien avec la SS.

de l'opération revient à Skorzeny, un Autrichien imposé à Schellenberg par Kaltenbrunner, qui en profite pour tenter de persuader Himmler de limoger Schellenberg en faveur de son protégé Skorzeny. Il y serait sans doute parvenu sans les efforts de Kersten*, qui fait pendant plusieurs jours le siège du Reichsführer. Schellenberg s'en souviendra, qui dira bien plus tard : « Kersten et moi, nous avons souvent coopéré. Lorsque l'un de nous se trouvait en difficulté auprès d'Himmler, l'autre se précipitait à sa rescousse[18]. » C'est un fait, et en l'occurrence, Kersten finit par l'emporter : Schellenberg est maintenu en fonction, ce qui lui permettra de s'acquitter très largement de sa dette dix mois plus tard...

Pour l'heure, Felix Kersten s'apprête à quitter l'Allemagne ; Hartzwalde est certes un îlot de paix et de bien-être, avec ses huit chevaux, ses vingt-cinq vaches, ses douze truies, ses cent vingt poules et ses champs fertiles, soigneusement cultivés par vingt témoins de Jéhovah enthousiastes. Mais depuis plusieurs mois déjà, Kersten a compris qu'Hitler ne pouvait plus gagner la guerre, et qu'il lui fallait trouver un refuge sûr pour sa famille en prévision du moment où le Reich s'écroulerait. La Suède, pays neutre, lui semble offrir d'excellentes garanties à cet égard, et depuis les débuts de l'affaire des Suédois de Varsovie, il compte à Stockholm des alliés de poids**, pouvant lui obtenir rapidement visas, logement et permis d'exercer la médecine ; une invitation à Stockholm du directeur de la compagnie des allumettes Svenska Tändsticksbolaget achève de le décider à explorer cette voie. Mais il lui reste à trouver un moyen de persuader Himmler de le laisser partir, et c'est l'ambassadeur de Finlande Kivimäki qui

* Avec l'aide de Brandt, du chef d'état-major Wolff – un ennemi intime de Kaltenbrunner – et sans doute du général Gottlob Berger, responsable du recrutement et de l'organisation des Waffen-SS.

** Möller, Brandin, et surtout le banquier Jacob Wallenberg, principal actionnaire de la compagnie Svenska Tändsticksbolaget.

va le lui suggérer : il s'agit d'expliquer au Reichsführer qu'en tant qu'officier de réserve dans l'armée finlandaise, Kersten doit rentrer en Finlande, mais que le gouvernement d'Helsinki accepterait de le laisser soigner les soldats finlandais hospitalisés en Suède. Himmler, bien que réticent, finit par céder, à condition que Kersten s'engage à revenir le soigner dès que nécessaire.

Dès lors, Kersten se prépare au départ en compagnie de son épouse et de son plus jeune fils* – les deux autres étant laissés à Hartzwalde, aux bons soins d'Elisabeth Lüben. Il emporte très peu de chose, mais son premier soin est d'aller chercher le coffret caché dans la maçonnerie de la cave, qui contient les notes d'entretiens avec le Reichsführer prises durant les cinq dernières années ; rassemblées en un paquet compact, elles seront tassées dans une grosse valise, qu'il pourra emporter sans difficulté en tant que courrier diplomatique finlandais[19]. Mais une semaine avant son départ, apprenant l'arrestation de l'avocat Langbehn**, il se précipite chez Himmler pour demander sa libération. Le Reichsführer se montre peu accommodant : « Il a refusé de me laisser parler à mon ami qui se trouvait au camp de concentration de Ravensbrück ; il a également refusé de me laisser voir les pièces du dossier, en prétendant qu'il ne les avait pas et qu'elles avaient été transmises à Hitler. Pour finir, Himmler a consenti à me donner sa parole que la procédure contre Langbehn serait reportée à la fin de la guerre[20]. »

Trois jours plus tard, Kersten écrit donc à Himmler la lettre suivante : « Vous pouvez être assuré que je reviendrai dès la fin de novembre pour reprendre votre traitement. Je me permets de vous rappeler une nouvelle fois que vous

---

* Andreas, né le 9 mai précédent.

** Naturellement accusé d'espionnage au profit de l'Angleterre ; mais il est exact que Langbehn s'était rendu à Berne pour y rencontrer le représentant de l'OSS, Allen Dulles.

m'avez donné votre parole d'honneur qu'il n'arrivera rien au docteur Langbehn, et que vous traiterez son cas avec bienveillance[21]. » Et le 30 septembre 1943, la conscience en paix, Kersten s'envole pour Stockholm*.

* Kersten ne dit nulle part – et n'a probablement pas su – que Langbehn avait été l'organisateur de la rencontre du 26 août entre Himmler et Popitz.

Chapitre IX
Avis de tempête

À Stockholm, pour la première fois depuis quarante mois, Felix Kersten peut goûter l'air de la liberté. Après s'être installé dans la modeste pension Belfrage, il a deux priorités : la première est de faire la tournée des pâtisseries, car les bons gâteaux sont devenus très rares en Allemagne, et notre homme reste prodigieusement gourmand ; la seconde est de mettre ses documents en lieu sûr : sa « valise diplomatique » une fois plombée, elle est déposée dans le sous-sol d'une banque pour y attendre la fin de la guerre.

Le surlendemain de son arrivée, Kersten rend visite à une vieille amie, Mme Graffman, Néerlandaise mariée à un Suédois et fille de deux de ses anciens patients à La Haye. Le hasard faisant bien les choses, le couple Graffman reçoit le même jour un Américain du nom d'Abram Stevens Hewitt, qui se trouve être l'envoyé spécial du président Roosevelt à Stockholm. La conversation ne manque donc pas d'intérêt, et Kersten notera ce jour-là : « J'ai la chance d'avoir trouvé un homme qui est en relations étroites avec l'Amérique. Peut-être cela fournira-t-il l'occasion d'aider la Finlande à faire la paix ; mais il faudra que ce soit une paix dans l'honneur. J'ai longuement conversé avec Hewitt, qui parle aussi allemand, de sorte que nous nous comprenons très bien. Comme sa santé n'est pas très bonne, il aimerait que je le soigne, ce que je ferai avec grand plaisir[1]. »

Le traitement favorisant la conversation, les deux hommes constatent qu'ils ont des vues identiques sur les problèmes du moment : « Nous sommes tous deux d'avis qu'il est grand temps de mettre fin à cette guerre affreuse. [...] Toutefois, mes premières pensées sont pour la Finlande, qui n'est pas en guerre avec l'Amérique. Hewitt estime parfaitement possible que le président Roosevelt intervienne en faveur d'un accord de paix entre la Finlande et la Russie, car il y a encore en Amérique une grande sympathie pour la Finlande. Je lui ai dit que la Finlande n'était nullement liée à l'Allemagne nazie, et que les Finlandais eux-mêmes n'aimaient pas le national-socialisme. C'était seulement le désespoir consécutif à la guerre d'Hiver contre la Russie qui avait fait de nous des alliés de l'Allemagne. Hewitt a répondu qu'il comprenait cela et était disposé à servir d'intermédiaire ; mais c'était à la Finlande de faire le premier pas[2]. »

Lorsque Kersten se rend à Helsinki le 15 octobre 1943 pour faire un rapport sur la situation en Allemagne au nouveau ministre des Affaires étrangères Ramsay, il ne manque pas de mentionner sa conversation avec Hewitt : « J'ai dit à Ramsay que s'il le souhaitait, je pouvais établir à Stockholm un contact avec Roosevelt, car son envoyé spécial là-bas était un de mes patients. Je pouvais servir d'intermédiaire, mais j'ai conseillé à Ramsay de charger plutôt Grippenberg, l'ambassadeur de Finlande à Stockholm, de conduire ces négociations[3]. » À l'évidence, Felix Kersten n'est pas un touche-à-tout : en tant que médecin, il ne se croit pas habilité à mener des pourparlers entre nations, préférant laisser cela aux diplomates officiels et officieux. Mais de retour à Stockholm après le 19 octobre, il retrouve son patient américain, et cette fois, la conversation ne se limite pas à la Finlande : « Hewitt reconnaît lui aussi le danger venu de l'Est. J'ai proposé de m'enquérir auprès d'Himmler des possibilités d'une paix négociée. Hewitt a déclaré que les premières exigences des États-Unis et de l'Angleterre comprendraient l'évacuation de tous les territoires occupés, l'abolition du parti nazi et de la SS, la tenue ultérieure d'élections libres et démocratiques sous supervision américaine et britannique, [...] et l'emprisonnement des chefs nazis dans des camps de concentration. [...] J'ai dit à Hewitt: "À mon avis, Himmler pourrait accepter ces conditions, pourvu qu'une exception soit faite dans son cas et que sa liberté personnelle soit garantie[4]." »

Dans son rapport à l'OSS, Hewitt minimise ses propres propositions, mais s'étend davantage sur celles de son interlocuteur: « Le docteur m'a incité à venir en Allemagne [...] pour voir si un accord était possible. Il a clairement laissé entendre qu'à certaines conditions, Himmler serait prêt à renverser Hitler, et qu'il était le seul homme à pouvoir le faire en Allemagne[5]. » Notre thérapeute semble donc s'être beaucoup avancé au nom du Reichsführer, ce que Hewitt confirme dans un second rapport: « Selon Kersten, [...] Himmler sait que la guerre est perdue et tient à parvenir à un accord avec les Américains et les Britanniques qui permettrait à l'Allemagne de survivre. [...] Se rendant bien compte du fait qu'il était impossible aux Américains et aux Britanniques de traiter avec Hitler, Himmler était maintenant tout à fait disposé à organiser son renversement. [...] Je lui ai dit que je ne représentais pas le gouvernement américain, que je ne savais même pas quelle était sa politique actuelle, et que dans ces conditions, un entretien avec Himmler serait sans objet. Le docteur a alors suggéré que je retourne à Washington pour m'enquérir de la position du gouvernement américain, avant de revenir en Europe[*6]. [...] Il a mentionné qu'Himmler était en train de constituer son propre gouvernement parallèle au sein de la SS, et que ses deux principaux conseillers pour les affaires

* Plus étonnant encore, Kersten a communiqué à Hewitt les propositions de paix séparée faites par Staline à Hitler en février et mai 1943, qu'il a apprises au QG d'Himmler et dont il lui a cité les conditions: « Mains libres dans les Balkans, expansion jusqu'à Salonique et Constantinople, et annexion des pays baltes et de la partie de la Pologne occupée en 1939. »

étrangères étaient l'Oberführer Walter Schellenberg et le docteur Braun*. [...] Il s'est déclaré prêt à faire venir à Stockholm l'un de ces deux hommes, afin qu'il confirme ce que lui, Kersten, venait de me dire[7]. »

Himmler « disposé à organiser le renversement d'Hitler », ayant « son propre gouvernement parallèle » et « ses principaux conseillers sur les affaires étrangères » ! On voit que le Medizinalrat ne recule pas devant les hyperboles pour mettre le processus en mouvement... Et le 24 octobre, il fait porter à Himmler par la valise diplomatique finlandaise le message suivant, qui mérite d'être cité presque intégralement : « J'ai ici à Stockholm un patient américain du nom d'Abram Stevens Hewitt (il n'est pas juif**) qui se tient en contact étroit avec le gouvernement américain. [...] Nous nous sommes beaucoup entretenus et, en considération des destructions sans cesse croissantes causées par la guerre, nous avons élaboré ensemble des propositions pouvant constituer les bases de pourparlers de paix. Je vous supplie, Herr Reichsführer, de ne pas jeter cette lettre au panier, mais de la recevoir avec toute l'humanité qui siège au cœur de Heinrich Himmler. Dans les siècles à venir, la gratitude du monde entier vous restera acquise. Il n'est pas aisé pour moi, en tant que Finlandais, de conduire des négociations de paix au nom de l'Allemagne. Je vous demande donc de m'envoyer à Stockholm quelqu'un qui jouisse de votre entière confiance, afin que je puisse le présenter à M. Hewitt. N'hésitez pas, Herr Reichsführer, je vous en prie, car le destin de l'Europe en dépend. Herr Schellenberg me semble être la personne la plus indiquée, car il parle aussi anglais[8]. »

---

* Manifestement Rudolf Brandt, que Kersten semble avoir promu « conseiller principal » pour les besoins de la cause...

** Précision qui n'est sans doute pas superflue dans une lettre à Heinrich Himmler.

Kersten joint la liste des sept « propositions » élaborées conjointement avec Hewitt et Graffman ; elles sont pour le moins hardies :

« 1. Évacuation de tous les territoires occupés par l'Allemagne et rétablissement de leur souveraineté.

2. Abolition du parti nazi ; élections démocratiques sous supervision américaine et britannique.

3. Abolition de la dictature d'Hitler.

4. Rétablissement des frontières allemandes de 1914*.

5. Réduction de l'armée et de l'aviation allemandes à des dimensions excluant toute nouvelle possibilité d'agression.

6. Contrôle total de l'industrie d'armement allemande par les Américains et les Britanniques.

7. Destitution de tous les chefs nazis, devant comparaître devant une cour de justice chargée de juger les crimes de guerre[9]. »

Himmler a dû avoir le souffle coupé à la lecture d'un tel document**, et il s'est bien gardé de prendre position. Mais Schellenberg, informé au même moment, réagit sans délai – et sans autorisation : « J'ai pris un avion spécial pour la Suède. [...] Avec toutes les dispositions de secret imaginables, j'ai rencontré [Hewitt] dans la suite de l'un des plus grands hôtels de Stockholm***. [...] De mon propre chef et sans réserves, je lui ai fait part de la nécessité absolue pour l'Allemagne d'une paix de compromis[10]. » Mais tout comme Kersten, Schellenberg se garde de mentionner une évidence : cette paix de compromis ne serait possible qu'une fois Hitler renversé, et Himmler étant le seul à pouvoir

* Une proposition quelque peu hâtive : les frontières allemandes de 1914 englobaient l'Alsace-Lorraine...

** On remarquera que ces exigences recoupent assez précisément celles qui seront présentées à l'issue de la conférence anglo-américano-soviétique de Moscou une semaine plus tard.

*** Ce qui n'offre pourtant pas les meilleures garanties en matière de secret, dans une capitale très fréquentée par les espions de toutes nationalités !

obtenir un tel résultat, il serait le successeur du Führer ; or, on imagine sans peine ce qu'aurait de peu attrayant pour les Alliés la perspective d'un remplacement d'Hitler par Himmler…

Ayant fait les présentations, Kersten s'est discrètement éclipsé ; cette fois encore, il a considéré que les négociations proprement dites devaient être laissées à des hommes de métier – qui soient aussi les nationaux des États directement impliqués. D'autant qu'au même moment, il est lui-même sollicité pour une autre mission, qu'il est seul à pouvoir remplir : dès son arrivée à Stockholm, un fonctionnaire du ministère des Affaires étrangères était venu l'informer que son ministre, Christian Günther, souhaitait le voir officieusement – et même si discrètement qu'il le recevrait dans son appartement privé. De ce premier entretien hautement confidentiel*, Kersten fera le récit suivant : « L'attention de Günther avait été attirée sur mon travail au bénéfice des sept Suédois, et il avait à présent conçu un vaste plan d'aide aux Scandinaves détenus dans les camps de concentration en Allemagne. La situation politique de la Suède […] avait évolué de telle façon qu'elle était désormais obligée d'entreprendre quelque chose**, et à cet égard, une action conforme à la ligne humanitaire traditionnelle de la Suède serait la plus adaptée à sa position en tant que pays neutre. Nous avons débattu à fond des avantages et des inconvénients de l'action envisagée […] et des résistances auxquelles nous nous heurterions. Je recevrais du gouvernement suédois des listes de Scandinaves et autres étrangers prisonniers en Allemagne, et j'essaierais, lors de mes entretiens avec Himmler, de les faire libérer ou au moins d'obtenir un allégement de leur sort[11]. »

---

* Dont Kersten et Günther n'ont pas donné la date exacte, se contentant tous deux d'un vague « octobre 1943 ».

** Il faut comprendre par là qu'elle est soumise à de fortes pressions de la part des Alliés, qui veulent la voir entrer dans la guerre contre l'Allemagne.

Kersten semble avoir accepté sans hésiter, ce qu'il expliquera en ces termes: «Cette relation avec le ministre Günther me donnait une toute nouvelle base pour mon entreprise, en me permettant [...] de préserver de l'anéantissement d'importants groupes d'êtres humains. Les démarches que j'entreprenais auprès d'Himmler se dérouleraient désormais dans un contexte international; je serais dès lors en mesure d'agir au nom d'organisations et d'autorités qu'Himmler pourrait difficilement négliger. [...] Et je me sentais renforcé, ne serait-ce qu'à l'idée que pour aider des gens, je n'aurais plus besoin de les faire passer continuellement pour mes patients – je pourrais parler franchement au nom d'une nation étrangère[12]. »

Schellenberg, lui, est rentré en Allemagne aussitôt après ses entretiens avec Hewitt: « De retour à Berlin, j'ai immédiatement rédigé un aide-mémoire sur mes pourparlers, que je comptais présenter à Himmler. À ce moment-là, il se trouvait à Munich*. Lorsque je l'ai informé de ma rencontre avec Hewitt, il a été suffoqué et consterné de cette initiative prise de mon propre chef, après quoi il est entré dans une telle colère que j'ai jugé préférable d'attendre une accalmie avant de lui présenter mon aide-mémoire. Lorsque le lendemain, j'ai essayé à nouveau de le persuader de la nécessité de ma démarche, il m'a bien écouté plus tranquillement, mais mes explications restaient inopérantes face à l'emprise exercée par Hitler sur son entourage à Munich[13]. »

À «Hochwald», près de Rastenburg, l'envoûtement n'est pas moindre, ainsi que le constate Kersten lorsqu'il prend le relais de Schellenberg peu après son retour de Suède: «4 décembre 1943**: J'ai essayé ce matin de faire

* Pour les célébrations annuelles de l'anniversaire de la tentative de putsch du 9 novembre 1923.

** Cette fois encore, la date a visiblement été ajoutée après coup: le 4 décembre, Himmler est en visite à Weimar, sans Kersten. La première date de traitement portée sur l'agenda du Reichsführer est le 7 décembre.

comprendre à Himmler qu'il était temps pour lui de se décider au sujet de mes négociations à Stockholm avec Hewitt et Graffman. [...] Himmler a répondu : "Ach, ne me tourmentez pas, donnez-moi du temps. Je ne peux pas me débarrasser du Führer, à qui je dois tout. [...] C'est lui qui m'a donné le poste que j'occupe actuellement – et je m'en servirais à présent pour renverser le Führer ? [...] Tâchez de comprendre. Lisez le serment de loyauté que j'ai pris comme devise. Dois-je ignorer tout cela et devenir un traître ? Pour l'amour du ciel, ne me demandez pas cela, Herr Kersten." Ma réponse a été : "Je ne vous demande rien, mais le peuple allemand et l'Europe attendent votre décision. Vous êtes le seul à pouvoir la prendre. N'hésitez pas, Herr Reichsführer, apportez la paix à l'Europe, si vous voulez vraiment apparaître devant l'histoire comme un grand chef germanique. À Stockholm, M. Hewitt attend votre décision pour l'amener à Roosevelt. Saisissez votre chance – elle ne se présente jamais une seconde fois." Sur quoi Himmler a rétorqué : "Les conditions que m'a exposées Schellenberg ne sont guère acceptables. Pensez à tous les sacrifices que nous avons consentis, Herr Kersten. Et tout cela aurait été en vain ? Comment puis-je en prendre la responsabilité devant les chefs du parti ? [...] J'ai soigneusement étudié la lettre que vous m'avez envoyée de Stockholm. Les conditions sont ahurissantes. Mais nous pourrions peut-être en discuter si la situation devenait vraiment grave. Toutefois, il y a une condition absolument inacceptable : que nous endossions la responsabilité de certains crimes de guerre, qui n'en sont pas de notre point de vue ; car tout ce qui a été accompli en Allemagne sous le régime du Führer l'a été dans le strict respect de la loi." – "Même l'anéantissement des Polonais et des juifs ?" ai-je demandé. – "Certainement, cela aussi s'est fait de façon légale, car le Führer l'a ordonné [...] et les ordres du Führer sont la loi suprême en Allemagne... Je n'ai jamais agi de ma propre initiative, je n'ai fait qu'exécuter les ordres du Führer.

C'est pourquoi ni moi ni la SS ne peuvent être tenus pour responsables[14]." »

Voyant qu'il serait vain d'argumenter, Kersten recentre la discussion sur les pourparlers de paix. Himmler sort alors de son portefeuille la lettre qu'il a reçue de Stockholm :

« – Hmm… *Évacuation de tous les territoires occupés…* C'est une condition très dure ; songez, Herr Kersten, que la conquête de ces pays s'est faite au prix du sang des meilleurs de nos hommes. Mais bon, si c'est nécessaire, je pourrais y consentir. Et puis, par exemple, vous écrivez ici : *Reconnaissance des frontières de 1914.* M. Hewitt ne va pas nous laisser grand-chose. Pour des raisons de sécurité, nous devrons nous étendre à environ 160 kilomètres plus à l'est… *Élections démocratiques en Allemagne, sous supervision américaine et britannique* ? Je n'ai rien contre… Mais *Destitution du Führer et abolition du parti* ? Que faire avec cela ?

– Ce que vous en ferez, répond Kersten, cela vous regarde, mais il faudra bien que cela se fasse, car les Alliés ne traiteront jamais avec le parti ou avec le Führer.

– Oui, admet Himmler, c'est ce qui est le plus dur à avaler ; cela reviendrait à me couper l'herbe sous le pied. Et puis [*en élevant la voix et en s'échauffant*], il y a cette absurdité : le droit des Alliés de rendre les Allemands responsables de ce qu'ils se permettent de qualifier de crimes de guerre. C'est de la folie complète, Herr Kersten ; nous, Allemands, ne sommes pas des criminels – nous n'avons pas commis de crimes de guerre. […] Et ce n'est pas un crime, peut-être, ce qu'ont fait les Alliés en dévastant nos villes ces dernières années ? Ne comprenez-vous pas qu'en cas de défaite allemande, la Russie – et peut-être l'Amérique dans dix ans – domineront l'Europe ? Ensuite, il y a sur la liste : *Réduction de l'armée allemande à des dimensions excluant toute possibilité d'agression.* Qu'est-ce que M. Hewitt entend par là ?

Allons-nous revenir à une armée de 100 000 hommes* ? Nous ne pourrions jamais contenir les Russes avec cela. Pour protéger l'Europe de la menace venue de l'Est, l'Allemagne a besoin d'une armée d'au moins 3 millions d'hommes.

Quelques minutes plus tard, Himmler a dit d'une voix lasse :

— Je ne peux prendre de décision aujourd'hui. Hewitt sera encore à Stockholm pour quelques jours. [...] Il faut que j'y réfléchisse. Je me rends bien compte que cette guerre est un désastre pour tout le monde, et si je peux faire quelque chose pour y mettre fin, je le ferai. Mais l'Amérique doit elle aussi donner des signes de bonne volonté[15]. »

Les traitements se poursuivent sans interruption jusqu'au 15 décembre, et huit jours durant, Kersten revient à la charge – chaque fois sans succès. Mais un événement fortuit va lui venir en aide : depuis la fin du mois d'octobre 1943, les services secrets de la SS reçoivent de Turquie des renseignements de toute première main sur la stratégie et la diplomatie anglo-américaines**... C'est le valet indélicat de l'ambassadeur de Grande-Bretagne à Ankara – nom de code « Cicéron » – qui fournit à l'« attaché commercial » de l'ambassade d'Allemagne*** les clichés de la correspondance diplomatique la plus secrète entre le Foreign Office et l'ambassade britannique. Or, parmi les documents qui parviennent ainsi à Berlin, il y a des comptes rendus détaillés de la récente conférence des ministres des Affaires étrangères alliés à Moscou, et d'autres rapports sur la conférence de Téhéran qui vient juste de se tenir entre Churchill, Roosevelt et Staline. De toutes ces pièces, il ressort que de profonds désaccords existent bien entre les trois alliés, mais

* C'était une des principales conditions imposées en 1919 par le traité de Versailles.

** Voir François Kersaudy, *L'Affaire Cicéron*, Paris, Perrin, 2005.

*** Le Sturmbannführer SS Ludwig Moyzisch, agent du SD sous couvert diplomatique.

qu'ils se sont au moins entendus pour poursuivre la guerre ensemble jusqu'à la chute finale du Reich ; autant pour ceux, comme Hitler et Ribbentrop, qui comptaient mettre à profit leurs divisions ! D'autres documents encore illustrent l'extraordinaire montée en puissance de l'effort de guerre allié, en récapitulant les quantités de matériel de guerre déjà fournies à l'URSS par les Américains : 189 000 téléphones de campagne, 150 000 mitraillettes, 45 000 tonnes de fil de fer barbelé, 4 millions de paires de bottes, 2 000 tanks, 4 000 avions[16]...

Pour Schellenberg, qui a patronné depuis le début cette remarquable opération d'espionnage, c'est bien davantage qu'un succès de prestige : les prédictions des chefs nazis sur une rupture entre les Alliés se trouvant démenties et leur évaluation de la puissance militaire ennemie radicalement contredite, il n'y a pas de meilleurs arguments en faveur de négociations immédiates. Schellenberg s'en est immédiatement avisé, mais il écrira plus tard : « Comme on pouvait le craindre, la réaction d'Hitler face à ces documents a été négative ; il n'y a vu que la nécessité de poursuivre une guerre totale, impitoyable, avec l'engagement de toutes les forces disponibles. Himmler, par contre, a été visiblement troublé par l'examen de ces matériaux ; peu avant Noël, il m'a fait appeler et m'a dit : "Je vois bien qu'il faut quand même faire quelque chose." Je n'en ai pas cru mes oreilles lorsqu'il a poursuivi : "Ne laissez pas s'interrompre la liaison avec Hewitt. Ne pourriez-vous lui faire savoir que je serais disposé à m'expliquer avec lui[17] ?" »

La volte-face est trop tardive : il n'y aura plus de contacts avec Hewitt, et d'ailleurs, ils auraient probablement été sans objet ; c'est que la perspective de négociations avec Himmler s'est heurtée presque immédiatement à l'opposition de l'ambassadeur des États-Unis à Stockholm, du Département d'État, de l'OSS et bien sûr de la Maison-Blanche ; tous redoutent les réactions de Staline face à des tractations dont le caractère antisoviétique est aisément discernable*[18], et chacun sait depuis la déclaration d'Anfa de janvier 1943 que l'unique exigence alliée est la reddition sans condition de l'Allemagne nazie. Du reste, le président Roosevelt lui-même, principalement préoccupé par sa réélection, a certainement pris en compte la réaction d'électeurs américains apprenant que ses services négociaient avec un personnage tel que Heinrich Himmler…

Si Schellenberg va malgré tout poursuivre ses efforts pour trouver des interlocuteurs du côté allié, Kersten, lui, semble y avoir renoncé – à moins qu'il n'ait estimé que le rôle d'intermédiaire ne lui incombait plus. Il est vrai que ceux de thérapeute, de confesseur, de conspirateur et de bon samaritain occupent déjà largement ses journées ; le 14 janvier 1944, il note ainsi : « Himmler était déprimé et désespéré parce que le Führer lui avait reproché la nuit précédente de traiter le peuple allemand avec trop de douceur ; si l'on voulait gagner la guerre, avait-il dit, il fallait abattre tous les saboteurs et tous les râleurs. Mais Himmler faisait valoir que les camps de concentration étaient déjà remplis de deux millions d'internés ; il était matériellement impossible de doubler la capacité comme l'exigeait le Führer. L'éradication des juifs, des ennemis du peuple et des saboteurs suivait son cours, mais le Führer n'était toujours pas satisfait du résultat, car la Solution finale n'était pas exécutée assez rapidement ; d'après le Führer, Himmler était trop faible. Il m'a dit d'une voix désespérée : “Je ne m'y retrouve plus. Je fais tout ce qu'il me demande, mais il n'est toujours pas satisfait.” – “Et qu'attendez-vous d'un dément paralytique ? Ce reproche même montre bien que le Führer n'est plus normal. […] D'après moi, il n'y a qu'une chose à

* De fait, Schellenberg n'avait pas caché à Hewitt qu'il s'agissait de faire la paix avec les Anglo-Américains, tout en poursuivant la guerre à l'Est – exactement ce que proposait l'amiral Canaris à des émissaires alliés en Turquie et en Espagne quelques mois plus tôt.

faire : déposer le Führer, dissoudre le parti et faire la paix avec les Occidentaux. C'est pour cela que j'ai instauré la relation avec Hewitt, pour rétablir la paix – et même si les conditions n'en sont pas avantageuses, vous pourrez tout de même sauver l'Allemagne." Himmler s'est écrié : "Pour l'amour du ciel, qu'est-ce que vous me dites encore là ? J'ai juré fidélité éternelle à mon Führer, et je ne peux pas trahir mon serment !" [...][19] »

Kersten lui fait remarquer que lorsqu'il a prêté serment au Führer, il ne connaissait pas ses troubles psychiques – après quoi il lui conseille de commencer par cesser de tuer des juifs et d'autres personnes jugées déplaisantes par les nationaux-socialistes, de remplacer tous les chefs de camps de concentration par des collaborateurs fiables, et enfin de faire en sorte que tous les internés soient humainement traités, avant de commencer à les libérer discrètement...

« Himmler, note Kersten, a eu un petit rire, et il a répondu :

— Si je faisais cela, le Führer l'apprendrait dans la semaine et il me ferait pendre, moi et ma famille.

— Il est temps que vous vous fassiez, dans les cercles militaires et SS, des amis ayant les mêmes dispositions que vous. Il y en a beaucoup qui vous soutiendraient si vous arrêtiez le Führer et le faisiez enfermer dans un asile d'aliénés.

— Nos ennemis considéreraient cela comme le début d'une guerre civile. Je ne peux pas en prendre la responsabilité. Nous nous en tiendrons là, et je suis content que personne n'ait entendu cette conversation, mon cher Kersten. Vous ne pouvez pas comprendre à quel point je suis exposé, [...] et tous mes chefs SS ne sont plus loyaux envers moi. C'est pourquoi je dois être très diplomate, afin de ne pas être déposé – et de voir peut-être Bormann reprendre mes fonctions[20]. »

Comprenant que la peur reste le *primus motor* du Reichsführer, Kersten attaque par un autre biais, en lui faisant remarquer que le monde finira par le rendre responsable de tous les crimes commis. Himmler s'esclaffe et lui rappelle qu'il lui a montré à plusieurs reprises la lettre du Führer, par laquelle il prend sur lui toute responsabilité pour ce qui est fait en son nom et l'exonère, lui, Heinrich Himmler, de toute responsabilité. Suit une longue discussion sur le concept de responsabilité, après quoi Kersten renouvelle ses recommandations : le Reichsführer doit cesser d'anéantir les juifs, et traiter avec plus d'humanité les prisonniers des camps de concentration. Et Kersten d'ajouter :

« — Après tout, les juifs sont des êtres humains comme vous et moi.

— Oui, répond Himmler, vous me l'avez déjà dit au moins mille fois, Herr Kersten. Mais le Führer ne partage pas cet avis, et reste convaincu qu'il n'existe que trois espèces vivantes sur la terre : les hommes, les bêtes et les juifs. Ces derniers doivent être anéantis pour que les deux autres puissent survivre…

— Et vous-même, avec votre foi en la justice et votre intelligence germaniques, vous croyez vraiment cela ?

— Non, non, je ne le crois pas… Mais arrêtons cette discussion et n'en parlons plus[21]. »

À la fin de janvier 1944, Kersten doit accompagner Himmler en déplacement à La Haye. Quelques semaines plus tôt, celui-ci lui avait dit : « Pour tenir la Hollande, je n'ai besoin que de 3 000 policiers et de quelques rations supplémentaires ; avec cela, la police sait tout » – et le Reichsführer de se vanter d'avoir des informateurs au sein de tous les mouvements de résistance[22]. De fait, les arrestations s'étaient multipliées récemment, et le 4 janvier 1944, Kersten apprenait par son troisième agent Jan Reyers que le diplomate Herman van Roijen lui-même était tombé dans les filets de la Gestapo. Une fois à La Haye, Kersten ne perd pas de temps : « Lors d'un dîner chez le Reichskommissar Seyss-Inquart*, auquel assistait également l'Obergruppenführer Rauter, j'ai commencé à parler de Herman van Roijen. Rauter m'a demandé avec un rictus méprisant : "Encore un de vos patients, sans doute ?" J'ai répondu : "Oui, et même un patient très malade !" Là-dessus, on m'a informé que van Roijen avait été convaincu d'espionnage et que sa tête devait rouler – on ne pouvait plus rien y faire. Une fois seul avec Himmler, je l'ai conjuré de laisser parler ses sentiments [...], et de faire libérer Herman van Roijen. Himmler m'a expliqué que van Roijen collaborait avec la Résistance et qu'il avait été vu entre autres avec un résistant notoire. J'ai répondu que cela pouvait être un hasard, et je l'ai prié de présenter les choses ainsi à Rauter et à Naumann** – ce qu'il a fini par me promettre[23]. » De fait, Jan Herman van Roijen sera libéré deux mois plus tard, et six ans après la guerre, il déclarera devant une commission d'enquête parlementaire néerlandaise : « Ils m'ont remis en liberté. À ce jour, j'ignore encore pourquoi[24] »...

Pour l'heure, Felix Kersten est engagé dans des actions bien plus délicates : à La Haye, il est logé à l'hôtel des SS, derrière le palais de la Paix, mais il se rend chaque jour à Clingendael, afin d'y soigner le Reichsführer. À la fin du deuxième traitement, Seyss-Inquart vient faire son rapport à Himmler : le lendemain à l'aube, la Gestapo doit arrêter dix personnalités en vue de La Haye, toutes suspectées de sympathies avec la Résistance. Kersten saisit au vol quelques noms : van Vlissingen, Philips, Türkow, Roys, Doedes, Böningen... Or, Frans Türkow est justement un vieil ami, et aussi l'homme chez qui il doit dîner en famille le soir même ! L'avertir ne servirait à rien : comme les autres,

---

* Le 30 janvier au soir, d'après l'agenda d'Himmler.

** Le Brigadeführer Erich Naumann, chef du Sipo-SD pour les Pays-Bas et bras droit de Hans Albin Rauter.

Türkow doit être surveillé, il ne pourrait aller bien loin, et Kersten serait immédiatement identifié comme l'informateur. Celui-ci passe donc une soirée difficile avec ses vieux amis, mais lorsqu'il les quitte à vingt-trois heures trente, il a soudain une inspiration et demande au chauffeur de le reconduire à Clingendael, chez Himmler. Ayant passé trois postes de contrôle, il est introduit dans la chambre du Reichsführer au moment où celui-ci s'apprêtait à se coucher. La suite, Kersten la racontera en ces termes :

« Himmler, très surpris, s'est exclamé :

— Vous tombez à pic ! Mon attaque de crampes d'estomac est en train de reprendre.

— C'est ce que je pensais... C'est pourquoi je suis venu aussi vite.

Cinq minutes plus tard, Himmler était allongé et je commençais mon traitement. Les douleurs se sont arrêtées presque immédiatement et il était très content. D'un seul coup, j'ai dit :

— Herr Reichsführer, j'ai une grande faveur à vous demander. Vous êtes la seule personne qui puisse m'aider.

— Je le ferais volontiers ; de quoi s'agit-il ?

Je lui ai dit qu'en entendant sa conversation avec Seyss-Inquart ce matin-là, j'avais appris que mon ami Türkow et d'autres devaient être arrêtés le lendemain. Je l'ai prié instamment d'empêcher cela, par bonté pour moi. Türkow et Doedes* comptaient parmi mes amis les plus proches ; tout ce qui était fait contre eux m'affectait personnellement.

— Mais, mon cher Kersten, [...] ces hommes sont des traîtres à l'idéal grand-germanique. Et puis, je ne peux pas annuler l'ordre ; cela mettrait mes hommes dans une situation embarrassante – nous devons protéger les arrières de nos troupes combattantes.

---

* Lambertus Doedes, champion olympique de voile en 1928.

J'ai bataillé avec lui pendant un quart d'heure ; pour finir, il a cédé et il a dit :

— Très bien, j'en parlerai à Rauter demain.

— Ce sera trop tard, ai-je répondu ; ces hommes vont être arrêtés dans quelques heures. Il faudrait appeler Rauter immédiatement.

— Mais il est peut-être déjà endormi, a dit Himmler.

— Alors, il faudra le réveiller.

— Il faut toujours que vous ayez le dernier mot, Kersten. [...]

— Puis-je appeler Rauter ? ai-je demandé.

— Bon, a-t-il dit d'une voix lasse, faites l'appel.

Je me suis exécuté avec plaisir, et Himmler a ordonné à Rauter de ne pas arrêter les dix hommes en question. Il prendrait une décision à leur sujet une fois de retour à Berlin ; quoi qu'il en soit, il désirait qu'aucune mesure ne soit prise dans cette affaire pour le moment, quelles que soient les circonstances. Lorsqu'il a raccroché, je lui ai dit :

— Je vous remercie, Herr Reichsführer, au nom de l'histoire hollandaise.

Après un moment de silence, il m'a dit :

— Peu importe que nous en remettions un ou deux en liberté, car ici, ce sont tous des traîtres – même Mussert. Mais je vous promets qu'un jour prochain, je ferai pendre aussi ce gredin*. [...]

J'ai pensé que le moment était venu de prendre congé. Alors que je partais, Himmler m'a rappelé et m'a dit de prendre quelques-unes des pommes que Seyss-Inquart lui avait offertes. J'en ai mis une demi-douzaine dans ma poche de manteau ; Himmler m'a aussi donné deux tablettes de chocolat, en ajoutant que je n'avais pas à m'inquiéter : il n'arriverait rien à mes amis[25]. »

* Les historiens connaissaient le mépris d'Himmler pour Mussert, mais ils ignoraient sans doute de telles intentions homicides !

Tout cela est déjà stupéfiant, mais il y a plus extraordinaire encore : la veille et le lendemain de cet entretien, Kersten rencontre ses agents et quelques membres importants de la Résistance ! Parmi les premiers, il y a son principal informateur, Jacobus Nieuwenhuis*, qui racontera plus tard : « Lors de sa visite, Kersten m'a dit que si je devais me trouver en difficulté, il me fallait absolument tenter de le rejoindre ; il pourrait ensuite m'aider à passer en Suède, hors d'atteinte des Allemands[26]. » Nieuwenhuis saura s'en souvenir sept mois plus tard... Pour le moment, Kersten rencontre également l'ingénieur naval et banquier Maurits de Beaufort, un chef de réseau dont les contacts avec l'Angleterre ont été interrompus alors qu'il devait faire passer des renseignements importants à son gouvernement en exil ; sur quoi Kersten lui certifie qu'il est parfaitement en mesure d'apporter lui-même ce courrier à Stockholm, d'où il pourra être acheminé vers Londres.

On croit rêver : voilà un homme qui est haï par le commissaire du Reich Arthur Seyss-Inquart et par le plus haut responsable de la police aux Pays-Bas Hans Albin Rauter, qui est espionné sans relâche par les sbires de « Gestapo Müller », et qui peut en toute impunité rencontrer informateurs et résistants ? Aucun roman d'espionnage n'oserait proposer un tel scénario ! Mais si, en l'occurrence, la réalité peut dépasser très nettement la fiction, c'est que Kersten ne se cache absolument pas : il se rend en voiture – conduite par un sous-officier SS – chez ses anciens patients et amis**, avec l'autorisation expresse du Reichsführer lui-même. Pour un gestapiste, s'en prendre à ce gros médecin finlan-

* C'est lui qui a informé Kersten des prises d'otages, des fortifications de la côte, de la construction de bunkers au milieu du quartier de Clingendael, ainsi que des projets de déportation des juifs, de confiscation des postes de radio et de rafles des jeunes pour le travail obligatoire.

** Dont certains sont en outre au-dessus de tout soupçon, depuis qu'ils ont rejoint le parti collaborationniste NSB – Kersten y ayant veillé personnellement !

dais, ou même l'espionner trop ostensiblement, ce serait compromettre son avancement – dans le meilleur des cas –, au sein d'un système fondé tout entier sur la peur, l'arrivisme et la servilité…

C'est en fonction de tout cela que Felix Kersten peut rentrer à Berlin le 4 février 1944 au soir, dans l'avion personnel du Reichsführer, avec une valise contenant les messages les plus secrets de la Résistance néerlandaise ; c'est également grâce à cela que Kersten peut se permettre d'écrire le 7 février à l'Obergruppenführer und General der Polizei Rauter, dont il a pris congé trois jours plus tôt : « Herr Lambertus Doedes est mon meilleur ami en Hollande, et je considère toute accusation portée contre lui et sa famille comme une atteinte personnelle. […] Himmler vous a envoyé la directive de ne rien entreprendre contre Herr Doedes et sa famille sans un accord écrit de sa part. […] Vous êtes le dernier sur la liste de Seyss-Inquart pour recevoir de hautes décorations ; je crois que cela peut s'arranger*. J'ai donné au Brigadeführer Naumann avant mon départ une liste de huit personnes arrêtées dont je demande la libération**. Ce sont de vieux patients et amis. » Et la lettre se termine sur cette note péremptoire : « Attendez les décisions du Reichsführer[27]. »

Sur les décisions en question, Kersten continue d'exercer une influence certaine, ainsi qu'il ressort de cette lettre qu'il adresse à Himmler le 26 mars : « Le Brigadeführer Naumann m'écrit que mon vieux patient et ami Herr van Roijen vient d'être libéré. […] Je vous remercie, Herr Reichsführer, d'avoir sauvé mon ami ; vous m'avez ainsi fait un grand plaisir.

---

* Ce qui s'appelle manier la carotte et le bâton : Kersten a rapidement découvert que les promesses d'intercession en vue d'obtenir des décorations ou de l'avancement étaient au moins aussi efficaces que les pots-de-vin pour s'assurer le concours des militaires, des policiers et des fonctionnaires subalternes.

** Apparemment une nouvelle liste, car les dix personnes précédentes n'avaient *pas* été arrêtées.

Naumann m'informe que trois autres hommes inscrits sur ma liste sont inconnus du SD et n'ont pas été emprisonnés par lui. Cela me paraît exclu. Il s'agit des personnes suivantes: G. Hintzen, le baron von Stirum de Haarlem et le docteur Jan Paul Bannier. Je vous prie de faire rechercher ces hommes par le docteur Brandt. Par ailleurs, Naumann m'informe que les dénommés P.I.A. Clavareau et I. Wilken doivent être condamnés comme espions par un tribunal de la Wehrmacht. Si Naumann se donnait un peu de mal et faisait preuve de bonne volonté, je crois que l'on pourrait obtenir du tribunal de la Wehrmacht la libération des deux hommes en question. En outre, Herr Jacob de Graeff est interné à Buchenwald, et je vous serais très reconnaissant de faire en sorte qu'il soit libéré. [...] Je vous avoue, très estimé Herr Reichsführer, que je ne comprends pas le dur traitement que vous imposez à la Hollande. Tout peuple ayant le sens de l'honneur veut sa liberté, et les Germains ne se laissent pas traiter comme des esclaves. [...] Malheureusement, vos informations en provenance de Hollande n'émanent que de mouchards rétribués et de personnages douteux. [...] Je sais que vous êtes un homme au jugement équitable, sans quoi je ne vous enverrais pas cette lettre. Je fais appel à votre grand cœur et à votre grand esprit germaniques en vous priant d'adopter en Hollande une politique humaine. L'histoire germanique vous en sera reconnaissante, ainsi qu'à vos descendants[28]. »

Dans l'intervalle, la guerre a suivi son cours inexorable: en Russie, les Soviétiques sont parvenus à rompre l'encerclement de Leningrad à la mi-janvier 1944, et ils s'apprêtent à lancer leurs grandes offensives en Ukraine du Sud et en Crimée; au sud de Rome, la Wehrmacht a endigué tant bien que mal les avancées alliées, tandis qu'Hitler a persuadé un Mussolini réticent de constituer dans le nord du pays une « République sociale italienne » entièrement contrôlée par l'Allemagne – à la suite de quoi Kersten a eu la grande tristesse d'apprendre l'exécution de son ami le comte Ciano*. En Allemagne, à la mi-février 1944, l'amiral Canaris, grand protecteur des opposants à Hitler, a été destitué et mis en résidence surveillée**, tandis que l'Abwehr passait sous le contrôle des SS de Kaltenbrunner. Et puis, entre janvier et mars, les bombardements anglo-américains sur Berlin ont atteint une ampleur sans précédent.

C'est donc depuis une capitale en ruine que Kersten s'envole à nouveau pour la Suède avec son épouse le 1er avril 1944 ; il a obtenu le consentement d'Himmler à son départ sous le même prétexte qu'auparavant – soigner des soldats finlandais – et à la même condition : revenir auprès du Reichsführer dès que ses services seront requis. Le jour de son arrivée à Stockholm, il remet le courrier de la Résistance au baron van Nagell, ancien ambassadeur du gouvernement néerlandais en exil ; ensuite, il va mettre au point avec le ministre Günther la grande opération de sauvetage projetée, en récapitulant méthodiquement tous ses aspects – depuis la préservation du secret le plus absolu jusqu'aux conditions d'accueil en Suède des prisonniers libérés, en passant par les principaux soutiens à escompter : en Suède, le Premier ministre Per Albin Hansson et le roi Gustave V ; en Allemagne, Brandt, Berger, et bien sûr Schellenberg… Kersten promet de commencer à « travailler » le Reichsführer dès son retour en Allemagne.

À Berlin, ce mois-là, l'Oberführer Schellenberg est un homme surmené ; outre les devoirs de sa charge, il a une triple priorité : déjouer les embûches de Kaltenbrunner et de « Gestapo Müller » pour le faire trébucher, rétablir les contacts avec de potentiels interlocuteurs parmi les

* Condamné à mort lors du procès de Vérone pour avoir voté la destitution de Mussolini, Ciano a été exécuté le 11 janvier 1944.

** L'occasion en a été la défection au début de février 1944 d'un fonctionnaire subalterne de l'Abwehr à Istanbul, le docteur Erich Vermehren. Hitler en a rendu l'amiral responsable et a pris une décision brusquée sous l'empire de la colère.

Alliés, et persuader Himmler de renverser Hitler. Pour faire avancer ce dernier projet, il a transmis régulièrement au Reichsführer les prédictions astrologiques détaillées de Wilhelm Wulff et, faute de résultats concrets, il a décidé qu'une entrevue s'imposait ; à la fin du mois de mai, l'astrologue, dûment chapitré, est donc conduit dans le plus grand secret jusqu'à « Bergwald », le QG d'Himmler dans le château d'Aigen, près de Salzbourg. La suite, Wilhelm Wulff la racontera bien plus tard, en commençant par une description détaillée de l'homme auquel il est présenté : « Himmler était de taille moyenne, ses mouvements étaient précipités, comme ceux d'un homme très nerveux, et il parlait rapidement, avec des gestes vifs. [...] Sa pâleur trahissait le surmenage et le manque de sommeil, ses paupières étaient rougies comme par un excès de lecture, et ses yeux sombres, de couleur gris souris, [...] étaient presque entièrement recouverts par un pli épicanthique typiquement mongoloïde[29]. »

Une fois les présentations faites, on en vient aux choses sérieuses : l'astrologie. « La conception qu'il en avait trahissait de bonnes connaissances de cette science si décriée. [...] Il n'entamait jamais ses grandes actions qu'en fonction de certaines constellations astrales peu connues. [...] Puis il a dit : "Je suis désolé d'avoir dû vous faire enfermer*, mais il n'était plus possible de pratiquer l'astrologie publiquement. [...] Nous ne pouvons admettre que quelqu'un s'occupe d'astrologie en dehors de nous. Dans l'État national-socialiste, l'astrologie doit rester *privilegium singulorum*, et n'est pas pour les masses populaires." »

Mais il faut bien en venir au fait : « Himmler a feuilleté mes horoscopes de Staline et de Churchill. Il a peu commenté celui d'Hitler, dans lequel je décrivais sans ambages l'issue funeste de ses entreprises guerrières, sa maladie, les dangers

* Voir *supra*, p. 165.

qui émaillaient sa carrière et son étrange décès. J'ai dit à Himmler : "Hitler ne mourra pas des suites d'un attentat. N'y comptez pas ! La possibilité d'un attentat majeur est certes évidente, mais il n'en mourra pas." Mes conclusions tirées de l'horoscope d'Hitler étaient déjà en possession d'Himmler depuis le début de l'année – Herr Kersten les lui avait transmises ; elles indiquaient que c'en serait fini d'Hitler en 1945*[30]. J'avais particulièrement insisté sur ce point dans mes conclusions, afin d'amener Himmler, dont on connaissait l'irrésolution, à entreprendre au préalable quelque chose contre Hitler, afin de n'être pas entraîné dans le maelström de l'effondrement ; j'espérais qu'ainsi, il serait incité à déposer Hitler et à entamer des négociations de paix. [...] Himmler m'a demandé : "À votre avis, que devons-nous faire ? Les choses ne vont-elles pas finir par tourner à notre avantage ? Nous avons des divisions intactes en Russie, même si elles ne sont pas tout à fait suffisantes, car nous devons aussi nous garder à l'Ouest." En outre, il s'est référé aux "armes miracle", sur lesquelles il fondait de grands espoirs. J'ai exprimé mon scepticisme au sujet de ces nouvelles armes, j'ai récapitulé la situation d'ensemble, et pour finir, je me suis permis de représenter la déposition d'Hitler comme seule issue permettant encore de sauver Himmler. Il a répondu sans aucune hésitation : "Rien de plus facile. J'envoie Berger avec une division blindée, et je fais occuper tous les points névralgiques par mes hommes."

« Cette réponse m'a paru tout à fait révélatrice ; ainsi, Himmler avait déjà considéré la possibilité d'une révolte

---

* De fait, Schellenberg déclarera à ses interrogateurs après la guerre : « Concernant Hitler, Wulff avait prédit un danger pour sa vie autour du 20 juillet 1944, suivi d'une maladie en novembre 1944 ; il avait en outre prévu qu'Hitler disparaîtrait avant le 7 mai 1945, en ajoutant que la cause de sa mort ne serait jamais découverte, mais serait due à des alcaloïdes. » C'est évidemment troublant, mais les déclarations de Schellenberg ont fort bien pu être influencées par sa connaissance des événements ultérieurs. Par ailleurs, le cyanure n'est pas un alcaloïde – mais on peut être un bon astrologue et un mauvais chimiste...

contre Hitler, et même envisagé de la diriger lui-même. Mais il a ajouté aussitôt, sur une note quelque peu menaçante : “Ce que nous discutons là, c’est de la haute trahison, et cela pourrait nous coûter la vie, si Hitler venait à être informé de nos plans.”

« À quoi j’ai répondu : “Je sais bien que cette entreprise est difficile et dangereuse, mais après tout, nous pouvons chaque jour être tués par une bombe. Je suis convaincu que l’attitude de l’étranger envers votre personne changerait radicalement si vous apportiez la paix et supprimiez immédiatement les camps de concentration [...]. Hitler, dans son aveuglement, court à sa perte. Si les choses continuent ainsi, la guerre sera bientôt perdue sans appel. Donc, agissez ! Vous disposez de l’appareil intact de votre police, et vous pouvez aisément prendre le pouvoir. Votre constellation pour les prochains mois est favorable et celle d’Hitler est très mauvaise ; n’attendez pas qu’il soit trop tard !”

« Himmler paraissait songeur et abattu :

— Je crains seulement la masse, le peuple, voyez-vous. Tout cela n’est pas si facile d’exécution. Une telle révolution provoquerait en maints endroits du Reich, et aussi dans les territoires occupés, des soulèvements qu’il me faudrait écraser dans le sang. Dès lors, on ne peut savoir ce que ferait le reste des masses.

— Mais au pire, les soulèvements seraient étouffés en deux ou trois mois, si vous parveniez à vous assurer à temps la coopération des principaux généraux.

— Dans ce cas, il faudrait agir vite... Je vais encore y réfléchir. [...]

« Après cela, la conversation est revenue sur la situation politique et militaire. Les vues d’Himmler à ce sujet (nous étions en mai 1944 !) paraissaient très naïves [...]. Il affirmait qu’il y aurait très bientôt une paix avec les puissances occidentales. L’Angleterre était très éprouvée ; l’Amérique était encore intacte, mais elle n’avait pas encore atteint le summum de son potentiel d’armement. Une fois conclus l'armistice et la paix avec les puissances occidentales, la guerre à l'Est pourrait se poursuivre. Avec les positions stratégiques favorables qu'occupait le Reich, il estimait que la guerre à l'Est avec l'aide des Alliés occidentaux serait à même de durer encore des décennies [...][31]. »

On sait qu'Hitler lui-même était périodiquement sujet à de telles divagations, et ce n'est pas une coïncidence. Mais Wilhelm Wulff reprend : « Après une petite pause, pendant laquelle il a fait servir des rafraîchissements, Himmler a demandé à connaître son propre horoscope. J'en avais une petite esquisse datant de l'année 1934. Comme il ne connaissait pas son heure de naissance, nous nous sommes appliqués ensemble à la retrouver *a posteriori*, avec l'aide de données comparatives[32]. »

Les deux hommes s'abîment donc pendant deux heures encore dans les obscurs dédales des constellations du zodiaque. À dix-neuf heures, Wilhelm Wulff est congédié et peut rentrer à Hambourg, avec un soulagement bien compréhensible. Il s'arrête à Berlin pour faire son rapport à Schellenberg, qui voit dans la longueur de l'entrevue – cinq heures tout de même – un signe très encourageant : « C'est bien, très bien – tant de temps ? Cela arrive rarement[33]. » Certes, mais les résultats paraissent tout de même bien minces...

Hitler, lui, n'a que faire de l'astrologie ; il ne s'intéresse pas davantage aux renseignements venus d'Ankara, qui laissent pourtant prévoir une mystérieuse opération *Overlord*, devant être déclenchée après la mi-mai[34]. L'ambassadeur von Papen écrira dans ses Mémoires : « Ce que nous savions de l'opération *Overlord* se limitait à son nom. J'ai suggéré à plusieurs reprises que, pour tromper l'ennemi, notre propagande se mette à donner l'impression que nous avions une connaissance approfondie d'*Overlord*. Mais pour une raison ou pour une autre, Hitler ne l'a pas permis[35]. » À la lecture des documents fournis par le valet

Chapitre X
Le commencement de la fin

Cette ouverture d'un « deuxième front » si longtemps attendue* prend pourtant l'état-major allemand par surprise, et du fait que toute initiative stratégique de quelque importance requiert l'aval du Führer, la réaction allemande se fait attendre au cours des premières heures cruciales du débarquement allié ; et une fois les forces anglo-américano-canadiennes solidement installées à l'intérieur des terres, la disproportion des forces, particulièrement dans les airs**, va jouer inexorablement contre la Wehrmacht.

C'est ce même 6 juin 1944 que Kersten rentre de Stockholm, et neuf jours plus tard, il retrouve son principal patient au QG de « Bergwald », près de Salzbourg***. Dès le premier traitement, notre thérapeute entre en campagne avec ses armes habituelles : l'appel à la raison, la séduction, la flatterie et… la doctrine national-socialiste : après une brève allusion au débarquement, il reproche à Himmler de tuer dans ses camps

* Il faudrait plutôt parler d'un « troisième front », puisqu'en plus du front de l'Est, celui d'Italie vient juste de s'animer, avec la prise de Rome par les Alliés le 4 juin.

** La Luftwaffe n'a initialement que 175 chasseurs disponibles en Normandie – contre 3 000 du côté allié. Encore les appareils allemands sont-ils à court de carburant… Himmler, comme Hitler, compte sur l'effet des premiers engins V1 ; mais lancés sur Londres avec une faible charge explosive, ils n'auront aucun effet sur la situation stratégique en France.

*** Dans *Les Mains du miracle*, Joseph Kessel situe plutôt cet entretien à « Hochwald », en Prusse orientale ; mais l'agenda d'Himmler est formel : entre le 1er mars et le 13 juillet 1944, le Reichsführer n'a pas quitté son QG de Salzbourg.

de concentration « les derniers survivants de race germanique » que sont les Norvégiens, les Danois et les Hollandais. Or, ajoute-t-il, l'intelligence supérieure et la qualité de grand chef germanique du Reichsführer devraient plutôt l'amener à en libérer le plus possible. Himmler lui répond qu'Hitler ne le permettrait jamais, ce qui donne à Kersten l'occasion de renouer avec les arguments de Schellenberg et de Wilhelm Wulff : que Himmler envoie une division de Waffen-SS à Berchtesgaden, et il deviendra le nouveau Führer... Himmler, effaré, rejette l'idée d'un putsch et se retranche derrière le serment de fidélité gravé sur la boucle de son ceinturon : *Meine Ehre Heisst Treue* – « Mon Honneur, c'est ma fidélité ». Kersten lui suggère bien de changer de boucle, mais le Reichsführer ne veut rien entendre : « La fidélité est un sentiment sacré ; je l'enseigne chaque jour à mes soldats[1]. »

Quelques jours plus tard, Felix Kersten rencontre à Berlin l'astrologue Wulff, qui se souviendra : « Après le début de l'invasion, Kersten est venu me voir, et il m'a dit avec un geste de désespoir : "Himmler n'agit toujours pas ! Il m'a raconté que tous ses officiers supérieurs n'étaient plus 'sûrs', et qu'il ne pouvait donc pas songer à un putsch[2]." »

C'est au mieux un prétexte de plus ; à ce stade, l'attention des officiers supérieurs en question est surtout monopolisée par les combats qui se déroulent en Normandie, où la Wehrmacht est en grand danger d'être débordée au sud et à l'ouest de Caen*. Assez curieusement, Himmler, qui a tout de même trois divisions blindées SS en Normandie – et même six à la fin du mois de juin –, semble s'intéresser assez peu au déroulement des combats. Il est vrai que le Reichsführer n'a pas son mot à dire sur l'engagement de ses divisions, qui dépend en principe du commandant en chef von Rundstedt, et en pratique du Führer lui-même ; et puis,

* Il y a aussi l'Ukraine, où la grande offensive soviétique *Bagration*, déclenchée le 22 juin, est en train de faire voler en éclats tout le dispositif du groupe d'armées Centre.

la Waffen-SS n'est qu'une petite partie de son empire : il y a aussi la police politique, la police criminelle, le renseignement intérieur, l'espionnage à l'étranger, les camps de concentration, les nouvelles usines d'armement, l'Ahnenerbe, le Lebensborn*, la mise en œuvre de la Solution finale, les instituts de recherche, le ministère de l'Intérieur, le commissariat du Reich pour le renforcement de la race allemande, le Bureau de la race et du peuplement...

C'est dans le cadre de toutes ces responsabilités – et de quelques autres** – que Heinrich Himmler consacre l'essentiel de son temps ce mois-là aux études sur l'expérimentation d'un vaccin contre le typhus***, au démantèlement du ghetto de Łódź****, à la « mise en sécurité » de la tapisserie de Bayeux*****, à la querelle avec le ministre de l'Armement Speer dont il cherche à usurper les fonctions – après avoir tenté de l'éliminer au moyen d'un « accident médical »[3] –, à la déportation des juifs italiens, à l'avancement des travaux d'enterrement des usines de production des fusées V1******, aux progrès de l'exploitation du pétrole de schiste, à la modification des signes distinctifs sur les uniformes des gardiens de camps, à l'extension des terres agricoles consacrées à la production de plante à caoutchouc*******, aux actions disciplinaires contre des officiers SS exagérément alcoolisés ou corrompus, aux projets de mise sur pied de nouvelles « divisions européennes »********, aux tournées de propagande parmi les régiments SS dans les territoires encore occupés,

* « Société du patrimoine ancestral » et « Fontaine de vie » (Institution pour la création d'une race aryenne pure).

** Comme celles liées au titre (obtenu de haute lutte) de « représentant spécial pour le caoutchouc végétal ».

*** Avec 250 morts parmi les prisonniers utilisés comme cobayes.

**** Suivi de la mise à mort de ses 72 000 habitants.

***** En Allemagne, naturellement ; mais il n'en aura pas le temps.

****** Employant près de Nordhausen les prisonniers du camp de Mittelbau-Dora (dont 20 000 mourront à la tâche).

******* Le *kok-saghyz*. Voir *supra*, p. 169.

******** Qui ne verront jamais le jour, faute d'armement et d'encadrement.

à l'emploi des prisonniers sur les chantiers de déblaiement des ruines dans les villes bombardées, aux expériences de désalinisation de l'eau de mer*, à la déportation vers Auschwitz de 437 400 juifs hongrois, au rapatriement et à la réinstallation dans le Reich des *Volksdeutsche* qui devaient coloniser la Biélorussie, l'Ukraine, la Crimée et les pays baltes, à la répression des mouvements de résistance en Grèce comme en Yougoslavie, et ainsi de suite… On conçoit dès lors qu'il lui reste très peu de temps pour s'intéresser aux questions stratégiques – pour lesquelles il n'a aucune compétence par ailleurs.

Le Reichsführer a-t-il une idée de ce qui se prépare en ce début de juillet 1944 ? Depuis six ans, les projets de putsch et d'assassinat contre Hitler se sont succédé sans aboutir ; le hasard, la chance, l'inexpérience, la procrastination, les initiatives étrangères**, les mesures de sécurité autour d'Hitler, un « sixième sens » du Führer – tout a concouru à faire échouer les complots successifs. Aux conspirateurs de la première heure, comme l'ancien chef d'état-major Beck, le chef de l'Abwehr Canaris, son adjoint le général Oster, le maréchal von Witzleben, le ministre Schacht, le diplomate von Weizsäcker, le juriste Gisevius et l'ancien maire de Leipzig Goerdeler, se sont ajoutés progressivement les civils du « Cercle de Kreisau » et de la « Mittwochsgesellschaft*** » : le comte Helmuth James von Moltke, le diplomate Adam von Trott zu Solz, le juriste Hans-Bernd von Haeften, l'ancien député social-démocrate Julius Leber, le prêtre jésuite Alfred Delp, le professeur Jens Jessen, l'ancien maire de Leipzig Johannes Popitz, le diplomate Ulrich von Hassell, le comte Gottfried von Bismarck, le

---

* Au bénéfice de la Luftwaffe ; elles occasionneront quelques décès supplémentaires.

** Comme l'arrivée de Chamberlain à Munich en septembre 1938, qui a obligé les conspirateurs à renoncer au putsch qu'ils devaient lancer dès qu'Hitler déclencherait les hostilités contre la Tchécoslovaquie.

*** « Société du Mercredi » – jour de la semaine où se réunissaient ses seize membres.

pasteur Dietrich Bonhoeffer et l'ancien ambassadeur à Moscou Friedrich von der Schulenburg. Toutefois, ces hommes se sont limités à entretenir des contacts avec les Alliés et à envisager les nouvelles institutions allemandes après la chute du Reich. Mais pour tenter à nouveau de provoquer cette chute, il a fallu l'engagement de nouveaux acteurs : les militaires du groupe d'armées Centre, engagé sur le front de l'Est.

L'âme de la Résistance au sein de ce groupe est le colonel Henning von Tresckow ; comme beaucoup de ses camarades, il s'est indigné des massacres de civils juifs, russes et ukrainiens perpétrés dans son secteur par les Einsatzgruppen à l'automne de 1941*, et depuis lors, il a entrepris de faire affecter à son état-major des hommes de confiance hostiles à Hitler, comme les lieutenants von Kleist, von Schlabrendorff et le capitaine von Gersdorf**. S'il n'a pas réussi à entraîner dans la Résistance ses supérieurs successifs, les maréchaux von Bock et von Kluge, il a du moins établi dès le début de 1942 des contacts suivis avec les principaux conspirateurs de Berlin – Carl Goerdeler, les généraux Oster, Beck et Olbricht, ainsi que l'amiral Canaris. C'est en coopération avec ces hommes qu'il a organisé plusieurs tentatives d'attentat contre Hitler. Leurs échecs successifs ont provoqué un certain découragement, mais l'arrivée à Berlin du lieutenant-colonel Klaus Schenk von Stauffenberg a ravivé les espoirs ; avec cet homme décidé, grand blessé de guerre, catholique et idéaliste, les généraux Olbricht et von Tresckow élaborent un plan de coup d'État – *Walkyrie**** – devant être déclenché immédiatement après l'assassinat d'Hitler. Au début de juillet, c'est le succès de

* Il avait déjà pris ses distances à l'égard du national-socialisme après la Nuit de cristal de novembre 1938.

** Les deux derniers étant ses cousins.

*** Il s'agissait en fait du détournement d'un plan préexistant : *Walkyrie* était le nom de code de l'ensemble des mesures à prendre par l'armée de réserve en cas d'attaque surprise des Alliés contre Berlin.

l'opération *Overlord* à l'Ouest et de l'offensive *Bagration* à l'Est qui va pousser les conjurés à l'action immédiate*.

Au début de juillet 1944, les ponts sont coupés entre Himmler et les rares membres de la Résistance qui l'avaient approché: l'avocat Langbehn est en prison et le ministre Popitz, ostracisé par les autres conjurés depuis qu'il a pris contact avec Himmler**, ne sait plus rien de l'état d'avancement du complot. Et pourtant, le Reichsführer est manifestement au courant de beaucoup de choses, ainsi qu'il ressort de la visite qu'il vient de faire à l'amiral Canaris: au chef de l'Abwehr en disgrâce, désormais placé à la tête d'un petit service auxiliaire de l'OKW intitulé «état-major spécial pour la guerre commerciale et économique», Himmler déclare sans ambages qu'il «sait très bien que des cercles influents à l'intérieur de l'armée préparent des plans de rébellion», mais qu'«il ne le permettra pas et saura y mettre un terme au bon moment; il n'a attendu que pour savoir qui était derrière ce complot; à présent qu'il le sait, il va s'occuper de personnes comme Beck et Goerdeler[4]».

Le Reichsführer est manifestement bien informé, car Beck est le cerveau du complot et Goerdeler en est le cœur***... Mais pourquoi avoir confié cela à l'amiral, qui passe pour être un des plus dangereux adversaires de l'Ordre noir**** ? Et puis, est-il bien raisonnable d'aller faire savoir à l'un des chefs présumés

* Le plan des conjurés consistait à négocier avec les Anglo-Américains dès la prise de pouvoir, tout en se prémunissant contre une nouvelle avancée des troupes soviétiques à l'Est; ce plan risquait donc d'être compromis par la progression trop rapide des Alliés à l'Est comme à l'Ouest. Mais le sentiment d'urgence venait également du fait que la Gestapo avait déjà arrêté Oster, Dohnányi, le comte von Moltke, et lancé un ordre d'arrestation contre Goerdeler.

** Pour la plupart des conjurés, Himmler était aussi dangereux qu'Hitler et devait également être abattu.

*** Mais Himmler semble encore ignorer que von Tresckow et Stauffenberg en sont les bras armés.

**** Que Himmler a toujours refusé de faire arrêter, bien qu'il connaisse de longue date ses activités séditieuses.

de la conjuration que l'on s'apprête à arrêter ses complices ? D'ailleurs, à la mi-juillet, le général Beck est toujours en liberté, tandis que Carl Goerdeler n'est que très mollement recherché, en relation avec une autre affaire. L'explication est sidérante, mais au fond aisément compréhensible si l'on considère la psychologie tortueuse de Heinrich Himmler : depuis ses conversations « inavouables » avec Schellenberg, Kersten, Langbehn, Popitz et Wulff, le Reichsführer n'a cessé de songer à la possibilité d'un putsch – sans jamais pouvoir s'y résoudre. Mais que des comploteurs novices parviennent à tuer Hitler, alors lui, Heinrich Himmler, sera dispensé de prendre l'initiative et pourra ensuite intervenir pour « venger le Führer » et accéder au pouvoir – une solution somme toute très acceptable au dilemme qui le taraude depuis près de deux ans…

Hitler étant retourné à Rastenburg, Himmler le suit dès le 14 juillet, et bien entendu, Felix Kersten est du voyage. Il va donc retrouver la rude chaleur estivale de la Prusse orientale, la fraîcheur très relative de la forêt de Görlitz, le confort spartiate du QG de « Hochwald » et la routine des traitements du Reichsführer – avec cette fois une diversion de taille… Au matin du 20 juillet, tout commence comme à l'ordinaire : « Pendant le traitement ce matin, Himmler m'a dit que les Américains avaient actuellement de grosses difficultés avec les Russes ; de graves conflits allaient en résulter, qui ne manqueraient pas d'avoir un effet décisif sur le cours de la guerre. J'ai eu ensuite le temps de faire une longue promenade, et après le déjeuner, je suis allé faire une sieste. Soudain, il y a eu un vacarme de tous les diables. Le Sturmbannführer Lukas, chauffeur d'Himmler, a fait irruption dans le wagon-lit en criant : “Attentat contre le Führer ! Attentat contre le Führer ! Mais il n'a rien, il est indemne*.

* Cette fois encore, la chance a joué obstinément contre les conjurés : le colonel von Stauffenberg, avec les trois doigts de son unique main valide, n'a eu le temps que d'amorcer une seule bombe, sans pouvoir mettre la seconde

Je reviens juste du Wolfsschanze avec le Reichsführer." Je me suis levé d'un bond et j'ai demandé en ouvrant la porte du compartiment : "Où est le Reichsführer ?" Lukas m'a répondu : "Dans son baraquement." J'ai mis mes chaussures et mon veston aussi vite que j'ai pu et je suis allé voir Himmler. La garde devant son baraquement avait été doublée et j'ai été arrêté, mais j'ai montré ma carte et j'ai été admis. Je suis entré dans le bureau d'Himmler sans frapper ; il était debout devant sa table de travail, [...] en train de classer et de détruire des papiers. J'ai demandé : "Que se passe-t-il, Herr Reichsführer ?" Il a répondu sans lever les yeux : "Un attentat à la bombe contre le Führer. Mais il a été sauvé par la Providence." J'ai demandé si l'on en savait davantage.

— Sans doute un colonel de la Wehrmacht. Je vais exterminer cette vermine ; j'ai reçu du Führer l'ordre d'arrêter deux mille traîtres...

— Et qui voulez-vous donc arrêter ?

— Les criminels.

— Qui sont ces criminels ? Êtes-vous sûr de les connaître ? J'espère que vous n'arrêterez pas des innocents, Herr Reichsführer. [...]

Himmler n'a pas répondu ; il continuait à fouiller frénétiquement dans ses papiers. Mais j'ai repris :

— Vous souvenez-vous, Herr Reichsführer, qu'il y a dix-huit mois, vous m'avez montré un rapport sur la maladie du Führer ? Dans ces conditions, n'aurait-il pas mieux valu qu'il soit tué ? [...] Vous auriez dû agir à l'époque. À présent, quelqu'un d'autre a agi à votre place. Considérez

---

dans sa sacoche ; par ailleurs, les travaux n'étant pas terminés dans le bunker d'Hitler, la réunion s'est tenue dans un baraquement en bois, toutes fenêtres ouvertes, ce qui a laissé évacuer l'essentiel du souffle de l'explosion ; enfin, la serviette déposée près d'Hitler a été repoussée derrière le pied de l'épaisse table de chêne par un officier qu'elle gênait. Sans cette conjonction de hasards, Hitler n'aurait eu aucune chance de survie.

les choses sous cet angle, avant de mettre en train le processus qui détruira les hommes que vous qualifiez de traîtres.

Himmler a cessé de fouiller dans ses papiers et il m'a lancé un regard horrifié, mêlé de peur ; ses yeux étincelaient, ses lèvres tremblaient. Puis il a crié :

— Que dites-vous là, Kersten ? Est-ce vraiment ce que vous croyez ?

J'ai répondu lentement et catégoriquement :

— Oui, c'est tout à fait ce que je crois.

Himmler a eu l'air désespéré :

— Au nom du ciel, vous ne devez pas croire cela ; moi non plus, je ne dois pas le croire. Vous ne m'avez rien dit et je n'ai rien entendu, Kersten ! La Providence a sauvé le Führer, et l'Histoire dira un jour que son dernier soldat, le fidèle paladin Himmler, a lutté jusqu'au dernier souffle pour son Führer, le plus grand homme, le plus grand cerveau du monde ! [...] La Providence l'a épargné pour qu'il mène la guerre jusqu'à sa conclusion victorieuse. Ma place est maintenant à ses côtés, et je serai impitoyable dans l'exécution de ses ordres. Je décolle immédiatement pour Berlin. Allez à Hartzwalde et restez-y jusqu'à ce que je vous appelle !

Il a pris ses derniers papiers et il est parti. Je suis resté seul dans la pièce, à contempler ce bureau qui venait d'être vidé de tous ses secrets[5]. »

Soucieux d'effacer toute trace de ses compromissions passées, Himmler, que le Führer a nommé sur-le-champ « commandant de l'armée de réserve* », va effectivement conduire une répression impitoyable dès l'effondrement de la tentative de putsch. Après l'exécution ou le suicide des principaux chefs de la conjuration au soir du 20 juillet**, la Gestapo

* Le projet de coup d'État était parti de cette armée, qui devait également l'exécuter sans l'accord – mais non à l'insu – de son commandant, le général Fromm.

** Notamment Beck, von Stauffenberg et Olbricht, ainsi que von Tresckow, qui se suicide le lendemain.

prend les choses en main, et durant les six semaines suivantes, près de 5 000 personnes liées de près ou de loin à la conjuration sont arrêtées et torturées. Entre août et septembre 1944, tous les militaires et les civils convaincus de participation à l'affaire – dont Goerdeler, von der Schulenburg, Schacht, von Hassell, Popitz, von Wartenburg, les généraux Thomas, Halder, Stieff, Fromm, Oster, Fellgiebel et l'amiral Canaris – sont jugés par la Cour du peuple, sous la présidence du redoutable juge Roland Freisler, qui les insulte et les humilie avant de les envoyer à la potence*.

Cet été-là, pourtant, Kersten va s'employer à sauver quelques hommes pris dans les filets largement tendus de la Gestapo : « Parmi les nombreuses personnes accusées en relation avec le "complot de Stauffenberg", il y avait deux de mes amis, le préfet Karl Wentzel et l'avocat Karl Langbehn. [...] Wentzel figurait comme membre du premier cercle dans la liste des conjurés trouvée chez le maire de Leipzig, Goerdeler ; il y aurait même figuré comme ministre de l'Agriculture dans le gouvernement devant succéder au régime d'Hitler**. [...] En apprenant son arrestation, je suis allé directement chez Himmler pour demander sa libération et celle de Langbehn. [...] Malheureusement, si j'ose dire, la santé d'Himmler à ce moment était particulièrement bonne – il pouvait se passer de moi ! [...] Il m'a dit être tout à fait sûr que Wentzel était un des membres dirigeants de la conjuration ; quant à Langbehn, ce qu'Himmler m'en a dit n'était que trop vrai – il avait trop d'ennemis ! [...] Tous mes efforts se sont révélés vains. Mais ensuite, la santé d'Himmler s'est détériorée et j'ai été appelé en urgence

* Les accusés, pourtant très affaiblis par la torture, resteront stoïques sous les injures, et le général Fellgiebel répondra même au juge Freisler après l'annonce de la sentence : « Eh bien, dépêchez-vous de nous pendre, Herr Präsident, sinon vous serez pendu avant nous ! »

** Le conditionnel s'explique par le fait que Kersten avait appris « de source sûre » que la Gestapo ajoutait des noms à la liste pour se débarrasser des personnes qui la gênaient...

pour le soigner ; cette fois, il m'a donné de bonnes raisons d'espérer que mes amis seraient relaxés. Jusqu'alors, Himmler avait toujours tenu parole, et lorsqu'il m'a donné sa "parole d'honneur" que Wentzel et Langbehn seraient acquittés, j'ai été rassuré[6]. »

Pourtant, sans qu'il le sache, Kersten est encore plus menacé que les hommes qu'il tente de faire libérer ; le 2 août, alors qu'il s'apprête à quitter Hartzwalde pour se rendre à Berlin, une lettre de Schellenberg, apportée par une estafette SS, va le lui rappeler *in extremis* :

« Cher Monsieur Kersten,

Lors de mon dernier traitement, je vous ai laissé entendre que d'aucuns – c'est-à-dire l'Obergruppenführer Kaltenbrunner et le Gruppenführer Müller – cherchent de nouveau à vous créer des difficultés à l'occasion de l'affaire Langbehn [...]. On prétend avoir trouvé chez Langbehn des dossiers compromettants pour vous, prouvant entre autres que vous collaborez avec les services secrets britanniques.

Dans l'intervalle, j'ai reçu confirmation du fait que, non seulement on vous considère avec la plus grande méfiance, mais encore on vous soumet depuis longtemps à une étroite surveillance. J'aurais bien aimé vous reparler personnellement de tout cela, [...] mais je dois malheureusement partir d'urgence en voyage de service, c'est pourquoi je vous fais porter cette lettre d'avertissement par un messager particulièrement fiable.

Depuis que vous êtes allé en Suède [...], les cercles en question cherchent à vous éliminer, même contre la volonté du Reichsführer. Gardez toujours une arme à feu sur vous, méfiez-vous de personnes étrangères et surtout, ne faites aucune déclaration lors d'entretiens en présence d'inconnus. [...] Tous vos mouvements sont surveillés et vos conversations téléphoniques sont écoutées.

Si vous en avez l'occasion lors des prochains jours, informez prudemment le Reichsführer du fait que vous avez eu connaissance des intentions de certains de vos ennemis, afin qu'il vous assure une fois encore de son aide et qu'il vous délivre si possible un sauf-conduit ou quelque chose de ce genre, qui vous garantisse contre un emprisonnement inopiné.

Prévenez aussi les témoins de Jéhovah que vous avez libérés du camp de concentration et qui travaillent dans votre propriété, car on veut également y voir la preuve qu'ils vous permettent de faire passer à l'étranger des informations au sujet des camps de concentration.

Je vous prie instamment de détruire cette lettre aussitôt que vous l'aurez lue. [...] En vitesse et, comme toujours, avec ma reconnaissance et mes souhaits les meilleurs.

Walter Schellenberg[7] »

Une lettre inquiétante... Mais ce que dit son porteur en la lui remettant l'est encore davantage: «Le messager secret m'a confié en même temps que le général Schellenberg me conseillait de ne pas prendre la route habituelle pour aller de Hartzwalde à Berlin, [...] car ce serait trop risqué pour le moment[8]. »

Ce ne sont pas des avertissements à prendre à la légère, et cet après-midi-là, Kersten dit à son chauffeur de prendre l'itinéraire passant par Templin plutôt que par Oranienburg. La suite, il la racontera lui-même : « J'ai suivi les instructions de Schellenberg [...] et j'ai dit à Himmler que j'avais reçu des "avertissements mystiques" selon lesquels ma vie était en danger. Il en a été absolument bouleversé, et il a fait conduire une enquête qui a établi que les mises en garde étaient parfaitement fondées. Kaltenbrunner a donc été convoqué au QG du "train spécial Steiermark*", qui se trouvait alors à proximité de Berlin. Avant son arrivée, Himmler m'a recommandé de faire en sorte que Kaltenbrunner ne se doute de rien, [...] car il avait l'intention de régler cette

* Nouveau nom du «train spécial Heinrich».

affaire, a-t-il dit, de manière diplomatique. Kaltenbrunner est arrivé et Himmler nous a invités tous deux à déjeuner au wagon-restaurant. Kaltenbrunner s'est montré extrêmement amical, et il m'a demandé aimablement comment était la Suède, et comment je m'y plaisais.

— Très mal, ai-je répondu sombrement.

— Comment ? a demandé Kaltenbrunner ; je pensais que la Suède était un véritable paradis…

— C'est possible, ai-je dit, mais moi, j'y ai perdu mon emploi. Vous savez certainement depuis longtemps que j'étais employé par les services de renseignement britanniques. Eh bien, figurez-vous qu'ils m'ont licencié ! Ils sont mécontents de mes services, parce que Himmler est en si bonne santé…

— Oui, les Anglais pensent que Kersten ne sert plus à rien, a ajouté Himmler, qui dissimulait mal son hilarité.

De toute ma vie, je n'ai jamais vu un air aussi abasourdi que celui de Kaltenbrunner ! Il en a presque suffoqué et n'a pas pu dire un mot. Himmler a éclaté de rire :

— Alors, vous voyez, Kaltenbrunner, nous avons vraiment de bonnes raisons de compatir avec Kersten !

Puis il a repris plus sérieusement :

— Cher Kaltenbrunner, s'il arrivait quelque chose à Kersten, ce n'est pas seulement ma vie qui serait en danger – ce serait la vôtre aussi. […] Je crains que vous ne lui surviviez pas bien longtemps. Et donc, puisque vous êtes très dépendants l'un de l'autre, j'espère que vous resterez encore longtemps en bonne santé…

Kaltenbrunner a parfaitement compris ce qu'il voulait dire, et lorsque Himmler a proposé un toast à ma santé, il a levé son verre d'une main qui tremblait un peu[9]. »

Après le retour de Schellenberg, Kersten apprendra les détails du guet-apens qui lui avait été réservé : il s'agissait d'arrêter sa voiture dans un petit bois à la hauteur du district de Ruppin et de l'abattre, ainsi que son chauffeur, après quoi on aurait expliqué que les occupants de la voiture avaient refusé de s'arrêter et qu'il avait fallu tirer – une vieille ruse de la Gestapo... Et Kersten de conclure : « Après cela, par précaution, je n'ai plus jamais emprunté ce chemin, et je m'en suis toujours tenu à la route principale, en dépit des bombardements qui se succédaient désormais presque sans interruption[10]. »

C'est exact, mais en août 1944, les routes ne sont que des cibles secondaires pour les avions alliés, dont les attaques se concentrent dorénavant sur les raffineries et les usines de carburant synthétique – qui n'atteignent ce mois-là que dix pour cent de leur production normale. C'est un cercle vicieux : moins il y a de carburant, moins les chasseurs allemands peuvent s'opposer aux bombardements et plus il y a d'usines chimiques détruites – donc moins de carburant produit et moins de chasseurs disponibles pour contrer les bombardements d'usines chimiques*. Mais pour le Reich, la perte de la supériorité aérienne a des conséquences stratégiques encore plus immédiates : à l'Ouest, les Alliés ont débarqué le 15 août dans le sud de la France et remontent à présent la vallée du Rhône sans opposition sérieuse, tandis qu'à l'issue d'une bataille de Normandie qui a coûté 450 000 hommes à la Wehrmacht**, celle-ci a dû évacuer Paris et se replier vers les frontières du Reich – talonnée par des armées alliées qui libèrent Bruxelles dès le 3 septembre. À l'Est, l'offensive soviétique dans le sud de l'Ukraine a anéanti seize divisions allemandes*** et amené la chute du dictateur roumain Antonescu, de sorte que la Roumanie, changeant de camp,

* Il y a d'autres problèmes de pénurie en perspective : ce même mois, la Turquie rompt ses relations avec l'Allemagne, ce qui va mettre fin aux approvisionnements de chrome, indispensable à l'industrie d'armement ; un mois plus tard, c'est au tour de la Finlande de rompre les relations et de négocier avec l'URSS – un événement aux conséquences allant bien au-delà de l'interruption des fournitures de nickel.

** Tués, blessés ou faits prisonniers.

*** Avec la perte de 380 000 hommes.

a déclaré la guerre à l'Allemagne – bientôt suivie en cela par la Bulgarie. Simultanément, l'Armée rouge a pénétré en Pologne et campe devant Varsovie, qui vient de se soulever; enfin, l'approche des divisions soviétiques provoque le retournement de l'armée slovaque et un notable accroissement de l'activité des partisans en Yougoslavie comme en Grèce – que la Wehrmacht s'apprête à évacuer.

Au milieu de ce furieux maelström, Himmler se débat comme un beau diable avec toutes les armes du fanatisme aveugle, de la cruauté insigne, de la peur destructrice et de l'ambition démesurée. Comme ministre de l'Intérieur, il préside à une féroce répression de toute velléité d'opposition à l'intérieur du pays; comme chef des Totenkopfverbände, il fait procéder à l'évacuation de tous les camps de concentration désormais à portée des armées soviétiques; comme Reichsführer SS, il ordonne d'anéantir tous les insurgés de Varsovie et de raser des quartiers entiers de la ville; comme commandant fraîchement nommé de l'armée de réserve, il est chargé de sécuriser les frontières sud-ouest du Reich, depuis la ligne Siegfried jusqu'à la Suisse; comme créateur et responsable suprême des unités Werwolf, il supervise les recrues destinées à semer la terreur derrière les lignes américaines et soviétiques; comme parrain de la milice populaire Volkssturm, il se charge de la formation, de l'organisation et de l'équipement des dizaines de milliers de combattants novices qui sont trop jeunes ou trop vieux pour être incorporés dans la Wehrmacht; comme dignitaire nazi, il mène toujours une lutte féroce contre ses rivaux Goebbels, Goering, Rosenberg, Ribbentrop et Bormann; comme chef du Sipo-SD, il incite ses sbires à réprimer impitoyablement toutes les flambées de résistance en Yougoslavie, en Grèce, en Autriche, en Norvège, au Danemark, en Slovaquie, en Hongrie et aux Pays-Bas.

Aux Pays-Bas, justement, la Gestapo et le SD mènent une lutte sans merci contre les mouvements de résistance, et au cours de l'été, l'agent de Kersten Jacobus Nieuwenhuis apprend par un ami qui travaille au service des transports de la police que sa voiture, immatriculée X229, fait l'objet d'un avis de recherche. Comprenant la menace, Nieuwenhuis change la plaque et attend le moment propice pour rejoindre Kersten, comme celui-ci l'y avait invité sept mois plus tôt*. Le moment se présente au début de septembre 1944 : « Notre service a reçu l'ordre de déménager à Apeldoorn**. Dans la confusion qui en a résulté, je me suis rédigé un ordre de mission pour Berlin, avec le cachet de la Dienststelle et une fausse signature. Ayant pris 70 litres d'essence à l'entrepôt du service, je me suis mis en route le même jour. Par miracle, [...] il n'y a pratiquement pas eu de contrôles, même à la frontière, et je suis arrivé le 6 septembre à Hartzwalde, chez Kersten, qui m'a reçu immédiatement. Je lui ai conté mes mésaventures [...] et il a promis d'aller se renseigner au quartier général. [...] À son retour, il m'a confirmé que de lourds soupçons pesaient sur moi, [...] que j'étais suspecté de travailler pour la Résistance et d'être un "ennemi du peuple"[11]. »

Jacobus Nieuwenhuis restera donc caché pendant plusieurs mois à Hartzwalde. C'est un abri sûr, mais la situation de son protecteur n'a rien d'enviable à ce moment : le 2 septembre 1944, la Finlande a demandé un armistice à l'URSS et rompu ses relations diplomatiques avec l'Allemagne. À l'ambassadeur Kivimäki, qui vient lui-même d'être interné et se préoccupe de la sécurité de son ami Kersten, celui-ci répond qu'il n'a aucune raison de s'inquiéter : « La mauvaise santé d'Himmler est mon meilleur sauf-conduit[12]. » Mais le 8 septembre, lorsqu'il retrouve le Reichsführer à « Hochwald » pour reprendre le traitement, Kersten est accueilli par ces mots peu aimables : « Vous, les Finlandais, vous êtes tous des traîtres. [...] Je regrette seulement de n'avoir pas liquidé la Finlande, comme la Norvège,

---

* Voir *supra*, p. 194.

** Il travaille toujours à la Dienststelle SS de la Javastraat 2 B, La Haye. Voir *supra*, p. 90.

pendant qu'il était encore temps[13]. » Au bout de quelques séances, pourtant, l'ancienne magie opère de nouveau, si bien que Kersten obtient la promesse d'une protection particulière pour les quelque 300 Finlandais du Reich, un statut d'extraterritorialité pour le domaine de Hartzwalde et la permission de retourner en Suède – moyennant l'engagement de revenir en Allemagne dès que ses soins seront requis ; plus extraordinaire encore, il pourra disposer de la ligne téléphonique privée d'Himmler – le numéro 145 – pour appeler de Stockholm son domaine de Hartzwalde, ainsi que n'importe lequel des QG du Reichsführer* ! Le 26 septembre, Kersten rentre à Berlin dans le Junkers 52 prêté par Himmler, manque de se faire abattre en chemin par un avion allié**, et repart pour la Suède deux jours plus tard avec son épouse et ses trois enfants. Derrière eux, le domaine de Hartzwalde continuera d'être géré par la fidèle Elisabeth Lüben, assistée d'une secrétaire, de vingt témoins de Jéhovah, d'un réfugié néerlandais et d'un astrologue accablé de travail par Kersten, Schellenberg et Himmler...

À Stockholm, Kersten reprend contact avec le ministre des Affaires étrangères Günther ; à cette époque, la pression anglo-américaine s'est beaucoup accentuée sur le gouvernement suédois, relayée par les représentants des autorités danoises et norvégiennes – surtout depuis la récente déportation des étudiants norvégiens et des policiers danois***. Le diplomate

* C'est en fait une concession intéressée : Kersten doit pouvoir être joint à tout moment, au cas où Himmler serait indisposé. Or, à cette époque, le courrier entre Berlin et Stockholm met trois semaines pour arriver à destination.

** Joseph Kessel décrit l'attaque en détail, mais il la situe en mai 1943, ce qui est peu vraisemblable : outre qu'une lettre de Kersten à Himmler datée du 27 septembre 1944 mentionne l'incident comme s'étant produit la veille, les chasseurs alliés n'avaient pas l'autonomie suffisante pour opérer au-dessus de l'Allemagne en mai 1943 ; ils ne commenceront à le faire qu'au mois d'octobre, et uniquement en escorte de bombardiers.

*** À Oslo, au début de 1944, le gauleiter Terboven avait fait déporter en Allemagne 644 étudiants norvégiens convaincus de « résistance morale »,

Niels Christian Ditleff, qui travaille en électron libre à la légation norvégienne, a trouvé au ministère des Affaires étrangères suédois un relais précieux en la personne du chef de la section politique Eric von Post, et tous deux ont persuadé Christian Günther qu'il était grand temps d'agir[14] : « À l'automne de 1944, attestera le ministre des Affaires étrangères, Kersten a donc été chargé de négocier avec Himmler la libération des étudiants norvégiens et des policiers danois. Le gouvernement suédois était disposé à accueillir ces pauvres gens en Suède, et éventuellement à les interner jusqu'à la fin de la guerre, de même que les femmes et les enfants danois et norvégiens détenus en Allemagne. Si Kersten ne pouvait obtenir cela, il avait pleins pouvoirs pour négocier avec Himmler le rassemblement de tous les prisonniers scandinaves dans un seul camp en Allemagne, qui serait placé sous l'autorité de la Croix-Rouge suédoise – le gouvernement suédois s'engageant à assumer l'entretien de ces prisonniers[15]. » Au dernier moment, Günther y ajoutera une autre mission : le gouvernement néerlandais en exil à Londres vient de demander aux autorités suédoises de fournir des vivres à la partie des Pays-Bas encore occupée, mais les Allemands ont bloqué les ports, de sorte qu'il est impossible de faire débarquer les cargaisons de ravitaillement et que la famine menace ; Kersten devra donc tenter d'obtenir d'Himmler une levée au moins partielle du blocus.

C'est la première fois que notre Medizinalrat va entreprendre de faire libérer des groupes très substantiels de prisonniers, et il notera : « Impressionné par la charge et l'importance de la mission, j'ai repris l'avion pour rejoindre Himmler le 28 novembre 1944. [...] Son quartier général était alors installé à Triberg, dans la Forêt Noire*. [...] Je lui ai exposé les propositions

---

tandis qu'à Copenhague, entre septembre et octobre 1944, ce sont 1 981 policiers danois qui ont été enfermés à Neuengamme et Buchenwald pour avoir refusé de protéger 74 entreprises contre les sabotages de la Résistance danoise.

* C'est que le Führer l'a nommé « commandant suprême pour le cours supérieur du Rhin », avec mission de tenir une tête de pont improvisée sur

suédoises, et en même temps, pour mon propre compte*, je lui ai demandé de libérer 5 000 sujets néerlandais. Himmler était disposé à négocier avec les Suédois, mais lorsque j'ai abordé la question des Néerlandais, il s'est mis dans une colère noire. "Les Néerlandais, a-t-il dit, n'étaient pas meilleurs que les juifs; ils avaient trahi la cause germanique." Le premier jour, mes arguments habituels ont été complètement vains. Mais le jour suivant, sa santé s'est beaucoup dégradée, et lorsque j'ai réussi à le libérer de ses douleurs, il a commencé à s'adoucir, comme toujours dans de telles situations[16]. »

C'est exact: le 8 décembre, faute de 5 000 Néerlandais, Himmler pourrait à la rigueur libérer 1 000 Néerlandaises** – après quoi on passe à la Scandinavie: « À la suite de journées entières d'arguties et de rabâchages, Himmler a fini par accepter de libérer 50 policiers danois et 50 étudiants norvégiens. Il ne voulait pas faire davantage, tout en ajoutant qu'il pourrait envisager ultérieurement la libération d'un plus grand nombre de familles d'enfants danois et norvégiens, à condition que la presse étrangère ne présente pas la générosité dont il venait de faire preuve comme de la faiblesse. [...] Il était également prêt à accepter ma suggestion de rassembler tous les prisonniers scandinaves en un seul camp, ainsi qu'à en laisser le contrôle à la Croix-Rouge[17]. »

Voulant sans doute profiter de sa chance, Kersten aborde également la question des juifs, et se heurte comme toujours à une fin de non-recevoir; mais il s'entête, et pour finir, il peut noter: « J'ai reparlé aujourd'hui à Himmler de la question de

---

la rive gauche du Rhin, entre la Sarre et la frontière suisse, en attendant la grande contre-offensive des Ardennes, prévue pour la mi-décembre.

* Le mot n'est pas trop fort, car au mois de novembre, Kersten a tenté d'obtenir de l'ambassade des Pays-Bas à Stockholm des listes de sujets néerlandais emprisonnés en Allemagne, mais l'ambassadeur van Rechteren Limpurg ne s'est pas montré intéressé ! Voir *infra*, p. 235.

** Kersten vient d'apprendre par le secrétaire Rudolf Brandt qu'il y a à Ravensbrück entre 5 000 et 6 000 femmes, dont 1 000 Néerlandaises. En réalité, il y en a bien davantage.

libérer les juifs. Il s'est montré réticent, mais n'a pas complètement refusé. Il avait des espoirs de victoire, ce qui était bon signe. “Nous allons rejeter les Anglais et les Américains dans la Manche”, m'a-t-il dit. Il m'a demandé combien de juifs je voulais vraiment faire relâcher et envoyer en Suisse. J'ai répondu : “Vingt-mille, des hommes et des femmes.” – “Grands dieux, je ne peux pas faire ça ! s'est-il exclamé. Vous vous rendez compte que vous donneriez à Goebbels assez de corde pour que le Führer me pende ?” J'ai fait appel à son sens de l'humanité germanique. À la fin de notre entretien, il a dit que je devrais être satisfait s'il commençait par relâcher 2 000 ou 3 000 juifs pour les envoyer en Suisse. Mais il voulait y réfléchir. […] Il lui était particulièrement difficile de libérer des juifs arrêtés, en raison de la haine viscérale d'Hitler à leur égard[18]. » En revanche, le Reichsführer se déclare immédiatement disposé à rouvrir les ports néerlandais, afin que les secours alimentaires suédois puissent parvenir aux populations des Pays-Bas encore sous contrôle allemand. Il semble également y avoir eu un marchandage concernant 800 Françaises, 400 Belges et 500 Polonaises[19].

Ce même jour, au wagon-restaurant, Kersten rencontre l'Obergruppenführer SS Gottlob Berger, un vieux grognard qui est également son patient – et qui occupe le poste clé de chef du SS Hauptamt*; il est manifestement hors de lui : « Berger m'a raconté que, sur ordre d'Hitler, Himmler l'avait chargé de fusiller 5 000 officiers anglais et américains. Il s'y était refusé catégoriquement : “Je suis un soldat, pas un assassin ; un soldat n'abat pas des prisonniers sans défense. […] J'ai dit à Himmler que le Führer n'avait qu'à le faire lui-même s'il en avait le courage. Je protégerai ces prisonniers de guerre, même si cela devait me coûter la vie[20].” » Deux jours plus tard, Kersten, retrouvant un Himmler tout aussi scandalisé, doit attendre qu'il se calme avant de commencer le traitement :

* À ce titre, il est l'unique responsable du recrutement et de l'organisation des Waffen-SS.

« Après un moment, il m'a confié que Berger avait refusé d'exécuter l'ordre du Führer de faire abattre 5 000 officiers alliés [...] en représailles aux bombardements anglais et américains contre la population civile allemande. J'ai essayé de le calmer en lui disant qu'un beau jour, il serait reconnaissant à Berger de n'avoir pas voulu exécuter cet ordre. Mais Himmler n'a fait que s'énerver davantage, et a dit que c'était la première fois qu'un de ses généraux avait refusé d'exécuter un ordre du Führer : "Il faudra que je le fasse passer en conseil de guerre, mais comment le remplacer ? Et Berger le sait ; je ne peux pas m'en séparer pour le moment." J'ai demandé si quelqu'un d'autre allait exécuter l'ordre du Führer, à quoi Himmler m'a répondu : "Non, tant que le général Berger est chef de tous les camps de prisonniers, je ne peux rien faire ; je ne veux pas entrer en conflit avec lui pour le moment. Mais je saurai m'en souvenir." J'ai repris :

— Au cours de l'histoire, les grands chefs germaniques ne s'en sont jamais pris à des gens sans défense. Vous devez savoir cela, Herr Reichsführer !

— Oui, bien sûr, c'est vrai... Mais si l'on ne fait pas preuve de dureté, on est perçu comme faible, et c'est le pire que l'on puisse dire d'un national-socialiste[21]. »

Et surtout de Heinrich Himmler ! Mais le 12 décembre, Kersten reçoit de lui la lettre suivante :

« Cher Herr Kersten,

Vous allez retourner en Suède peu avant Noël. Je me permets de vous demander d'emmener avec vous, pour les fêtes de Noël, les trois prisonniers suédois que le Führer a graciés à ma demande[22]. »

Ainsi donc, cette interminable affaire des Suédois de Varsovie va prendre fin à la veille de Noël 1944, avec la libération et le rapatriement des trois derniers condamnés à mort Widén, Häggberg et Berglind ? C'est d'autant plus stupéfiant que Himmler écrit cette lettre quatre jours seulement avant le déclenchement de la contre-offensive des Ardennes

– un moment où il a bien d'autres préoccupations*... Mais la réponse de Kersten le 21 décembre est tout aussi remarquable ; les flatteries et les formules obséquieuses y dissimulent à peine une volonté de graver dans le marbre des concessions que Himmler n'a faites qu'avec une extrême réticence :

« Très honoré Herr Reichsführer !

Je vous remercie de tout cœur d'avoir sauvé la vie de mes amis suédois. J'ai toujours eu la ferme conviction que vous m'aideriez dans cette affaire, et vous ne m'avez pas déçu ! En outre, j'aimerais par ces lignes vous remercier de vos généreuses concessions, et confirmer nos accords du 8 décembre 1944. Pour commencer, vous m'avez promis de libérer 1 000 femmes hollandaises internées dans des camps de concentration, si le gouvernement suédois était disposé à les accueillir et à prendre en charge leur transport.

En outre, vous vous êtes déclaré d'accord pour libérer les femmes et les enfants norvégiens et danois internés en Allemagne, au cas où la Suède serait disposée à les accepter [...] et à assurer leur transport. [...] En même temps, vous

---

* C'est l'opération *Herbstnebel* (Brouillard d'automne) : le Führer a prévu de lancer trois armées avec 200 000 hommes et 600 chars à travers les Ardennes, afin de balayer les 80 000 soldats alliés très dispersés, d'atteindre la Meuse au sud de Liège, puis de pousser jusqu'à Bruxelles et Anvers – provoquant ainsi une rupture de la coalition anglo-américaine.

Der Reichsführer-SS

(1) Berlin SW 11, den 12. Dezember 1944
Prinz-Albrecht-Straße 8
Feld-Kommandostelle.

Lieber Herr K e r s t e n !

Sie werden kurz vor Weihnachten wieder nach Schweden fliegen. Ich darf Sie bitten, die drei gefangenen Schweden, deren Begnadigung der Führer auf meinen Vorschlag genehmigt hat, zum Julfest mit nach Schweden zu nehmen!

Ihrer lieben Frau, Ihren Kindern und Ihnen selbst übersende ich meine aufrichtigen Wünsche zu Weihnachten und zum neuen Jahr und grüße Sie herzlich

Stets Ihr
getreuer
H. Himmler

Lettre du Reichsführer Himmler datée du 12 décembre 1944, par laquelle il annonce à Kersten la grâce et la libération des trois derniers ingénieurs suédois prisonniers, et le prie de les emmener en Suède « pour les fêtes de Noël ».

acceptez de me libérer les 50 premiers étudiants norvégiens et 50 policiers danois. [...] J'ai rendu visite hier à l'Obergruppenführer Kaltenbrunner pour discuter de leur transport. [...] Je vous suis très reconnaissant, Reichsführer, d'avoir si rapidement répondu à ma demande, et j'espère que vous allez maintenant vous décider également à laisser rentrer les autres étudiants norvégiens et policiers danois en hommes libres dans leurs patries – ce sont après tout des Germains, eux aussi. [...] Et j'espère que la prochaine fois que je reviendrai pour vous soigner, vous me libérerez tous les Hollandais, Danois et Norvégiens. Je suis convaincu que la Suède les acceptera tous, et l'Histoire n'oubliera pas votre geste généreux. Dès mon arrivée en Suède, j'informerai Son Excellence Günther de notre accord. Je suppose qu'il chargera l'ambassadeur de Suède à Berlin, Son Excellence Richert, de négocier avec vous et avec vos hommes. Je vous prie, Herr Reichsführer, de les traiter avec la plus grande prévenance [...] et de ne leur occasionner aucune difficulté. Je serais extrêmement satisfait si vous acceptiez de faire participer Schellenberg à ces entretiens.

Pour finir, j'aimerais, très honoré Herr Reichsführer, vous rappeler également nos discussions au sujet des juifs. Je vous avais prié d'en libérer 20 000 du camp de Theresienstadt et de leur permettre d'aller en Suisse. Malheureusement, vous m'avez dit que vous ne pourriez le faire en aucun cas, mais que vous étiez disposé à permettre que 2 000 à 3 000 juifs soient libérés et transportés en Suisse. Au cas où la presse mondiale ne considérerait pas cela comme un aveu de faiblesse de la part de l'Allemagne, vous seriez disposé à poursuivre nos négociations à ce sujet dans un esprit de grande bienveillance. Il me semble que si vous deviez refouler autant de gens vers des pays neutres, ce serait également avantageux pour l'Allemagne du point de vue de la situation alimentaire.

Je vais reprendre l'avion demain pour la Suède avec un cœur plus léger, car je sais que vous voudrez absolument tenir les promesses que vous m'avez faites[23]. »

Le 22 décembre 1944, Kersten retourne donc à Stockholm ; mais il ne manquera pas de revenir en Allemagne, car il considère que sa mission est loin d'être terminée. De fait, elle ne fait que commencer…

Chapitre XI
La Providence sous les décombres

En s'envolant pour Stockholm, Felix Kersten laisse derrière lui un Reichsführer euphorique ; comme l'avait prédit Hitler, ses trois armées surgies de l'Eifel ont enfoncé les premières lignes américaines dans les Ardennes, et en six jours, elles ont atteint Stavelot, encadré Bastogne, dépassé Houffalize et Rochefort ; le 22 décembre 1944, la 5e armée blindée de von Manteuffel est même en vue de la Meuse, et depuis le « nid d'aigle » de Ziegenberg, près de Bad Nauheim, Hitler et Himmler savourent déjà leur triomphe.

Ils se sont réjouis trop tôt : la rareté, l'exiguïté et le mauvais état des routes, la destruction des ponts et le manque de carburant entravent le mouvement des renforts et de l'approvisionnement, ce qui compromet fatalement l'offensive. Le 24 décembre, les divisions de pointe de la 5e armée blindée sont repoussées à l'est de la Meuse, tandis que la contre-offensive américaine qui se développe au sud menace tout le flanc gauche du dispositif allemand ; entre le 24 et le 25 décembre, le ciel s'éclaircit brusquement et les panzers, les concentrations de troupes et les lignes d'approvisionnement sont harcelés sans relâche par 5 000 avions alliés. Le 26 décembre, lorsque l'armée du général Patton rompt l'encerclement de Bastogne, il est clair que l'offensive des Ardennes a échoué*.

Hitler, refusant de s'incliner, ordonne une opération de diversion en direction du nord-est de l'Alsace, espérant ainsi prendre à revers les forces américaines engagées dans les

* Elle aura coûté à la Wehrmacht 100 000 hommes, 500 chars et 800 avions.

Ardennes; lancée le 1er janvier 1945, cette dernière offensive organisée de la Wehrmacht à l'Ouest sera arrêtée après 20 kilomètres, bien avant d'atteindre Strasbourg. Mais pour Hitler, c'est de l'Est que va venir la plus mauvaise nouvelle: le 12 janvier, l'Armée rouge déclenche une gigantesque offensive sur un front de 1 200 kilomètres entre la Vistule et l'Oder, avec 2,5 millions d'hommes et 7 000 blindés qui s'élancent en direction de la Bohême-Moravie, de la Silésie, de la Poméranie et de la Prusse orientale.

Dès lors, Hitler doit quitter le nid d'aigle pour rentrer à Berlin; en chemin, un pince-sans-rire de son entourage fait valoir que le QG du Führer ne saurait être établi ailleurs qu'à Berlin, car c'est le seul endroit d'où l'on peut passer du front de l'Est au front de l'Ouest en prenant le métro*! Il anticipe, bien sûr, mais de très peu… En tout cas, les mesures prises par Hitler dès son retour à Berlin manquent singulièrement de cohérence: aucune retraite n'est permise; la 6e armée blindée, retirée du front de l'Ouest, est affectée à la défense de Budapest au lieu d'être dépêchée vers l'Oder; on créera sur-le-champ une division de cyclistes armés de lance-grenades pour combattre les tanks soviétiques; les vingt-deux divisions immobilisées en Courlande doivent rester sur leurs positions, de même que les 350 000 hommes inemployés en Norvège**; les généraux coupables d'avoir ordonné des replis tactiques sont limogés; enfin, le commandement du nouveau «groupe d'armées Vistule» est confié à Heinrich Himmler.

C'est peut-être la décision la plus absurde de toutes: le Reichsführer, spécialiste de la répression policière sans la moindre expérience militaire, va être mis à la tête d'un

---

* Cette plaisanterie semble avoir fait rire Hitler – chose exceptionnelle chez cet homme qui n'a aucun sens de l'autodérision.

** Parce qu'il y a là-bas une grande base de sous-marins, et «pour assurer notre approvisionnement en poisson»! La réalité est qu'Hitler redoute toujours un débarquement en Norvège – pourtant devenu stratégiquement superflu pour les Alliés.

groupe d'armées de quarante divisions, sur un front crucial pour la défense de la capitale* ! De fait, s'il entreprend immédiatement de haranguer les généraux, d'interdire formellement tout recul et de faire exécuter impitoyablement les déserteurs, Himmler peine à donner des ordres adaptés à la situation stratégique. L'amateurisme y est pour beaucoup, mais il s'y ajoute le fait que ce nouveau commandant a bien d'autres centres d'intérêt : il s'informe de la progression des forages pétroliers dans la région de Bernburg** ; se plaint que le docteur Richter, assistant du dentiste d'Hitler, ait été nommé Unterscharführer*** en violation de ses directives ; donne des instructions pour que le calendrier de Noël de la SS soit prêt à être expédié le 1er novembre 1945 ; fait calculer au plus près le chiffre des pertes en hommes subies par les Américains depuis leur entrée en guerre ; demande à Bormann si Hitler accepterait d'être le parrain du huitième enfant de l'épouse du Scharführer**** Morgenroth ; ordonne que le port de bottes soit réservé aux troupes combattantes ; fait détourner « par erreur » vers la Suisse un convoi de 2 700 juifs pour honorer une promesse faite à son « Bouddha magique »***** ; met au point une nouvelle forme de prestation de serment pour les Ukrainiens servant dans les unités SS ; décerne des décorations à une douzaine de tireurs d'élite ; autorise le Standartenführer Rudolf Drape à convoler en justes noces ; fait reporter de deux mois la publication de la revue scientifique de l'Ahnenerbe ; tente à nouveau d'obtenir d'Hitler l'autorisation de créer une aviation SS****** ;

---

* La décision a été suggérée à Hitler par Martin Bormann, qui voulait à la fois éloigner Himmler de Berlin et le déconsidérer aux yeux du Führer.

** Près de Magdeburg, dans le Land de Saxe-Anhalt. Il suit également de très près les travaux de recherches visant à la production de carburant à partir de racines…

*** Sergent.

**** Sergent-chef.

***** Voir *supra*, p. 225.

****** Toujours en vain : Hitler ne veut pas d'ennuis avec le maréchal Goering.

ordonne que l'on accélère la liquidation des prisonniers politiques, tout en effaçant les traces des plus noirs forfaits ; s'efforce de pacifier son épouse jalouse de sa maîtresse ; émet une directive sur l'administration de l'école d'agronomie de Tetschen-Liebwerd, et accepte d'être le parrain du huitième enfant du soldat SS Wilhelm Dollbaum[1]. Et au milieu de toutes ces décisions d'importance stratégique résolument secondaire, le Reichsführer reçoit de Suède des appels téléphoniques prioritaires…

Arrivé discrètement à Stockholm au soir du 22 décembre avec les trois rescapés suédois*, Kersten a retrouvé son épouse et ses trois fils dans l'appartement qu'il a loué au 8, Linnégatan**; après six longues années, c'est leur premier Noël dans un pays libre et en paix. Mais pour ces réfugiés sans ressources qui viennent de s'installer dans un pays inconnu, l'avenir n'est guère prometteur ; Felix Kersten a bien aménagé un petit cabinet médical à côté de son appartement, mais les indigènes ne se bousculent pas pour aller consulter cet étrange thérapeute finlandais qui ne parle pas leur langue – et a l'honneur douteux d'être le médecin d'Himmler.

Du reste, notre homme n'a guère de temps à consacrer aux patients ; dès son arrivée à Stockholm, il a repris contact avec Christian Günther, pour lui transmettre les concessions faites par Himmler. Le ministre s'en est montré extrêmement satisfait, tout en expliquant à Kersten que la Suède ne pourrait accueillir immédiatement l'ensemble des réfugiés : lui-même devrait d'abord rappeler à son parlement, à ses militaires, à son gouvernement, à son Premier ministre et à son roi tout l'intérêt de cette opération de sauvetage : aux autorités anglaises, américaines, danoises et norvégiennes qui n'ont pas relâché leur pression pour que la Suède entre en guerre contre l'Allemagne, on prouvera ainsi que le royaume de Gustave V

* La discrétion reste cruciale, Himmler tenant essentiellement à ce que ces libérations ne soient pas perçues comme des signes de faiblesse.

** Rue Linné.

leur est bien plus utile en tant que pays neutre, puisqu'il sera à même de récupérer leurs ressortissants. Mais au Cabinet, comme au Riksdag* et au Palais, le processus de persuasion risque de se prolonger bien au-delà des fêtes du Nouvel An ; et dans l'intervalle, on mourra encore beaucoup dans les camps de concentration allemands...

Une autre déception attend Felix Kersten : lors de son précédent séjour à Stockholm, il avait rencontré l'ambassadeur des Pays-Bas et lui avait expliqué qu'il était en mesure de faire libérer des milliers de sujets néerlandais au même titre que les Scandinaves, pour peu que l'ambassade lui fournisse les noms des personnes emprisonnées. Mais Son Excellence le baron van Rechteren Limpurg s'était contenté de répondre avec une moue dubitative qu'il allait y réfléchir – et n'avait pas donné suite[2]. N'étant pas homme à se décourager si facilement – surtout s'agissant de ses chers Hollandais –, Kersten obtient l'aide de ses amis les Graffman et du baron van Nagell pour rencontrer le lieutenant Knulst, principal agent des services secrets néerlandais à Stockholm. Celui-ci se montre déjà plus compréhensif et promet de fournir les listes demandées, mais en janvier 1945, rien ne vient. Plus déprimant encore : Kersten apprend que ses amis Langbehn et Wentzel ont été pendus ; Himmler lui avait pourtant promis de les protéger, mais Langbehn en savait trop – y compris sur le Reichsführer lui-même –, et Wentzel avait été exécuté sur ordre exprès d'Hitler**.

---

* Le Parlement suédois.

** Plusieurs auteurs ont présenté les concessions faites à Kersten le 8 décembre 1944 comme une sorte de compensation de la part d'un Himmler voulant se faire pardonner d'avoir manqué à sa parole de garder Wentzel en vie. Mais le scénario se heurte à une difficulté majeure : Wentzel n'a été exécuté que le 20 décembre... Du reste, Kersten lui-même écrira qu'il n'a eu l'occasion de le reprocher à Himmler qu'en mars 1945. (Mais avant cela, il a pu faire libérer son épouse, enfermée à Ravensbrück.) Langbehn, lui, a été pendu en octobre 1944, mais on ignore quand Kersten en a été informé.

Pourtant, tout n'est pas uniformément noir en ce début de 1945 ; car si le retour miraculeux de trois ingénieurs suédois condamnés à mort, puis de cinquante policiers danois et d'autant d'étudiants norvégiens un mois plus tard, s'est fait dans la plus grande discrétion, il n'en a pas moins été très commenté dans la haute société de Stockholm, et le nom de leur sauveur n'a pas tardé à circuler. C'est pourquoi Kersten reçoit à la fin de janvier un appel pressant de l'évêque luthérien de Stockholm, Monseigneur Björkquist, en faveur du major Theodor Steltzer ; cet officier des transports de la Wehrmacht en Norvège, membre du cercle de Kreisau et principal informateur de la Résistance norvégienne, avait été condamné à mort quatre mois plus tôt pour participation au complot du 20 juillet. Mais les résistants norvégiens étant tout sauf ingrats, ils sont intervenus auprès de l'évêque d'Oslo Eivind Berggrav qui, bien qu'étant lui-même en résidence surveillée, a contacté son collègue de Stockholm, Manfred Björkquist. Kersten accepte immédiatement de se charger de l'affaire, mais il ne peut se rendre en Allemagne à cette époque*, et les bombardements ont interrompu les communications téléphoniques avec le Brandebourg, où est établi le QG du nouveau « commandant du groupe d'armées Vistule ». Kersten envoie donc sa secrétaire, Frau Wacker, munie d'une lettre à remettre en main propre au Reichsführer**[3]. Le 3 février, après un vol mouvementé, celle-ci traverse les ruines de Berlin sous le bombardement intensif de la 8th Air Force, et parvient en cinq heures à gagner « Birkenwald », le siège du QG d'Himmler installé à Birkenhain, près de Prenzlau. Le Reichsführer est absent, mais elle remet

* Le Reichsführer, encore en bonne santé à l'époque, n'a pas fait appel à lui.

** Extraits de son contenu : « Je vous prie, au nom de la justice et de l'humanité, de libérer mon vieil ami. [...] En outre, vous n'avez pas le droit de jouer ainsi avec la vie des gens. Si Herr Steltzer a peut-être une autre opinion politique que vous, ce n'est certainement pas une raison pour le tuer. [...] Je suis fermement convaincu que vous épargnerez Herr Steltzer, comme vous l'avez fait pour beaucoup de gens à ma demande. Un jour, l'Histoire vous en sera reconnaissante. »

la lettre à Rudolf Brandt, qui l'informe le lendemain soir que son chef a accepté de différer l'exécution. Malheureusement, les communications entre Birkenwald-Prenzlau et la prison de Berlin-Moabit sont également coupées, et l'exécution est prévue pour sept heures le matin suivant ! Ce sera donc une folle course contre la mort : Brandt procure une voiture à la secrétaire, qui brave les bombardements, les encombrements, les routes défoncées et deux crevaisons pour parvenir à la prison *in extremis* et remettre au directeur l'ordre d'annuler l'exécution. Tous les condamnés à mort doivent être fusillés menottés, et Steltzer comprend que quelque chose d'inhabituel s'est produit lorsque le directeur de la prison en personne vient lui retirer ses menottes[4]...

Ce n'est là qu'un sursis, mais le mois suivant, Kersten viendra lui-même demander à Himmler de libérer Steltzer, ce que le Reichsführer finira par lui concéder, en ajoutant : « Une vie de plus ou de moins, ça ne fait pas de différence[5] » – sauf bien sûr pour Theodor Steltzer, qui survivra à la guerre pour devenir ministre-président du Schleswig-Holstein.

Dans l'intervalle, pourtant, la course contre la mort se poursuit inexorablement, et il ne s'agit plus d'un individu, mais de plusieurs dizaines de milliers. À la fin de janvier, enfin, le gouvernement adopte un plan présenté par le diplomate norvégien Ditleff, avec le soutien de von Post et de Günther : il s'agit d'envoyer une délégation de la Croix-Rouge en Allemagne, pour négocier le rapatriement, « par une expédition de secours suédoise », du plus grand nombre possible de sujets scandinaves[6]. Mais avec qui négocier ? L'ambassadeur de Suède à Berlin, consulté, répond qu'il serait vain d'approcher le ministre des Affaires étrangères Ribbentrop, qui « a perdu beaucoup de son influence sur les événements » et « est peu disposé à faire des concessions à la Suède sans compensations ». Et dans un télégramme du 4 février, l'ambassadeur Richert ajoute qu'à son avis, « Kersten reste la seule voie qui nous soit encore ouverte[7] ».

Dans l'après-midi du 5 février, Felix Kersten est donc appelé en urgence chez le ministre des Affaires étrangères Günther, qui lui fait part de la bonne nouvelle: «Il m'a informé, se souviendra Kersten, que sur la base de mon accord avec Himmler de décembre 1944, le gouvernement suédois avait décidé d'envoyer environ cent autobus en Allemagne, sous le couvert de la Croix-Rouge. Je devais l'annoncer par téléphone à Himmler et lui faire savoir que le comte Bernadotte avait été désigné comme chef de transport principal pour cette action. Son Excellence Günther m'a également prié de m'assurer auprès d'Himmler qu'une réception favorable serait réservée au comte et qu'il ne rencontrerait aucune difficulté, car il s'agissait à présent de réunir tous les prisonniers danois et norvégiens dans un seul camp [...]. Günther a mentionné à cette occasion que les Hollandais, les Belges et les Français dont j'avais obtenu la libération pourraient également faire partie du transport[8].»

Günther a-t-il vraiment employé le mot allemand de *Haupttransportleiter* – chef de transport principal*? Ce ne serait pas sans importance pour les événements à venir... Mais Kersten poursuit: «De retour à la maison, j'ai rencontré le baron van Nagell, que j'ai mis au courant de ce qui précède. [...] Après environ une heure et demie d'attente, la communication longue distance avec ma propriété de Hartzwalde a abouti, et j'ai eu au bout du fil ma sœur adoptive, Mlle Elisabeth Lüben. Celle-ci m'a informé que le docteur Rudolf Brandt venait justement d'arriver à Hartzwalde et que je pouvais lui parler.» Kersten répète alors très exactement au secrétaire Brandt le message du ministre des Affaires étrangères suédois, à la satisfaction manifeste de son interlocuteur: «Brandt s'est déclaré très heureux de cette information, a dit qu'il la rapporterait très fidèlement à Himmler ce même soir, et a ajouté qu'il ferait tout ce qui était en son pouvoir pour soutenir cette

* Ou son équivalent suédois, *huvudtransportledaren*.

action. Le baron van Nagell, qui était dans mon appartement, a entendu la conversation[9]. »

À Hartzwalde, Elisabeth Lüben est présente ce soir-là lorsque Rudolf Brandt appelle Himmler*. Elle l'entend répéter fidèlement au Reichsführer le message de Kersten que nous connaissons déjà, et se souvient également de ces paroles : « Afin d'éviter les difficultés que pourrait soulever le parti, le Medizinalrat Kersten proposait que le Brigadeführer Schellenberg soit détaché auprès du comte Bernadotte en tant qu'adjudant. » Et Elisabeth Lüben de conclure : « Après sa conversation avec Himmler, le docteur Brandt m'a dit que je pouvais appeler le Medizinalrat Kersten pour l'informer que le Reichsführer Himmler était prêt à rencontrer le comte Bernadotte, et qu'il s'en tenait aux accords passés avec le Medizinalrat Kersten**[10]. »

Le choix du comte Bernadotte pour mener à bien une telle entreprise est parfaitement judicieux : ce neveu du roi Gustave V est un organisateur compétent et un habitué des négociations internationales délicates***. Le fait qu'il soit surtout connu comme vice-président de la Croix-Rouge suédoise est un avantage supplémentaire : les Allemands refusant toute immixtion de gouvernements étrangers dans leurs affaires intérieures, on pourra présenter la démarche comme venant d'une organisation humanitaire, sans lien direct avec les autorités suédoises. L'évolution de la situation en Allemagne ne permettant aucun délai, le comte Bernadotte se met en route dès le 16 février. Il va d'abord rencontrer le chef du RSHA Kaltenbrunner et le ministre des Affaires étrangères von Ribbentrop, deux entrevues

---

* On ignore si les communications téléphoniques avec « Birkenwald » avaient été rétablies dans l'intervalle, ou si Brandt disposait d'un radiotéléphone de campagne.

** C'est un peu répétitif, mais il s'agit d'une déposition sous serment faite en 1948.

*** Entre 1943 et 1944, il a organisé à Göteborg des échanges de prisonniers entre Allemands et Alliés.

à l'issue desquelles il pourra écrire : « En prenant congé, j'estimais avoir bon espoir d'être reçu par Himmler. [...] Mes espérances ne devaient pas être déçues : on m'informa qu'un entretien avec Himmler m'était accordé. À dix-sept heures le 19 février, Schellenberg est venu me chercher et m'a conduit jusqu'à Hohenlychen, un grand sanatorium à 120 kilomètres au nord de Berlin*. [...] C'est dans ce cadre que j'ai rencontré Heinrich Himmler, chef suprême de la SS [...]. En le voyant soudain, avec ses lunettes à monture d'écaille et son uniforme vert de la Waffen-SS sans aucune décoration, j'ai eu l'impression d'avoir devant moi un fonctionnaire plutôt insignifiant. [...] Il était remarquablement et étonnamment affable [...] et il n'y avait absolument rien de diabolique dans son apparence ; du reste, je n'ai pu observer aucune trace de ce regard dur et glacé dont on m'avait tant parlé[11]. »

Une fois les présentations faites, on passe à l'essentiel : « Notre entretien, rapporte le comte, a duré deux heures et demie, en présence de Schellenberg. Comme d'habitude, j'ai commencé par expliquer les raisons de l'atmosphère antiallemande qui régnait en Suède, et Himmler est immédiatement passé à la contre-attaque, en avançant nombre d'arguments destinés à illustrer l'innocence et l'humanité de la politique allemande. [...] Puis vint la question habituelle : avais-je des propositions concrètes à faire ? J'ai contré en lui demandant s'il ne serait pas préférable qu'il propose lui-même des mesures propres à améliorer la situation, à quoi il a répondu qu'il n'avait rien à proposer. C'est alors que j'ai avancé le projet d'internement en Suède des Danois et des Norvégiens, auquel Himmler a réagi violemment. [...] Il a dit que la Suède et les Alliés devaient de toute façon offrir quelque compensation en échange d'une telle concession, sous la forme par exemple d'une assurance que le sabotage cesserait en Norvège. J'ai

---

* Commodément situé près du QG de « Birkenwald » et dirigé par le docteur Gebhardt, un ancien camarade d'école du Reichsführer (voir carte, p. 252).

immédiatement répondu qu'une telle compensation était exclue. J'avais donc essuyé un refus catégorique, mais le marchandage n'était pas terminé, et j'ai amené la conversation sur un autre plan, en déclarant que la Croix-Rouge tenait beaucoup à obtenir l'autorisation de travailler dans les camps de concentration, particulièrement ceux où étaient internés les Norvégiens et les Danois.

Himmler: — Un tel arrangement serait certes avantageux et ne devrait pas poser de gros problèmes.

Bernadotte: — Et pour des raisons pratiques, les Norvégiens et les Danois en question devraient être rassemblés chacun dans un camp, afin que le travail d'aide de la Croix-Rouge en soit facilité. Le nombre total de prisonniers devrait se monter à environ 13 000.

Himmler: — C'est une quantité très exagérée. Je ne connais pas le nombre exact, mais il ne peut s'agir de plus de 2 000 à 3 000. Toutefois, je ferai examiner la question.

« Himmler acceptait donc. Il a également accepté ma proposition de permettre aux personnes âgées, aux malades et aux mères de rentrer en Norvège après avoir été rassemblées dans un camp. Il ne s'opposait pas non plus à ce que le personnel suédois de la Croix-Rouge ait accès aux camps[12]. »

Après une nouvelle entrevue avec von Ribbentrop, qui lui précise que la Croix-Rouge devra amener ses propres moyens de transport et tout son carburant, le comte Bernadotte rentre en Suède le 22 février et rend compte au gouvernement du succès de sa mission. Mais dans le récit qu'il en fera publier quelques mois plus tard, trois choses au moins ne laissent pas d'étonner: d'une part, le comte se félicite d'avoir obtenu de haute lutte une entrevue avec Himmler, alors que celui-ci avait déjà accepté de le recevoir onze jours avant son arrivée à Berlin; d'autre part, ses indéniables talents de diplomate lui ont surtout permis d'obtenir des concessions que le Reichsführer avait déjà faites deux mois plus tôt à un certain Felix Kersten. Or, ce dernier, qui a tout de même permis au comte d'être reçu, qui a fait accepter à Himmler le principe du regroupement des Norvégiens et des Danois sous l'égide de la Croix-Rouge – et l'a même persuadé de faire participer Schellenberg à l'entretien du 19 février* –, n'apparaît nulle part dans le compte rendu de Bernadotte ! Voilà un mystère qu'il faudra encore attendre quelques mois pour éclaircir…

À Stockholm, en tout cas, Kersten fait toujours l'objet de nouvelles sollicitations, comme le confirmera l'ambassadeur van Nagell** : « Le ministre des Affaires étrangères Günther est allé voir le roi, qui lui a donné toute une liste de noms de gens qu'il voulait voir sauver – une foule de comtes, de comtesses et de membres de la famille. Alors, j'ai dit : "Est-ce que je peux en ajouter quelques-uns ?" Kersten a dit oui[13]… » Il semble que les libérations aient pu également être obtenues à distance, si l'on en croit Jacob Nieuwenhuis, l'ancien agent néerlandais de Kersten toujours caché à Hartzwalde dans l'attente de son exfiltration : « Lorsque le docteur Kersten était en Suède, il appelait au téléphone sa secrétaire et présumée sœur restée à Hartzwalde, pour lui dire qu'il avait parlé à Himmler de telle ou telle personne, qui devait "absolument***" être libérée, après quoi la secrétaire et présumée sœur se mettait en relation avec le secrétaire personnel d'Himmler, le docteur Brandt. C'est ainsi que j'ai pu être témoin de nombre de libérations[14]. »

Mais avec la détérioration de la situation en Allemagne, le téléphone ne suffit bientôt plus, et le 24 février, Günther fait venir Kersten pour lui faire part de ses préoccupations. D'une part, il reçoit sans cesse des listes de personnes enfermées dans les camps et dont la vie est en péril : juifs danois et norvégiens, conjoints suédois de prisonniers politiques,

---

* Voir *supra*, p. 228.

** Il en a conservé le titre, mais non la fonction : apparemment à la suite d'un différend avec le ministre des Affaires étrangères van Kleffens, il a été remplacé par le comte van Rechteren Limpurg et est resté à Stockholm en tant que simple attaché de presse.

*** *Unbedingt.*

juifs titulaires de passeports sud-américains, résistantes françaises dont le général de Gaulle souhaite la libération, etc. D'autre part, tous les rapports émanant de Norvège indiquent que les quelque 400 000 Allemands occupant le pays ont ordre de se battre jusqu'au dernier contre les Alliés, auquel cas les combats ne manqueront pas de s'étendre au territoire suédois. Enfin, son gouvernement a reçu des informations très fiables selon lesquelles Hitler a donné l'ordre de faire sauter tous les camps de concentration et leurs centaines de milliers de prisonniers dès que les Alliés en approcheront à moins de 8 kilomètres*; selon certaines sources, les explosifs seraient déjà en place[15]... Il ne servirait à rien de lancer un appel à Hitler pour qu'il renonce à ce projet insensé, mais Günther prie instamment Kersten de tenter une ultime démarche auprès d'Himmler[16].

Le Medizinalrat va recevoir une demande très semblable dès le lendemain, ainsi qu'il le notera dans un aide-mémoire : « À Stockholm, le 25 février 1945, j'ai été présenté par Ottokar von Knieriem**, de la Dresdner Bank pour la Scandinavie, à Hillel Storch***, l'un des principaux dirigeants du World Jewish Congress de New York. Ce dernier avait reçu des informations dignes de foi selon lesquelles les juifs arrêtés en Allemagne [...] couraient le plus grand péril. Le Führer avait donné l'ordre de faire sauter les camps de concentration avec tous leurs occupants, y compris les gardiens, dès l'arrivée des Alliés. [...] La situation s'était détériorée à tel point depuis ce dernier ordre d'Hitler que, selon Storch, elle était

* L'instruction semble avoir été émise pour la première fois dix mois plus tôt, mais l'ordre d'application vient d'être transmis au début de 1945 ; le journal suédois *Dagens Nyheter* en a fait état dès le 19 février. Après la guerre, cet ordre sera évoqué à plusieurs reprises par les accusés et les témoins au procès de Nuremberg, et ensuite par Albert Speer dans son troisième ouvrage : *Der Sklavenstaat* (DVA, Stuttgart, 1981, p. 335).

** Issu d'une vieille famille allemande de la Baltique, il est l'oncle du futur Premier ministre suédois Olof Palme.

*** Letton d'origine. Il y a manifestement à Stockholm une amicale des Germano-Baltes.

maintenant désespérée. Il m'a demandé si j'étais disposé à m'adresser directement à Himmler pour lui demander d'empêcher l'exécution de cet ordre. J'ai accepté. Durant les jours suivants, nous avons décidé que cette intervention devrait également fournir l'occasion d'un effort majeur en faveur des juifs arrêtés, le but étant de les aider directement en leur faisant parvenir des vivres et des médicaments – tout en obtenant la permission de conduire le plus grand nombre possible d'entre eux en territoire neutre. Nous avons donc rédigé les propositions suivantes :

— Envoi de vivres et de médicaments aux prisonniers juifs ;

— Rassemblement de tous les juifs dans des camps spéciaux, où ils seraient pris en charge par la Croix-Rouge internationale [...] ;

— Libération de personnes portées sur des listes particulières ;

— Libération des juifs arrêtés, qui seront transportés à l'étranger, principalement en Suède et en Suisse. Pour la Suède, un chiffre entre 5 000 et 10 000 est envisagé.

« Le gouvernement suédois soutient cette tentative et partage l'opinion du Congrès juif mondial selon laquelle les camps de concentration seront rasés dans un geste de désespoir, faisant ainsi des centaines de milliers de morts supplémentaires à la toute fin de la guerre. [...] J'ai reçu une communication du Congrès juif mondial avec un mémorandum de Storch sur ces mêmes questions ; il se termine par ces mots : "Nous connaissons vos sentiments profondément humanitaires et vous remercions pour tout ce que vous avez déjà réalisé en ce sens ; à présent, nous espérons que vous réussirez à nous aider dans cette situation absolument désespérée[17]." »

C'est que la situation de l'Allemagne est elle-même désespérée : dès la fin de janvier 1945, les armées soviétiques de Joukov et Koniev ont atteint l'Oder, après avoir pris Varsovie et Cracovie ; en février, le dégel et la nécessité de regrouper les forces ont temporairement stabilisé le front, mais entre le

18 et le 20 février, une contre-offensive dirigée par Himmler* contre le flanc droit du Ier front de Biélorussie commandé par Joukov a piteusement échoué, tandis qu'à la fin du mois, une attaque menée conjointement par Rokossovski et Joukov en direction de la côte baltique a pris par surprise le groupe d'armées Vistule, qui était déployé pour défendre les approches de Berlin. C'est donc tout le nord de la Poméranie qui va tomber aux mains de l'Armée rouge, et à la chancellerie du Reich, Himmler en est rendu responsable. La peur et le surmenage se conjuguent alors pour assaillir le stratège novice ; au début de mars, frappé à la fois d'une petite grippe, d'une grosse dépression nerveuse et de terribles crampes d'estomac, le Reichsführer se retire dans le sanatorium de son ami le docteur Gebhardt et fait appeler d'urgence son « Bouddha magique ». Dès lors, Felix Kersten, triplement sollicité, reprend l'avion pour Berlin dans l'après-midi du 3 mars…

À la suite d'un vol risqué et d'un atterrissage difficile à Tempelhof, Kersten doit traverser la capitale en ruine et parcourir 80 kilomètres d'une route défoncée, périodiquement mitraillée et encombrée de réfugiés qui fuient vers le sud-ouest pour échapper aux combats, aux bombardements et aux exactions de l'Armée rouge. Après une nuit passée à Hartzwalde, il est à Hohenlychen dès le lendemain matin** ; ayant franchi plusieurs postes de garde aux approches du sanatorium, il est conduit jusqu'à la chambre au confort spartiate qu'occupe un Reichsführer manifestement épuisé, mais qui s'efforce de faire bonne figure. Ainsi qu'il le notera dans son carnet, Kersten attaque dès le deuxième traitement : « Le 5 mars 1945 à dix heures du matin***, j'entame les négociations avec Himmler au sujet des camps de concentration. Il est très énervé et les tractations sont particulièrement âpres et orageuses, car il ne

* En fait, cette contre-offensive menée par la 3e Panzerarmee était commandée par le général Walther Wenck, mais en tant que commandant du groupe d'armées Vistule, Himmler a dû en endosser la responsabilité.

** Hohenlychen n'est qu'à 35 kilomètres de Hartzwalde.

*** Onze heures, selon l'agenda du Reichsführer.

veut absolument pas faire preuve de clémence et refuse de se dessaisir de son dernier atout. Il me dit littéralement : “Si l’Allemagne national-socialiste s’effondre, alors nos ennemis, les traîtres à la cause grand-germanique enfermés dans les camps de concentration, ne connaîtront pas le triomphe d’en sortir vainqueurs. Ils ne vivront pas ce jour, ils crèveront avec nous. C’est l’ordre clair et logique du Führer, et je ferai en sorte qu’il soit exécuté à la lettre[18].” »

Durant les jours suivants, alors que les séances de traitement se succèdent invariablement chaque jour à onze heures du matin, Himmler, accablé par les dernières avancées soviétiques en Poméranie, refuse toute concession à son thérapeute, qu’il s’agisse de la libération des juifs et autres prisonniers portés sur ses listes*, de la sauvegarde des camps de concentration, du baroud d’honneur qui se prépare en Norvège, ou encore des destructions projetées à La Haye ; c’est que Brandt l’a informé que le quartier de Clingendael, transformé en forteresse, devait sauter à l’approche des Alliés – avec tous ses habitants. Lorsque Kersten soulève la question, Himmler lui répond : « Si nous périssons, les Hollandais périront avec nous » ; et lorsqu’il aborde à nouveau le sujet par un autre biais deux jours plus tard, en demandant si La Haye sera défendue, il entend cette confirmation glaçante :

« – Défendue ? C’est risible ! Non, mon cher Kersten, cette ville de traîtres, nous la ferons sauter. [...] Le Führer m’a ordonné de raser La Haye, et j’exécuterai cet ordre. Les Hollandais sont des traîtres, et ces parasites ne méritent aucun ménagement. Nous avons suffisamment de V2 pour accomplir la tâche[19]. »

* Au début de février, à la suite d’un accord avec l’ancien président de la Confédération suisse Jean-Marie Musy, Himmler avait bien autorisé l’envoi en Suisse de 1 200 juifs de Theresienstadt. Mais Kaltenbrunner ayant dénoncé l’opération à Hitler, celui-ci avait interdit toute nouvelle libération de juifs, sous peine d’exécution immédiate.

Il y a pourtant quelques rares lueurs d'espoir : le 9 mars, la nouvelle de l'émergence d'une épidémie de typhus dans le camp de concentration de Bergen-Belsen, rapportée par Storch et exploitée par Kersten*, donne lieu à l'instruction suivante, adressée dès le lendemain à tous les responsables SS : « Je souhaite que l'épidémie soit combattue sans délai avec tous les moyens médicaux disponibles. Nous ne pouvons pas tolérer la propagation d'épidémies en Allemagne. N'épargner ni les médecins ni les médicaments. Les prisonniers sont sous ma protection personnelle[20]. »

À elle seule, la dernière phrase montre bien l'étendue de l'influence exercée par Felix Kersten. Malgré tout, elle reste limitée, si l'on considère les notes prises après la séance de traitement du 10 mars : « Himmler était aujourd'hui d'humeur morose et méditative. Il a parlé des pertes subies par les Waffen-SS – plus de 250 000 morts et 100 000 grièvement blessés. [...] J'ai attiré son attention sur le fait que l'issue de ce combat ne pouvait plus faire de doute. Il a répondu :

— Ne dites pas cela. Il nous reste encore à engager nos armes nouvelles ; tout peut encore se retourner, même si les perspectives paraissent sombres pour le moment. [...] Je m'étais représenté les choses autrement, lorsque nous avons pris le pouvoir en Allemagne et entrepris d'édifier le grand Reich allemand.

J'ai dit alors :

— Ne parlons pas de cela, agissons plutôt. S'il vous plaît, donnez-moi un engagement écrit de ne pas exécuter l'ordre du Führer de faire sauter les camps de concentration avec tous leurs occupants, et de les remettre aux Alliés en y faisant hisser le drapeau blanc ; j'estime qu'il y a encore dans ces camps un million d'êtres humains, et vous ne pouvez pas avoir sur la conscience un bain de sang aussi atroce.

* Qui sait parfaitement qu'Himmler a une sainte terreur des épidémies.

Reichsführer-SS

1.) SS-Obergruppenführer P o h l , Berlin
2.) SS-Gruppenführer G l ü c k s , Oranienburg
3.) SS-Obergruppenführer Dr. Grawitz, Reichsarzt-SS u.Polizei, Berlin
4.) SS-Obergruppenführer Dr. Kaltenbrunner, Berlin

Mir ist gemeldet worden, daß in dem Anhaltelager Bergen-Belsen, insbesondere unter den jüdischen Gefangenen Typhus ausgebrochen sei.

Ich wünsche, daß unverzüglich der Seuche mit allen medizinischen Hilfsmitteln entgegengetreten wird. Wir können in Deutschland keine Seuchen aufkommen lassen. Es ist weder am Einsatz von Ärzten noch an Medikamenten zu sparen. Die Gefangenen stehen unter meinem besonderen Schutz.

gez. H. H i m m l e r .

10.3.45
Bra/H.
5.) nachrichtlich: b.w.

SS-Gruppenführer Prof. Gebhardt, Hohenlychen

6.) Herrn K e r s t e n , z.Zt. Hohenlychen
durchschriftlich mit der Bitte um Kenntnisnahme übersandt.

R. Brandt
SS-Standartenführer.

Ordre du Reichsführer aux autorités supérieures de la SS susnommées, émis le 10 mars 1945.
« Il m'a été rapporté qu'une épidémie de typhus s'est déclarée dans le camp de détention de Bergen-Belsen, particulièrement parmi les détenus juifs. Je souhaite que l'épidémie soit combattue sans délai avec tous les moyens médicaux disponibles. Nous ne pouvons pas tolérer la propagation d'épidémies en Allemagne. Il ne faut épargner ni médecins ni médicaments. Les prisonniers sont sous ma protection personnelle. »

Signé H. Himmler

Pour information : 5) Au Gruppenführer SS et professeur Gebhardt, Hohenlychen. 6) À M. Kersten actuellement à Hohenlychen.

Contresigné R. Brandt, SS Standartenführer

Himmler a objecté :

— Vous devez vous tromper, car il n'y a probablement pas plus de 800 000 hommes dans les camps de concentration*.

J'ai repris :

— Même ce chiffre est suffisamment considérable ; si vous deviez permettre l'anéantissement de tous ces gens, l'Allemagne serait damnée aux yeux du monde pour l'éternité. C'est pourquoi je vous prie, au nom de l'Histoire mondiale, de me fournir une attestation écrite selon laquelle vous empêcherez ce dernier grand attentat criminel d'Hitler.

Alors, il a dit :

— Oui, oui, je sais que vous avez raison. Vous m'avez convaincu, cher Monsieur Kersten, mais laissez-moi y réfléchir jusqu'à demain. [...] Je vois bien que la Norvège ne doit pas devenir un nouveau champ de bataille et que La Haye ne doit pas sauter, mais nous en reparlerons demain ou les jours suivants... Aujourd'hui, je ne m'en sens plus capable[21]. »

« Demain ou les jours suivants »... Kersten, éconduit depuis cinq jours et connaissant le caractère irrésolu du Reichsführer, semble avoir considéré également ce sixième jour comme un échec, ce qui explique le projet qu'il conçoit ce soir-là, en revenant à Hartzwalde. Cette propriété abrite toujours sa sœur d'élection, une vingtaine de témoins de Jéhovah, son ancien agent Jacobus Nieuwenhuis et bien sûr l'astrologue Wilhelm Wulff. On se souvient que celui-ci avait été chargé d'établir des prévisions astrologiques détaillées à l'intention du Reichsführer ; son principal employeur était Schellenberg, et tous deux avaient entrepris de persuader Himmler de renverser Hitler et de conclure un armistice – avec les Anglo-Américains du moins. Ce projet était connu – d'eux trois seulement – sous le nom de code *Maiplan***. Mais

* En fait, Himmler ne sait pas, à 200 000 près, combien il y a de prisonniers dans les camps de concentration, de regroupement, d'extermination, de travail et autres camps annexes. Les chiffres de ses services varient de 600 000 à 800 000.

** « Plan de mai ».

Kersten, lui, peut-être plus psychologue que l'astrologue et le chef du renseignement réunis, avait renoncé depuis huit mois au moins à persuader Himmler de se retourner contre son maître…

Ainsi s'expliquent les scènes de ce soir-là comme du lendemain, décrites par un Wilhelm Wulff dont l'antipathie à l'égard de Kersten semble plus vive que jamais : « Le 10 mars, Kersten, revenu de Hohenlychen, est monté dans ma chambre* et m'a déclaré qu'Himmler me convoquait pour le lendemain. […] Voilà donc que ce Herr Kersten apparaissait au début de mars 1945 avec une liste ridicule de quelques milliers de personnes** et une liste particulière de quelques individus*** afin, prétendait-il, d'éviter "le pire" au nom de l'Humanité. […] Il avait présenté sa liste à Himmler et essayé d'obtenir son assentiment, mais jusqu'au 10 mars, il n'avait pas avancé d'un pas. Himmler refusait de libérer tous les prisonniers, car Hitler en serait inévitablement informé. Il avait fini par accepter l'élargissement de quelques personnes, et était allé jusqu'à 1 800. Mais les 10 000 que Kersten réclamait pour Hillel Storch, Himmler les refusait catégoriquement[22]. »

Le lendemain 11 mars, à dix heures du matin, les deux hommes se mettent donc en route pour Hohenlychen à bord d'une Kübelwagen**** prêtée par l'état-major d'Himmler. Sur les 35 kilomètres de routes passant par Menz, Fürstenberg et Ravensbrück, ils croisent d'interminables cortèges de réfugiés, des carcasses de voitures, des cadavres de chevaux et d'innombrables croix de bois improvisées sur les bas-côtés. Mais ils ne voient sans doute rien de tout cela, tant ils peinent à accorder

* En fait, l'ancienne chambre d'Irmgard Kersten.

** Wulff, pourtant ancien prisonnier lui-même, ne semble pas s'être demandé si cette liste paraîtrait aussi ridicule à ceux qui s'y trouvaient inscrits.

*** Cette dernière étant sans doute celle donnée par le roi.

**** Version militaire de la KdF-Wagen – future « Coccinelle » Volkswagen.

leurs violons : « J'avais l'intention, écrira Wulff, de remettre en main propre à Himmler les travaux astrologiques que m'avait commandés Schellenberg. Parmi ceux-ci, il y avait un nouvel "horoscope banal*" qui retraçait les principaux événements de l'année 1945. En outre, je voulais entretenir Himmler une nouvelle fois de la nécessité de déposer Hitler, et lui conseiller une capitulation immédiate. Kersten paraissait nerveux lorsqu'il m'a communiqué ses instructions :

— Mais mon cher, vous devez maintenant persuader Himmler que, d'après l'horoscope, mon affaire en Suède avec Hillel Storch est importante pour lui. Il vous faut soutenir mon action auprès d'Himmler [...] afin qu'il me donne une déclaration écrite que je pourrai emporter à Stockholm et remettre à Storch.

« Dans le passé, il était souvent arrivé à Kersten de s'imposer grâce à de fieffés mensonges, et une certaine adresse lui permettait presque toujours d'arriver à ses fins.

— Vous pouvez sans crainte, a-t-il poursuivi, dire à Himmler que la libération des juifs figure dans son horoscope, afin que Herr Storch, cet homme puissant, lui procure des facilités en Suède auprès des Alliés. Un juif qui s'engagerait en faveur d'Himmler ! C'est ainsi qu'il vous faut lui présenter la chose. S'il me remet les papiers aujourd'hui, nous pourrons ce soir fêter l'événement en vidant une bouteille de champagne, et nous occuper demain des autres problèmes[23]... »

Mais l'astrologue en reste à son idée première :

— « Pourquoi n'influencez-vous pas Himmler pour qu'il mette fin à tout le cirque hitlérien ? ai-je demandé. Les bombardements, qui ont coûté au peuple allemand tant de victimes et de misères, s'interrompraient et les camps de

---

* *Mundan-Horoskop* : cet « horoscope védique banal » est censé retracer l'influence sur les événements mondiaux des positions changeantes du Soleil, de la Lune et des planètes ; il double ainsi les horoscopes individuels et ceux des nations.

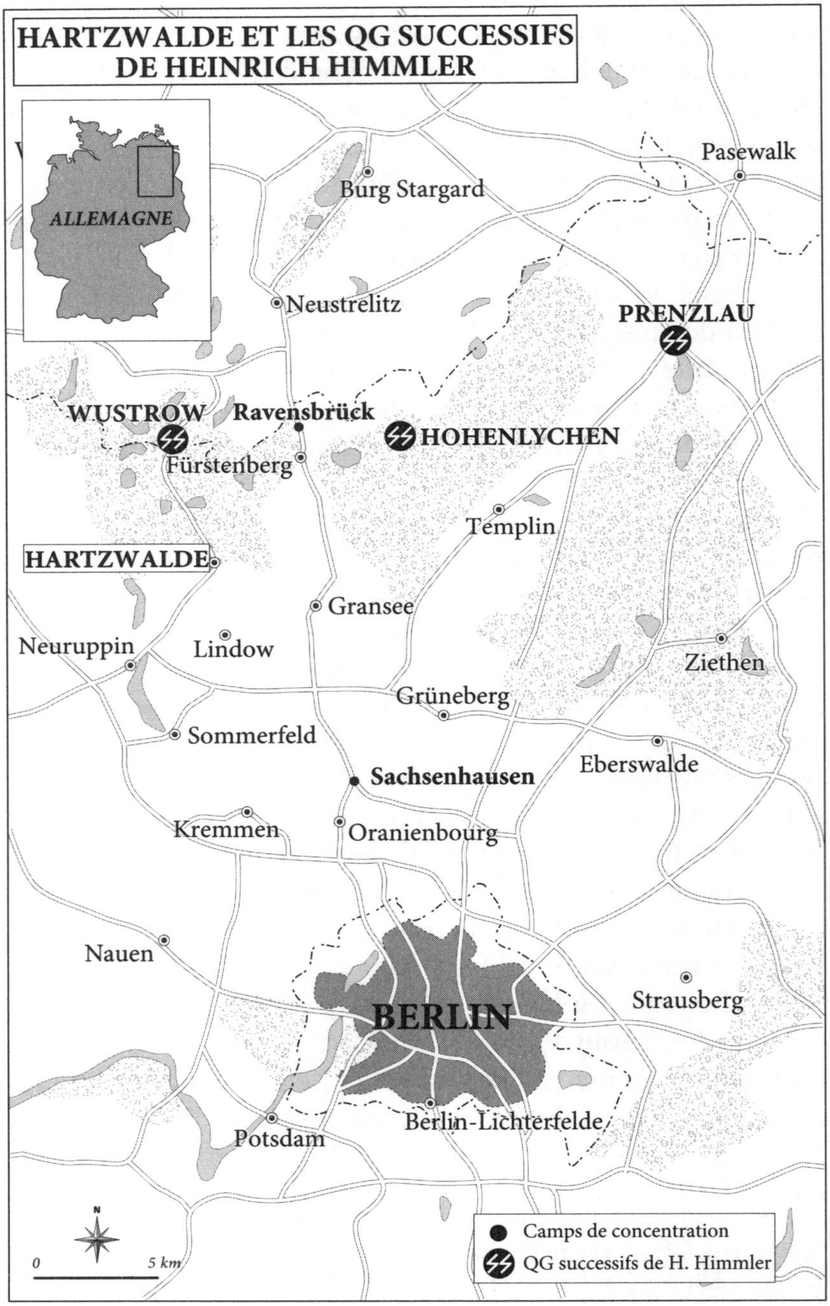
HARTZWALDE ET LES QG SUCCESSIFS
DE HEINRICH HIMMLER
ALLEMAGNE
Pasewalk
Burg Stargard
Neustrelitz
PRENZLAU
WUSTROW
Ravensbrück
HOHENLYCHEN
Fürstenberg
Templin
HARTZWALDE
Gransee
Neuruppin
Lindow
Ziethen
Grüneberg
Sommerfeld
Eberswalde
Sachsenhausen
Kremmen
Oranienbourg
Nauen
Strausberg
BERLIN
Potsdam
Berlin-Lichterfelde
N
0
5 km
Camps de concentration
QG successifs de H. Himmler

concentration s'ouvriraient de toute façon. [...] Pourquoi ne pas le convaincre de la nécessité d'un putsch[24] ? » Wulff ne semble pas se rendre compte du fait que Kersten s'y est efforcé pendant quatre longues années, en a reconnu la vanité et est désormais passé à autre chose. Peut-être vient-il d'ailleurs de le lui dire, à moins qu'il ne soit las de le lui répéter ? En tout cas, Wulff poursuit :

« Kersten s'est énervé sérieusement et a insisté de nouveau pour que je fasse d'abord adopter son plan par Himmler, et que je lui présente les autres choses ensuite. Mais je ne tenais pas du tout à l'aider dans cette affaire, car ses exigences représentaient une infâme falsification d'horoscope. [...]

— Mon cher Herr Kersten, je vais interpréter l'horoscope pour Himmler en astrologue responsable. [...] Je verrai ce que je peux faire pour vous.

Plus nous nous approchions de Hohenlychen, plus la tension augmentait. [...] Nous avons franchi des postes de contrôle et des portails grillagés, pour arriver enfin dans une sorte de parc où l'on distinguait quelques petits bâtiments isolés. Les laissez-passer ont été vérifiés par les gardes SS, et Kersten, qui était manifestement connu, les a salués d'un "*Guten Morgen* !" plutôt que d'un "*Heil Hitler* !". [...] Le détective Kirrmayer nous attendait au sommet d'un escalier étroit menant au premier étage d'une petite maison, et nous a menés jusqu'à une salle de garde où nous avons dû d'abord attendre ; [...] après quoi un petit homme rondouillard aux yeux d'oiseau de proie* [...] nous a priés de passer dans la pièce attenante, et nous nous sommes retrouvés dans la salle de séjour d'Himmler. [...] Il était assis dans un fauteuil douillet et m'a offert une place à ses côtés. Il venait juste de se lever et sentait le savon et l'eau de Cologne bon marché. [...] Son visage paraissait plus frais que d'habitude et il donnait l'impression de s'être rétabli – les massages de Kersten avaient

* Il s'agissait du docteur Karl Gebhardt. Ce petit homme et grand prédateur exerçant également dans le camp voisin de Ravensbrück, il sera pendu le 2 juin 1948 en reconnaissance de ses sévices.

fait leur effet. Il portait un uniforme tout simple, sans insigne de grade[25]. »

Autant pour le décor et les présentations ; après quoi on en vient aux questions essentielles : « L'entretien, se souviendra Wulff, a porté d'abord sur son état de santé. Il m'a immédiatement posé des questions sur sa vie personnelle, sa santé et le moment où il serait complètement guéri : tout cela a pris quelque temps. Après cela, Kersten a commencé à parler de ses plans, ce qui a amené Himmler à pontifier au sujet de l'honneur, de la grandeur germanique et de la loyauté. Mais Kersten lui a répondu avec emportement :

— Dans le cas de mes amis Wentzel et Langbehn, Herr Reichsführer, vous avez tout de même manqué à votre parole d'honneur. Ne parlez donc pas du grand respect des Allemands pour l'honneur.

Himmler a grimacé un sourire et s'est excusé, en alléguant que dans ce cas, le tribunal du peuple l'avait emporté sur lui, et les investigations avaient établi que ces deux messieurs étaient impliqués dans un complot. [...] Himmler s'est retourné vers moi et a parlé des prévisions contenues dans son horoscope, qui lui prédisaient un accident pour le 9 décembre 1944.

— Pensez donc, Herr Wulff, le 9 décembre, je conduisais moi-même ma voiture dans le noir, j'ai quitté la route et fait une chute de quelque 40 mètres, pour atterrir sur la voie du chemin de fer de la Forêt Noire, juste au moment où le train arrivait. Ce n'est qu'à grand-peine que nous nous en sommes tirés. C'est tout de même étrange, cette exactitude de l'horoscope*.

— Herr Reichsführer, me voilà rassuré. [...] Le fait que la prédiction se soit vérifiée semble indiquer qu'il a été possible de reconstituer votre heure de naissance exacte. [...] Mais dès lors, je vous prierai de tenir compte des prédictions à

* Himmler est très myope et sort presque invariablement de la route lorsqu'il prend le volant.

venir et des conseils qui vous seront donnés, en rapport avec le *Maiplan* que nous avons conçu.

Le *Maiplan* était un nom de code convenu entre Himmler, Schellenberg et moi. Kersten, pour qui l'expression était inconnue, a dressé l'oreille et m'a jeté un regard interrogateur de ses grands yeux d'enfant. Après cela, Himmler a repris :

— Vous avez dû entendre parler des plans de Herr Kersten. Qu'en dites-vous ?

Il n'y avait pas grand-chose à en dire ; d'un point de vue astrologique, je n'avais aucune raison de les déconseiller. J'ai donc développé mes arguments en conséquence. Sur quoi Himmler a répondu :

— Il m'est impossible de faire à Herr Kersten de telles concessions. Il réclame le transfert immédiat à l'étranger d'un grand nombre de prisonniers juifs, ce qui est impossible sans l'accord d'Hitler, et le transport d'une telle quantité de prisonniers ne pourrait lui être dissimulé. Le Führer s'est indigné des transactions juives de mes SS* et a donné l'ordre formel de fusiller à l'avenir toute personne qui libère des juifs. C'est pourquoi je ne puis concéder à Kersten qu'une partie du plan qu'il m'a soumis. [...] J'ai les mains liées dans cette affaire.

Puis Himmler a voulu détourner la conversation de ce sujet désagréable :

— Herr Schellenberg m'a bien dit que vous vouliez m'exposer la situation politique en fonction du nouvel horoscope mondial pour 1945 ?

Les constellations de l'horoscope banal n'étaient guère encourageantes pour Himmler, et les horoscopes des deux premiers trimestres de 1945 présentaient des dispositions stellaires catastrophiques pour le Reich d'Hitler. C'est ce que je lui ai expliqué, tandis que Kersten s'enfonçait dans son coin de sofa

* Certains responsables SS avaient également commencé à organiser un trafic pour leur propre compte.

en se désintéressant complètement de mes propos. La conversation a ensuite porté sur la conférence de Yalta, que Himmler m'avait chargé d'évaluer d'un point de vue astrologique. Les constellations en offraient une image bouleversante et même accablante, que je lui ai présentée sans ambages et sans ménagements. J'ai ajouté :

— Herr Reichsführer, pourquoi n'exécutez-vous pas notre *Maiplan* ? Le pire pourrait encore être évité, et vous-même pourriez améliorer votre situation sans vous préoccuper du Führer.

— Ce que vous réclamez, Herr Wulff, et Herr Schellenberg avec vous, c'est une trahison. J'ai juré fidélité au Führer. [...] Et réfléchissez : avez-vous pris en compte l'éventualité d'un soulèvement des masses ? Comment se comporteraient-elles si je faisais déposer le Führer ? S'il y avait des confrontations, des attroupements illégaux et des résistances dans les villes, il faudrait que je les fasse écraser par mes SS. Ce ne serait pas le plus grave, certes, mais comme soldat, j'ai juré fidélité à Hitler et je ne puis violer mon serment. Je lui dois tout. [...]

En prononçant ces derniers mots, il m'a fixé d'un regard grave, et il a poursuivi :

— Vous disiez que l'ordonnancement des constellations était en ce moment très négatif. Pouvez-vous me dire quelles parties de l'Allemagne échapperont à l'occupation* ? [...]

— Il me semble que nous vous avons déjà expliqué il y a longtemps que vous auriez dû faire mettre notre plan à exécution par un de vos fidèles...

Il m'a interrompu :

— *Ja, ja*, qui est encore fidèle ? Il sera extrêmement difficile à ce stade de faire exécuter le putsch. Moi-même, je suis malade et je me sens faible. D'un point de vue militaire, il

* De toute évidence, Himmler songe déjà à la possibilité d'un refuge dans le « réduit alpin ».

pourrait être exécuté, mais personnellement, je ne peux pas m'en charger. [...] Je vous l'avoue, *meine Herren* – je ne peux tout simplement pas le faire !

L'entretien touchait à sa fin. Le radotage d'Himmler au sujet de sa loyauté nous avait déjà été servi trop souvent par le passé. J'ai ressenti encore davantage l'atmosphère oppressante de la pièce. Himmler s'est mis à parler [...] d'armes secrètes sur le point d'être produites en masse, ce qui l'incitait plus encore à repousser l'échéance d'un putsch et à ne rien entreprendre de décisif. À la fin de l'entrevue, il m'a demandé une fois de plus ce que je pensais de la situation politique mondiale, puis nous avons pris congé ; il paraissait ému et j'ai cru voir des larmes couler sur ses joues, ce qui m'a semblé être l'effet d'une dépression nerveuse. Pendant les deux heures de l'entretien, je n'avais pas dit un mot sur les problèmes dont Kersten m'avait parlé en chemin[26]. »

L'astrologue en est manifestement très fier, mais l'ambiance s'en ressent nécessairement durant le retour à Hartzwalde ; Wulff et Kersten ont échoué tous les deux, et chacun rend l'autre responsable de son échec. Tout cela pourrait paraître comique, si l'on ne se trouvait pas au milieu d'une des pires tragédies de l'histoire du monde – avec la vie de centaines de milliers d'êtres humains pour enjeu. Quoi qu'il en soit, la journée s'achève sur une altercation mémorable, et Wulff quitte Hartzwalde à l'aube du lendemain, avec un prétexte tout trouvé : sa maison a été démolie la veille, lors du bombardement massif de Hambourg...

Après tant de vains efforts depuis sept jours, n'importe qui aurait abandonné la partie. Mais à l'évidence, Kersten n'est pas n'importe qui, et son énergie est stupéfiante ; le 12 mars, de retour à Hohenlychen, il revient à la charge : « Je n'ai pas eu le temps de noter en détail toutes les phases de cette négociation ; il y avait sans cesse de nouveaux problèmes et de nouvelles difficultés, j'étais au téléphone pendant des heures et je mettais à profit tous les contacts disponibles ; Brandt m'aidait, sondait Himmler et préparait le terrain pour l'accord suivant. Alors qu'il était évident que la fin approchait, Himmler, de façon inexplicable, vivait toujours dans la peur constante d'Hitler et de son entourage – particulièrement Goebbels et Bormann[27]. »

Dans de pareilles conditions, on mesure l'exploit que représente l'accord finalement arraché au Reichsführer cet après-midi-là :

« 1. Himmler ne transmettra pas l'ordre d'Hitler de faire sauter les camps de concentration à l'approche des Alliés ; aucun ne doit sauter et aucun prisonnier ne doit être tué.

2. À l'approche des Alliés, les camps de concentration hisseront le drapeau blanc et seront remis de manière ordonnée.

3. Toute nouvelle exécution de juifs est suspendue et interdite. Les juifs recevront le même traitement que les autres prisonniers.

4. Les camps de concentration ne seront pas évacués. Les prisonniers resteront sur place et pourront recevoir des colis de vivres[28]. »

Heinrich Himmler a-t-il vraiment apposé sa signature au bas d'un document aussi compromettant ? Kersten l'a-t-il vraiment contresigné « au nom de l'Humanité » ? Notre Medizinalrat l'affirmera dans un livre écrit en 1952, mais il n'en disait mot dans ses deux ouvrages rédigés cinq ans plus tôt. Le plus vraisemblable est que l'accord est resté verbal ; mais qu'il ait existé et qu'Himmler se soit engagé à le respecter ce 12 mars 1945, c'est un fait attesté par au moins cinq témoins difficilement récusables[*29]. Or, que le Reichsführer s'abstienne réellement de transmettre l'ordre fatal d'Hitler, et la thrombose s'installera dans l'implacable machine de mort hitlérienne, sauvant ainsi quelque 800 000 malheureux…

---

* Brandt, Schellenberg, Masur, Storch et le ministre des Affaires étrangères suédois Günther. Hillel Storch, qui ne croit guère à ces signatures au bas du document, n'en ajoutera pas moins : « Mais ce qui est important, c'est que le contenu de l'accord est exact. »

Kersten, ayant souvent observé que le Reichsführer tenait parole une fois qu'il s'était engagé, semble confiant à l'issue de cette journée décisive.

Pourtant, rien ne paraît justifier son assurance : Kaltenbrunner, Bormann et « Gestapo Müller » ne feront rien pour lui faciliter la tâche ; chez Himmler, c'est la peur qui domine, et elle peut encore lui faire commettre l'irréparable ; Hitler a les moyens d'intervenir à chaque instant et de tout remettre en question ; les bombardements anglo-américains menacent constamment de supprimer tous les acteurs de cette tragédie – dont Kersten lui-même ; et les Soviétiques, qui ne sont qu'à 60 kilomètres de Hartzwalde, auraient tout loisir de lui réserver le même sort qu'au jeune diplomate suédois Raoul Wallenberg deux mois plus tôt*. Rien n'est exclu au milieu d'un tel enfer, et à ce stade, Felix Kersten pourrait aisément faire écho à ce sage conseil d'un illustre contemporain** : « Le lecteur de ces lignes doit comprendre combien est opaque et déroutant le voile de l'inconnu »…

* Wallenberg, qui avait sauvé entre 15 000 et 20 000 juifs à Budapest, venait d'être délivré par l'Armée rouge le 13 janvier 1945, lorsqu'il a disparu à jamais dans les profondeurs du Goulag.

** Et prix Nobel de littérature 1953.

Chapitre XII
Mission à haut risque

Au milieu de mars 1945, le Führer, tapi dans son bunker à huit mètres sous terre, prédit que les Soviétiques vont subir la plus grande défaite de l'histoire ; tout en se gardant bien de le contredire, ses acolytes Bormann, Rosenberg, Goering, Ribbentrop et Himmler cherchent discrètement quelque moyen d'échapper à l'écroulement final ; les officiers supérieurs Kesselring, von Rundstedt, Dönitz, Keitel, Jodl et le chef d'état-major Guderian continuent à gérer mécaniquement une campagne sur deux fronts opposés et qui se rapprochent inexorablement ; leurs soldats, sous-encadrés, sous-équipés et sous-armés, mais sachant qu'il est aussi dangereux de reculer que d'avancer, offrent partout une résistance désespérée ; les réfugiés de Silésie, de Poméranie et de Prusse orientale, chassés de leurs foyers par les ravages de l'armée soviétique, avancent vers l'ouest à marches forcées ; les centaines de milliers de prisonniers entassés dans les camps de concentration et les camps de travail attendent craintivement le dénouement, sous forme de délivrance ou d'apocalypse ; enfin, un homme solitaire, apparemment inconscient du danger, s'efforce de soustraire le plus de gens possible au naufrage qui s'annonce…

En six ans, il en a sauvé des centaines ; à présent, il s'agit de centaines de milliers ! Mais on peut devenir grossiste tout en restant détaillant : durant ses quinze séances de traitement en mars 1945, il soumet sans cesse au Reichsführer de nouveaux noms d'individus à libérer : le comte von Bismarck, le peintre norvégien Reidar Aulie*, la princesse polonaise Zofia Sapieha**, la Suédoise Sara Uthaug, la comtesse française Tatiana Claret de Fleurieu***, le chef de la police d'Oslo Kristian Welhaven et son épouse, l'ancien président autrichien Karl Seitz, le comte Anton von Arco auf Valley, la Finlandaise Beatrice Ramsay épouse Borch, l'avocat norvégien Johann Hjort****, sa femme et ses six enfants, etc. *ad infinitum.*

Pourtant, c'est surtout le sort des juifs qui préoccupe Felix Kersten, car à l'évidence, ils sont les plus menacés. À la date du 14 mars, on trouve dans ses notes la mention suivante:

« J'ai soulevé aujourd'hui la question de la libération des juifs du camp de Bergen-Belsen [...] et j'ai demandé à Himmler d'y consentir. Je lui ai fait remarquer que le Congrès juif mondial y attachait une grande importance. [...] J'ai eu davantage de succès sur un autre aspect: Himmler s'est montré bien disposé envers la question d'un envoi de vivres et de médicaments aux camps de concentration; ils devaient être adressés en première instance à des individus nommément désignés, qu'ils soient juifs, néerlandais, norvégiens, danois, français, anglais, belges ou nord-américains. »

Le lendemain:

« J'ai saisi l'occasion pour proposer à Himmler le rassemblement de tous les juifs dans des camps spéciaux sous le contrôle de la Croix-Rouge, qui aurait également la responsabilité de les soigner et de les nourrir. »

Le surlendemain 16 mars:

---

* Ses tableaux n'ayant pas plu aux Allemands – notamment celui qui représentait l'invasion de la Norvège en avril 1940 –, il avait été enfermé dans le camp de Grini, près d'Oslo.

** Future grand-mère de la reine Mathilde de Belgique.

*** Agent de renseignement du réseau Castille, cette grande résistante avait été déportée à Ravensbrück en janvier 1944. Le général de Gaulle ayant demandé au gouvernement suédois d'intercéder pour obtenir sa libération, le roi Gustave V l'avait ajoutée à sa liste personnelle.

**** Un des premiers compagnons de Quisling, entré dans la Résistance après l'invasion allemande.

« J'ai encore discuté avec Himmler de la libération de certaines catégories de juifs, qui seraient autorisés à aller en Suède ou en Suisse. Nous avons examiné ensemble les listes de noms qui m'avaient été données. [...] J'ai eu l'impression qu'il était disposé à faire davantage de concessions. [...] J'ai profité de ce moment favorable pour parler à Himmler du traitement des juifs dans les camps de concentration. Il a rédigé en ma présence un ordre exprès interdisant toute cruauté envers les prisonniers juifs et interdisant leur mise à mort. »

Et le 17 mars :

« J'ai obtenu aujourd'hui l'assurance qu'il en laisserait partir 5 000, vers la Suède ou vers la Suisse. Notre discussion ayant été interrompue par un appel téléphonique urgent, j'en ai profité pour mettre Brandt au courant de l'état des concessions et pour lui demander s'il était possible, une fois le principe admis, d'augmenter le nombre de personnes libérables. Brandt a accepté et ajouté qu'avec du temps et de la discrétion, il ne devrait pas être difficile d'obtenir au moins le double[1]. »

Il y a là de quoi satisfaire ce joueur dans l'âme, qui cherche sans cesse à doubler la mise ; ce même jour, il note en effet :

« J'ai profité des bonnes dispositions d'Himmler pour lui soumettre un plan [...] visant à obtenir davantage de libérations. Mon idée était d'organiser une rencontre entre Himmler et le représentant du Congrès juif mondial. [...] Il a commencé par refuser catégoriquement :

— Je ne pourrais jamais recevoir un juif. Si le Führer devait l'apprendre, il me ferait fusiller sur-le-champ.

Je m'y attendais – toujours cette peur du Führer ; et pourtant, c'était un signe encourageant, car il n'avait pas semblé refuser pour son propre compte. J'en ai profité pour faire comme si lui-même avait déjà donné son assentiment, j'ai affirmé que sa position en tant que chef de la police allemande responsable des contrôles aux frontières lui donnerait toutes facilités pour préserver un secret complet au sujet des vols arrivant dans le pays et en repartant. S'il donnait les bonnes instructions, ni Goebbels, ni Bormann, ni Hitler n'en entendraient parler. [...]

J'ai proposé que les pourparlers se déroulent à Hartzwalde, et il choisirait lui-même les participants. Himmler a dit que seuls Brandt et Schellenberg entraient en ligne de compte. J'ai répondu que cela me convenait parfaitement et j'ai demandé si je pouvais informer Herr Storch, le représentant du Congrès juif mondial, qu'il était prêt à discuter personnellement de la situation. Il a hésité un moment, puis il a dit: "Oui, Herr Kersten, vous pouvez[2]." »

Le plus étonnant est que notre homme a plusieurs fers au feu; quatre jours plus tôt, il faisait également le siège du Reichsführer sur une autre question: «J'ai demandé à Himmler la libération des femmes françaises détenues dans le camp de Ravensbrück, qu'il m'avait déjà promise en décembre 1944. Je lui ai fait remarquer qu'il n'y avait plus aucune raison de les garder en détention, puisque la France n'étant plus sous occupation allemande, le motif de leur arrestation avait perdu toute signification. Je pensais que cette requête ne présenterait pas de difficultés, mais à ma surprise, Himmler n'était pas décidé à la satisfaire. Apparemment, certaines des prisonnières étaient détenues sur ordre supérieur et Himmler redoutait les complications. Après beaucoup d'atermoiements et quelques discussions orageuses, il a fini par accepter de relâcher 800 femmes françaises et de les laisser transporter jusqu'en Suède. En même temps, il a déclaré qu'il voulait en garder un certain nombre afin d'avoir encore barre sur la France. Apparemment, il va choisir des femmes dont la libération ne présente pas de danger. Je dois me mettre en rapport avec Brandt concernant les mesures à prendre pour assurer leur libération immédiate[3]. »

Ce n'est encore que la partie émergée de l'iceberg; car il y a aussi cet ordre fou de destruction de La Haye*, que Kersten est bien décidé à faire annuler. Dès le 14 mars, il repart à l'assaut: «J'ai eu encore un long entretien ce matin avec Himmler au

* Voir *supra*, p. 246-247.

sujet du sort réservé à La Haye, à Clingendael et au barrage*. Je lui ai exposé à nouveau mon point de vue, et l'ai conjuré au nom de l'humanité de ne pas exécuter l'ordre secret d'Hitler. Puis je suis allé droit au but et je lui ai demandé s'il n'était pas possible de donner un ordre direct aux autorités responsables, afin que rien ne saute. Il m'a répondu que la position militaire de l'Allemagne s'était détériorée à tel point que la priorité devait être donnée aux considérations militaires. Je lui ai fait remarquer [...] que l'explosion de Clingendael n'aurait pas le moindre effet sur le cours de la guerre, mais qu'il ne pouvait lui être indifférent que des milliers et des milliers d'hommes, de femmes et d'enfants soient anéantis; il ne pourrait répondre d'un tel crime devant l'Histoire. [...] Visiblement, Himmler hésitait; il semblait se demander s'il oserait annuler un ordre d'Hitler. [...] Je l'ai incité à écouter sa conscience et à suivre ses propres sentiments humanitaires. Je lui ai dit que j'aurais compris son attitude si de telles mesures avaient pu avoir le moindre effet sur le cours des événements, mais qu'en l'occurrence, elles étaient incompréhensibles. Petit à petit, j'ai eu l'impression de gagner du terrain. Enfin, Himmler a pris son crayon, il a écrit quelques lignes sur un morceau de papier, puis, ayant appelé Brandt, il a donné en ma présence l'ordre d'abandonner le cas échéant La Haye, Clingendael et le barrage sans destructions. Après quoi il s'est tourné vers moi et a dit: "Mais une chose est sûre, c'est que les Hollandais ne le méritent pas. Ils ont tout fait pour saper notre victoire sur le bolchevisme[4]." »

Conformément aux instructions du ministre Günther, Kersten évoque également le cas de la Norvège occupée, en faisant valoir qu'un baroud d'honneur dans ce pays ne pourrait qu'amener une intervention suédoise, ou l'invasion de toute la Scandinavie par l'Armée rouge. Himmler commence par lui citer les paroles du Führer: « Si nous perdons la guerre, l'ennemi ne trouvera en Norvège qu'un champ de ruines. Je le dois aux soldats allemands qui sont tombés là-bas », mais le

---

* Les Allemands prévoyaient également de faire sauter les digues.

20 mars, enfin, il promet de donner des ordres pour prévenir les hostilités et préparer une reddition. Bien entendu, cela ne dépend pas de lui, mais comme ses SS peuvent seuls pousser la Wehrmacht au combat dans la conjoncture du moment, une telle promesse n'est pas sans valeur.

Au milieu de tout cela, Kersten doit encore appuyer l'entreprise du comte Bernadotte, à qui Himmler a bien donné l'autorisation de regrouper les prisonniers scandinaves dans le camp de Neuengamme, mais non de les acheminer vers la Suède. Kersten, qui a rencontré le comte pour la première fois le 8 mars à l'ambassade de Suède, va être rapidement appelé à la rescousse, ainsi que le rapportera Jacobus Nieuwenhuis, toujours retranché à Hartzwalde: «À la mi-mars 1945*, M. Kersten était absent de Hartzwalde lorsqu'est arrivée une voiture arborant un drapeau suédois. […] Un officier en est descendu […], il s'est présenté sous le nom de comte Bernadotte et m'a demandé si M. Kersten était chez lui. J'ai répondu qu'il était en visite dans une propriété voisine, mais qu'il m'était possible de lui téléphoner – ce que j'ai fait. […] Le comte a ensuite pris l'appareil et je l'ai entendu solliciter l'aide de Kersten pour une vingtaine de Français, Norvégiens et Polonais. Bernadotte disait qu'il n'avançait pas, que Kaltenbrunner lui mettait des bâtons dans les roues et qu'il n'avait plus accès à Himmler. Il a demandé à Kersten s'il pouvait porter l'affaire devant Himmler. M. Kersten est revenu au bout d'une demi-heure. Je n'ai pas assisté à leur entretien, mais après le départ de Bernadotte, M. Kersten est retourné chez Himmler, et le lendemain soir, il m'a dit que les personnes en question étaient libres[5].»

Ce que confirmera Kersten, en ajoutant: «Bernadotte m'a également demandé de lui ménager une nouvelle entrevue avec Himmler. Ce dernier a accédé à ma demande, et c'est ce qui s'est produit[6].» Seize jours plus tard, tout de même… car

* Le 17 mars exactement.

l'opération de secours suédoise qui vient de démarrer se heurte à d'innombrables obstacles, que le comte va s'efforcer d'aplanir en négociant avec Kaltenbrunner et Schellenberg. Les quelque 300 hommes et femmes de la Croix-Rouge suédoise* sont bien arrivés à Friedrichsruh à bord de leurs « bus blancs** » le 12 mars, et ils ont pu commencer leur navette avec le camp de concentration de Sachsenhausen trois jours plus tard. Mais ils n'ont pas eu accès au camp de Neuengamme lui-même, où ils doivent pourtant déposer tous les prisonniers scandinaves libérés ; en fait, ils ne savent à peu près rien de ce camp « de seconde catégorie*** », sinon qu'il a un des taux de mortalité les plus élevés d'Allemagne… C'est ainsi qu'au cours des deux semaines suivantes, les courageux équipages des bus blancs vont aller chercher des prisonniers jusqu'à Dachau et Mauthausen, pour les amener dans un camp peut-être plus terrifiant encore que celui qu'ils laissent derrière eux****. Du reste, le Standartenführer Max Pauly, commandant du camp de Neuengamme, dépend directement de « Gestapo Müller » et ne fait absolument rien pour faciliter la tâche du comte Bernadotte*****.

Pourtant, quelle que soit l'atrocité des conditions régnant dans les camps de toutes catégories, il semble bien que le Reichsführer ait tenu la parole donnée à Kersten le 12 mars ;

---

* En dehors d'une trentaine d'infirmières et de médecins de la Croix-Rouge, tout le reste du personnel est composé de militaires suédois qui se sont déclarés volontaires ; ils ne porteront que des insignes de la Croix-Rouge.

** Les Britanniques ont insisté pour que les 36 bus soient peints en blanc, afin d'être reconnus par les chasseurs alliés. Il n'y en aura pas moins un incident tragique avant la fin du mois d'avril.

*** La plus sévère, après celle des camps d'extermination. À la fin de la guerre, on estimera que 52 000 des 87 000 prisonniers de Neuengamme y sont décédés.

**** Leur moral s'en ressentira, à tel point que la moitié des membres du personnel rentrera en Suède au début d'avril. Ils seront remplacés par des volontaires danois.

***** Jugé par les Britanniques pour crimes de guerre en mars 1946, Pauly sera pendu six mois plus tard.

l'Obergruppenführer Oswald Pohl* pourra ainsi déclarer à Nuremberg : « C'est en mars 1945 que j'ai vu Himmler pour la dernière fois. [...] À cette occasion, il m'a donné l'ordre d'aller voir tous les commandants de camps de concentration pour leur dire de ne plus toucher aux juifs. [...] J'ai rendu visite aux commandants des neuf camps de concentration suivants : Neuengamme, Oranienbourg [Sachsenhausen], Gross-Rosen, Auschwitz**, Flossenbürg, Buchenwald, Dachau, Mauthausen et Bergen-Belsen***[7]. » Version analogue de l'ancien commandant d'Auschwitz Rudolf Höss, qui a accompagné Pohl dans cinq de ces visites : « [Pohl] devait amener personnellement aux commandants de camps l'ordre de ne plus tuer de juifs et de faire tout ce qui était possible pour abaisser le taux de mortalité des prisonniers[8]. » Il y a aussi ce rapport d'un prisonnier de Buchenwald, Otto Kiep : « En mars 1945, nous avons reçu une lettre de la direction SS ordonnant que les malades soient mieux traités. [...] La lettre comportait également une interdiction de fusiller les prisonniers, et à partir de ce jour, il n'y a plus eu d'injections létales. La lettre spécifiait aussi que dorénavant, les juifs devaient être mieux traités, à parité avec les prisonniers de guerre soviétiques » – avec cette confirmation de son Blockältester****, Louis Gimnich : « En mars 1945, la direction centrale de la SS a ordonné qu'un meilleur traitement soit réservé aux prisonniers malades, et a critiqué le taux de mortalité, jugé trop élevé – un revirement complet par rapport à l'ordre de janvier 1945[9]. » Bien entendu, ceux qui reçoivent ces instructions sont très loin d'en soupçonner l'origine...

En tout cas, l'homme qui a ordonné un revirement aussi radical est en passe de se départir de sa plus récente fonction ; comme le plus grand désordre semble régner à son QG, le chef d'état-major Heinz Guderian décide de s'y rendre : « Arrivé au

---

* Voir *supra*, p. 56 et 157-158.

** C'est exclu : Auschwitz a été libéré par l'armée soviétique le 27 janvier.

*** On remarquera que Ravensbrück, pourtant à proximité immédiate de Hohenlychen, n'est pas mentionné.

**** Chef de bloc.

quartier général d'Himmler près de Prenzlau, [...] j'ai demandé où se trouvait le Reichsführer. On m'a répondu qu'il avait la grippe et était en traitement [...] au sanatorium de Hohenlychen. J'y suis allé aussitôt, et j'y ai trouvé un Himmler apparemment en excellente forme.» Guderian fait remarquer très diplomatiquement au grand maître de l'Ordre noir qu'en raison de ses nombreuses fonctions de Reichsführer SS, dirigeant de la police allemande, ministre de l'Intérieur et chef de l'armée de réserve, il ne peut sans doute pas se consacrer entièrement au commandement d'une formation militaire majeure: «Je lui ai donc proposé de renoncer à la direction du groupe d'armées pour se consacrer pleinement à ses autres fonctions[10].»

Himmler, qui a perdu beaucoup de sa superbe et tremble toujours devant Hitler, répond qu'il «ne peut aller annoncer une chose pareille au Führer», mais Guderian offre de le faire à sa place, et Himmler accepte avec soulagement. Commentaire fort perspicace du chef d'état-major: «Il était totalement irresponsable de sa part de vouloir exercer une telle fonction; et de la part d'Hitler, il était tout aussi irresponsable de la lui confier.» Le soir même, en tout cas, Guderian propose à Hitler de le remplacer à la tête du groupe d'armées Vistule par le général Heinrici, commandant de la 1re armée blindée dans les Carpates: «Hitler n'y tenait pas du tout, mais après avoir beaucoup grogné, il a fini par accepter. Heinrici a donc été nommé le 20 mars[11].»

C'est un excellent officier, mais il ne peut faire de miracles: les Soviétiques, repoussant toutes les contre-attaques, resserrent inexorablement leur étreinte en Poméranie, en Prusse orientale et en haute Silésie. Comme toujours, Hitler s'en prend aux commandants d'armées sur le terrain – en l'occurrence au général Busse, accusé de n'avoir pas su mener la contre-attaque visant à dégager Küstrin et de vouloir faire retraite vers l'ouest. Mais Guderian n'ayant pas la servilité de ses prédécesseurs, il défend énergiquement Busse et une violente dispute s'ensuit, avec des résultats prévisibles: le 28 mars, Guderian est limogé «pour raisons de santé». Son successeur au poste de chef d'état-major sera le général Hans Krebs, qui est jeune, intelligent, diplomate, très professionnel et sans la moindre illusion; en prenant ses nouvelles fonctions, il confie à son aide de camp: «La guerre sera terminée dans quatre semaines[12].»

Au vu de la situation sur le terrain, ce pronostic semble raisonnable: ayant franchi le Rhin à la mi-mars, 85 divisions anglo-américano-canadiennes se sont déployées en éventail entre Mayence et Wesel, et dès la fin du mois, on voit se dérouler à l'Ouest une nouvelle version de la guerre éclair; les Américains s'emparent de Mannheim, Francfort-sur-le-Main, Fulda et Cassel, les Canadiens occupent Arnhem et progressent méthodiquement vers le nord des Pays-Bas, et les Britanniques percent en direction de Bochum, d'où ils vont encercler le bassin de la Ruhr par le nord – conjointement avec la Ire armée américaine venue du sud. Comme toujours, Hitler interdit toute retraite et ordonne une résistance à outrance dans la «forteresse de la Ruhr», condamnant ainsi l'ensemble de son groupe d'armées à la destruction ou à la captivité*.

Est-ce l'allégement de ses fonctions, ou bien l'effet des quinze jours de soins assidus? Toujours est-il que le Reichsführer se sent tout à fait guéri, et Kersten peut reprendre le chemin de Stockholm au matin du 21 mars. À son départ, on lui remet une lettre d'Himmler qui commence ainsi**:

«Je vous prie d'abord d'accepter mes remerciements pour votre visite. Comme toujours, je me suis réjoui que vous soyez venu en vieil ami pour me faire profiter de votre grand talent de médecin. Pendant de longues années, nous nous sommes entretenus de bien des problèmes, et votre attitude a toujours été celle du docteur qui, éloigné de toute politique,

---

* Il y aura là 340 000 prisonniers – trois fois plus qu'à Stalingrad.

** C'est dans cette même lettre que Himmler lui annonce le «détournement» vers la Suisse, en février, des 2 700 juifs destinés à Auschwitz. Voir *supra*, p. 233.

veut toujours le bien de l'individu et de l'humanité dans son ensemble[13]. »

L'« éloignement de toute politique » est nécessairement très relatif : que Kersten le veuille ou non, c'est la politique qui persiste à se rapprocher de lui… Au moment où il rentre à Stockholm, l'ambassadeur Richert écrit à Eric von Post, au ministère des Affaires étrangères :

« Kersten a informé Bernadotte et Brandel […] que la "liste des juifs" était prête, que les prisonniers suédois seraient relâchés – à l'exception de ceux qui sont condamnés à mort, pour lesquels Himmler ne peut encore prendre de décision ferme –, et que la plupart des cas spéciaux ont été réglés. Il faut maintenant espérer que les promesses faites à Kersten seront honorées pendant qu'il en est encore temps. […] Kersten semble être également intervenu au bénéfice d'autres juifs que ceux portés sur notre liste, avec, pense-t-il, de bons résultats[14]. »

Et Richert ajoute :

« En ce qui concerne les internés danois et norvégiens, Kersten a insisté pour qu'ils soient transportés de Neuengamme jusqu'en Suède […]. Himmler semble avoir été convaincu, mais la mise en pratique nécessite une collaboration de la part de tierces personnes[15]. »

On devine qu'il s'agit de Kaltenbrunner et de « Gestapo Müller », et que cette collaboration est loin d'être acquise ; c'est même pourquoi le comte Bernadotte ne progresse guère dans ses tentatives de négociations et rentre également en Suède le 22 mars. En fait, comme tous les officiels de la Croix-Rouge suédoise, il n'a toujours pas obtenu la permission de visiter le camp de Neuengamme, vers lequel ses bus blancs continuent d'acheminer les prisonniers scandinaves libérés des autres camps. Quant à les amener en Suède, c'est une perspective encore plus lointaine : on sait que Himmler a refusé tout net lors de son entretien du 19 février avec le comte, et depuis lors, rien n'a changé à cet égard.

Der Reichsführer-SS

(1) Berlin SW 11, den 21. März 1945.
Prinz-Albrecht-Straße 8

Feld-Kommandostelle

Lieber Herr K e r s t e n !

Sie schrieben mir vor einiger Zeit einen Brief, in dem Sie sich im Namen schwedischer Freunde für das Schicksal des früheren Bundeskanzlers S e i t z verwendeten. Durch die viele Arbeit der vergangenen Wochen kam ich nicht dazu, Ihnen früher zu antworten. Der frühere Bundeskanzler Seitz hat sich leider trotz seiner 75 Jahre in sehr unglücklicher Form in Dinge eingemischt, die ihn praktisch bei exakter juristischer Erfassung des Tatbestandes vor den Volksgerichtshof gebracht hätten. Ich habe trotzdem bereits vor einigen Wochen verfügt, dass Herr Seitz in Anbetracht seines Alters aus der Haft entlassen wurde. Die Behörde war ihm auch behilflich beim Auffinden einer Privatwohnung. Er befindet sich in einem kleinen thüringischen Städtchen, das ich Ihnen noch bekanntgebe. Eine Ausreise nach Schweden kann ich verständlicherweise, da es sich bei Herrn Seitz um einen deutschen Staatsangehörigen handelt, nicht genehmigen. Es besteht jedoch derzeit die Möglichkeit, dass Herr Seitz in seinem neuen Aufenthaltsort private Besuche empfängt.

Mit vielen Grüssen

Ihr
H. Himmler

Lettre de Himmler à Kersten en date du 21 mars 1945, l'informant de la libération de l'ancien chancelier autrichien Karl Seitz.

Der Reichsführer-SS

(1) Berlin SW 11, den 19. April 1945
Prinz-Albrecht-Straße 8

Herrn
Medizinalrat Felix K e r s t e n
S t o c k h o l m
Linnégatan 8

Sehr geehrter, lieber Herr Kersten !

Der Reichsführer-SS hat angeordnet, dass an die jüdischen Häftlinge in den deutschen Lagern Liebesgabenpakete sowie Medikamente geschickt werden dürfen. Die Versendung müsste am besten über das Internationale Rote Kreuz vorgenommen werden.

Ich bitte Sie, sich mit der zuständigen schwedischen Roten-Kreuz-Stelle in Verbindung zu setzen, damit von dort aus alles Notwendige veranlasst werden kann.

Mit freundlichen Grüssen

Ihr ergebener

R. Brandt

Feldkommandostelle Reichsführer-SS

Rudolf Brandt à Kersten, 19 avril 1945 :

« Le Reichsführer SS a ordonné qu'il soit permis aux prisonniers juifs dans les camps allemands de recevoir des colis et des médicaments. La Croix-Rouge internationale devrait de préférence se charger de l'expédition. Je vous prie de vous mettre en relation à ce sujet avec les instances responsables de la Croix-Rouge suédoise, afin qu'elle initie toutes les démarches nécessaires. »

Dès le lendemain de son arrivée à Stockholm, Kersten fait son rapport au ministre des Affaires étrangères Günther, qui ne cache pas sa stupéfaction :

« — Je n'en reviens pas que vous ayez pu obtenir la coopération d'Himmler sur tous les points. Avoir réussi à le convaincre de ne pas faire sauter les camps de concentration, c'est un exploit historique. Combien pensez-vous qu'il y ait de gens dans les camps, monsieur Kersten ?

— On dit qu'il y en a environ 800 000*. »

Kersten soulève alors un problème de taille : le comte Bernadotte lui avait fait savoir le 8 mars que sa mission consistait à accepter uniquement dans ses bus blancs les prisonniers scandinaves libérés ; or, lui, Kersten, avait obtenu d'Himmler la promesse de libérer également des Hollandais, des Belges, des Français et des juifs, à condition que les bus blancs se chargent de leur transport. Il s'inquiète particulièrement pour les juives de Ravensbrück, et demande à Günther de donner des instructions au comte pour que tous les prisonniers libérés sans exception puissent être transportés à Neuengamme dans un premier temps, et en Suède dès que possible**. Après tout, le ministre Günther ne lui a-t-il pas promis quatre mois plus tôt d'accueillir en Suède tous les prisonniers libérés ? Kersten ajoute que le temps presse, car il a pu constater que l'état de la circulation routière en Allemagne du Nord était de plus en plus chaotique. Günther demande alors :

« — Combien de prisonniers pensez-vous pouvoir faire libérer ?

— Entre 20 000 et 25 000, dont environ 5 000 à 6 000 juifs. Le chiffre que m'a concédé Himmler est un peu plus bas, mais le général Schellenberg et le docteur Brandt m'ont promis de le faire revoir à la hausse au moment où les prisonniers quitteront les camps. »

---

* Kersten ne peut connaître le chiffre exact ; mais on sait qu'Himmler ne le connaît pas non plus.

** Et d'en informer le colonel Björk, qui est responsable du déroulement effectif des opérations de convoyage.

Günther remercie avec effusion Kersten de ses efforts et l'assure que tous ceux qu'il pourra faire libérer seront les bienvenus en Suède. […] Il ajoute qu'il vient d'être informé du fait que Kaltenbrunner s'était montré "extrêmement désagréable" et s'efforçait d'empêcher l'action de sauvetage. Il demande si Kersten est prêt à retourner en Allemagne pour faire intervenir Himmler au cas où cette situation se prolongerait, à quoi Kersten répond qu'il est tout disposé à se rendre à Berlin en cas de grandes difficultés. Günther admet qu'il serait important que Himmler rencontre Storch, mais avoue qu'il ne pense pas que le Reichsführer accepterait de recevoir un juif – et encore moins de négocier avec lui. […] C'est que, depuis des années, des juifs ont essayé de contacter les représentants des autorités nazies, et ils ont toujours échoué. Mais Kersten répond qu'à son avis, il doit être possible de faire se rencontrer Storch et Himmler. Sur quoi Günther s'exclame :

— Là, ce serait la huitième merveille du monde[16] ! »

Deux jours plus tard, Kersten écrit à Storch pour l'informer du résultat de ses pourparlers avec Himmler : les perspectives de libération pour certaines catégories de prisonniers juifs ; la possibilité d'envoyer des colis de vivres aux autres, même en l'absence de noms précis ; la probabilité que les envois des médicaments seront également acceptés ; l'acceptation de principe par Himmler de regrouper les juifs dans des camps spéciaux, où les soins et les approvisionnements seront assurés par la Croix-Rouge ; la promesse du Reichsführer d'interdire dorénavant les sévices contre les juifs et leur mise à mort. Kersten ajoute toutefois une réserve : « Vous comprendrez que je ne puisse me porter garant de la mise en œuvre effective de toutes ces mesures » – ainsi qu'une mise en garde : « La libération éventuelle de juifs, de même que les améliorations déjà mises en train, seraient immédiatement suspendues si la presse mondiale devait en faire état et si cela était représenté comme une preuve de faiblesse de la part de l'Allemagne. » Et Kersten de conclure : « Je dois enfin vous dire que, sur ma proposition, le Reichsführer SS Himmler serait prêt à négocier avec vous au sujet des questions en suspens[17]. »

C'est évidemment beaucoup demander à un représentant du Congrès juif mondial, mais Storch se déclare prêt à tenter l'aventure ; toutefois, il a des préoccupations plus immédiates : le 31 mars, il écrit à Kersten que selon ses informations, de nouveaux gardes ont été envoyés dans les camps de concentration, avec des ordres pour le moins inquiétants[18]. Kersten lui répond que Himmler a toujours tenu les promesses qu'il consentait à faire, mais à mesure que les Alliés approchent de Theresienstadt, Buchenwald et Bergen-Belsen, Storch est de moins en moins rassuré. Le 7 avril, enfin, il est informé que le lendemain, à six heures du matin, des SS hongrois feront sauter le camp de Bergen-Belsen sur ordre de Kaltenbrunner. Storch se précipite chez Kersten, qui appelle aussitôt Brandt en sa présence ; ce dernier lui confirme que Himmler s'est engagé à livrer les camps de concentration intacts, et il promet d'obtenir du Reichsführer que l'ordre de Kaltenbrunner soit annulé[19] – ce qui se produira effectivement*.

En ce début d'avril 1945, l'activité humanitaire de Kersten est loin de se borner à cela – à tel point même que l'on se demande où il trouve le temps de soigner ses patients : il y a sans cesse de nouveaux prisonniers qu'il cherche à faire libérer, et des renseignements obtenus grâce à Brandt et à Schellenberg qu'il lui faut exploiter sans tarder ; c'est ainsi qu'il apprend qu'Ottokar von Knieriem, le directeur de la Dresdner Bank pour la Scandinavie, doit être arrêté par la Gestapo dès son retour en Allemagne, et qu'il en est de même pour Ernst Hepp, l'attaché de presse de la légation allemande à Stockholm. Dûment prévenus, ces deux hommes resteront donc en Suède.

---

* Et Bergen-Belsen sera libéré par les troupes britanniques une semaine plus tard.

Il y a aussi Jacobus Nieuwenhuis, le fidèle agent caché à Hartzwalde depuis six mois, et que son ancien employeur n'a pas oublié : « Kersten, racontera-t-il après la guerre, a réussi à obtenir un sauf-conduit suédois pour mon épouse et pour moi. Il nous a également procuré un visa de sortie d'Allemagne, [...] ce qui lui a coûté 10 000 marks et deux kilos de café ; il n'a pas trouvé cela trop cher : les marks ne valaient rien et le café était bon marché en Suède[20]... »

Grâce à quoi Nieuwenhuis peut débarquer à Stockholm avec sa femme le 3 avril 1945 – et raconter la suite : « M. Kersten m'a dit : "Va chez Knulst*, il te remettra une liste de personnes, des Néerlandais, que je vais tenter de faire libérer par Himmler." C'est ainsi que j'ai obtenu une liste de 94 personnes, tous des juifs néerlandais, hommes et femmes, des noms connus, certains très connus même – à l'époque en tout cas. J'ai remis cette liste à M. Kersten, qui a été très déçu que la liste soit aussi courte. [...] Il l'a allongée lui-même en y ajoutant des noms, et tous ces gens ont été libérés. [...] Je me suis souvent rendu chez le docteur Kersten, et je l'ai fréquemment trouvé en conversation téléphonique avec le ministre Günther. Ils parlaient invariablement de la libération de détenus en Allemagne, et de la question de savoir si le comte Bernadotte avait reçu des instructions concernant le transport [de personnes libérées][21]. »

C'est en effet de cela qu'il s'agit, car dans l'affaire des bus blancs, Kersten est engagé sur deux fronts à la fois : d'une part, il doit presser Brandt et Schellenberg de faire lever les obstacles qu'opposent Kaltenbrunner et « Gestapo Müller » à l'action de sauvetage des prisonniers scandinaves menée par le comte Bernadotte ; d'autre part, il doit agir sur les autorités suédoises pour qu'elles obligent ce même comte Bernadotte à faire transporter également dans ses bus des Hollandais, des Belges, des Français et des juifs libérés. À cet égard, il obtient

---

* Le chef des services de renseignement néerlandais à Stockholm. Voir *supra*, p. 235.

gain de cause le 27 mars, puisqu'un mémorandum du ministère suédois des Affaires étrangères modifie quelque peu la mission confiée au comte, en prévision de sa deuxième entrevue avec Himmler :

« En premier lieu, demander à nouveau son accord pour le transfert en Suède de tous les internés danois et norvégiens (Neuengamme). En deuxième lieu, 1° demander un accord pour l'accès du personnel de la Croix-Rouge suédoise à l'ensemble du camp de Neuengamme (près de 50 000 prisonniers) ; 2° mettre à disposition les bus de la Croix-Rouge suédoise pour le transport d'internés non scandinaves vers le camp de Neuengamme ou un autre camp adapté. Dans cette éventualité, les quelque 25 000 Françaises internées en Allemagne à la suite du retrait de France feront l'objet d'une attention prioritaire.

« Les mentions ci-dessus sont complétées aujourd'hui par une instruction à Bernadotte de demander le transfert en Suède d'un certain nombre de juifs – à condition qu'une telle action ne risque pas de s'avérer préjudiciable à la mission énoncée ci-dessus[22]. »

En vérité, le comte n'obtiendra lors de l'entrevue du 2 avril avec Himmler que des concessions minimales ; ayant enfin eu accès au camp de Neuengamme trois jours plus tôt, il a pu se rendre compte de l'état parfaitement lamentable des lieux – même dans la section « privilégiée » hâtivement constituée pour les prisonniers scandinaves. Il en fait part d'emblée à Himmler et en tire les conséquences : « J'ai réclamé une fois de plus que tous les prisonniers danois et norvégiens reçoivent la permission de se rendre en Suède. Himmler a répondu que personnellement, il se ferait un plaisir d'accéder à ma demande, mais que cela lui était parfaitement impossible. À l'évidence, Hitler était derrière tout cela[23]. » Bernadotte obtiendra tout de même une promesse de libération et de transfert en Suède des femmes et des invalides – progressivement et par petits groupes –, ainsi que d'une petite fraction des 461 étudiants norvégiens retenus à Neuengamme. « Après cela, ajoutera Bernadotte, je me suis soudain aperçu que j'avais été aspiré dans le vortex de la haute politique[24]. »

Qu'est-ce à dire ? Tout simplement que Schellenberg vient de l'enrôler dans sa campagne personnelle visant à persuader Himmler de négocier avec les Alliés occidentaux : « Schellenberg m'a raccompagné jusqu'à Berlin et m'a dit qu'après mon départ, Himmler avait continué à évoquer la question d'une capitulation face à l'Ouest, et que sans Hitler, il n'aurait pas hésité à me demander d'aller voir Eisenhower. Toutefois, il avait laissé entendre que la situation pourrait changer : la position d'Hitler était susceptible d'être affaiblie, et cela pourrait arriver à tout moment. Himmler avait dit à Schellenberg de me faire savoir que dans ce cas, il espérait que je me rendrais immédiatement au quartier général allié. Il a ajouté qu'Himmler se trouvait dans une position difficile, déchiré entre sa volonté de sauver l'Allemagne du chaos et sa loyauté envers le Führer[25]. »

Ce n'est pas vraiment nouveau : voilà près de trois ans qu'il est dans cet état d'esprit, et que Schellenberg, Kersten, Wulff, Popitz et Langbehn ont tenté successivement de le décider à agir. Mais à présent, Schellenberg estime que la situation militaire du Reich est telle qu'il n'y a plus guère de place pour la procrastination : « Au début d'avril, Himmler m'a convoqué à Wustrow*, et lors d'une promenade en forêt, il m'a dit soudain :

— Schellenberg, je crois qu'on ne peut plus rien faire avec Hitler. Est-il possible que de Crinis ait raison** ?

— En tout cas, ai-je répondu, tout porte à le croire, et il me semble que le moment est venu pour vous d'agir.

---

* Son nouveau quartier général, entre Berlin et Hambourg. L'entretien s'est déroulé le 13 avril.

** Le psychiatre et neurologue SS Max de Crinis avait décelé chez Hitler les symptômes d'une maladie de Parkinson avancée.

« Il est resté silencieux. Je lui ai rappelé le plan de Kersten consistant à lui faire rencontrer prochainement en Allemagne Hillel Storch, le représentant du Congrès juif mondial, pour qu'ils puissent s'entretenir de la question juive. Là-dessus aussi, Himmler n'arrivait pas à donner une réponse claire. [...] À l'évidence, recevoir un juif était pour lui un pas difficile à franchir ; il pensait que cela provoquerait une rupture définitive avec Hitler. [...] Il craignait aussi que Kaltenbrunner l'apprenne et en informe immédiatement Hitler. Je l'ai rassuré en lui faisant remarquer que Kaltenbrunner devant se rendre en Autriche, il ne risquait pas de l'apprendre ; en outre, l'entretien pouvait se dérouler dans la maison de Kersten. Après avoir beaucoup hésité, il a accepté[26]. »

Mais Schellenberg va avoir une nouvelle surprise : « Soudain, il a commencé à évoquer la façon dont les choses se passeraient dès qu'il aurait pris le pouvoir en tant que successeur d'Hitler. Mais il ne pouvait pas faire emprisonner Hitler ou même le faire éliminer, sinon toute la machinerie militaire serait paralysée. Je lui ai expliqué qu'il n'y avait que deux possibilités – soit il allait voir Hitler et il le forçait à abdiquer, soit il l'éliminait par la force.

— Dans le premier cas, il aurait un accès de rage et m'abattrait de sa propre main.

J'ai objecté qu'il avait suffisamment d'officiers supérieurs SS pour s'en protéger, et que d'ailleurs, il avait une position assez forte pour faire emprisonner Hitler[27]. »

Il est étonnant qu'après tant de vaines arguties, Schellenberg ait encore des illusions sur la possibilité de transformer Himmler en putschiste. Pourtant, cette conversation va laisser des traces, ainsi qu'en témoignera l'astrologue Wilhelm Wulff, qui est convoqué de toute urgence à Hartzwalde le 13 avril ; parvenu à destination le surlendemain seulement en raison de l'état chaotique des routes, il va se retrouver au centre d'un véritable maelström : « Au petit matin du 15 avril, nous sommes arrivés à Hartzwalde, où la régisseuse* m'a annoncé d'emblée que je devais me préparer pour un grand entretien réclamé par Herr Schellenberg. En outre, un pli secret m'a été remis : les questions posées par Schellenberg et Himmler concernaient le voyage de Bernadotte et les éventuelles négociations avec Churchill, Eisenhower ou Montgomery, dont j'avais déjà établi les horoscopes. [...] Vers 10 h., Schellenberg et le docteur Rudolf Brandt sont arrivés, et ce dernier m'a remis une liste de personnalités national-socialistes pouvant être proposées pour la constitution d'un nouveau gouvernement :

— le Reichsleiter Martin Bormann, né le 17.6.1900 à Halberstadt

— le Reichsminister et professeur Albert Speer, né le 19.3.1905 à Mannheim

— le Reichsminister Dr Arthur Seyss-Inquart, né le 22.7.1892 à Stannern bei Iglau

— le Reichsminister comte Schwerin von Krosigk, né le 22.8.1887 à Rathmannsdorf

— le Generalfeldmarschall Ferdinand Schörner, né le 12.6.1892 à Munich[28]. »

Quoi qu'en diront les astres, on pourrait difficilement imaginer un gouvernement plus baroque que celui-là – même au service d'un chef d'État aussi improbable que Heinrich Himmler. Pourtant, notre astrologue n'a guère le loisir de méditer sur les failles de ce processus constitutionnel hautement hypothétique, car ses maîtres sont exigeants – et surtout très pressés : « Le travail astrologique était très fatigant, et constamment interrompu par des appels du poste de commandement et du quartier général. »

Mais l'infortuné Wilhelm Wulff est loin d'être au bout de ses peines, car le 18 avril, il apprend que les chefs SS, à commencer par Himmler et Schellenberg, veulent aller se réfugier dans le sud de l'Allemagne : « Il s'agissait de ce que l'on a appelé le

---

* Manifestement Elisabeth Lüben.

"plan Obersalzberg*". Himmler voulait se retrouver au voisinage de l'armée du général Schörner, qui était encore intacte, et je devais être du transfert. [...] Pour l'heure, il me fallait étudier ce plan de percée vers le sud du point de vue astrologique – un travail qui me prenait encore davantage de temps. » On ne peut que compatir avec l'homme de l'art, d'autant que ce même jour, une autre nouvelle vient encore perturber son labeur astral : « Felix Kersten a fait savoir par téléphone depuis Stockholm qu'il arrivait avec le président Hillel Storch[29]. »

Nous y voilà ! Cette rencontre, dont Kersten attend beaucoup, est censée amener le Reichsführer à s'engager fermement et irrévocablement pour le salut des juifs survivants, en acceptant de les libérer tous – ou du moins de les confier aux soins de la Croix-Rouge, au moment où les camps n'étant plus guère approvisionnés, la famine menace leurs organismes terriblement affaiblis. En Allemagne, on sait que Schellenberg a pu vaincre les dernières réticences d'Himmler devant ce projet d'entrevue, et il a fait mettre à la disposition de Kersten et de son compagnon un avion pour le 19 avril. En Suède, les difficultés n'ont pas été moindres : le Congrès juif mondial a d'abord reculé devant l'apparente incongruité d'un projet visant à faire dialoguer un de ses représentants avec le bourreau le plus notoire du peuple juif ; ensuite, il a estimé que Hillel Storch n'était pas le mieux qualifié pour réussir une telle mission : « Tempérament chaud, trop susceptible de s'emporter » ; et, lorsque le Congrès juif a cédé, c'est le ministère des Affaires étrangères suédois qui a refusé de fournir un passeport à Storch**. Mais Kersten est parvenu à y remédier, en

* C'est toujours le mirage de l'*Alpenfestung*, la « forteresse alpine » – un concept en grande partie chimérique : l'extrémité sud-ouest des Alpes bavaroises, face à la Suisse, a bien été dotée de quelques ouvrages défensifs et de garnisons SS, mais les versants nord et nord-est ne sont pas fortifiés, il n'y a aucun dépôt de vivres, d'armements et de munitions, pas la moindre industrie et aucune troupe de montagne pour défendre l'ensemble.

** Christian Günther semble avoir craint que Hillel Storch, connu comme réfugié apatride, ne desserve plutôt la cause s'il présentait aux Allemands un

obtenant un sésame sans égal dans toute l'Allemagne nazie: «Prière de laisser passer la frontière à M. le Medizinalrat Felix Kersten et à l'homme qui voyage en sa compagnie, sans réclamer leurs papiers d'identité. Signé: Schellenberg, SS Brigadeführer, général de brigade de la Waffen SS et de la police[30].»

Tout a donc été prévu – à un détail près, comme le rapportera le chef de la section juridique du ministère des Affaires étrangères Gösta Engzell: « À dix heures au matin du 19 avril, Felix Kersten est entré en trombe dans mon bureau. Il était complètement bouleversé et m'a dit que Storch venait de lui annoncer au téléphone qu'il ne voulait plus partir. Je vois encore Kersten planté devant moi, vêtu d'un costume de sport, me dire: "L'avion est là et nous attend. Il part à midi[31] !" »

Que s'est-il passé ? Tout simplement que l'épouse de Hillel Storch, Anja, ayant évalué froidement les chances de survie d'un juif letton sans passeport rencontrant le chef de la Gestapo dans une Allemagne nazie devenue théâtre de guerre, a fait à son époux une scène épouvantable au cours de la nuit… et Storch a fini par céder[32]. Que faire? Engzell conseille à Kersten de contacter le bras droit de Storch, Norbert Masur; cet homme d'affaires juif suédois d'origine allemande est considéré comme «un diplomate-né, d'humeur égale, faisant forte impression sans être pompeux ni créer des turbulences dans son sillage[33]». À l'évidence, Masur est aussi un homme courageux, puisqu'il accepte d'être embarqué au pied levé dans une aventure aussi suicidaire. Mais Kersten reste préoccupé: le Reichsführer ne va-t-il pas prendre prétexte de cette substitution de dernière heure pour annuler l'entrevue ?

passeport suédois de complaisance. Mais Günther a surtout cédé aux pressions des diplomates américains et britanniques, qui estimaient que Storch n'était pas qualifié pour la tâche – et s'opposaient plus généralement à tout contact avec Himmler.

Der Chef der Sicherheitspolizei und des SD

Amtschef VI

Bitte in der Antwort vorstehendes Geschäftszeichen u. Datum anzugeben

Berlin SW 11, den 19. April 1945.
Prinz-Albrecht-Straße 8
Fernsprecher 12 00 40

Geheime Reichssache

Bescheinigung:

Es wird gebeten, Herrn Medizinalrat Felix K e r s t e n und den in seiner Begleitung reisenden Herr~~e~~n ohne Vorzeigung der Ausweispapiere die Grenze passieren zu lassen.

In Vertretung:
Schellenberg

SS-Brigadeführer, Generalmajor der Waffen-SS und Polizei

f.d.Richtigkeit:
Brandt
Standartenführer.

Le chef du Sipo et du SD, section VI., Berlin, 19 avril 1945.

ATTESTATION

Prière de laisser passer la frontière à M. le Medizinalrat Felix Kersten et à l'homme qui voyage en sa compagnie, sans réclamer leurs papiers d'identité.

Par délégation :
Signé Schellenberg,

SS Brigadeführer, général de brigade de la Waffen SS et de la police

En fait, il aurait une raison bien plus sérieuse de s'inquiéter, car depuis le 16 avril, le front de l'Est s'est embrasé à nouveau: tout le long de l'Oder et de la Neisse, vingt-deux armées soviétiques sont passées à l'offensive; au nord, le IIe front biélorusse de Rokossovski enfonce presque aussitôt la première ligne de défense allemande près de Stettin; au centre, le Ier front biélorusse de Joukov attaque Seelow et Prötzel, pour aborder la capitale par le nord-est; plus au sud, le Ier front ukrainien de Koniev investit Cottbus, avant de remonter vers le nord-ouest en direction de Potsdam et de Berlin. Surtout, les Soviétiques cherchent à gagner l'Elbe, afin d'isoler Berlin et de couper l'Allemagne en deux; ils en ont les moyens: 2 millions d'hommes, 6 250 chars, 42 000 canons, 7 500 avions. Les groupes d'armées Vistule de Heinrici et Centre de Schörner n'ont à leur opposer que des débris de divisions à court d'essence, pratiquement dépourvues d'artillerie comme de couverture aérienne, et menacées sur leurs arrières par les armées anglo-américaines. Dans ces conditions, les Soviétiques peuvent être à Berlin en quelques jours, et contrôler plus rapidement encore toute la région au nord de la capitale – comprenant bien sûr le domaine de Hartzwalde…

Dès lors, on comprend bien pourquoi il faut à Kersten un courage certain et une motivation supérieure pour retourner dans la gueule du loup; si les Soviétiques capturent le médecin d'Himmler, Finlandais d'origine estonienne et ancien officier d'une armée antibolchevique, jamais plus personne n'entendra parler de lui. Pourtant, il est bien au rendez-vous sur l'aéroport de Bromma en ce début d'après-midi, pour embarquer dans l'avion allemand qui va traverser une mer Baltique survolée de jour comme de nuit par les chasseurs russes, anglais et américains. Et Norbert Masur entamera ainsi le récit d'un périple dont il ne s'attend pas à revenir: « À 14 h. dans l'après-midi du 19 avril, l'avion allemand frappé de la croix gammée a décollé de Bromma, avec Kersten et moi pour uniques passagers[34]. »

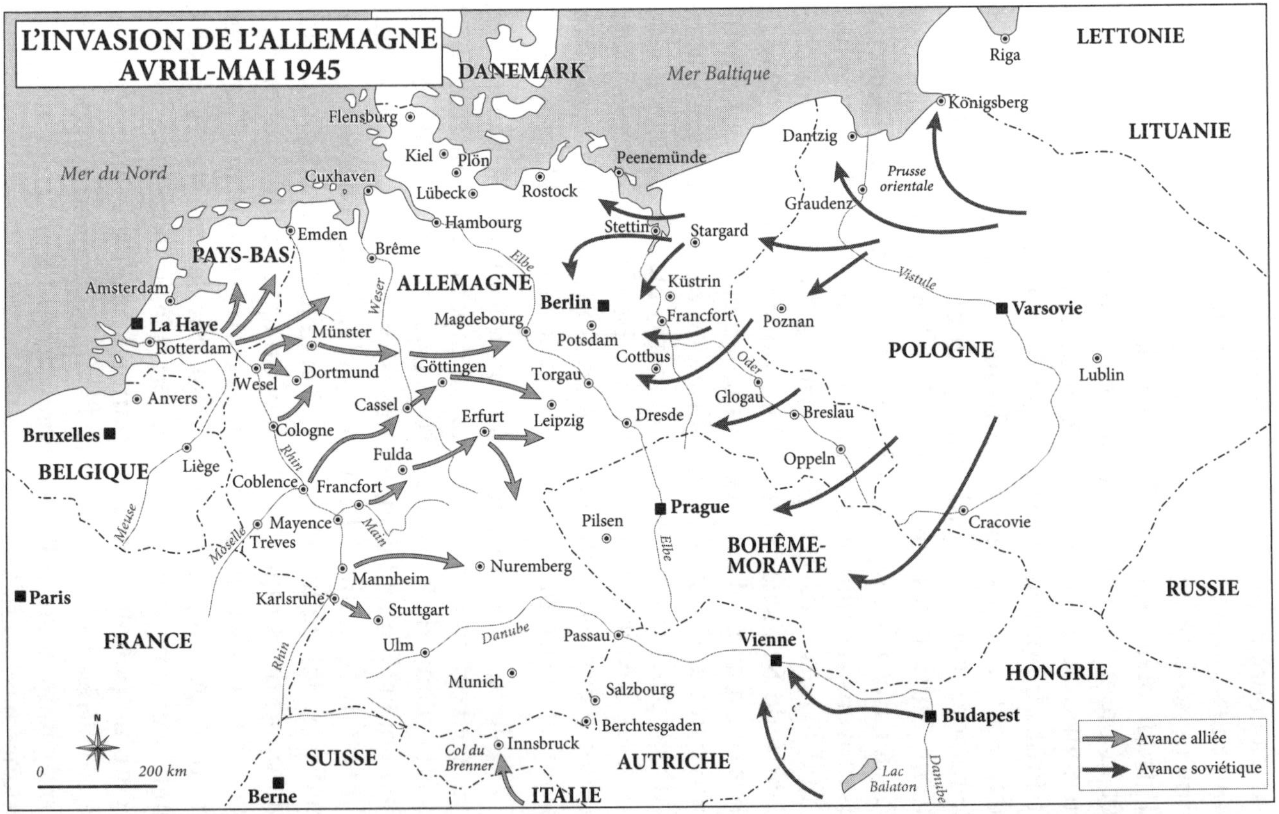
L'INVASION DE L'ALLEMAGNE
AVRIL-MAI 1945
DANEMARK
Mer Baltique
Mer du Nord
LETTONIE
LITUANIE
Riga
Königsberg
Dantzig
Prusse orientale
Graudenz
Flensburg
Kiel
Plön
Lübeck
Rostock
Peenemünde
Cuxhaven
Hambourg
Emden
Brême
Stettin
Stargard
PAYS-BAS
ALLEMAGNE
Amsterdam
La Haye
Rotterdam
Münster
Dortmund
Wesel
Anvers
Cologne
Cassel
Göttingen
Magdebourg
Berlin
Potsdam
Küstrin
Francfort
Cottbus
Poznan
POLOGNE
Varsovie
Lublin
Vistule
Elbe
Weser
Oder
Torgau
Leipzig
Erfurt
Dresde
Glogau
Breslau
Oppeln
Bruxelles
BELGIQUE
Liège
Coblence
Fulda
Francfort
Mayence
Trèves
Main
Rhin
Meuse
Moselle
Pilsen
Prague
BOHÊME-MORAVIE
Cracovie
Nuremberg
Mannheim
Paris
Karlsruhe
Stuttgart
FRANCE
Ulm
Danube
Passau
Vienne
RUSSIE
HONGRIE
Munich
Salzbourg
Berchtesgaden
Budapest
Innsbruck
Col du Brenner
SUISSE
AUTRICHE
ITALIE
Berne
Lac Balaton
0
200 km
N
Avance alliée
Avance soviétique

Masur et Kersten ne s'étaient jamais rencontrés, mais ils n'ont guère de temps à perdre en mondanités et s'accordent rapidement sur les concessions à obtenir d'Himmler :
« 1° Tous les juifs d'Allemagne doivent être maintenus sur place, et aucun ne doit être évacué de force. 2° Chaque fois qu'un transfert de juifs vers un pays neutre est réalisable, sous l'égide de la Croix-Rouge par exemple, il doit être permis. 3° Les commandants de camps doivent recevoir l'ordre de traiter convenablement les juifs, et de céder leurs camps aux Alliés lorsque le front les atteindra. » On présentera également à Himmler une nouvelle liste de prisonniers suédois, norvégiens, français, néerlandais et juifs dont le ministère des Affaires étrangères suédois souhaite la libération immédiate[35]. Enfin, Günther a confié à Kersten une mission supplémentaire : obtenir du Reichsführer qu'il ordonne la capitulation des quelque 350 000 hommes de la Wehrmacht, de la Kriegsmarine, de la Luftwaffe et de la SS stationnés en Norvège, et dont le baroud d'honneur pourrait encore entraîner la Suède dans la guerre.

Il y a un bon Dieu pour les inconscients : au cours des quatre heures que dure le vol, aucun appareil allié ne s'intéresse à ce Junkers 52 solitaire, qui atterrit donc sans encombre peu avant 16 h.30 sur l'aéroport de Tempelhof. Les policiers allemands, manifestement prévenus, saluent courtoisement, mais les SS chargés de les conduire à Hartzwalde se font attendre quatre heures durant, alors que les bombardements massifs sur la capitale commencent invariablement à la tombée du jour. Lorsque la voiture envoyée par le QG d'Himmler arrive enfin peu après 20 h., c'est une course folle au milieu des ruines pour quitter la capitale au plus vite, puis un périple tous feux éteints en direction du nord, par Oranienburg, Sachsenhausen et Gransee, avec de fréquents arrêts au milieu des bois pour échapper à l'attention des avions alliés. Il est presque minuit lorsque les voyageurs parviennent enfin à Hartzwalde ; en compagnie d'Elisabeth Lüben, de la secrétaire Frau Wacker et de l'astrologue Wilhelm Wulff, ils vont y attendre le bon plaisir du Reichsführer.

L'attente risque de durer ; Walter Schellenberg, qui est à la même heure au QG de Wustrow, racontera la suite : « Nous avons reçu la nouvelle de l'arrivée à Hartzwalde de Kersten et de Norbert Masur. Comme le comte Bernadotte était attendu au même moment à Berlin, les deux rencontres risquaient de se chevaucher, d'autant qu'en raison de la situation militaire tendue, Himmler n'était guère disponible. Il m'a donc prié de me rendre la nuit même chez Kersten pour conduire des négociations préparatoires avec Herr Masur, et convenir d'un rendez-vous entre Masur et lui. Contrairement à son habitude, Himmler a commandé une bouteille de champagne, afin de toaster à minuit juste l'anniversaire d'Hitler[36]. »

Que le Reichsführer puisse célébrer avec l'œil humide l'anniversaire de l'homme qu'il envisageait d'éliminer quelques heures plus tôt, voilà qui n'étonnera pas ceux qui commencent à le connaître. Schellenberg, lui, en est assez choqué, mais son avis n'est pas sollicité et il se met en route pour accomplir sa mission : *Befehl ist Befehl !* Wilhelm Wulff le voit arriver à deux heures du matin : « Kersten l'a pris tout de suite à part et lui a montré son programme, ainsi que la liste des personnes que le gouvernement suédois voulait se voir remettre. Toutes les tractations ont été menées à la lueur des bougies*. [...] J'ai cru comprendre que le Reichsführer refusait de faire des concessions d'ampleur aux Suédois, tant qu'une rencontre ne lui aurait pas été ménagée avec Eisenhower. [...] Schellenberg, qui n'avait pas dormi depuis des jours, paraissait épuisé[37]. »

Ce que confirmera ce dernier, en ajoutant : « J'ai conféré jusqu'à 4 h. du matin avec Kersten, qui s'est montré extrêmement dépité de l'attitude versatile d'Himmler. "Je ne sais pas, a-t-il dit, si une rencontre entre Himmler et Masur a encore

* Depuis le bombardement de la veille sur Oranienburg, l'électricité est coupée dans tout le secteur.

quelques chances de succès[38]."» Il est vrai que les propos de son interlocuteur n'incitaient pas Kersten à l'optimisme : «Schellenberg m'a expliqué [...] qu'en raison de la forte pression exercée par plusieurs chefs du parti qui s'étaient indignés de la libération de prisonniers des camps de concentration, Himmler n'était pas disposé à faire de concessions pour le moment[39].»

Au matin du 20 avril, Schellenberg fait la connaissance de Norbert Masur, qui n'avait sans doute jamais imaginé prendre son petit déjeuner en compagnie d'un général SS. Pourtant, il en prend son parti – d'autant plus facilement que celui-là lui semble assez atypique : « Un jeune homme habillé en civil, qui présentait bien et paraissait presque sensible, sans rapport avec le type de nazi endurci auquel je m'attendais. Il avait l'air très déprimé, considérait la guerre comme perdue et était pessimiste quant à l'avenir de l'Allemagne[40].» C'est également l'impression de Wilhelm Wulff, qui assiste à leur conversation : «Masur ayant exposé ses requêtes, Schellenberg a acquiescé, sous certaines conditions.» Mais Schellenberg relève surtout que Masur tient à voir Himmler sans tarder, car il veut repartir rapidement – ce qui se conçoit aisément, le volume des explosions indiquant que la zone des combats ne cesse de se rapprocher. Pourtant, il ne sera pas facile de lui donner satisfaction : «Je savais, se souviendra Schellenberg, que Himmler essaierait constamment de repousser cette entrevue, et qu'il me fallait tout faire pour qu'elle ait lieu au plus vite[41].»

Mais auparavant, le Brigadeführer a une affaire urgente à régler avec l'astrologue, qui notera ceci : «On entendait continuellement le tonnerre des canons venant de l'Oderbruch* et faisant souvent l'effet d'un feu roulant. Schellenberg m'a confié qu'il n'avait pas voulu assister à la célébration

---

* La région marécageuse au nord de Francfort-sur-l'Oder, où le Ier front biélorusse du maréchal Joukov tente de forcer le passage vers Berlin.

grotesque de l'anniversaire du "dément*" [...], mais qu'il devait tout de même retourner au QG d'Himmler à Wustrow, et qu'il me fallait donc lui donner une partie au moins des études réclamées par le Reichsführer. Elles concernaient les questions suivantes : 1° Himmler accorde une grande importance au décès du Führer. À quelle date peut-on l'escompter ? 2° L'entreprise d'Himmler visant à engager des pourparlers d'armistice est-elle destinée à prospérer ? 3° Hartzwalde est-il menacé du fait de la proximité des combats et de la présence du "muna**" ? 4° Faut-il faire évacuer tous les résidents de Hartzwalde[42] ? » Suit une nouvelle liste de personnalités dont Himmler a réclamé l'horoscope – manifestement d'autres ministres potentiels pour son futur gouvernement***.

Schellenberg repart donc à dix-sept heures pour Wustrow afin d'y attendre Himmler, qui s'est rendu à Berlin pour la cérémonie d'anniversaire du Führer. Chaque année à cette date, des processions de dignitaires nazis et de diplomates étrangers viennent à la chancellerie présenter leurs félicitations ; mais ce 20 avril 1945, dans le bunker souterrain, toute congratulation semble déplacée, et les habitués s'annoncent uniquement pour la conférence de situation : Keitel, Jodl, Goering, Himmler, Dönitz, Speer, Kaltenbrunner, Bormann, Ribbentrop et le chef d'état-major Krebs. Une semaine plus tôt, Hitler avait connu un bref moment de triomphe en apprenant le décès du président Roosevelt, et sa méconnaissance des institutions américaines aidant, il s'était persuadé que cela amènerait les États-Unis à sortir de la guerre. Mais depuis lors, il est retombé dans sa léthargie, et l'aide de camp de l'amiral Dönitz, Walter Lüdde-Neurath, décrit un Führer « brisé, bouffi, voûté, épuisé et nerveux[43] » ; le ministre de l'Armement Albert Speer, lui, se

---

* Kersten avait également noté dès 1943 que le nom d'Hitler inspirait à Schellenberg un tel dégoût qu'il refusait de le prononcer.

** Un vaste dépôt de munitions installé à proximité immédiate de la propriété.

*** Parmi eux : Baldur von Schirach, Erich von dem Bach-Zelewski et Ludolf von Alvensleben – tous moins recommandables les uns que les autres.

souviendra que « personne ne savait vraiment que dire. Hitler a reçu nos vœux avec une certaine froideur et presque avec réticence, compte tenu des circonstances[44] ».

Elles sont effectivement assez sombres : déjà soumise aux raids quotidiens de l'aviation alliée, la capitale est désormais sous le feu sporadique de l'artillerie soviétique à longue portée ; au nord, les Britanniques approchent de Brême et d'Emden ; au sud, les Américains viennent d'entrer dans Nuremberg, les Français campent dans les faubourgs de Stuttgart et les Russes sont à Vienne ; au centre, la 9e armée du général Busse a été mise en déroute sur l'Oder, entre Francfort et Küstrin* ; au sud-est de Berlin, l'Armée rouge a dépassé Cottbus et remonte vers Potsdam, tandis qu'au sud-ouest, les Américains investissent Leipzig. En d'autres termes, la dernière route vers la Bavière et l'Autriche, le long de l'Elbe, risque d'être coupée à brève échéance…

C'est bien ce qui inquiète les hiérarques Goering, Himmler, Bormann et Ribbentrop, dont l'unique préoccupation est de sauver leur peau : « La nuit précédente, écrira Speer, il avait été question de renoncer à défendre la capitale pour aller se retrancher dans le réduit alpin. Mais Hitler venait de décider qu'il mènerait la lutte pour la ville dans les rues de Berlin. Alors, tout le monde s'est mis à clamer qu'il fallait absolument transférer le QG vers l'Obersalzberg, et que c'était le dernier moment pour le faire. […] Hitler a répondu avec indignation : "Comment puis-je demander aux troupes de livrer la bataille décisive pour Berlin, si je me mets moi-même en sûreté ? […] C'est le destin qui décidera si je mourrai dans la capitale ou si je m'envolerai pour l'Obersalzberg[45]." »

Goering parvient malgré tout à lui arracher la permission de rejoindre la Bavière, au motif que « la situation là-bas nécessite un commandement unifié de la Luftwaffe » ; mais en

* Hitler lui avait interdit toute retraite, alors que l'ennemi l'avait déjà largement dépassée.

émergeant du bunker, Himmler, lui, se rend bien compte qu'il ne pourra se soustraire à la souricière du Brandebourg – sauf à prendre de son propre chef une décision brusquée, ce qui est contraire à ses habitudes et lui répugne profondément.

De retour à Wustrow vers 23 h.30 – après avoir échappé de justesse à un raid aérien –, Himmler retrouve Schellenberg, qui l'informe que ses deux interlocuteurs potentiels, Masur et Bernadotte, lui ont annoncé leur intention de repartir dès le lendemain. Le Brigadeführer se met ensuite en devoir d'expliquer à son chef qu'un entretien avec le comte est indispensable pour espérer rencontrer Eisenhower, et qu'une discussion avec Masur ne l'est pas moins, pour montrer au monde une face plus reluisante – au prix de quelques concessions humanitaires de dernière heure. Himmler finit par céder : on ira rencontrer Masur sans délai à Hartzwalde, et le comte Bernadotte à 6 h. du matin au sanatorium de Hohenlychen* ! C'est ainsi qu'à 1 h. 15, Himmler, Brandt, Schellenberg et un chauffeur quittent Wustrow pour Hartzwalde, qu'ils atteignent à 2 h. 30 – après avoir dû s'arrêter dans un bois pour se soustraire aux attentions d'un chasseur de nuit en maraude.

À Hartzwalde, ils sont accueillis avec soulagement par Kersten et Masur, pour qui l'attente a dû être longue et l'incertitude pesante. Alors que Brandt et Schellenberg entrent dans la maison, Kersten prend Himmler à part : « Nous nous sommes entretenus seul à seul dans le jardin. J'ai prié Himmler de bien comprendre ce qui était en jeu ; il s'agissait [...] de montrer au monde que l'humanité n'avait pas entièrement disparu d'Allemagne. [...] Cette fois encore, j'en ai appelé à son respect pour le jugement de l'Histoire, car j'avais maintes fois pu constater combien il était réceptif à cet argument. Himmler m'a promis de faire de son mieux [...] et a ajouté mot pour mot : “Je voudrais enterrer la hache de guerre entre les juifs et nous. S'il n'avait tenu qu'à moi, beaucoup de choses

* Donc dans la direction opposée. Une fois encore, le sommeil n'est pas programmé.

se seraient faites différemment. Mais le Führer a exigé que je me montre impitoyable[46].” »

Après quelques autres échanges peu concluants*, les deux hommes pénètrent dans la maison. Devant le salon faiblement éclairé par un feu de cheminée et quelques bougies, Himmler se retrouve face à Norbert Masur ; il lance un *Guten Tag !***, fait plusieurs pas en avant et lui tend la main. Masur s'éclaircit la voix, répond *Guten Tag !* et lui serre la main. Après quoi Himmler procède aux introductions : « Je présume que vous connaissez déjà le Brigadeführer Schellenberg ; et voici le Standartenführer Brandt. » Masur salue Schellenberg d'un mouvement de tête et serre la main de Brandt, dont il a beaucoup entendu parler. Wilhelm Wulff, qui a assisté à ces mondanités, n'est pas convié à participer aux débats qui vont suivre – il est vrai que l'astrologue a beaucoup de travail…

« Herr Reichsführer, je vous en prie », dit Kersten en désignant la table à thé au milieu de la pièce. Tous se mettent en mouvement, sauf Himmler, qui s'immobilise en regardant fixement le feu, puis dit lentement, comme pour lui-même :

> « — L'Allemagne est un pays qui, pendant au moins une génération, n'a jamais connu la paix. Quand la Grande Guerre a éclaté, j'avais quatorze ans ; à peine était-elle terminée que la guerre civile a éclaté, et les juifs ont joué un rôle dirigeant lors du soulèvement spartakiste[47]. »

Himmler se retourne, regarde fixement Masur, puis va s'asseoir. Les autres suivent ; Kersten se laisse tomber dans

* Kersten a soulevé de nouveau la question de la capitulation des forces allemandes en Norvège, mais Himmler lui a répondu que la décision dépendait du Führer. Himmler a demandé à Kersten si la Suède permettrait que les troupes allemandes traversent son territoire pour être réaffectées en Allemagne, mais Kersten, dûment chapitré par Günther, a répondu que la Suède n'accepterait que de les interner. Himmler ayant ensuite demandé à Kersten s'il avait un moyen de contacter le général Eisenhower, il a reçu une réponse prévisible – et probablement une invitation à s'adresser au comte Bernadotte.

** Soupçonnant probablement qu'un *Heil Hitler !* serait déplacé…

un large fauteuil à côté d'Himmler, Masur s'assoit en face, Schellenberg et Brandt prennent place aux extrémités. Masur notera que « Himmler était vêtu d'un uniforme parfaitement coupé, et portait toutes ses médailles et insignes de grade ; il paraissait soigné, reposé et bien éveillé en dépit de l'heure tardive, tout en donnant une apparence de calme et de maîtrise de soi ».

Nous savons déjà que le Reichsführer est un excellent comédien… Au milieu d'un silence tendu, il se penche en avant et prend un morceau de gâteau ; Kersten fait signe à la cuisinière de servir le café, et Himmler reprend sur un ton professoral :

> « — Les juifs sont un élément étranger en Allemagne, cela a toujours été – un élément étranger qui crée de l'irritation. […] Plusieurs fois, ils ont été chassés d'Allemagne, et toujours ils sont revenus. Vous comprenez, après notre prise de pouvoir, nous avons cherché à résoudre ce problème une fois pour toutes. Avec Heydrich, j'avais constitué une organisation d'émigration ; […]. Mais même les pays qui se déclaraient les mieux disposés envers les juifs ont refusé de les laisser entrer[48] ! »

Masur, qui s'est contenu difficilement jusque-là, n'y tient plus :

> « — Herr Himmler… le fait de chasser brutalement des gens du pays de leurs parents et de leurs grands-parents n'a jamais été conciliable avec le droit international et les règles juridiques établies !

Himmler poursuit son monologue sans paraître avoir entendu :

> — La guerre nous a mis en contact avec les masses juives prolétarisées d'Europe de l'Est. Nous ne pouvions supporter d'avoir un tel ennemi dans notre dos. Les masses juives étaient infectées, elles répandaient de graves épidémies, surtout le typhus. J'ai moi-même perdu des milliers de mes meilleurs SS du fait de ces épidémies*[49]. […] Et puis, ces

* Pendant le trajet entre Wustrow et Hartzwalde, Schellenberg avait tenté de dissuader Himmler de se lancer dans une tentative d'autojustifica-

juifs de l'Est aidaient les partisans en créant des mouvements clandestins, et ils tiraient sur les Allemands depuis leurs ghettos […][50]. »

Kersten regarde avec inquiétude du côté de Masur, qui reste impassible, et Himmler poursuit en parlant de la guerre à l'Est, de la férocité des soldats soviétiques et des souffrances du peuple allemand. Mais l'heure avance et Masur finit par l'interrompre :

« — Herr Himmler, je voulais justement parler des camps de concentration.

Himmler hésite un peu, puis :

— Les camps de concentration… Leur mauvaise réputation vient du nom qu'on leur a donné, et qui était mal choisi. On aurait dû les appeler des camps de rééducation. […] Les prisonniers devaient travailler dur, mais c'était aussi le cas de tout le peuple allemand. Dans les camps, ces prisonniers étaient traités sévèrement, mais équitablement.

Devant de telles énormités, Masur ne peut plus se contenir, et il répond d'un ton glacé :

— Herr Himmler, j'ai perdu une grande partie de ma famille, de la famille de mes amis et de mes camarades de jeunesse dans vos… camps de rééducation[51] ! »

Himmler ne se laisse pas démonter :

— Je reconnais qu'il y a eu certaines erreurs, et lorsque j'en ai eu connaissance, j'ai sévi durement contre les responsables.

Kersten, qui admire la retenue de Masur, voit malgré tout que les choses tournent mal, que quarante-cinq minutes ont déjà été perdues, et qu'il lui faut intervenir :

— Ne parlons pas du passé, auquel nous ne pouvons plus rien changer. Parlons plutôt du présent et de ce qui peut encore être sauvé.

---

tion, pour se concentrer plutôt sur l'avenir ; mais Himmler avait seulement promis « d'y réfléchir ».

Masur, manifestement encouragé, reprend :

— Si nous voulons contribuer à un rapprochement entre nos peuples, il faut au moins que les juifs encore en Allemagne puissent rester en vie.

Et il conjure Himmler de les libérer tous.

Le Reichsführer se lance alors dans une longue diatribe : conformément à la promesse faite à Kersten, il avait fait remettre intacts aux Alliés les camps de Bergen-Belsen et de Buchenwald*, mais il en avait été fort mal récompensé : la presse internationale l'avait traîné dans la boue – une fois de plus :

« — Personne n'a été aussi calomnié que moi pendant ces douze dernières années, et je ne m'en suis guère soucié. [...] Mais les publications étrangères ont été utilisées pour faire une propagande haineuse contre nous, et cela ne m'a pas précisément encouragé à continuer à remettre les camps aux Alliés[52]. »

Masur répond qu'il est impossible de dicter à la presse internationale ce qu'elle doit écrire, et que les juifs n'ont absolument aucune influence sur elle. On parle ensuite de Ravensbrück et des prisonniers dont Himmler avait promis la libération à Kersten en décembre 1944 et en mars 1945. « Kersten et moi, note Masur, n'avons cessé de répéter qu'il fallait nous concéder l'évacuation vers la Suède des prisonniers de Ravensbrück. » Le problème est que chaque fois qu'une nouvelle question est soulevée, Himmler se lance dans un grand discours d'autojustification...

Masur consulte sa montre et s'aperçoit que l'entretien à la lueur des bougies et au son des explosions dure depuis une heure et demie, sans le moindre résultat concret – alors qu'aucun des cinq hommes dans la pièce n'a dormi depuis quarante-huit heures ! Masur jette un regard à Kersten, qui hoche la tête, sort la liste du ministère des Affaires étrangères

* Buchenwald a été libéré par les Américains le 11 avril, Bergen-Belsen par les Anglais le 15.

suédois et prie Himmler de la parcourir avec lui : une croix est inscrite devant les noms des personnes à libérer en priorité. Au bout d'un moment, Himmler se lève et dit :

— J'ai besoin de m'entretenir en particulier avec Herr Brandt et Herr Kersten !

Schellenberg et Masur se regardent, se lèvent et quittent le salon. Kersten dit ensuite à Himmler qu'il doit s'en tenir à leur accord du mois de mars et faire une offre précise à Masur :

« — Il n'est pas possible, alors que vous vous trouvez pour la première fois devant un représentant de la judéité, que vous ne fassiez pas preuve de la même bonne volonté que celle que vous m'avez témoignée précédemment[53]. »

Vingt minutes plus tard, Masur et Schellenberg sont rappelés ; ils retrouvent Himmler au milieu du salon, encadré par Kersten et Brandt. Aussitôt, le Reichsführer leur annonce d'une voix solennelle :

« — Je suis disposé à libérer mille femmes du camp de concentration de Ravensbrück, et vous pouvez les faire emporter par la Croix-Rouge. Mais il est absolument exclu de les appeler des juives. C'est très important* ! Appelons-les, disons… des Polonaises[54].

Himmler ajoute qu'il est également prêt à libérer les femmes françaises de Ravensbrück qui sont portées sur la liste du ministère suédois des Affaires étrangères, ainsi que cinquante juifs des camps norvégiens et une partie des juifs hollandais de Theresienstadt – si la Croix-Rouge peut les transporter. Et il conclut :

— En ce qui concerne la fin des évacuations forcées et la remise des camps aux Alliés, je ferai de mon mieux pour accéder à vos désirs[55]. »

Il est maintenant 4 h.30 du matin ; Wilhelm Wulff voit Himmler et Masur sortir ensemble dans le jardin, ce que confirmera Masur : « J'ai été seul avec lui pendant une

* Toujours la peur panique des réactions d'Hitler.

demi-heure, un juif libre face à face avec l'effroyable et impitoyable chef de la Gestapo, qui avait cinq millions de vies juives sur la conscience.» Mais bien sûr, il n'est pas question de cela à ce moment précis, et Himmler dit à Masur: «Il est essentiel que votre visite ici reste secrète, de même que l'arrivée des femmes juives en Suède[56].» Lorsqu'ils reviennent dans la maison, Wulff croit entendre le Reichsführer dire: «*Ja, ja*, Herr Masur, si nous nous étions connus dix ans plus tôt, cette guerre n'aurait jamais eu lieu[57].» Cela paraît absurde, mais il est vrai qu'à ce stade, Himmler n'est pas à une énormité près.

Pendant ce temps, Kersten s'est entretenu à part avec Schellenberg et Brandt, dont il a obtenu deux promesses: ils veilleront personnellement à ce que le nombre de mille femmes soit substantiellement augmenté, et à ce que soit tenu l'engagement du Reichsführer de livrer les camps intacts. Peu avant cinq heures, la voiture d'Himmler s'arrête devant le portail dans un crissement de gravier; tandis que Brandt, Schellenberg et Masur restent en arrière, Kersten accompagne le Reichsführer et lui demande confirmation que La Haye, Clingendael et les digues ne sauteront pas.

« — Je vous donne ma parole d'honneur, Herr Kersten, que je l'ai déjà empêché. [...] La Haye est une ville germanique; elle ne sera pas détruite. [...] Mais les Hollandais ne l'ont pas mérité. [...] Mon cher Herr Kersten, vous avez toujours été plus hollandais que finlandais, et vous n'avez jamais cru à notre victoire. Je vois maintenant que, dans beaucoup de cas, vous aviez raison.

— Comment aurais-je pu croire à une victoire allemande, alors que vous m'avez montré le rapport médical d'Hitler? L'Allemagne a été dirigée par un aliéné.

Himmler répond à mi-voix:

— *Ach ja*, Herr Kersten, nous avons fait de grandes erreurs. Si je pouvais tout recommencer, je ferais à coup sûr beaucoup de choses autrement. Mais à présent, il est trop tard. Du reste, ma vie est bientôt achevée. Nous voulions bâtir une

Allemagne grande et forte, et nous laissons un tas de ruines. [...] Bonne chance pour votre vie en Suède, et saluez votre famille de ma part. J'ai toujours voulu faire au mieux, mais j'ai souvent été contraint d'agir contre mes propres convictions. Croyez-moi, Herr Kersten, par moments, cela m'a été dur et amer. Le Führer l'exigeait de moi, et Bormann et Goebbels étaient ses mauvais conseillers. Comme soldat loyal et discipliné, il me fallait obéir ; car sans discipline et sans obéissance, aucun État ne peut subsister. Je déciderai moi-même de combien de temps il me reste à vivre, car ma vie est maintenant sans valeur. Et que dira de moi l'Histoire ? [...] On me chargera de beaucoup de méfaits commis par d'autres. [...] Avec nous disparaît la meilleure partie du peuple allemand. Ce qui reste ne nous intéresse pas ; les Alliés pourront en faire ce qu'ils veulent*[58]. »

Les deux hommes atteignent la voiture. Himmler y entre, s'assoit et tend la main à celui qui a sans doute été son unique confident :

« — Herr Kersten, je vous remercie du fond du cœur de m'avoir fait bénéficier de votre vaste science médicale avec tant de désintéressement pendant toutes ces années. Quoi qu'il arrive, vous ne devez pas penser mal de moi. Si vous le pouvez, tâchez d'aider ma pauvre famille. Adieu !

Lorsqu'il a prononcé ces derniers mots, se souviendra Kersten, Himmler avait les larmes aux yeux[59]. »

Schellenberg ayant pris place aux côtés du Reichsführer, la voiture démarre et s'éloigne dans les premières lueurs de l'aube, sous le regard d'un Kersten médusé. Et Masur notera : « Après le départ d'Himmler, nous avons dormi quelques heures – du moins nous avons essayé. » Kersten, lui, n'a même pas essayé : « Himmler parti, je suis allé revoir une dernière fois les endroits familiers de la maison et des terres où j'avais passé tant d'années. J'ai pris congé de cette demeure où venait de

* Peut-être sans s'en rendre compte, Himmler continue à répéter presque mot pour mot les paroles d'Hitler.

s'inscrire un petit morceau d'histoire, et de ce jardin où apparaissaient les premières primevères. C'est seulement dans ma chambre que j'ai revécu en pensée toutes les années écoulées ; j'ai revu tout le passé, comme dans un livre, page après page. Mais chaque fois, mes pensées revenaient aux heures où, malade parmi les malades, j'étais alité dans un hôpital de campagne, puis à celles où, assistant du docteur, je découvrais le pouvoir guérisseur de mes mains. Depuis lors, mon lot avait été de soigner les hommes et de les assister lorsqu'un système tyrannique les mettait en péril. J'ai rendu grâces à l'Éternel qui m'avait accordé cette faveur[60]. »

À dix heures en ce matin du 21 avril, Kersten quitte pour toujours le domaine de Hartzwalde ; avec Masur, il se dirige vers la capitale, déjà discernable au loin sous les volutes de fumée noire qui la recouvrent. Et quelques heures plus tard, en s'envolant pour la Suède à travers un espace aérien largement contrôlé par l'aviation soviétique, Felix Kersten met une dernière fois sa vie en jeu…

CHAPITRE XIII
LE CRÉPUSCULE DES DIEUX

Au petit matin du 21 avril 1945, lorsque le comte Bernadotte s'apprête à rencontrer Heinrich Himmler au sanatorium de Hohenlychen, il n'attend pas grand-chose de l'entrevue : depuis deux jours, ses bus blancs transportent au Danemark les quelque 5 500 sujets scandinaves regroupés à Neuengamme*, et Bernadotte vient de donner l'ordre à tout le personnel de la mission de rentrer ensuite au pays – ce qui indique qu'il ne compte plus pouvoir secourir de nouveaux prisonniers.

À six heures très précises, le comte voit entrer dans la salle du petit déjeuner un Reichsführer « fatigué et même épuisé. [...] Il m'a dit qu'il n'avait guère fermé l'œil depuis plusieurs nuits[1] ». Rien n'indique que Himmler ait confié à Bernadotte les raisons de sa plus récente insomnie, et Schellenberg ne semble pas avoir été plus disert ; il est vrai que la mission d'un chef du SD consiste à obtenir des renseignements plutôt qu'à les fournir... Quoi qu'il en soit, Bernadotte poursuit : « La table du petit déjeuner était très bien garnie, et Himmler mangeait avec appétit. De temps à autre, il tapotait ses dents de devant avec son ongle, ce qui, selon ce que m'avait dit Schellenberg, trahissait son état d'énervement. Cette fois, nous avons parlé exclusivement de mesures humanitaires ; j'ai demandé à nouveau que les prisonniers scandinaves en cours de transport vers le Danemark reçoivent la permission de poursuivre leur voyage jusqu'en Suède, et cette fois encore, Himmler a

---

* Une concession sans risque pour Himmler, le Danemark étant sous occupation allemande.

refusé. [...] En revanche, il a cédé sur d'autres points [...] et s'est montré tout à fait intéressé par ma proposition de laisser la Croix-Rouge emporter toutes les femmes françaises internées dans le camp de concentration de Ravensbrück ; il a ajouté que non seulement nous avions son accord, mais encore qu'il nous invitait à prendre en charge les femmes de toutes nationalités, le camp en question devant être évacué incessamment. Je lui ai promis de donner sans délai à mon détachement des ordres en conséquence[2]. »

Persuadé que ses talents de négociateur ont permis d'aboutir à un tel résultat, le comte Bernadotte s'emploiera par la suite à faire partager cette conviction au monde entier. Pourtant, ce qu'il a obtenu est essentiellement ce que le Reichsführer venait de promettre à Masur et à Kersten deux heures plus tôt – avec une concession supplémentaire, qui lui a très probablement été soufflée par Schellenberg pendant le trajet entre Hartzwalde et Hohenlychen : puisque le camp de Ravensbrück doit de toute façon être évacué devant l'avance soviétique, pourquoi ne pas se montrer généreux à bon compte en remettant toutes les femmes à la Croix-Rouge* ? Du reste, ce n'est même pas Bernadotte qui va donner en premier l'ordre aux chauffeurs des bus blancs déjà arrivés à la frontière danoise de faire demi-tour, mais Franz Goering**, l'assistant de Schellenberg[3] !

Le Hauptsturmführer SS Franz Goering est déjà sur place lorsque le premier convoi de quinze ambulances danoises se présente à Ravensbrück au début de l'après-midi du 22 avril. C'est providentiel pour les détenues, car Fritz Suhren, le commandant du camp, refuse catégoriquement de libérer

* On se souvient que Schellenberg avait promis à Kersten de faire augmenter substantiellement le nombre de femmes libérées.

** Appelé par ses collègues « le petit Goering » pour le distinguer du « gros Goering » (sans lien de parenté connu). Tous les bus blancs étant accompagnés d'agents de la Gestapo, ce sont eux qui vont transmettre l'ordre aux chauffeurs.

qui que ce soit. Goering parvient à joindre Rudolf Brandt pour lui expliquer la situation, et ce dernier rappelle peu après le commandant pour lui communiquer l'ordre exprès d'Himmler de libérer toutes les femmes. Selon Goering, Suhren lui aurait alors confié qu'« il ne savait plus où il en était, car il avait reçu l'ordre exprès du Führer, par l'intermédiaire de Kaltenbrunner, de retenir les détenues dans le camp et de les liquider toutes à l'approche des troupes ennemies[4] ». Fritz Suhren a même un second problème : il y a dans son camp 71 *Kaninchen** – des Françaises et des Polonaises – sur lesquelles le professeur Gebhardt pratiquait des expériences médicales, et qu'il a voulu faire liquider quelques semaines plus tôt pour dissimuler ses méfaits. Mais les candidates à l'exécution étant nombreuses**, toutes les *Kaninchen* sont encore vivantes et lui, Suhren, ne sait plus qu'en faire…

Ce sera le début d'une opération de sauvetage à très haut risque : le 22 avril et les trois jours suivants, les ambulances, les bus et les camions suédois, empruntant des routes encombrées de réfugiés, mitraillées par les avions anglais et bombardées par l'artillerie soviétique, vont ramener pêle-mêle vers le Danemark des Polonaises, des Françaises, des Belges, des Néerlandaises, des Allemandes, des Anglaises, des Hongroises, des Baltes, des Slovaques et des juives de diverses nationalités – 2 904 femmes en tout*** ; et puis, sur ordre de Brandt, Franz Goering réussit d'extrême justesse à réquisitionner un train de la Reichsbahn, qui ramènera 3 989 femmes de plus****[5]. Enfin, un bus suédois du dernier convoi parvient encore à descendre jusqu'à Hartzwalde pour y embarquer « deux personnes non

* Lapins.

** Jusqu'au 21 avril, on gazait encore de 60 à 90 détenues par jour à Ravensbrück.

*** *Kaninchen* comprises.

**** Plus de 20 000 femmes resteront à Ravensbrück – majoritairement des Soviétiques et des Allemandes. Celles qui n'auront pu quitter le camp à temps seront libérées le 30 avril par l'Armée rouge, et leur sort sera peu enviable.

identifiées d'ascendance suédoise[6] » – Elisabeth Lüben et le frère d'Irmgard Kersten*.

Le lendemain de son retour à Stockholm, Felix Kersten vient rendre compte au ministre Günther du résultat de sa mission ; c'est un demi-succès, et donc un demi-échec : il n'a pas réussi à persuader Himmler d'ordonner la capitulation des troupes allemandes au Danemark et en Norvège – ce qui était prévisible, la chose n'entrant pas dans les compétences du Reichsführer. Günther en était certainement conscient lorsqu'il lui avait confié la mission, mais il s'était sans doute habitué à ce que Kersten accomplisse l'impossible… Par contre, celui-ci a pu faire libérer toutes les personnes portées sur la dernière liste du ministère des Affaires étrangères**. Il ajoutera toutefois le lendemain, dans un mémorandum adressé au ministre : « Concernant le chiffre de 350 000 juifs vivant encore en Allemagne qui m'avait été donné au début de mars, […] j'en suis maintenant arrivé à la conviction qu'il ne peut s'agir dans le meilleur des cas que de 50 000 à 100 000 juifs. Pour ma part, je ne puis me défendre de l'impression que les instances allemandes elles-mêmes n'en connaissent pas le chiffre exact[7]. »

C'est à peu près certain. Mais l'autre homme à rassurer, c'est Hillel Storch, dont Kersten écrira à l'époque : « Storch ne saisit toujours pas l'importance de ce que nous avons obtenu d'Himmler. Il doute en particulier qu'Himmler s'en tienne à l'accord et s'abstienne de donner *in extremis* des ordres contraires, qui aboutiront à l'anéantissement des juifs dans les camps de concentration. Connaissant la mentalité d'Himmler, je lui ai donné l'assurance que cela n'arrivera pas[8]. » C'est peut-être placer là une confiance excessive dans l'attachement de Heinrich Himmler à la parole donnée – même si Kersten

---

* Cette ascendance quelque peu mythique étant probablement destinée à justifier le détour auprès de la direction de la Croix-Rouge. Les témoins de Jéhovah seront également embarqués.

** « 50 juifs norvégiens, 13 Suédois, 50 juifs néerlandais, 50 Néerlandaises, 3 Françaises, 1 Français, plusieurs Suédois condamnés à mort. »

s'est assuré le 21 avril du concours de ses deux complices Brandt et Schellenberg, qui lui ont promis de veiller à ce que le Reichsführer tienne ses engagements. Mais en Allemagne, les choses en sont arrivées à un point tel que personne ne contrôle plus rien…

Adolf Hitler moins que tout autre ; ce même 22 avril, depuis son bunker souterrain, le Führer compte sur le « groupe opérationnel Steiner », positionné à l'ouest d'Eberswalde, pour lancer une grande contre-offensive en direction du sud-est et desserrer l'étau soviétique qui se referme inexorablement sur Berlin. Or, cette unité, majoritairement composée de troupes de garnison, d'éléments de la Luftwaffe et de jeunes gens sans expérience du combat, est en outre dépourvue d'armes lourdes, ses cinquante tanks manquent d'essence, elle n'a aucune couverture aérienne et ne reçoit pas les renforts attendus de la Wehrmacht et de la SS. Son offensive se fait donc attendre, et Hitler harcèle l'OKW pour faire accélérer le mouvement. Mais rien ne se produit, les Soviétiques pénètrent déjà dans les faubourgs de la capitale, et les nerfs du Führer finissent par craquer. Peu après minuit, le général Koller, chef d'état-major de l'aviation, se rend à la caserne de Krampnitz, près de Potsdam, où le général Jodl* lui explique la situation : « Hitler a jeté l'éponge, il a décidé de rester à Berlin, de diriger la défense de la ville et de se tirer une balle dans la tête au dernier moment. Il a dit qu'il ne pouvait pas combattre pour des raisons physiques, et aussi parce qu'il ne voulait pas risquer d'être blessé et de tomber entre les mains de l'ennemi. […] Les derniers développements de la situation militaire l'ont beaucoup affecté et il ne cesse de parler de trahison, d'abandon et de corruption au sein du commandement et de la troupe. Même les SS le trompent, même Sepp Dietrich** ; Steiner n'est pas intervenu, et cela lui a donné le coup de grâce[9]. »

---

* Chef du bureau des opérations de l'OKW.

** Depuis sa retraite de Budapest avec la 6e Panzerarmee, en dépit des ordres reçus.

Hermann Goering est aussitôt informé et croit son heure venue ; Himmler l'est aussi* et cela le plonge dans des abîmes d'incertitude. C'est qu'il oscille toujours entre l'obéissance aveugle au Führer et la tentation de négocier dans son dos avec les Alliés occidentaux – chacune de ces politiques lui posant des problèmes insolubles, qu'il essaie de résoudre par des contradictions et des échappatoires : voulant complaire à Hitler, il insiste pour que l'on pende publiquement les déserteurs et ceux qui tentent de se rendre à l'ennemi, lance ses Werwolf contre les maires qui collaborent avec l'occupant**, fait éliminer des prisonniers politiques et ordonne que les internés de Dachau, Flossenbürg et Sachsenhausen soient évacués à marches forcées dès l'approche de l'ennemi – violant ainsi une partie de ses engagements envers Kersten. Pourtant, il voit bien que le Führer se trouve dans une situation désespérée, et dès le 14 avril, il confiait au Gruppenführer Jürgen Stroop son impression qu'« Hitler se conduit bizarrement[10] » – un euphémisme que l'appel téléphonique du 22 avril vient tout juste de confirmer.

À l'inverse, Himmler se rêve en successeur du Führer, négociant un compromis avec l'Ouest qui lui permette de poursuivre la guerre contre l'Union soviétique. Mais il faudrait pour cela qu'Hitler consente à se retirer, car lui, Himmler, n'a pas le courage de le renverser. Bien sûr, il y a eu cette terrible crise de nerfs du 22 avril dans le bunker de la chancellerie, mais chacun sait parmi les familiers d'Hitler qu'il finit toujours par se ressaisir – ce qui semble justement en train de se produire. Et puis, une négociation avec les Alliés pose d'autres problèmes tout aussi insolubles : d'une part, même en surestimant très largement la valeur de sa coopération aux yeux des Anglo-Américains, il a pu constater que leurs représentants ne

* Dès le soir du 22 avril, par Hermann Fegelein, son agent de liaison auprès du Führer.

** C'est ainsi qu'a été assassiné le 25 mars l'avocat Franz Oppenhoff, qui avait accepté des Américains le poste de maire d'Aix-la-Chapelle.

montraient guère d'empressement à traiter avec lui; d'autre part, il ne sait trop comment s'y prendre: offrir une alliance antisoviétique à des Anglo-Américains qui viennent de réaffirmer à Yalta leur résolution de vaincre en partenariat étroit avec Staline, est-ce bien raisonnable? Et en admettant qu'il leur propose une capitulation, Himmler doit se rendre acceptable en tant qu'interlocuteur, ce qui crée de nouvelles interrogations: faut-il montrer sa bonne volonté en libérant un grand nombre de prisonniers, ou bien forcer les Alliés à le prendre au sérieux en gardant le plus d'otages possible? Pour l'heure, il a fait à la fois l'un et l'autre, en autorisant la mission des bus blancs du comte Bernadotte, tout en ordonnant le 27 mars au gauleiter de Vienne, Baldur von Schirach, d'amener les juifs de Vienne à Linz et à Mauthausen, car «ils sont mes plus précieux atouts[11]». Enfin, dominant tout cela, il y a la crainte d'Hitler, de Bormann, de Goebbels et de Kaltenbrunner, qui sape le moral et paralyse l'initiative; et parallèlement, il y a l'impérieuse nécessité de sauver sa peau une fois le Führer disparu. Le dilemme de Hamlet? Une simple bluette comparée à la tempête qui sévit sous le crâne rasé du Reichsführer…

En définitive, c'est Walter Schellenberg qui va le pousser à l'action: «Je lui ai reparlé de la possibilité d'un dernier entretien avec Bernadotte, même si j'ignorais où je pourrais joindre le comte à présent. Peut-être était-il encore à Lübeck. Himmler a décidé de m'y envoyer sur-le-champ.» Une fois sur place, Schellenberg apprend que Bernadotte est au Danemark, mais il réussit à le joindre et à lui ménager au consulat de Suède à Lübeck une entrevue avec Himmler, qui se tient finalement le 23 avril à vingt-trois heures. «Le courant électrique étant coupé, poursuit Schellenberg, la discussion s'est déroulée à la lumière des bougies, et nous l'avions à peine entamée que la sirène d'alarme a retenti, suivie d'une puissante attaque aérienne contre un champ d'aviation voisin. Il était déjà minuit lorsque nous avons pu quitter l'abri et reprendre l'entretien[12].»

Toutes choses que confirme le comte Bernadotte, en ajoutant : « Himmler, qui paraissait extrêmement fatigué et nerveux, faisait manifestement un gros effort pour présenter une apparence de calme. Le chef de la Gestapo a commencé par dire qu'il était très possible que Hitler soit déjà mort, et que s'il ne l'était pas encore, il ne manquerait pas de mourir au cours des prochains jours. [...] Berlin était cernée, et ce n'était qu'une question de jours avant que la ville ne tombe. [...] Il a reconnu que la situation était désespérée, que la guerre allait prendre fin et que l'Allemagne devait admettre sa défaite, mais il n'avait pu trahir son serment de fidélité au Führer. À présent, les choses étaient différentes ; il était très possible qu'Hitler soit déjà mort[13]. »

Cette répétition trahissant son souhait autant que son incertitude, Himmler poursuit :

« — La situation étant maintenant ce qu'elle est, je considère que j'ai les mains libres. Afin de préserver la plus grande partie possible de l'Allemagne d'une invasion russe, je suis disposé à capituler sur le front de l'Ouest, afin de permettre aux troupes des puissances occidentales d'avancer vers l'Est aussi rapidement que possible. Par contre, je ne suis pas prêt à capituler sur le front de l'Est. J'ai toujours été et je resterai toujours un ennemi juré du bolchevisme. [...] Accepteriez-vous de transmettre cette communication au ministre des Affaires étrangères suédois, afin qu'il puisse informer les puissances occidentales de ma proposition ?

Bernadotte : — Selon moi, il est tout à fait impossible de mettre en œuvre une capitulation sur le front de l'Ouest tout en poursuivant le combat sur le front de l'Est. Il est à peu près certain que l'Angleterre et l'Amérique refuseront de conclure avec l'Allemagne quelque accord séparé que ce soit.

Himmler : — Je comprends bien à quel point c'est difficile, mais je veux en tout cas essayer de préserver des millions d'Allemands d'une occupation soviétique.

Bernadotte: — Je ne suis pas disposé à transmettre votre communication au ministre suédois des Affaires étrangères, à moins que vous ne promettiez que le Danemark et la Norvège seront inclus dans la capitulation.

Et Bernadotte de noter: «Himmler a répondu sans hésiter qu'il était prêt à l'accepter*, et qu'il ne voyait pas d'objections à ce que des troupes américaines, britanniques et suédoises occupent le Danemark et la Norvège, [...] mais à condition que les troupes russes n'y participent pas. [...] Ayant à nouveau exprimé mon scepticisme quant à une acceptation de sa proposition de la part des puissances occidentales, je l'ai invité à écrire une brève missive au ministre des Affaires étrangères Günther. [...] Himmler s'est exécuté sans délai[14].»

Le Reichsführer évoque ensuite la possibilité d'une rencontre avec Eisenhower, puis fait remarquer que c'est là «le jour le plus amer de sa vie», après quoi il est convenu que Bernadotte rentrera en Suède au plus tôt et informera Schellenberg du succès – éventuel – de sa mission. Il est 2 h. 30 du matin lorsque les trois hommes sortent du consulat, et Himmler prend le volant – avec un résultat prévisible: «Il est parti si vite, notera Schellenberg, que nous avons d'emblée atterri dans un fossé, et qu'il nous a fallu un quart d'heure pour nous en extraire[15].» Et Bernadotte ajoutera: «En assistant à ce départ, notre secrétaire de légation Torsten Brandel et le comte Axel Lewenhaupt, notre attaché, ont convenu avec moi qu'il y avait quelque chose de symbolique dans la façon dont Himmler avait effectué sa sortie[16].»

Certes... Au cours de la journée du 24 avril, en tout cas, Schellenberg s'emploie à rassurer un Reichsführer déjà

---

* Curieusement, Bernadotte oublie de mentionner la concession majeure qu'il a obtenue d'Himmler: celui-ci autorise enfin tous les passagers des bus blancs retenus au Danemark à rejoindre la Suède.

effaré par la hardiesse de sa proposition aux Alliés*, tandis qu'à Stockholm, le ministre Günther reçoit le rapport de Bernadotte avec la lettre d'Himmler, en informe Kersten et transmet l'offre de capitulation aux ambassades américaine et britannique. Trois semaines plus tôt, Churchill écrivait bien à Eden: «*No truck with Himmler*** » – «pas question de traiter avec Himmler»[17] –, mais ce que propose maintenant le Reichsführer peut signifier la fin de la guerre, et ce n'est pas à prendre à la légère. D'abord séduit, Churchill envoie un long message au commandant suprême Eisenhower, qui ne peut supporter d'entendre le nom d'Himmler depuis sa première visite d'un camp de concentration deux semaines plus tôt***, et pense en outre aux complications qu'une capitulation partielle occasionnerait avec Staline; il répond donc à Churchill que cette offre lui apparaît comme «une dernière tentative désespérée de provoquer une rupture entre les Alliés[18]». Le cabinet de guerre britannique entrant dans ces vues, Churchill est déjà plus réservé lorsqu'il téléphone au nouveau président américain Harry Truman****:

«*Churchill*: — Avez-vous reçu le rapport de votre ambassadeur à Stockholm?

Truman: — Oui, seulement un bref message faisant état de la proposition.

Churchill: — Oui, bien sûr… Nous pensions qu'elle paraissait très attrayante. […]

---

* Avant de donner les ordres nécessaires pour que tous les prisonniers libérés par la Croix-Rouge puissent être transférés en Suède – 20 937 hommes, femmes et enfants de 22 nationalités.

** Ce *truck* est un ancien emprunt au français «troque» ou «troc»: échange.

*** À Ohrdruf, un camp satellite de Buchenwald. Eisenhower écrira peu après à son épouse: «Je n'aurais jamais imaginé qu'un tel degré de cruauté, de bestialité et de sauvagerie puisse exister dans ce monde.»

**** C'est leur première conversation téléphonique transatlantique depuis l'accession de Truman au pouvoir onze jours plus tôt; elle a été enregistrée à l'époque.

Truman : — Qu'a-t-il à céder ? Est-ce que cela inclut tout, la Norvège, le Danemark, l'Italie et la Hollande ?
Churchill: — Ils ont mentionné l'Italie et la Yougoslavie*. [...] Nous avons tout mentionné et inclus le Danemark et la Norvège. Tout le front de l'Ouest, mais il n'a pas proposé de reddition sur le front de l'Est. C'est pourquoi nous avons pensé qu'il serait peut-être nécessaire d'en informer Staline – naturellement, pour lui dire que nous estimions que la reddition devait être simultanée, afin d'être conforme à nos engagements.
Truman : — Je pense qu'il devrait être contraint de se rendre aux trois gouvernements, la Russie, vous et les États-Unis. Il me semble que nous ne devrions même pas envisager la possibilité d'une reddition partielle[19]. »

La conversation se termine donc sur un accord complet : aucune autre possibilité que la reddition simultanée et inconditionnelle aux représentants des trois puissances, et on attendra l'approbation de Staline pour charger les ambassadeurs Johnson et Mallet à Stockholm d'informer Bernadotte de cette décision – qu'il voudra bien relayer à l'agent de liaison d'Himmler. Il est vrai que les membres de la coalition antihitlérienne se sentent en position de force : le 25 avril, les armées de Joukov et de Koniev ont complété l'encerclement de Berlin, tandis que les troupes américaines et soviétiques ont fait leur jonction à Torgau, sur l'Elbe – coupant effectivement l'Allemagne en deux.

Au soir du 26 avril, l'ambassadeur américain Hershell Johnson invite le comte Bernadotte à venir prendre connaissance de la réponse du président Truman, qui tient en peu de

---

* Une des curiosités de cette conversation : rien dans le rapport de Bernadotte ne paraissait concerner l'Italie ou la Yougoslavie. Par ailleurs, Churchill mentionne que Schellenberg (qu'il appelle « le général Finisberg », puis « Herr Stinsberg ») aurait dit à Bernadotte que Hitler avait été « frappé d'une hémorragie cérébrale » – là encore, on ne trouve pas trace de cela dans les écrits de Schellenberg comme de Bernadotte.

mots : capitulation totale et inconditionnelle sur tous les fronts aux trois puissances, avec reddition des forces allemandes aux commandants alliés sur leurs théâtres d'opérations respectifs – le tout accompagné de cet avertissement : « En cas de poursuite de la résistance où que ce soit, les attaques alliées se poursuivront jusqu'à la victoire finale. » Bernadotte se rend ensuite au ministère des Affaires étrangères pour conférer avec Günther : « Le ministre m'a dit que si j'allais en personne présenter la réponse, une rupture dans les négociations pourrait être évitée, permettant ainsi de poursuivre les négociations au sujet d'une capitulation allemande en Norvège et au Danemark. Le 27 avril, j'ai donc pris l'avion pour Odense, où j'ai rencontré le Brigadeführer Schellenberg[20]. »

C'est sans plaisir que Schellenberg accueille la nouvelle vers 17 h. dans l'après-midi du 27 avril ; non seulement les Alliés refusent de négocier avec Himmler, mais encore la rumeur de son offre de reddition a fuité dans la presse*. Lorsqu'il appelle le Reichsführer peu après minuit pour le mettre au courant, Schellenberg ajoute que le comte voudrait le rencontrer à nouveau pour parler des forces armées allemandes au Danemark et en Norvège. Himmler refuse catégoriquement : cette affaire n'était qu'un prétexte pour négocier une reddition – voire une alliance – avec les Occidentaux ; pas de négociations, pas de capitulation des forces allemandes en Scandinavie : *ausgeschlossen*** ! En outre, Himmler, déçu et furieux, convoque sur l'heure Schellenberg à Lübeck.

Connaissant bien son supérieur, notre Brigadeführer commence à s'inquiéter sérieusement : « Il me fallait désormais considérer qu'Himmler me désignerait comme l'inspirateur de son initiative de paix et me rendrait responsable de son échec. Il était même possible que je sois liquidé. Pour me préserver, j'ai eu l'idée de contacter un astrologue qu'Himmler

* Sans vraiment attirer l'attention au début, car ce genre de rumeur non confirmée ne cessait de circuler depuis des semaines.

** C'est exclu !

connaissait personnellement et dont il avait une très haute opinion, pour le prier de m'accompagner[21]. »

On devine aisément de qui il s'agit ; effectivement, Wilhelm Wulff est convoqué à Lübeck dès le matin du 28 avril et aussitôt embarqué dans une Mercedes rouge carmin réquisitionnée, avec chauffeur et escorte SS. Ses impressions de voyage : « Le trajet vers Lübeck s'apparentait à une véritable tournée du front. Sur les routes de campagne, on dépassait des restes de voitures criblées de balles et incendiées par les attaques d'avions en piqué ; des blessés extraits des voitures en feu gisaient sur les bas-côtés ou poursuivaient péniblement leur chemin. [...] Derrière la gare d'Ahrensburg, on distinguait des rails arrachés, des trains déraillés, des wagons déchiquetés et émiettés par les bombes. [...] Le soleil de printemps jetait une lueur blafarde sur ce spectacle dantesque[22]. »

Au soir du 28 avril, la voiture parvient tout de même à Lübeck et Wulff est installé à l'hôtel Danziger Hof, qui abrite l'état-major de la section VI et le bureau de Schellenberg. Ce dernier arrive quelques heures plus tard, et Wulff poursuit ainsi son récit : « Schellenberg m'a dit en me saluant : "Faites en sorte que Himmler m'envoie à Stockholm ! Avez-vous amené tous les documents ?" Il paraissait très éprouvé et en manque de sommeil, il m'a tendu une main tremblante et m'a souri pour dissimuler sa peur. Pendant que les téléphones sonnaient, que les adjudants, les soldats SS et les ordonnances allaient et venaient sans cesse, il a commencé à me faire part de ses soucis : "Les puissances occidentales continuent à rejeter toute négociation avec Himmler, une reddition sans condition de la Wehrmacht et un armistice sont inacceptables. Comment en sortir ? À l'étranger, l'opinion publique est informée par Reuter de notre relation avec les Suédois et de la proposition d'Himmler*. Que dois-je dire au Reichsführer ?

* C'est exact : lors de la conférence de San Francisco, Eden l'a mentionnée en présence du directeur britannique de l'*Information Service*, qui l'a confiée à un journaliste de l'agence Reuter. La nouvelle a commencé à être

Il va me reprocher de l'avoir mis dans une situation délicate, car Hitler va le relever de ses fonctions. […] J'ai encore une chance : si le Reichsführer me laisse aller à Stockholm avec mission d'assurer le retour de nos troupes de Norvège, […] j'essaierai encore d'arranger quelque chose avec Bernadotte. […] Le Reichsführer va vous parler de cette affaire ; il cherche une porte de sortie[23]." »

On comprend bien l'intention : Wulff doit à nouveau faire parler les astres en faveur des projets – et du salut – de Schellenberg… L'astrologue se retire pendant une heure pour préparer ses dossiers, ses cartes, ses pendules et ses grimoires, après quoi les deux hommes se mettent en route pour le QG de campagne d'Himmler, établi dans une caserne à quelque distance de Lübeck. Ils y parviennent peu après minuit et sont introduits dans une salle d'attente caverneuse. Après un long moment, Himmler fait son entrée, un cigare à la bouche, et Wulff notera : « Son visage était enflé et rougi, ses paupières endolories ; il venait de dîner et son haleine sentait quelque peu le schnaps. Il nous a salués en grimaçant un sourire. Pour commencer, il a demandé à Schellenberg de lui faire un rapport. La nouvelle parue dans la presse l'avait beaucoup irrité, et il était persuadé qu'Hitler allait le relever de toutes ses fonctions et le faire arrêter. Il m'a demandé ce que les constellations le concernant avaient à dire de tout cela. J'ai posé sur la grande table tous les instruments qui m'étaient nécessaires, tandis qu'Himmler se mettait à parler : "Je reconnais maintenant, Herr Wulff, que vous m'aviez mis en garde sincèrement, en me conseillant de faire déposer Hitler et d'ouvrir des négociations d'armistice avec les Anglais. Maintenant, il est trop tard pour tout cela. Hitler va me faire arrêter. […] Que faire, que faire[24] ?" »

Wulff et Schellenberg tentent d'aiguiller la conversation sur l'affaire qui les intéresse, mais Himmler, dans un grand

---

diffusée par la BBC et reprise par la radio suédoise dans l'après-midi du 28 avril.

état d'excitation, se soûle de paroles. Enfin, Wulff, ayant longuement feuilleté son horoscope, l'interrompt : « Je lui ai indiqué qu'il avait encore une chance, à condition d'envoyer Schellenberg en Suède, pour qu'il reprenne les négociations avec Bernadotte et le ministre des Affaires étrangères suédois. Ensuite, à réception d'un message convenu avec Schellenberg, il pourrait quitter l'Allemagne et prendre la fuite. [...] Après que je lui ai donné mon analyse concernant l'alignement des planètes, il m'a seulement dit : "Est-ce tout ?" Puis Schellenberg s'est mis à lui exposer sa proposition et les nouvelles possibilités de négociations qui s'offriraient s'il était mandaté par Himmler pour conclure un accord avec la Suède concernant le retrait des troupes allemandes de Norvège, ce qui lui donnerait l'occasion de prier Bernadotte de ménager une rencontre entre Himmler et Eisenhower[25]. »

Bien sûr, tout cela est hautement fantaisiste à l'aube du 29 avril 1945 ; mais dans l'état où il se trouve, le Reichsführer est prêt à saisir n'importe quelle planche de salut, ainsi que le constate un Schellenberg très soulagé : « Contre toute attente, l'entretien s'est déroulé sans anicroches. Mon accompagnateur m'a secondé au mieux [...] et Himmler m'a même donné la permission de négocier avec le comte Bernadotte la fin de l'occupation allemande de la Norvège et l'internement des troupes allemandes en Suède jusqu'à la fin de la guerre. [...] Il s'est enfin déclaré prêt à me nommer son représentant personnel auprès du gouvernement suédois, afin de négocier un accord de paix pour toute la Scandinavie. À ce stade, il était encore certain de devenir très rapidement le successeur d'Hitler[26]. »

Ainsi donc, Himmler est terrifié à l'idée d'être arrêté par Hitler, et en même temps persuadé de lui succéder ? Ce n'est pas absolument déraisonnable – à condition toutefois que le Führer consente à mettre fin à ses jours, ainsi qu'il l'avait annoncé le 22 avril. Or, tout indique qu'il s'est ressaisi depuis lors, comme le maréchal Goering vient de le constater à ses dépens : dans l'après-midi du 23 avril, il avait câblé à Hitler depuis Berchtesgaden une proposition d'« assumer désormais lui-même la direction du Reich, avec les pleins pouvoirs à l'intérieur comme à l'extérieur » ; le Führer, sous l'influence de Martin Bormann, l'avait immédiatement privé de toutes ses fonctions, déchu de ses droits de succession et fait mettre aux arrêts[27]. C'est ce qui explique que Himmler puisse encore se considérer comme le seul successeur possible du Führer – et confier au ministre Albert Speer : « J'ai déjà pris contact avec diverses personnalités que je compte inclure dans mon cabinet. [...] Sans moi, l'Europe ne s'en sortira pas. Elle a encore besoin de moi comme ministre de la Police, pour maintenir l'ordre. Il me suffira d'une heure d'entretien avec Eisenhower pour le convaincre[28]. »

Dans l'intervalle, Hitler, penché sur une carte de Berlin, en est revenu à ses exercices favoris de théorie stratégique : la 9e armée du général Busse – qui s'était retrouvée cernée après qu'il lui eut interdit toute retraite – devait faire mouvement vers l'ouest et rejoindre la 12e armée de Wenck, qui déclencherait son offensive vers le nord pour briser le siège de Berlin. En attendant, la capitale arrêtera elle-même les hordes venues de l'est : avec 44 600 soldats épuisés, quelques chars à court d'essence, 42 500 hommes du Volkssturm hors d'âge, sans entraînement et misérablement équipés, 2 700 adolescents des Jeunesses hitlériennes et quelques centaines d'employés de l'Organisation Todt, elle tiendra en échec les 2 millions d'hommes de Joukov, Koniev et Rokossovski, soutenus par d'inépuisables réserves d'artillerie lourde, de chars et d'aviation...

Trois jours plus tard, l'Allemagne est certes coupée en deux, mais Hitler, prévoyant cette éventualité, avait fait constituer une administration militaire pour le nord du pays, avec à sa tête l'amiral Dönitz*, et une autre pour le sud, sous l'autorité

* Avec autorité sur l'Allemagne du Nord, les Pays-Bas, le Danemark et la Norvège.

du maréchal Kesselring*. Pour ce qui est de la défense de Berlin, il ne peut y avoir qu'un seul commandant suprême : le Führer lui-même. Alors que les Soviétiques n'avancent que prudemment vers le centre de la capitale en ruine, Hitler compte toujours sur une percée de la 12e armée de Wenck ; venue de l'ouest, elle est déjà signalée aux abords de Potsdam, tandis que la 9e armée de Busse a ordre de rompre le combat à l'est pour venir renforcer l'offensive de Wenck, et que les troupes du général Holste doivent se frayer un chemin vers le sud pour opérer leur jonction avec l'armée Wenck devant Berlin.

Ainsi, depuis son abri souterrain, au milieu des poussières de béton, des effluves de transpiration, de tabac**, de soufre, de diesel et de toilettes bouchées, au son des terribles explosions qui font trembler le bunker, Hitler affirme que l'encerclement sera brisé et que les Soviétiques connaîtront une défaite historique devant la capitale du Reich ! L'aviatrice Hanna Reitsch, arrivée dans le bunker au soir du 26 avril***, décrira ainsi le Führer aux abois : « Pendant toute la journée du 27 et du 28 avril, il planifiait mentalement les tactiques que pourrait employer Wenck pour libérer Berlin. Il marchait de long en large dans le bunker, en agitant une carte routière qui se délitait rapidement sous la sueur de ses mains, et il organisait la campagne de Wenck devant toute personne qui se trouvait à portée de voix[29]. » Bien entendu, l'exercice est purement fantasmatique : l'armée Wenck ne comprend plus que trois divisions d'infanterie, sans blindés ni artillerie ; la 9e armée de Busse, avec treize divisions sévèrement étrillées, est pratiquement

* En charge de l'Allemagne du Sud, de l'Italie, de la Bohême-Moravie et de la Hongrie.

** L'entourage s'est mis à fumer ouvertement dans le bunker, et Hitler n'y prête plus attention.

*** En compagnie du général Ritter von Greim, que Hitler a décidé de nommer commandant en chef de la Luftwaffe, en remplacement du maréchal Goering.

cernée à l'ouest de l'Oder, et personne ne sait au juste où se trouvent les troupes de Holste…

C'est vers 21 h. au soir du 28 avril que la nouvelle tombe : le chef-adjoint du service de presse Heinz Lorenz entre dans le bunker avec un message de l'agence Reuter, diffusé par la BBC : le Reichsführer SS Heinrich Himmler a proposé une reddition aux Alliés, qui ont refusé*. « Hitler, rapportera Hanna Reitsch, est entré dans une fureur démente. Sa face s'est empourprée et est devenue méconnaissable. […] Après cette longue explosion de rage, il est tombé dans une sorte de léthargie[30]. » Elle sera de courte durée, car cette nuit-là, Hitler se lance dans une frénésie d'activité : peu avant minuit, il fait fusiller Hermann Fegelein, l'agent de liaison d'Himmler** ; à 1 h.30 au matin du 29 avril, il rend visite au tout nouveau maréchal Ritter von Greim, à qui il ordonne de rejoindre l'aérodrome de Rechlin pour faire couvrir l'entrée de Wenck dans Berlin avec toute l'aviation disponible ; après quoi il ajoute : « Voilà la première raison pour laquelle vous devez quitter le bunker. La seconde est qu'il faut arrêter Himmler. » Hanna Reitsch, qui est présente aux côtés de von Greim***, se souviendra que « dès qu'Hitler a mentionné le chef des SS, sa voix s'est cassée et ses lèvres comme ses mains se sont mises à trembler. Son ordre à Greim était que si Himmler avait réellement pris les contacts annoncés**** et pouvait être retrouvé, il devait être arrêté sans délai : “Il ne faut en aucun cas qu'un traître me succède en tant que Führer ! Vous devez sortir pour faire

---

* Des informations en ce sens étaient déjà relayées par la radio suédoise depuis le début de l'après-midi, mais Hitler n'y avait pas ajouté foi.

** Ce sinistre individu, époux de la sœur d'Eva Braun, avait été arrêté la veille lors d'une tentative de fuite en compagnie de sa maîtresse. Au soir du 28 avril, une cour martiale improvisée le condamne à mort pour haute trahison : il paiera pour Himmler.

*** Dont elle est la maîtresse.

**** Une expression intéressante, qui montre qu'en dépit de tout, Hitler n'en était pas tout à fait sûr – ou refusait encore d'y croire…

en sorte de l'en empêcher[31]" ». Ritter von Greim et Hanna Reitsch parviendront par miracle à quitter Berlin en pleine nuit, à bord d'un avion d'entraînement Arado 96.

Mais pour Hitler, cette nuit est loin d'être terminée ; vers 2 h.30, immédiatement après son mariage hâtif avec Eva Braun, le Führer dicte un « testament politique » par lequel il désigne comme successeur le grand-amiral Dönitz*, puis « expulse du parti et déchoit de tous ses droits l'ancien Reichsführer SS Heinrich Himmler » – avant une ultime condamnation balbutiante de ses deux vieux complices : « Goering et Himmler, par leurs négociations secrètes avec l'ennemi, à mon insu et sans mon approbation, ainsi que par leurs tentatives illégales de prendre le pouvoir dans l'État, sans parler de leur traîtrise à mon égard, ont couvert d'une honte ineffaçable le pays et le peuple tout entier[32]. »

Cette journée du 29 avril est celle d'un homme qui va prendre congé ; il met ses affaires en ordre, envoie trois émissaires porter des copies de son testament à Dönitz, à Schörner et à la Maison brune de Munich**, brûle ses derniers papiers, remercie son personnel, reçoit quelques officiers qui vont tenter de forcer le blocus de la capitale, donne des instructions pour la disposition de son corps et fait empoisonner sa chienne Blondi. Pourtant, à 11 h. du soir, il envoie encore ce message au quartier général temporaire de l'OKW à Dobbin*** : « Au général Jodl, chef de la section des opérations de l'OKW : 1° Où est l'avant-garde de Wenck ? 2° Quand arrivera-t-elle ? 3° Où est la 9e armée ? 4° Où est le groupe de combat de Holste ? 5° Quand arrivera-t-il[33] ? » La réponse va parvenir au bunker peu avant 3 h. au matin du 30 avril : « Armée de Wenck toujours contenue au sud de Potsdam et hors d'état

* Et lui compose d'avance son gouvernement, avec Goebbels comme chancelier, Bormann comme ministre du Parti et Seyss-Inquart comme ministre des Affaires étrangères.

** Aucun d'eux n'arrivera à destination.

*** Dans le Mecklemburg, près de Rostock.

de poursuivre son offensive vers Berlin. 9e armée encerclée. Groupe de combat Holste acculé à la défensive[34]. »

Même Hitler doit se rendre à l'évidence : il n'y a plus d'espoir. Peu avant midi, lors de la conférence de situation, les généraux Weidling et Mohnke, commandants de Berlin et de la « citadelle », estiment que la bataille de Berlin sera terminée le soir même ; les Soviétiques se sont emparés de l'Alexanderplatz, de la Potsdamerstrasse, de la Wilhelmstrasse, et ne sont plus qu'à 300 mètres du bunker. Le moment est venu : peu avant 15 h.30, le Führer et sa compagne Eva Braun mettent fin à leurs jours. Trois heures plus tard, alors que leurs cadavres achèvent de se consumer dans le jardin de la chancellerie, Goebbels et Bormann câblent à l'amiral Dönitz qu'il a été désigné comme successeur d'Hitler ; mais le fait que le Führer ne fait plus partie des vivants n'est nulle part mentionné dans le télégramme…

Depuis qu'il a pris congé de Wulff et de Schellenberg au petit matin du 29 avril, Himmler a repris le cours tortueux de ses activités : exhortations répétées à faire pendre les déserteurs et les défaitistes pour plaire au Führer, limitation de l'activité des Werwolf pour éviter de provoquer les Alliés, offres de négociations sur la Scandinavie pour tenter de les séduire, regroupement de prisonniers pouvant servir d'otages pour garantir son propre avenir. Mais au milieu de cette politique de Gribouille, il reste une constante : quels que soient les rappels à l'ordre d'Hitler et les efforts de Kaltenbrunner comme de « Gestapo Müller », les camps de concentration ne sautent pas et les centaines de milliers de prisonniers qui s'y trouvent encore ne sont pas liquidés. Pour quelle raison ? Parce que le Reichsführer ne l'a toujours pas ordonné ! Pour honorer la promesse faite à son « Bouddha magique », dont il pourrait encore avoir besoin ? Parce qu'il n'a plus rien à y gagner – pas même l'estime du Führer, qu'il a perdue irrémédiablement depuis deux mois ? Parce que ce n'est pas le meilleur moyen d'entamer une négociation avec les Alliés ? Parce qu'il a bien d'autres préoccupations – à commencer par celle d'assurer sa propre survie ? Il y a sans doute un peu de tout cela, mais toujours est-il qu'entre le 22 et le 30 avril, Sachsenhausen, Flossenbürg, Dachau, Ravensbrück et leurs centaines de camps satellites sont abandonnés « intacts » aux Américains, aux Anglais et aux Soviétiques.

À ce stade, Himmler est toujours installé dans la grande caserne de police près de Lübeck ; n'ayant pas été arrêté, il en déduit qu'Hitler est désormais isolé du monde extérieur, hors d'état de se faire obéir, ou même déjà mort. Dès lors, le Reichsführer se remet à la tâche pour constituer son gouvernement* et sert dorénavant de conseiller officieux à l'amiral Dönitz, basé à Plön** et toujours en charge de l'administration militaire dans la zone nord de l'Allemagne. L'amiral, resté un soutien inconditionnel d'Hitler, a besoin, pour maintenir l'ordre dans son secteur et pour résister aux attaques ennemies, d'un homme expérimenté comme Himmler – et surtout de ses effectifs : le Reichsführer n'est-il pas ministre de l'Intérieur, chef de la Gestapo, du service de renseignement, de trente-huit divisions SS, de l'armée de réserve et de la Feldgendarmerie ? Et puis, depuis l'arrestation de Goering six jours plus tôt, personne dans les milieux militaires ne doute que Heinrich Himmler sera le successeur d'Hitler. C'est pourquoi, en cette fin d'après-midi du 30 avril 1945, Dönitz tombe de très haut en lisant le câble de la chancellerie l'informant qu'il a été désigné, lui, Dönitz, comme successeur du Führer.

L'amiral a naturellement été informé par Bormann et von Greim de l'ordre d'arrestation lancé contre Himmler, mais comme pratiquement tous les militaires allemands, il n'a

* Parmi les nombreuses personnes pressenties depuis quelques jours, il y a eu Speer, Seyss-Inquart, Dönitz et même Léon Degrelle – pour le poste de ministre des Affaires étrangères !

** À 37 kilomètres de Lübeck.

aucune confiance en Bormann, et le couple von Greim/Hanna Reitsch lui a paru passablement hystérique; et puis, comment arrêter le Reichsführer? L'autorité de Dönitz en Allemagne du Nord est toute théorique, la Wehrmacht n'obéit qu'à l'OKW, la Kriegsmarine n'est pas la police, et la police est aux ordres… de Heinrich Himmler. Pas d'arrestation donc, mais l'amiral doit bien annoncer au Reichsführer la nouvelle qu'il vient de recevoir. L'acceptera-t-il? Dönitz convoque Himmler tard dans la soirée du 30 avril, et à tout hasard, il glisse un pistolet Browning sous des papiers empilés sur son bureau[35]…

Il n'en aura pas besoin; arrivé à Plön vers minuit – avec une escorte de six officiers SS armés jusqu'aux dents –, Himmler est introduit chez l'amiral, qui lui offre poliment une chaise: «Je lui ai tendu le télégramme annonçant ma nomination, se souviendra Dönitz. "Veuillez lire ceci", lui ai-je dit. […] Alors qu'il lisait, une expression d'étonnement, et même de consternation, est apparue sur son visage; il est devenu très pâle. Pour finir, il s'est levé, s'est incliné et m'a dit: "Permettez-moi d'être le second homme de votre État[36]."» De fait, la proposition lui semble logique: l'amiral Dönitz étant politiquement innocent, il aura besoin à ses côtés d'un homme expérimenté, disposant en outre de tous les instruments de renseignement et de maintien de l'ordre indispensables pour gouverner. Mais Dönitz a suffisamment de jugement pour éviter d'inclure dans son futur gouvernement un homme aussi compromettant – même s'il le lui annonce certainement avec davantage de prudence qu'il le prétendra dans ses Mémoires[37]. Malgré tout, Schellenberg retrouvera le lendemain matin un Reichsführer «qui envisageait de quitter la scène politique et parlait même de se suicider[38]». C'est en cette fin de matinée du 1er mai, peu après l'amiral Dönitz mais six heures avant le peuple allemand, qu'ils vont tous deux apprendre la mort d'Hitler*.

* Un premier radiotélégramme assez explicite a été expédié le 1er mai à 7 h 30 et reçu à Plön à 10 h 53: «Le testament est maintenant en vigueur.»

La suite est brève et simple : avec un gouvernement comprenant des personnalités modérément compromises dans les crimes du régime précédent, une légitimité incertaine* et un pouvoir fragile**, l'amiral Dönitz va tenter l'impossible : poursuivre la résistance militaire, tout en négociant les conditions d'une reddition permettant de faire évacuer des millions d'Allemands menacés par l'avancée de l'Armée rouge. Mais après la chute de Berlin, avec les Anglais à Hambourg, les Soviétiques à Rostock et les Américains à Wittenberg, les zones qu'il contrôle se réduisent inexorablement, et il doit transporter le siège de son gouvernement à Flensburg, tout près de la frontière danoise. Himmler lui-même doit évacuer en catastrophe son QG de Lübeck, quelques heures seulement avant l'arrivée des troupes britanniques. Sur la route de Kiel, il rencontre le chef rexiste belge Léon Degrelle, dans des circonstances fort peu protocolaires : « Nous étions enfoncés, en pleine nuit du 2 mai 1945, dans la gadoue d'un champ ténébreux, racontera Degrelle. À cinq cents mètres devant nous, un millier d'avions alliés achevait d'anéantir la ville de Kiel. Tout sautait par paquets clairs comme du métal en fusion, rendant plus noire encore la nuit dans laquelle nous nous recroquevillions. "*Mein lieber Degrelle*, vous devez survivre. Tout changera vite. Vous devez gagner six mois. Six mois…" Il me fixait de ses petits yeux fureteurs, derrière ses besicles qui luisaient à chaque gerbe des explosions[39]. » À l'évidence, Himmler attend toujours la confrontation américano-soviétique qui le rendra indispensable*** !

Le second, parti du bunker à 15 h 30 et signé Goebbels, précisera : « Le Führer est mort hier à 15 h 30. »

* Elle repose sur trois radiotélégrammes, dont aucun n'est signé du Führer ; personne à l'époque ne verra le texte du testament.

** La Wehrmacht n'a juré fidélité qu'à Hitler, et son attitude depuis la disparition du Führer est difficilement prévisible. Himmler, lui, a toujours une escorte de 150 hommes et des régiments SS stationnés dans tout le Schleswig-Holstein.

*** Toujours l'influence du Führer, qui ne cessait depuis trois mois de prédire cette confrontation.

« Himmler, écrira Walter Lüdde-Neurath, l'aide de camp de Dönitz, revint encore à différentes reprises à notre quartier général, par exemple pour participer aux conférences sur les pays occupés les 3 et 4 mai. Il soutint encore le 4 mai que la Norvège et la Bohême constituaient des gages et des atouts précieux pour les négociations au sujet de la capitulation. [...] Il se croyait seul qualifié pour entrer en pourparlers avec Montgomery et Eisenhower. À l'en croire, ceux-ci n'attendaient personne d'autre que lui ; avec ses SS, il constituait un "élément d'ordre en Europe centrale" dont on ne pouvait se passer. Le conflit entre l'Orient et l'Occident allait si rapidement s'aggraver que les SS et lui redeviendraient dans les trois mois "l'aiguille de la balance"[40]. »

Au soir du 4 mai, l'amiral von Friedeburg, envoyé par Dönitz, a signé avec le maréchal Montgomery un acte de capitulation partielle englobant toutes les forces allemandes stationnées dans le nord-ouest de l'Allemagne, les Pays-Bas et le Danemark. À Flensburg, le Reichsführer est resté un conseiller de moins en moins écouté et de plus en plus encombrant, jusqu'à ce 6 mai où l'amiral Dönitz lui fait savoir qu'il est démis de toutes ses fonctions ; et Himmler s'incline : Hitler disparu, ses SS dispersés, sa police impuissante, son sauveur très loin, ses ennemis très près et les astres obstinément muets, il ne lui reste plus ni ressort ni volonté...

Walter Schellenberg, lui, peut encore rendre des services ; le comte Schwerin von Krosigk, ministre des Affaires étrangères du gouvernement provisoire de l'amiral, le nomme ministre plénipotentiaire pour négocier à Stockholm la reddition de l'armée d'occupation en Norvège. C'est à ce titre qu'il part pour Stockholm et renoue ses relations avec le comte Bernadotte. Les tractations sont difficiles, car Schellenberg peine à faire reconnaître son autorité par les Suédois, les Britanniques, les Norvégiens et même le général Boehme, commandant des troupes allemandes en Norvège. Et puis, le 7 mai, il est informé que le général Jodl, envoyé à Reims par l'amiral Dönitz, a signé le matin même une capitulation générale des forces allemandes ; elle prendra effet le lendemain à vingt-trois heures, et inclut naturellement la Wehrmacht en Norvège. « À partir de ce moment, conclura sobrement Schellenberg à la dernière ligne de ses Mémoires, mes services ne furent plus requis[41]. »

Ce 7 mai 1945 est à Stockholm un jour de liesse ; après six très longues années, la guerre en Europe est enfin terminée. Felix Kersten, qui l'a mieux connue que n'importe quel Suédois, s'apprête à participer pleinement aux réjouissances populaires. Mais peu après midi, il reçoit un appel téléphonique ; c'est le comte Bernadotte, qui l'informe que Walter Schellenberg est son hôte et désire le voir. Kersten se rend aussitôt en taxi à la propriété du comte, dans l'île huppée de Djurgården. Les retrouvailles sont plus que cordiales ; Kersten et Schellenberg s'étaient quittés à Hartzwalde au petit matin du 21 avril, la tempête avait soufflé très fort en Allemagne durant les quinze jours suivants, mais pour finir, elle les avait déposés tous deux sains et saufs sur les rivages de la Suède. Les deux hommes sortent pour deviser dans le parc de la propriété, et Schellenberg, ayant conté à Kersten ses plus récentes aventures, mentionne que le comte Bernadotte lui a promis de l'aider à s'installer en Suède et de le protéger contre toute tentative des Alliés de le faire extrader* ; après quoi il demande à Kersten ce que sont ses projets d'avenir.

« — Je compte rester en Suède et m'y faire une patientèle. C'est un beau pays et je m'y plais bien.

Schellenberg lui fait remarquer qu'après tout ce qu'il a fait pour la Suède et pour la Hollande, il devrait être le bienvenu dans les deux pays – après quoi il ajoute :

---

* En plus d'avoir été le chef des services de renseignement d'une organisation classée comme criminelle, Schellenberg a participé à l'affaire de Venlo en novembre 1939, lorsque les deux agents secrets britanniques Best et Stevens ont été enlevés et emprisonnés en Allemagne.

— Ne pourriez-vous attester que, pendant toute la guerre, j'ai toujours été prêt à vous aider dans votre entreprise de secours humanitaire au bénéfice de la Finlande, de la Hollande, de la Suède, de la Norvège, de la France, de la Belgique, du Luxembourg, etc., et que je l'ai toujours fait de façon désintéressée ?

Kersten répond sans hésitation :

— Ça, je pourrai toujours le certifier. Votre aide et celle de Brandt m'ont été particulièrement précieuses pour sauver les sept Suédois de Varsovie, et lors du transport des quelque 20 000 prisonniers des camps de concentration, vous m'avez été d'un grand secours quand Kaltenbrunner tentait d'y faire obstacle. […] Et puis, je n'oublierai jamais que votre lettre d'août 1944 m'a sauvé la vie, lorsque Kaltenbrunner m'a tendu une embuscade sur la route de Berlin[42]. »

Après quelques autres évocations des dangers qu'ils ont affrontés ensemble, Schellenberg demande à Kersten s'il accepterait de le soigner à nouveau, car ses maux d'estomac l'ont repris. La réponse allant de soi, les deux hommes se séparent avec la plus grande cordialité, et Kersten retourne à son appartement de la rue Linné, en traversant avec peine les foules compactes qui célèbrent le retour de la paix. Pour Kersten comme pour Schellenberg, voilà donc une histoire de dangers, de sauvetages, de courage et d'amitié qui se termine bien – en apparence…

Chapitre XIV
Gratitude différée

À Stockholm, le 8 mai 1945, Schellenberg se rend au cabinet du 8, Linnégatan pour reprendre un traitement longtemps interrompu. À son thérapeute, qui se double d'un ami éprouvé, il se confie sans retenue : le comte Bernadotte lui a promis de l'aider à s'établir en Suède avec sa famille et de le protéger contre toute demande d'extradition de la part des Alliés ; la comtesse a même parlé de l'emmener aux États-Unis et de le présenter à des gens influents*. Felix Kersten, à qui la vie a ôté bien des illusions, lui demande si toutes ces promesses sont entièrement désintéressées, mais Schellenberg tient à le rassurer :

« — En fait, Bernadotte ne me demande rien d'autre que de confirmer qu'il a été l'unique planificateur et exécutant de l'action de sauvetage en Allemagne.

— Ce n'est pas là une mince exigence, répond Kersten ; et puis, ce serait une grossière falsification, car cette action de sauvetage est l'œuvre de l'État suédois par l'intermédiaire du ministre des Affaires étrangères Christian Günther, avec mon appui. Bernadotte n'a eu là-dedans qu'un rôle accessoire.

Schellenberg semble gêné :

— Oui, je le sais bien. J'ai été avec vous dans cette affaire dès le début, et je sais aussi que personne n'aurait pu la mener à bien si vous n'aviez pas persuadé Himmler de

* La comtesse Bernadotte, née Estelle Manville, est issue d'une famille américaine extrêmement riche et influente ; elle est aussi très ambitieuse pour son époux.

l'importance de coopérer avec Christian Günther. Sans votre influence sur Himmler, rien n'aurait pu se faire. Mais je me trouve dans une situation difficile, Herr Kersten, et je ne vois pas d'autre issue[1]. »

Ainsi, nécessité fait loi… Lors du traitement le lendemain 9 mai, Schellenberg confie à Kersten que Bernadotte s'apprête à écrire un livre sur l'expédition des bus blancs, qui paraîtra dans environ six semaines, car le comte estime qu'« il faut battre le fer tant qu'il est chaud ». Lui, Schellenberg, aidera à la rédaction et renforcera par son témoignage la crédibilité du récit de Bernadotte. Kersten lui demande s'il est bien avisé de sa part de couvrir un mensonge, car tôt ou tard, la vérité finira par se savoir, mais Schellenberg le rassure : Bernadotte est un membre de la famille royale, il a d'excellents contacts dans la société suédoise et il « contrôle » de nombreux politiciens et journalistes ; de plus, son épouse est très riche et a beaucoup de relations. Le monde entier le remerciera et l'honorera pour son action. Kersten veut savoir s'il a déjà écrit le témoignage que lui a demandé Bernadotte.

« — Non, pas encore ; mais réfléchissez-y, Herr Kersten, et gardez le silence sur tout cela ; c'est plus sûr pour vous. Il ne serait pas sage de s'opposer au comte Bernadotte, car il pourrait vous faire des difficultés. Même si vous êtes finlandais, votre situation en Suède n'est pas aussi sûre que vous pourriez le croire. C'est en tout cas ce que Bernadotte m'a dit[2]. »

Dans l'intervalle, notre thérapeute a pu constater que les maux dont souffrait son patient n'avaient rien d'anodin, et de fait, lorsque Schellenberg revient le lendemain, il se plaint de fortes douleurs abdominales. Malgré tout, ayant été dûment chapitré par le comte Bernadotte, il tient à s'acquitter de sa mission et reprend son plaidoyer : Kersten serait bien avisé de faire comme lui et de confirmer que Bernadotte a été l'unique concepteur et exécutant de l'opération de sauvetage ; cela lui épargnera bien des difficultés à l'avenir, car il peut très bien être expulsé de Suède. Kersten demande s'il lui dit tout cela à l'instigation de Bernadotte, à quoi Schellenberg répond que c'est ainsi qu'il a compris la chose, et c'est pourquoi il se permet de lui donner un bon conseil. L'ayant remercié de sa sollicitude, Kersten lui répète que l'opération de sauvetage a été entreprise par Christian Günther au nom du peuple suédois, et que « l'on peut difficilement la faire passer pour une expédition privée menée à bien par un chef d'organisation de transport, même lorsque son nom se trouve être celui du comte Bernadotte »... Schellenberg en est parfaitement conscient, mais il préfère placer la question sur un autre plan : Kersten devrait penser à sa situation précaire, et considérer aussi que Bernadotte étant un personnage influent, ses recommandations pourraient lui être utiles pour obtenir de nouveaux patients. Kersten répond en riant : « N'ayez aucune inquiétude pour mon avenir, cher Schellenberg ; je ne doute pas que même en Suède, mon travail sera apprécié sans aucune recommandation de Bernadotte[3]. »

Lorsque Schellenberg revient le lendemain matin, il est toujours plein d'optimisme ; Bernadotte lui a de nouveau promis de s'occuper de son avenir et de tout régler pour le mieux, car les Anglais et les Américains lui font une confiance aveugle et lui sont reconnaissants. En outre, ses amis lui ont déjà assuré qu'il recevrait le prix Nobel de la paix – les démarches préliminaires à cet effet étant déjà en train. « Plus Bernadotte montera, conclut Schellenberg, plus je serai en sécurité. »

Peu après la fin du traitement, le comte s'annonce pour reconduire Schellenberg. Il fait le tour de la salle de séjour en examinant les tableaux qui y sont accrochés, puis il dit à Kersten :

« — *Herr Medicinalråd**, c'est naturellement Himmler qui vous a offert ces tableaux, après les avoir volés dans les musées hollandais.

* Version suédoise du titre finnois *Medizinälrat* et de l'allemand *Medizinalrat.*

Kersten, surpris, répond qu'il n'a jamais reçu le moindre cadeau de valeur de la part d'Himmler, et ajoute :

— J'ai acheté ces tableaux avant la guerre – de mes propres deniers.

Mais ce n'est pas ce que le comte veut entendre, et avant de prendre congé, il lance sur un ton sarcastique :

— Je ne savais pas qu'on pouvait gagner tant d'argent dans votre profession[4] ! »

Un bref échange qui laisse à Kersten une impression désagréable ; il n'a encore rien vu…

Le 13 mai, Schellenberg revient se faire soigner ; il n'habite plus chez le comte, mais dans un petit appartement de la banlieue de Saltsjö-Duvnäs, et il est toujours aussi confiant : le comte et la comtesse ont promis de l'emmener aux États-Unis à l'automne. Kersten, qui s'est probablement entretenu avec le ministre Günther dans l'intervalle, tente de tempérer son enthousiasme : quoi que lui ait fait miroiter Bernadotte, il est sans doute exclu que les Américains accordent un visa d'entrée au subordonné d'Himmler, membre d'une organisation criminelle et chef d'un service d'espionnage de surcroît ; imaginer le contraire serait très naïf, et Schellenberg ne devrait pas croire tout ce que Bernadotte lui raconte.

C'est sans doute une sage mise en garde, car le 17 juin 1945, en dépit de toutes les promesses et sans même avoir eu le temps de faire ses bagages, l'ancien Brigadeführer est embarqué dans un Dakota et livré au quartier général allié de Francfort-sur-le-Main[5], d'où il est rapidement transféré en Grande-Bretagne ; il y sera interrogé sans excès d'amabilité et dans les conditions de confort rudimentaires du camp 020 à Richmond, près de Londres*. Kersten ne le reverra plus jamais, au grand regret de l'ami comme du médecin – qui notera peu après : « Sa vésicule biliaire est en mauvais état, et il pourrait

* Schellenberg se considérera comme trahi par le comte Bernadotte, mais ce professionnel du renseignement a surtout été trahi par sa propre naïveté en imaginant que la Suède pouvait refuser de le livrer aux Alliés.

avoir un cancer s'il n'est pas soigné régulièrement par moi[6]. » Et malheureusement pour Walter Schellenberg, les diagnostics du docteur Kersten sont toujours d'une redoutable précision.

Les plans de campagne de Bernadotte ne le sont pas moins : avec le concours de Schellenberg et de son nègre littéraire Ragnar Svanström[7], le comte a mis les bouchées doubles, et le 16 juin, six semaines à peine après la fin de la guerre en Europe, on annonce la publication de son ouvrage, *Slutet – La Fin –*, avec un sous-titre aussi modeste que concis : *Mes négociations humanitaires en Allemagne au printemps de 1945 et leurs conséquences politiques*. Une traduction anglaise paraît simultanément à Londres, sous le titre *The Fall of the Curtain – Le Baisser de rideau** –, l'ensemble étant accompagné d'une publicité tapageuse et de la publication des bonnes feuilles dans le *Daily Telegraph*. Quant au contenu du livre, il correspond parfaitement à ce que Schellenberg en avait laissé prévoir : Bernadotte a été l'unique concepteur, organisateur, négociateur et transporteur de l'opération des bus blancs, qui a permis de sauver au moins 20 000 personnes. Au niveau de la conception, le nom de Ditleff n'apparaît qu'en pointillé, Günther, Engzell et von Post sont pratiquement effacés, tandis que Hillel Storch disparaît entièrement**[8]. Au niveau de l'expédition proprement dite, on trouve bien le colonel Gottfrid Björck, qui a commandé l'ensemble de l'opération sur le terrain, mais on cherchera en vain les noms de Hans Arnoldsson, Sven Frykman, Harald Folke et Gerhard Rynberg, qui ont tout de même mené les convois vers les divers camps de concentration, en déployant des prodiges de courage et de diplomatie pour se faire remettre les prisonniers. Enfin, au niveau des négociations en Allemagne, l'ambassadeur Richert, Norbert Masur et Rudolf Brandt sont entièrement exclus du récit,

---

* Avec toutefois un sous-titre plus discret : *Les derniers jours du IIIe Reich*.

** L'historien suédois Sune Persson reconnaîtra sobrement qu'« il est évident que Bernadotte a joué lors de cette phase un rôle modeste ». Les autres phases auraient probablement justifié un constat similaire…

de même que l'homme qui a ménagé aux Suédois un accès à Himmler, qui a décidé ce dernier à recevoir Bernadotte et à mettre Schellenberg à sa disposition, et qui a obtenu du Reichsführer les neuf dixièmes des concessions dont se prévaut à présent le comte : on aura reconnu le Medizinalrat Felix Kersten... Évidemment, si tous ces personnages avaient reçu leur dû, le lecteur se serait sans doute demandé ce qu'avait été dans cette affaire le rôle exact de l'auteur du livre*. Mais il faut en lire l'introduction pour voir Bernadotte atteindre le sommet de la tartuferie : « C'est avec beaucoup d'hésitation et à la suite de nombreuses demandes que je me suis résolu à rédiger le récit de ce que j'ai vécu lors de mes activités au service de la Croix-Rouge en Allemagne durant les derniers mois de la Seconde Guerre mondiale**. »

Pour faire connaître ses exploits, ce grand modeste n'a rien négligé – pas même les contradicteurs éventuels : deux jours seulement avant la parution de l'ouvrage, Kersten a reçu un appel téléphonique de Bernadotte le prévenant que s'il s'avisait de contester sa version des événements, il serait expulsé vers la Finlande. À l'issue de cette conversation, le comte se vantera même auprès de Schellenberg d'avoir appelé Kersten et de l'avoir « mis K.O.[9] ». De fait, Kersten est catastrophé ; son épouse se souviendra qu'il était « hors de lui » et « se sentait traqué comme un gibier[10] ». Ne sachant que faire, il appelle à l'aide le baron van Nagell, qui prend rapidement les choses en main : il obtient l'assurance du ministre Günther qu'une extradition de Kersten est hors de question, après quoi le baron va lui-même rendre visite à Bernadotte au siège de la

---

* En dehors bien sûr de son rôle de représentation – le plus précieux à ce stade pour la Suède en général et pour la famille royale en particulier.

** Folke Bernadotte, *Sidste Akt*, Copenhague, Gyldendalske Boghandel, 1945, p. 7. C'est la version danoise de *Slutet*, en tout point conforme à la version suédoise. Par contre, la version anglaise *The Fall of the Curtain* comporte des différences appréciables et des traductions bâclées, comme ce « à 5 h. dans l'après-midi du 19 février » qui devient en anglais : « à 5 h. dans l'après-midi du 12 février » (p. 19).

Croix-Rouge, et il résumera leur entretien en ces termes : « Je n'ai pu le voir que cinq minutes, mais cela a suffi. [...] Il m'a dit que les activités du docteur Kersten ne présentaient aucun intérêt pour la Suède, [...] mais il a reconnu sans difficulté que c'était le docteur Kersten qui avait sauvé tous ces gens, et que lui-même s'était contenté d'organiser leur transport vers la Suède*. Il a même admis que, si Kersten n'avait pas réussi à obtenir la libération des prisonniers des camps de concentration, les bus de la Croix-Rouge seraient rentrés vides en Suède[11]. »

Mais que vaut un aveu glissé en privé face à des torrents de publicité ? En Suède seule, il se vend dans les dix premiers jours 67 000 exemplaires de *Slutet*, et il y aura vingt rééditions avant la fin de 1945 ! L'ouvrage est traduit en dix-huit langues, et Bernadotte, sacré « prince de la paix », devient mondialement célèbre. Au cours des mois suivants, il est fait successivement commandeur et grand-croix de l'ordre suédois de l'Étoile du Nord, grand-croix de l'ordre de la Couronne belge, grand-croix de l'ordre polonais *Polonia Restituta*, commandeur de la Legion of Merit américaine, grand-croix de l'ordre du Dannebrog danois, grand officier de la Légion d'honneur française, chevalier grand-croix de l'ordre néerlandais d'Orange-Nassau, commandeur de première classe de l'ordre norvégien de Saint-Olav, grand-croix de l'ordre finlandais de la Rose blanche, etc. *ad infinitum*. Il reçoit des doctorats *honoris causa* d'innombrables universités européennes et américaines, ainsi que des déluges d'hommages et de cadeaux d'anciens prisonniers polonais, norvégiens, danois, yougoslaves, néerlandais, roumains, belges, français et juifs de divers pays, tous persuadés de lui devoir leur libération. Enfin, le 1er janvier 1946, il est nommé président de la Croix-Rouge suédoise, succédant ainsi, sous les acclamations, à son oncle le prince Carl Bernadotte.

* Encore est-ce là une estimation généreuse de son rôle dans l'affaire, car l'organisateur des transports sur le terrain était le colonel Gottfrid Björck.

Felix Kersten, lui, est très loin de tout cela; depuis des mois, il se trouve en butte aux attaques d'anciens nazis*, de communistes, de sociaux-démocrates** et d'obligés du comte Bernadotte. Or, cette alliance contre nature produit un véritable barrage de désinformation propre à compromettre durablement Kersten aux yeux de l'opinion: cet ancien médecin d'Himmler n'est pas finlandais, mais allemand; on l'aurait vu en uniforme SS pendant la guerre; son domaine de Hartzwalde lui a été offert par le Reichsführer; ses actions de sauvetage lui ont permis de s'enrichir considérablement; il possède des tableaux de grands maîtres hollandais, qu'il a volés dans les musées des Pays-Bas vers 1941-1942; il a « été appelé à Berchtesgaden pour pétrir le corps du Führer[12] »; c'est un charlatan, dont les diplômes sont faux et qui exerce illégalement la médecine; il y aurait dans les archives de Nuremberg des documents compromettants pour lui; le maréchal Goering lui a donné des terres pour agrandir son domaine, etc.[13]. Il est difficile à un homme seul de se défendre contre des insinuations aussi absurdes, relayées par une campagne de presse allant du *Dagens Nyheter* à l'*Expressen* – et souvent acceptées sans esprit critique par des hommes ayant pourtant les moyens de s'informer; ainsi, Sven Grafström, directeur-adjoint de la section politique du ministère suédois des Affaires étrangères, note dans son journal: « Pour moi, Kersten est un criminel de guerre, ni plus ni moins[14] » – et jusqu'à l'ambassadeur de Sa Majesté Sir Victor Mallet, qui écrivait dès février 1945 dans un rapport au Foreign Office: « Je connais Kersten comme un nazi et un homme absolument mauvais[15]. »

* Les agents d'influence suédois de Joseph Goebbels, très introduits dans les milieux de la presse, avaient pour consigne dès 1943 de dénoncer Kersten – considéré par Goebbels comme l'homme d'Himmler en Suède. Depuis la défaite du Reich, ces agents se sont apparemment recyclés en changeant de commanditaires – et en gardant certaines habitudes.

** Les communistes en sont restés à la participation de Kersten aux opérations de libération antibolcheviques vingt-six ans plus tôt; et dans l'après-guerre, les sociaux-démocrates suédois sont assez largement à la remorque des communistes.

Pour Kersten, tout cela est dramatique, car il a déposé en janvier 1945 une demande de naturalisation pour lui et sa famille, et il n'a toujours pas reçu de réponse. Dès lors, il peut parfaitement être expulsé, comme l'en avait menacé le comte Bernadotte – qui pèse d'ailleurs de tout son poids pour que la nationalité suédoise lui soit refusée[*16]. On comprend bien la logique du comte – sinon sa moralité : une fois Kersten devenu suédois, rien ne l'empêcherait de dénoncer la supercherie que constitue son best-seller *Slutet*, et le *Baisser de rideau* prendrait alors un sens tout différent... Folke Bernadotte a naturellement l'approbation du roi son oncle, même si Felix Kersten avait obtenu en son temps la libération des personnes inscrites sur une certaine liste royale[**] : que pèsent les services passés, lorsqu'il s'agit des intérêts présents du royaume de Gustave V – et de la gloire de son neveu ?

Malgré tout, il y a Christian Günther, pour qui Kersten a travaillé avec tant de zèle depuis 1943 ; le ministre ne peut-il intervenir en faveur de son ancien agent ? En vérité, c'est ce qu'il fait à plusieurs reprises[***17], mais il n'a plus guère d'influence ; c'est qu'à Stockholm, en juillet 1945, la coalition d'union nationale a été remplacée par un gouvernement exclusivement social-démocrate, avec pour ministre des Affaires étrangères l'ancien recteur Östen Undén – qui a aussitôt fait place nette dans son ministère : Günther a été nommé ambassadeur à Rome, Boheman vient d'être envoyé à Paris et von Post à Ankara, tandis que l'ambassadeur Richert est relégué à la chambre de commerce de Stockholm. C'est que Undén,

* Ainsi qu'il ressort clairement d'un rapport de l'ambassadeur van der Vlugt au ministre néerlandais des Affaires étrangères le 18 octobre 1948.

** Voir *supra*, p. 242 et 250.

*** Notamment par cette lettre à Gösta Engzell en date du 4 novembre 1948 : « Il ne fait aucun doute que Kersten a accompli une mission absolument incroyable en sauvant tant de gens des griffes des exterminateurs nazis. [...] En outre, on peut dire sans aucune exagération que c'est grâce à son intervention que la grande action de sauvetage menée par Bernadotte a pu voir le jour. »

membre de l'aile gauche du parti social-démocrate, prétend que l'Union soviétique est un «État de droit», parle du «monde dit libre» et veut établir des relations privilégiées avec les camarades soviétiques. Dans le cadre d'une politique étrangère plutôt servile, il refusera même d'exiger de Moscou la libération de Raoul Wallenberg, héros de Budapest et citoyen suédois appartenant à l'une des plus grandes familles du pays*. On imagine donc l'empressement que mettrait le nouveau ministre à faire extrader cet encombrant thérapeute finlandais, pour peu que les Soviétiques l'exigent; mais par chance, Staline, qui a fort à faire ailleurs, se désintéresse complètement de Felix Kersten. Dès lors, le chef du renseignement néerlandais en Suède, F.Th. Dijkmeester, peut écrire à ses supérieurs aux Pays-Bas le 22 novembre 1945: «La présence de Kersten à Stockholm est tolérée, du moins aussi longtemps qu'il se tient à l'arrière-plan[18].» On comprend bien de quoi il s'agit.

La Finlande n'est pas même une option, car depuis l'armistice de septembre 1944, elle est étroitement encadrée par une «commission de contrôle» essentiellement soviétique**, et les nouveaux hommes forts – le Premier ministre Paasikivi, le ministre de la Justice Kekkonen et le ministre de l'Intérieur (communiste) Leino – doivent mener une politique nettement favorable à Moscou. De tous ceux avec qui Kersten avait travaillé si étroitement pendant la guerre, le ministre des Affaires étrangères Witting est décédé, tandis que le président Ryti, le Premier ministre Rangell et l'ambassadeur Kivimäki ont été mis en jugement sur l'insistance des Soviétiques, accusés de «crimes contre la paix» et condamnés à plusieurs années de prison. Que Felix Kersten rentre en Finlande, et il ne manquerait pas de les suivre…

---

* Il ira même plus loin et s'en prendra à certains parents de Raoul Wallenberg, qui avaient déclaré publiquement que les Soviétiques mentaient en prétendant ne pas savoir où se trouvait le jeune diplomate.

** Dirigée par l'homme de Staline – et futur organisateur du Kominform – Andreï Jdanov.

Mais pourquoi Kersten, si mal vu en Suède et *persona non grata* en Finlande, ne va-t-il pas s'installer aux Pays-Bas, ainsi qu'il en rêvait pendant toute la guerre ? La réponse est simple : il y est encore plus mal vu qu'en Suède, et sa sécurité n'y serait pas assurée ! Car pour les Hollandais, la cause est entendue : ce Felix Kersten, accueilli en leur sein pendant douze ans, les a ensuite trahis en passant du côté des *Moffen*[*] ; n'a-t-il pas été vu bien des fois à La Haye en compagnie d'Himmler, de Rauter, de Mussert et de Seyss-Inquart ? N'a-t-il pas participé à leurs conciliabules et à leurs banquets ? Comment se fait-il qu'il n'ait pas encore été fusillé comme Mussert, ou suicidé comme Rost van Tonningen[**] ? Ils n'ont évidemment aucun moyen de savoir que ses visites étaient suivies de libérations de dizaines de résistants, et ceux-ci n'ont jamais su à qui ils devaient leur salut – comme le rappelleront par exemple le professeur Gerke ou le diplomate Herman von Roijen : leurs geôliers n'avaient pas pris la peine de leur expliquer les raisons de leur libération – qu'ils ignoraient d'ailleurs eux-mêmes ; ils leur avaient seulement dit de prendre leurs affaires, de déguerpir et de se faire oublier… Quant aux informateurs de Kersten chez l'ennemi, comme Schijf et Nieuwenhuis, à qui tant de résistants devaient la vie, ils ont toujours affaire à la justice : n'ont-ils pas été membres du NSB ? Dans tous les pays d'Europe récemment libérés, bien des héros anonymes connaissent à l'époque cette spirale infernale, comme la résistante belge Hélène Moszkiewiez, infiltrée dans la Gestapo et qui faillit être lynchée après la libération de Bruxelles, ou l'actrice et agent double suédo-norvégienne Sonja Wigert, qui ne sera réhabilitée que vingt-cinq ans après sa mort[***]. Au sujet

---

* Qualificatif méprisant, très proche de « boches » ou de « doryphores » en France à la même époque.

** Qui s'était jeté dans le vide depuis le deuxième étage de la prison de Scheveningen le 6 juin 1945 ; beaucoup pensaient qu'il y avait été aidé, parce qu'il en savait trop.

*** Ou encore le jeune Norvégien Gunvald Tomstad, dont l'extraordinaire histoire est relatée dans Per Hansson, *Det største Spillet*, Oslo, Gyldendal,

de Kersten, l'ambassadeur van Nagell écrit à un ami depuis Stockholm : « Je lui ai conseillé à plusieurs reprises de *ne pas* aller en Hollande sans invitation. [...] Avant son voyage en Hollande, il doit être "nettoyé*"[19]. »

C'est précisément à quoi s'emploie Maurits de Beaufort**, l'un des rares Néerlandais à connaître les services rendus par Felix Kersten – et à pouvoir en faire état. Au début de 1946, cet ancien chef de réseau, sachant que la princesse héritière Juliana doit se rendre à Stockholm au printemps, a envoyé à sa secrétaire vingt-neuf pages de documents, tous traduits en néerlandais, pour lui faire connaître l'activité de Kersten au bénéfice de la Hollande durant la guerre[20]. Ce ne sera pas un succès : la secrétaire n'a pas le temps de lire, la princesse non plus, et lorsque celle-ci décore 193 personnalités au Grand Hôtel de Stockholm le 9 avril 1946, Felix Kersten, après avoir assisté à la remise solennelle de la grand-croix de l'ordre d'Orange-Nassau au comte Bernadotte, doit se contenter de la médaille de la Croix-Rouge en argent – alors qu'il avait reçu la même (en or) des mains du prince Hendrik douze ans plus tôt ! Pour la famille princière des Pays-Bas, c'est une simple négligence ; pour la haute société suédoise, c'est un désaveu cinglant infligé à ce personnage déjà controversé ; mais pour Felix Kersten, c'est, de son propre aveu, « presque un arrêt de mort[21] ».

Déjà très déprimé, notre homme se débat en outre avec de sérieux problèmes financiers ; il a une famille à nourrir et un coûteux logement à payer, alors que ses patients se font rares. Il a demandé au gouvernement suédois le remboursement de ses frais de voyage entre la Suède et l'Allemagne, ce qui est bien le moins pour un chargé de mission « extraordinaire » du ministère suédois des Affaires étrangères ; mais

---

1965. (Version française abrégée : *Risquer plus que la vie*, Paris, Albin Michel, 1967.)

* *Gezuiverd.*

** Voir *supra*, p. 194.

le gouvernement socialiste de Hjalmar Branting ne reconnaissant pas les obligations secrètement contractées par le gouvernement de coalition de Per Albin Hansson, Kersten est tout simplement éconduit. Il se met en devoir d'écrire ses Mémoires, à partir des notes griffonnées au crayon qu'il a rapportées d'Allemagne et fait dactylographier en Suède[22]. Le résultat sera une version suédoise, *Samtal med Himmler* – Dialogue avec Himmler, publiée en 1947, et une version néerlandaise, *Klerk en Beul* – Clerc et Bourreau*, sortie l'année suivante ; sans être contradictoires, les deux récits sont souvent confus, parfois fantaisistes**[23], mais toujours passionnants et remarquablement documentés. Malgré tout, en Suède comme aux Pays-Bas, ils rencontreront un succès très limité.

Pour ce rescapé d'un genre particulier, la guerre n'est pas une affaire entièrement soldée ; par la presse, il a appris le sort réservé aux plus mauvais acteurs de la pièce qui s'est jouée sous ses yeux : la capture et le suicide de Heinrich Himmler***, la pendaison de Kaltenbrunner, de Ribbentrop et de Seyss-Inquart, la disparition de « Gestapo Müller**** », le suicide de Glücks, l'arrestation de Pohl et l'interminable procès de Rauter*****. Mais certains de ses anciens « associés » ayant également à répondre de leurs actes, Kersten tient à

---

* Il y a eu également une première édition américaine, *The Memoirs of Doctor Felix Kersten*, New York, Doubleday, 1947, « rédigée par Herma Briffault » avec beaucoup d'erreurs et dans un esprit sensationnaliste que Kersten a catégoriquement désavoué.

** Notamment lorsqu'ils relatent le projet de déportation vers l'Est de l'ensemble du peuple néerlandais en 1941, que Kersten aurait décidé Himmler à abandonner. Le but de cette retouche à l'histoire était manifestement de rentrer en grâce auprès des autorités néerlandaises – alors que les services effectivement rendus auraient dû suffire amplement… *A contrario*, Kersten passe sous silence des exploits parfaitement attestés, comme son intervention du 7 avril 1945 auprès d'Himmler pour éviter le dynamitage de Bergen-Belsen – d'où l'impression de confusion susmentionnée.

*** Arrêté par les Britanniques près de Luneburg le 22 mai 1945, il a avalé une capsule de cyanure le lendemain, après avoir été reconnu.

**** Qui ne sera jamais retrouvé.

***** Qui sera finalement fusillé à Scheveningen en mars 1949.

leur venir en aide : il témoigne ainsi en faveur de Nieuwenhuis, de Flick et de Gottlob Berger – à qui il évite sans doute la corde en évoquant son refus d'abattre 5 000 aviateurs alliés[24] ; il mène aussi une longue campagne en faveur de Rudolf Brandt, inculpé lors du « procès des médecins », et va jusqu'à en appeler au président Truman pour obtenir sa grâce – tout cela en vain, car le petit secrétaire, sans qui Kersten n'aurait rien pu faire, sera pendu à la prison de Landsberg en juin 1948 : sa signature figurait au bas des documents les plus compromettants dictés par le Reichsführer*.

Trois mois plus tard, Kersten apprend la disparition d'un autre figurant de la grande tragédie qui vient de s'achever : à la suite du succès phénoménal du *Baisser de rideau* et de la glorification de son auteur, le « prince de la paix » Folke Bernadotte a été nommé en mai 1948 médiateur des Nations unies pour la Palestine. À peine proclamée l'indépendance de l'État d'Israël, celui-ci s'est trouvé confronté aux armées égyptiennes, syriennes, irakiennes et transjordaniennes. Bernadotte, arrivé au Caire le 25 mai, est parvenu en deux semaines à faire accepter une trêve par les belligérants, et pendant tout l'été, il a mené des négociations serrées avec toutes les parties en vue d'un règlement d'ensemble du conflit. Mais le 17 septembre 1948, à Jérusalem, le comte est assassiné par des activistes de la faction extrémiste juive Lehi – un attentat que le Premier ministre Ben Gourion dénoncera devant la Knesset comme « l'œuvre de gangsters »**. À la suite de ce forfait triplement gratuit***, Bernadotte est élevé au rang de martyr de la paix, et trois mois seulement après sa mort, le journaliste britannique

* Notamment concernant les expériences médicales dans les camps de concentration.

** Avant de qualifier le Lehi d'organisation terroriste et d'en annoncer la dissolution.

*** Le plan de règlement était loin d'être achevé, le gouvernement provisoire de l'État d'Israël avait déjà annoncé qu'il ne le lierait en aucune façon, et aux termes mêmes de sa charte, l'Organisation des Nations unies n'avait aucun moyen de l'imposer.

Ralph Hewins pourra écrire dans une première biographie passablement hagiographique que « Bernadotte a été aussi proche d'un saint qu'un être humain peut l'être », avant d'ajouter qu'une de ses plus grandes vertus était qu'« il n'essayait jamais de s'attribuer les mérites des autres »[25] – sans doute le seul hommage qu'il fallait absolument éviter de rendre à l'immortel auteur du *Baisser de rideau* !

Après cela, les obligés du comte, les nostalgiques du IIIe Reich et les progressistes en tous genres s'obstinent à rendre précaire le séjour en Suède de Felix Kersten – qui n'obtient toujours pas la nationalité suédoise. Mais le plus inattendu étant toujours le plus certain, c'est de Hollande que va venir l'annonce du salut : à la fin de 1947, le professeur Posthumus, membre de l'Académie des sciences et fondateur du tout nouveau Nederlands Instituut voor Oorlogsdokumentatie – Institut néerlandais de documentation sur la guerre –, examinant *ex officio* le cas du « collaborateur nazi » Felix Kersten, en a retiré l'impression que tout n'était pas clair dans cette affaire ; il s'en est donc ouvert au Premier ministre Willem Drees, qui l'a chargé de nommer une commission restreinte* et d'établir un rapport préliminaire sur la question. À cette époque, le Parlement néerlandais vient lui-même de mettre sur pied une commission d'enquête sur l'ensemble de la politique du gouvernement royal en exil pendant les années de guerre, et cette commission va examiner de près les efforts faits par les autorités et leurs agents pour secourir la population restée au pays ou emprisonnée en Allemagne ; par la force des choses, elle sera donc amenée elle aussi à s'intéresser au cas de Felix Kersten.

Le professeur Posthumus prend sa mission très au sérieux, se rend en Suède, en Finlande, en Allemagne, et

* Elle sera composée de trois membres : l'ancien secrétaire général du ministère des Affaires étrangères Snouck-Hurgronje (président), le premier secrétaire de l'ambassade des Pays-Bas à Paris van Schelle et le professeur Rüter, de l'université de Leyde.

va s'entretenir dans les geôles de Nuremberg avec Brandt, Berger, Schellenberg*[26], Ohlendorf et même Harster – l'ancien bras droit de Rauter, toujours aussi remonté contre ce « foutu médecin finlandais » qui lui a arraché tant de prisonniers[27]. Il prend contact avec des résistants néerlandais, norvégiens, belges et danois, ainsi qu'avec les représentants suédois du Congrès juif mondial, qui viennent de certifier que « Kersten a sauvé quelque 100 000 personnes de diverses nationalités, dont environ 60 000 juifs [...] au péril de sa vie. [...] Il a également pu faire en sorte que Himmler accepte l'envoi de colis de vivres aux juifs des camps de concentration, ce qui a permis de sauver de nombreuses vies. [...] Kersten ne nous a jamais refusé son aide, si difficile qu'ait été la situation[28] ». En octobre 1948, le professeur Posthumus pousse même la conscience professionnelle jusqu'à soumettre un échantillon de l'écriture de Kersten à une « psycho-graphologue » du nom de Rose Raake, dont l'expertise sur le profil de celui qu'elle connaît seulement sous le nom de « Heer X » se révèle édifiante : « Au moment où il écrit ces lignes, le rédacteur se sent très déprimé, comme si le sol se dérobait sous ses pieds. [...] Il y a en lui quelque chose de subtil, comme féminin. C'est ce dévouement, cette impulsion naturelle à se donner, à aider les autres, en quelque sorte à tendre la main pour assister, qui donne une impression de féminité[29]. » Voilà des jugements peu conformes aux élucubrations américaines ultérieures sur la théorie du genre, mais susceptibles d'en réconcilier plus d'un avec la graphologie !

Quoi qu'il en soit, le professeur Posthumus remet son rapport d'étape au Premier ministre Drees le 2 septembre 1948. Ce très long document passe en revue les relations de Kersten avec Himmler, Schellenberg et Brandt, mais aussi

---

* Qui lui parle d'un Kersten « excellent psychologue » et thérapeute sans égal, en ajoutant avec un brin de nostalgie : « Lui et moi, nous travaillions souvent ensemble. Quand l'un se trouvait en difficulté auprès d'Himmler, l'autre se précipitait pour lui venir en aide. »

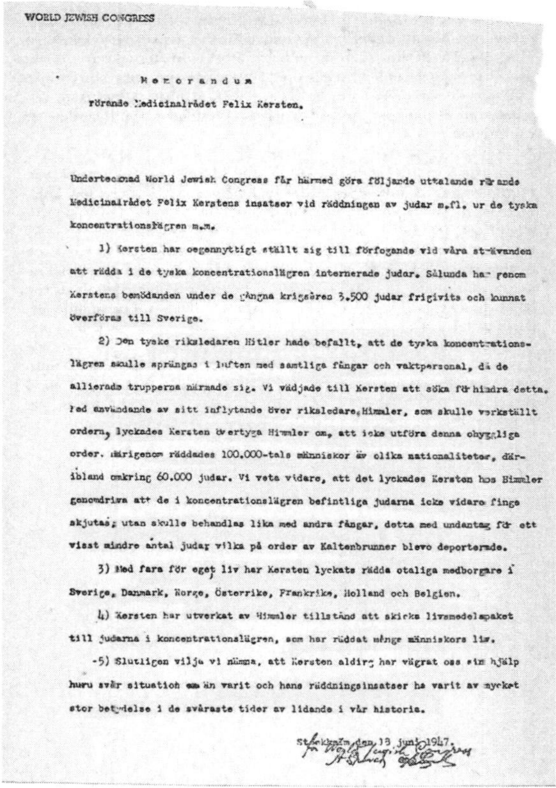

WORLD JEWISH CONGRESS

Memorandum

rörande Medicinalrådet Felix Kersten.

Undertecknad World Jewish Congress får härmed göra följande uttalande rörande Medicinalrådet Felix Kerstens insatser vid räddningen av judar m.fl. ur de tyska koncentrationslägren m.m.

1) Kersten har oegennyttigt ställt sig till förfogande vid våra strävanden att rädda i de tyska koncentrationslägren internerade judar. Sålunda har genom Kerstens bemödanden under de gångna krigsåren 3.500 judar frigivits och kunnat överföras till Sverige.

2) Den tyske riksledaren Hitler hade befallt, att de tyska koncentrationslägren skulle sprängas i luften med samtliga fångar och vaktpersonal, då de allierade trupperna närmade sig. Vi vädjade till Kersten att söka förhindra detta. Med användande av sitt inflytande över riksledare Himmler, som skulle verkställt ordern, lyckades Kersten övertyga Himmler om, att icke utföra denna ohyggliga order. Därigenom räddades 100.000-tals människor av olika nationaliteter, däribland omkring 60.000 judar. Vi veta vidare, att det lyckades Kersten hos Himmler genomdriva att de i koncentrationslägren befintliga judarna icke vidare finge skjutas, utan skulle behandlas lika med andra fångar, detta med undantag för ett visst mindre antal judar vilka på order av Kaltenbrunner blevo deporterade.

3) Med fara för eget liv har Kersten lyckats rädda otaliga medborgare i Sverige, Danmark, Norge, Österrike, Frankrike, Holland och Belgien.

4) Kersten har utverkat av Himmler tillstånd att skicka livsmedelspaket till judarna i koncentrationslägren, som har räddat många människors liv.

5) Slutligen vilja vi nämna, att Kersten aldrig har vägrat oss sin hjälp huru svår situationen än varit och hans räddningsinsatser ha varit av mycket stor betydelse i de svåraste tider av lidande i vår historia.

Stockholm den 18 juni 1947.

Mémorandum de la section suédoise du Congrès juif mondial, Stockholm, le 18 juin 1947.

« Les soussignés, représentants du Congrès juif mondial, déclarent ce qui suit au sujet des actions du Medicinalråd Felix Kersten en faveur du sauvetage des juifs et d'autres prisonniers des camps de concentration allemands.

1) […] Au cours des années de guerre, les efforts de Kersten ont abouti à ce que 3 500 juifs soient libérés et transférés en Allemagne.
2) Le chancelier Hitler avait ordonné de faire sauter les camps de concentration, avec tous les prisonniers et leurs gardiens, dès l'approche des Alliés. Nous avons fait appel à Kersten pour qu'il tente de l'empêcher. En usant de son influence auprès du Reichsführer Himmler, qui devait exécuter cet ordre abominable, Kersten est parvenu à le convaincre de s'en abstenir, sauvant ainsi quelque 100 000 personnes de diverses nationalités, dont environ 60 000 juifs. Nous savons également qu'il est parvenu à persuader Himmler d'arrêter de faire fusiller des juifs détenus dans les camps de concentration et de les traiter comme les autres prisonniers, à l'exception d'un petit nombre de juifs qui ont été déportés sur ordre de Kaltenbrunner.
3) Au péril de sa propre vie, Kersten est parvenu à sauver d'innombrables sujets suédois, danois, norvégiens, autrichiens, français, néerlandais et belges.
4) Kersten a pu faire en sorte que Himmler accepte l'envoi de colis de vivres aux juifs des camps de concentration, ce qui a permis de sauver de nombreuses vies.
5) Pour finir, nous voudrions mentionner que Kersten ne nous a jamais refusé son aide, si difficile qu'ait été la situation, et ses entreprises de sauvetage ont revêtu une importance considérable durant cette période de souffrance suprême dans notre histoire.

Pour le Congrès juif mondial, Signé : Spivak et Storch. »

avec Günther, Bernadotte*, Knulst et l'ambassadeur van Rechteren Limpurg ; à la dernière page, on trouve ceci : « Le travail accompli par le docteur Kersten mérite notre admiration. Au milieu d'un environnement de plus en plus terrifiant, il a cherché inlassablement à faire triompher l'humanitarisme. » Et après avoir rappelé tous les services rendus à la Hollande, depuis la libération de résistants jusqu'à la préservation de Clingendael, le professeur conclut sobrement : « Le gouvernement et le peuple lui sont hautement redevables[30]. »

Une semaine plus tard, Posthumus transmet son rapport à la commission d'enquête parlementaire, qui a déjà entamé ses auditions. L'un des premiers convoqués est le baron van Nagell, qui raconte ainsi sa première rencontre avec Felix Kersten : « Il nous faisait l'effet d'un curieux personnage, qui voulait aider tout le monde et sortir les gens des camps de concentration. [...] Le lieutenant Knulst s'est renseigné auprès du Secret Service, des Français et des Américains, [...] et pour finir, il m'a dit que Kersten n'était pas un nazi, pas un espion, qu'on pouvait parfaitement lui faire confiance et l'utiliser pour sauver des gens[31]. »

Mais la commission s'intéresse surtout à l'activité des diplomates et fonctionnaires néerlandais lorsqu'elle convoque Kersten lui-même le 15 septembre 1948 ; les parlementaires de la sous-commission veulent savoir pourquoi leur ambassade à Stockholm n'a pas été en mesure de lui fournir des listes complètes de prisonniers néerlandais à faire libérer, ni de faire parvenir à ceux-ci des colis de vivres. Kersten confirme que le lieutenant Knulst n'a pu lui donner que 94 noms, et lui a annoncé, après s'être informé auprès de l'ambassade, qu'il n'était pas possible d'envoyer des colis de vivres.

---

* Avec à la page 14 cette mention intéressante : « Bernadotte a été, pourrait-on dire sans excès d'amabilité, le garçon de course de Kersten – l'homme que Bernadotte ne connaît pas dans son livre. »

« *Le président*: Et il n'a pas dit pourquoi ?

M. Kersten: [...] Il m'a dit qu'ils n'avaient pas d'argent [...].

M. Hoogcarspel: Mais à Londres, il devait forcément y avoir de l'argent disponible à cet effet.

M. Kersten: Bien sûr, ce n'était pas si cher. [...] Un colis pour les juifs coûtait entre trente et quarante couronnes.

Le président: Vous êtes donc d'avis que du côté hollandais, on aurait très bien pu envoyer des colis de vivres ?

M. Kersten: Oui, et c'est ce que je voulais.

Le président: Et vous considérez aussi que l'on aurait pu faire libérer davantage de gens, si l'on avait eu leur adresse ? Par ailleurs, pouvait-on envoyer des colis à des Hollandais sans avoir leurs noms* ?

M. Kersten: Oui, c'est ce qui a été fait pour les juifs, et ce qui aurait très bien pu être fait pour les Hollandais. Si vous tenez compte du fait que pour les nazis, les plus grands ennemis étaient les juifs, et que malgré tout, Himmler a consenti à ce qu'on leur envoie des colis de vivres, vous imaginez bien qu'il l'aurait certainement fait aussi pour les Hollandais.

Le président: Donc, s'il a admis que les juifs reçoivent des paquets, même lorsque leurs noms n'étaient pas indiqués, il l'aurait également fait pour les Hollandais ?

M. Kersten: Cela va de soi. Il a aussi donné son accord pour les Norvégiens et les Danois.

Le président: Avec ou sans noms ?

M. Kersten: Avec et sans noms.

M. Hoogcarspel: Dans le cas des juifs, il semblerait qu'Himmler ait donné son accord le 19 avril 1945, alors que

---

* Pendant toute la discussion, il y a deux questions différentes, mais apparentées : celle des adresses de prisonniers à libérer et celle des noms de prisonniers pouvant recevoir des colis de vivres.

pour les Norvégiens et les Danois, il l'avait donné plus tôt. Par conséquent, dans le cas des Hollandais, cela aurait pu aussi être organisé beaucoup plus tôt.

M. Kersten: Naturellement, mais c'est précisément du 19 avril qu'il s'agit; la plupart des gens dans les camps de concentration sont morts vers la fin d'avril, et les colis pour les juifs sont arrivés juste à temps. Auparavant, ce n'était pas aussi important. Bien sûr, c'était important et nécessaire, mais pas au même degré qu'en avril[32]. »

Le président demande ensuite à Kersten s'il s'est préoccupé du sort ultérieur de ceux qu'il avait fait libérer.

«*M. Kersten*: Non, à partir du moment où ils étaient en Suède, cela ne me regardait plus. »

C'est ce qui réintroduit la question du rôle de Bernadotte*:

«*Le président*: Vous avez donc demandé à Himmler de recevoir Bernadotte ?

M. Kersten: Oui, j'ai prié Himmler de le recevoir aimablement, et de lui concéder tout ce dont nous étions convenus, lui et moi.

Le président: Mais Bernadotte n'aurait-il pu entrer en contact avec Himmler par un autre moyen ? Par l'intermédiaire de l'ambassade de Suède, par exemple ?

M. Kersten: Aucun ambassadeur étranger n'a jamais parlé à Himmler. C'était un personnage très isolé en Allemagne.

Le président: Pourquoi ?

M. Kersten: Il était renfermé, il avait peur des gens. [...] Il tenait avant tout à passer inaperçu.

Le président: Ainsi, Bernadotte n'aurait jamais pu entrer en relation avec lui, si vous ne l'y aviez pas aidé ?

M. Kersten: Non, ce n'était pas possible[33]. »

---

* Qui n'a plus que deux jours à vivre au moment de cette audition.

Pourtant, ce n'est pas cela qui intéresse au premier chef les membres de la commission d'enquête. Au fil des auditions, ils commencent à soupçonner qu'il a régné au sein de la représentation néerlandaise à Stockholm entre 1944 et 1945 un certain degré de nonchalance, voire de négligence : des listes de noms et d'adresses de prisonniers hollandais qui ont disparu quelque part entre Londres et Stockholm, des colis de vivres qui auraient pu leur être envoyés et ne l'ont pas été, un médecin finlandais bien introduit auprès des Allemands comme des Suédois, mais dont on a refusé les services – tout cela indispose sérieusement les honorables parlementaires, et le 19 août 1949, l'ancien ambassadeur des Pays-Bas en Suède Willem Constantijn van Rechteren Limpurg est auditionné par la commission :

« *Le président* : Les listes dont je parle [...] portaient les noms de milliers de prisonniers des camps de concentration ; elles vous étaient destinées. À présent, la question est de savoir si elles vous sont parvenues ou non.

M. Stokvis : En tout cas, la question ne vous a pas fait suffisamment impression pour vous rester en mémoire. »

Voilà qui conclut un interrogatoire serré au sujet des colis de vivres et des listes de noms d'internés. Issu de la plus ancienne noblesse batave et décoré sous toutes les coutures, le comte van Rechteren Limpurg n'est guère coutumier de telles interpellations, et il est passablement déstabilisé ; mais le pire est à venir :

« *Le président* : J'aimerais bien que vous nous disiez ce que vous aviez – et éventuellement avez encore – contre le médecin Kersten.

M. van Rechteren Limpurg : Je n'ai rencontré Kersten qu'une seule fois, et je ne me souviens plus très bien de quoi nous avons parlé. La rencontre a été très courte. [...] Le fait qu'il était le médecin d'Himmler nous rendait prudents. [...]

Le président: Vous saviez tout du long qu'il était en relation avec les organes gouvernementaux suédois, afin de faire libérer des gens.

M. van Rechteren Limpurg: Oui.

Le président: Et malgré cela, vous n'avez pas voulu coopérer avec lui. Pourquoi pas, dès lors que les Suédois le faisaient et qu'il y avait une chance que cela permette de sauver des milliers de Néerlandais ? [...] Quelles étaient vos raisons ? Voilà une question qui nous occupe depuis des années. [...]

M. Stokvis: Vous l'avez vu une fois, et à cette occasion, Kersten vous a dit de prendre des renseignements sur lui auprès du ministre Günther. L'avez-vous fait ?

M. van Rechteren Limpurg: Il a dit cela ?

M. Stokvis: Oui, il l'a dit sous serment. Avez-vous pris des renseignements sur lui auprès du ministre Günther, oui ou non ?

Le président: Est-ce qu'il ne devrait pas vous paraître évident, même si Heer Kersten ne vous l'avait pas dit, qu'en considération du fait que des milliers de vies néerlandaises étaient en jeu, il fallait aller s'informer auprès de Günther ?

M. van Rechteren Limpurg: Naturellement, on ne pouvait pas savoir de quel pouvoir il disposait ; on ne pouvait que faire des suppositions.

Le président: Cela aurait dû être une raison de plus pour aller s'informer auprès de Heer Günther, et de lui demander comment il le considérait. Je crois que c'est ce que vous n'avez pas fait.

M. van Rechteren Limpurg: Je ne me souviens pas d'en avoir parlé avec le ministre Günther. [...]

M. Stokvis: L'ensemble de cette question a-t-il retenu toute votre attention ?

M. van Rechteren Limpurg: Oui, naturellement.

M. Stokvis: On ne saurait le déduire des informations que vous nous apportez à présent[34]. »

Les auditions vont encore durer deux ans, mais dans l'intervalle, à l'issue de onze mois d'enquête, la commission Snouck-Hurgronje* remet le 12 janvier 1950 son rapport au Premier ministre, au ministère des Affaires étrangères et au Parlement. En sept points solidement argumentés et minutieusement documentés**, les trois auteurs font justice de toutes les accusations portées contre Kersten, puis confirment la plupart de ses initiatives passées au profit des Pays-Bas : la libération de nombre de sujets néerlandais arrêtés pour faits de résistance ; la levée de l'interdiction de décharger des navires de vivres suédois dans les ports néerlandais lors de l'épisode de famine de l'hiver 1944-1945 ; le transport à Stockholm de courriers importants de la Résistance néerlandaise pour transmission au gouvernement en exil à Londres ; la libération des femmes néerlandaises détenues à Ravensbrück ; le sauvetage de 2 700 juifs envoyés en Suisse, de 3 700 juifs transportés en Suède et de 63 000 autres juifs préservés de l'anéantissement « parmi lesquels se trouvait nécessairement un grand nombre de Hollandais » ; la non-exécution par Himmler d'un ordre du Führer de faire sauter les camps de concentration avec tous leurs prisonniers – hollandais compris – à l'approche des Alliés ; le contrordre obtenu d'Himmler concernant la destruction de Clingendael et le dynamitage des digues autour de La Haye[35]. Pour tous ces éléments, les auteurs parlent de « témoignages fiables », « documents

* Voir *supra*, p. 341, note *.

** Ses membres ont recueilli les témoignages et attestations de la plupart des personnages croisés lors de ce récit : Ramsay, Ryti, Kivimäki, Günther, Richert, Engzell, von Post, Steltzer, Seip, Brandt, Schellenberg, Berger, Storch, Masur, de Beaufort, Nieuwenhuis, Schijf, Knulst, van Nagell, Posthumus et bien d'autres.

authentiques » et « preuves surabondantes »[36]. Pour d'autres faits allégués, comme la prévention d'une déportation globale des Néerlandais vers l'Est en 1941, la commission se montre plus réservée, en notant avec autant de prudence que de diplomatie qu'« il est impossible de prouver que de tels plans auraient été effectivement mis en œuvre si Heer Kersten n'était pas intervenu[37] ».

Mais dès lors, la cause est entendue : le 8 août 1950, à l'ébahissement des Néerlandais qui n'avaient pu suivre ces trois années d'enquêtes discrètes et d'auditions à huis clos, le prince Bernhard, époux de la reine Juliana, décore solennellement Felix Kersten de la croix de grand officier de l'ordre d'Orange-Nassau – une réparation aussi tardive que méritée*…

---

* C'est tout de même un grade en dessous de celui de chevalier grand-croix décerné au comte Bernadotte : il faut éviter de fâcher les Suédois !

Chapitre XV
Départ anticipé

Felix Kersten ne dédaigne pas les honneurs, mais il a une autre ambition – toujours la même : celle d'obtenir la nationalité suédoise pour lui et sa famille. Voilà plus de cinq ans qu'il s'est installé avec son épouse à Stockholm, ses enfants y sont scolarisés, la fidèle Elisabeth Lüben y habite, et il a acquis une petite propriété au sud-ouest de la capitale, Stensäter, à proximité de Strängnäs. Aux Pays-Bas et en Suède, il y a bien quelques personnalités disposées à défendre ses intérêts, comme le baron van Nagell, Hillel Storch, Norbert Masur, Ottokar von Knierem, Maurits de Beaufort, Christian Günther, Arvid Richert, Jacob Wallenberg et Nicolaas Posthumus. Ce dernier écrit même le 24 novembre 1950 au ministre des Affaires étrangères suédois Östen Undén pour l'informer des résultats de deux années d'enquête, qui ont permis d'établir que le Medizinalrat Kersten s'était révélé « un sauveur d'hommes et un bienfaiteur de grande ampleur ». Les recherches avaient également permis de réfuter toutes les accusations portées contre lui, et d'établir qu'au lieu de profiter économiquement de sa situation durant la guerre, il avait utilisé une bonne part de sa fortune personnelle pour accomplir ses missions de sauvetage ; et le professeur de conclure sa lettre en mentionnant que Kersten s'est récemment vu nommer grand officier de l'ordre d'Orange-Nassau[1]. Mais lorsque l'idéologie rejoint la raison d'État, le légendaire sens de la justice et du *fair-play* des Suédois doit s'incliner : Östen Undén ne répondra même pas. Pourtant, le professeur Posthumus va poursuivre sa croisade en faveur de Kersten :

dès 1951, il le propose pour le prix Nobel de la paix – et il ne cessera plus de le faire au cours des huit années suivantes…

Dans l'intervalle, après trois mois passés au centre d'interrogatoire 020 près de Londres, Walter Schellenberg a été renvoyé à Nuremberg, où il a été cité comme témoin de l'accusation, notamment lors du procès de Kaltenbrunner ; son propre tour est venu au début de 1947, lorsqu'il est passé en jugement avec vingt autres accusés dans le cadre du quatrième procès, dit « de la Wilhelmstrasse ». Grâce à de nombreux témoignages et attestations en sa faveur de la part de Bernadotte, du chef des services de renseignement suisses Henri Masson et de son compatriote Jean-Marie Musy, du général Giraud et du rabbin Isaac Sternbuch[2], il n'a été condamné le 14 avril 1949 qu'à six ans d'emprisonnement – une peine d'autant plus légère qu'elle courait à partir du 17 juin 1945. Mais même cela lui a été en grande partie épargné, car depuis 1947 au moins, son état de santé s'est considérablement détérioré, et il a passé l'essentiel de son temps à l'hôpital général de Nuremberg ; au moment du prononcé de la sentence, du reste, il venait de subir une lourde opération de la vésicule biliaire, devenue cancéreuse. C'est en considération de tout cela que le haut-commissaire américain pour l'Allemagne, John J. McCloy, lui accorde une grâce médicale le 27 mars 1950 ; elle lui permet au moins de changer d'hôpital, puis d'aller en Suisse pour consulter des spécialistes. Schellenberg s'établit ensuite à Turin, où il meurt le 31 mars 1952, à l'issue d'une seconde opération*.

On ne connaît pas la réaction de Kersten à l'annonce de ce décès, pas plus qu'on ne sait pourquoi il n'avait pas été contacté par les avocats de Schellenberg, ni – ce qui aurait sans doute été plus utile – appelé à le soigner**. Mais en ce

* Il n'avait que quarante-deux ans.

** Il aurait fallu une autorisation spéciale des médecins traitants et une autre des autorités militaires américaines – qui auraient sans doute été refusées toutes les deux ; après la libération de Schellenberg en mars 1950, son état ne relevait probablement plus de la compétence de Kersten.

printemps de 1952, Kersten est entièrement absorbé par sa demande de naturalisation, qui doit être examinée prochainement par le gouvernement suédois. Après cinq années de recherches et d'auditions, la commission d'enquête parlementaire néerlandaise vient de publier un rapport-fleuve de 512 pages, avec des mentions nettement favorables à Kersten, impitoyables pour l'ambassadeur van Rechteren Limpurg et passablement embarrassantes pour les autorités suédoises[3]. Kersten peut donc espérer que cette publication exercera une certaine influence sur ceux qui auront à décider de son sort, mais c'est sans compter sur la coloration politique du gouvernement suédois de l'époque – et particulièrement de son ministre des Affaires étrangères. De fait, Östen Undén, qui écrit dans son journal que Kersten est « un aventurier[4] », demande au directeur des archives du ministère, Uno Willers, de rédiger un aide-mémoire quelque peu orienté – à gauche, naturellement.

Il va être servi : Willers, procédant surtout par insinuations, relève que « la profession de Kersten donne une impression de charlatanisme » et que les attestations produites en sa faveur, tout en étant éloquentes quant à ses services passés, restent peu convaincantes quant à sa vocation à devenir suédois ; mais Willers, emporté par son élan, dévoile ensuite ses batteries : Kersten avait exprimé « un anticommunisme très marqué », et sa participation au mouvement des volontaires antibolcheviques en Estonie durant la période 1918-1919 lui aurait donné « une orientation politique déterminée, qui pourrait être très proche de certains courants fascistes de l'après-guerre »[5]. De telles contorsions idéologiques suffisent à convaincre les membres du gouvernement, et le 17 octobre 1952, la nationalité suédoise est refusée à Felix Kersten.

Sa déception va le pousser à une manœuvre insolite : persuadé que ce sont les anciens obligés de Bernadotte qui ont torpillé sa demande de naturalisation, il fait circuler une lettre censément adressée à Himmler par le comte, en date du

10 mars 1945 : « La présence des juifs est aussi peu souhaitée en Suède qu'en Allemagne. C'est pourquoi je comprends parfaitement votre position sur la question juive. Le Medizinalrat Kersten m'informe que vous lui avez autorisé la libération et le transfert en Suède de 5 000 juifs. Je n'en suis pas satisfait, car je ne souhaite pas transporter de juifs. Mais comme je ne peux refuser officiellement, je vous prie, Herr Himmler, de le faire vous-même ! Le Medizinalrat Kersten n'a aucun mandat pour négocier la libération de juifs, et il l'a fait à titre privé. J'ai la même position au sujet du transport vers la Suède de Français, Hollandais et Belges[6]. »

Tout cela est évidemment catastrophique, non pour la mémoire du comte, mais pour la réputation de Kersten, car le document est un faux grossier : pas d'en-tête, pas de signature, un style qui n'est aucunement celui de Bernadotte, une syntaxe qui est manifestement celle de Kersten, et un antisémitisme prêté au comte qui lui était parfaitement étranger : s'il avait bien refusé le 8 mars 1945 de faire transporter des prisonniers autres que scandinaves*, c'était uniquement parce que sa formation essentiellement militaire l'amenait à suivre à la lettre les instructions reçues**; lorsque celles-ci ont été modifiées par Stockholm le 27 mars, le comte les a également fait exécuter, sans discussion ni réticence. L'imputation de manœuvre antisémite n'est donc qu'une basse calomnie, qui ne peut s'expliquer que par l'état de désespoir profond dans lequel s'est trouvé replongé Kersten à la suite du refus officiel d'octobre 1952. Mais cette forgerie semble avoir horrifié ses amis, ainsi que le confiera Hillel Storch à Gösta Engzell trente ans plus tard : « Knierem et moi, nous avons dit maintes fois à Kersten : "Toi qui as fait tant de belles choses, tu te mets à attaquer Bernadotte avec des mensonges – et tu y compromets

---

* Voir *supra*, p. 274 et 277.

** Ce qui pourrait traduire au plus un certain manque d'initiative et de hardiesse.

ta réputation." Knierem l'a pratiquement supplié à genoux de renoncer à cette contrefaçon[7]. »

En vain : non seulement Kersten n'y renonce pas, mais encore il la montre à nombre de journalistes et de parlementaires – à commencer par le député James Dickson, qui le met en garde contre ce qui pourrait être considéré comme une tentative de chantage. Comme Kersten insiste, Dickson, qui a également le titre honorifique de chambellan, lui en demande une copie et la montre le 12 mars 1953 au roi Gustave VI Adolphe*. Ce dernier, qui connaît parfaitement le style de son défunt cousin, se prononce sans hésiter : « C'est un faux[8] ! »

Voilà qui aurait pu coûter très cher à Felix Kersten, mais pour une fois, la conjoncture politique suédoise va jouer en sa faveur : la monarchie et le parti social-démocrate sont empêtrés dans la déplorable affaire Haijby**, le rapport de la commission d'enquête néerlandaise a marqué les esprits en Suède, et la droite alliée au Folkparti a saisi l'occasion pour s'en prendre au ministre social-démocrate Ingvar Lindell, rapporteur du gouvernement pour la demande de naturalisation présentée par Kersten. Un comité du Riksdag chargé d'enquêter sur les antécédents du processus ayant conduit au rejet de cette demande commence par faire le constat saisissant qu'« à l'évidence, des mesures ont été prises délibérément pour faire oublier la participation de Kersten à l'intervention suédoise [du printemps 1945], afin que le comte Bernadotte et peut-être la Suède puissent en capter toute la reconnaissance[9] ».

* Qui a succédé deux ans plus tôt à son père, Gustave V.

** Kurt Haijby, de son vrai nom Kurt Johansson, était un truand notoire, condamné pour meurtre en Suède et pour pédophilie en Allemagne. Il affirmait avoir eu des relations intimes avec le roi Gustave V, qu'il faisait manifestement chanter, et avait écrit en 1950 un « roman à clé » sur le sujet. Les révélations sur les paiements effectués par la cour pendant près de quatorze ans pour acheter son silence avaient précipité le scandale.

Lors du débat qui suit à la seconde chambre du Riksdag le 29 avril 1953, l'aide-mémoire « orienté » du directeur des archives Uno Willers fait à son tour l'objet d'une attaque en règle ; c'est que la guerre de Corée, les menaces de Staline contre la Norvège et la Finlande, l'entrée du Danemark et de la Norvège dans l'OTAN, la récente découverte d'un réseau d'espionnage militaire soviétique en Suède et la multiplication des incidents navals et aériens en mer Baltique ont fortement entamé l'attrait du communisme et quelque peu tempéré la soviétophilie officielle. Mais Halvard Hallén, président social-démocrate de la Chambre – et pasteur* –, défend la position du gouvernement, en insinuant que Kersten n'a pas séjourné assez longtemps dans le pays pour pouvoir prétendre à la nationalité suédoise, et que l'homme n'est pas « un véritable Finlandais** », mais « un Balte***, un Allemand, ou en tout cas un étranger ». Le porte-parole du Folkparti se taille un beau succès en exprimant le souhait que « les allégations de Hallén au cours de ce débat s'enfoncent à l'avenir dans la mer de l'oubli, où elles ont manifestement leur place », et avant cela, cinq députés d'opposition ont amèrement reproché au gouvernement d'avoir « refusé la nationalité suédoise à un bienfaiteur de l'humanité »[10]. Le gouvernement échappe de justesse à la censure, mais sa position est intenable ; le 30 octobre 1953, Felix Kersten se voit accorder la nationalité suédoise****.

---

* Un député et pasteur assez particulier qui, en 1954, passera au moins une fois d'une session secrète du comité des Affaires étrangères de la Chambre directement à l'ambassade soviétique, afin d'informer les camarades rouges de la teneur des débats ! On ignore s'il avait demandé au préalable le pardon du Seigneur…

** Les Finlandais pouvaient demander la nationalité suédoise après cinq années de résidence seulement.

*** Redoutable argument, car la Suède avait extradé les réfugiés baltes vers l'URSS après la guerre, pour éviter de déplaire à Staline.

**** Trois ans plus tard, la Suède rendra officiellement justice à Felix Kersten dans un livre blanc sur les bus éponymes : *1945 års svenska Hjälpexpedition till Tyskland*, Ny Serie II : 8, Stockholm, 1956.

Dès lors, notre Medizinalrat peut se consacrer à ses trois grandes passions : la médecine, sa famille et l'agronomie. Il fait régulièrement la navette entre son cabinet de Stockholm et son petit domaine de Stensäter – du moins lors de ses séjours en Suède, car s'il n'a que peu de patients à Stockholm, il en a énormément à l'étranger, et il va pouvoir réaliser son rêve du temps de guerre en rouvrant un cabinet à La Haye ; mais comme ses patients allemands – et leurs familles – ne l'ont pas oublié non plus, il en ouvre un autre à Düsseldorf ; et pour finir, il y a Paris, comme l'expliquera son fils Arno Kersten : « C'est que, par principe, beaucoup de gens ne voulaient pas aller en Allemagne après la guerre et préféraient être soignés à Paris. Il y avait en premier lieu beaucoup de patients juifs, comme des membres de la famille Rothschild, des capitaines d'industrie de pays latino-américains, des artistes, des acteurs et des actrices. La plus connue était Greta Garbo, qui est venue à Paris plusieurs années de suite pour se faire soigner ; elle allait souvent faire ses courses avec ma mère. Grace Kelly voulait venir aussi, mais elle s'est décommandée au dernier moment. Vers la fin des années cinquante, l'année était divisée en quatre périodes : l'hiver à Stockholm, le printemps à Düsseldorf, le début de l'automne à La Haye et la fin de l'automne à Paris[11]. »

Le passé est-il entièrement effacé pour autant ? Rien n'est moins sûr : Kersten revoit et soigne de vieilles connaissances, comme Christian Günther, Hillel Storch, Gottlob Berger* et l'industriel Friedrich Flick, qu'il a secouru trois fois** et qui

---

* Libéré par anticipation en 1951.

** En le soignant avant et pendant la guerre, en intervenant auprès d'Himmler pour qu'il ne soit pas envoyé en camp de concentration, puis en témoignant à décharge lors de son procès à Nuremberg en 1947. À l'issue de ce dernier, Friedrich Flick, qui a tout de même employé pendant cinq ans quelque 100 000 travailleurs forcés dans des conditions indécentes et pillé les ressources des pays occupés, a été condamné à la peine très légère de sept ans de prison, puis libéré dès 1950, ce qui lui a permis de reconstituer une fortune colossale – et d'être décoré de l'ordre du Mérite par la République fédérale d'Allemagne en 1963…

exprimera sa reconnaissance en lui offrant une Mercedes du dernier modèle – fabriquée sur mesure. Dès 1952, l'ancien « Bouddha magique » a fait publier une version allemande de ses Mémoires, cette fois sous forme de journal – qu'il n'avait pas tenu à l'époque, ce qui rend l'ouvrage assez peu fiable par endroits –, avec quatre ans plus tard une version anglaise plus complète, mais guère plus fiable*… Pourtant, que ce soit oralement ou par écrit, notre Medizinalrat va distiller durant ces années nombre de réflexions alimentées par ses réminiscences : « Himmler vivait dans l'idée d'entrer dans l'histoire comme un grand homme – comme un des plus grands hommes de tous les temps ; dès lors, même avec des moyens primitifs, on pouvait obtenir de gros succès[12] » ; « Goebbels avait ses espions, qui étaient plus efficaces que ceux d'Himmler, parce qu'il les payait mieux. […] Il avait des espions chez Himmler, mais Himmler avait aussi ses espions, qui espionnaient Goebbels et les espions de Goebbels, ainsi que Goering et Ribbentrop, qui avaient également leurs espions, qui espionnaient Himmler ; mais ceux-là, Himmler les a rapidement détectés et envoyés au front, où ils sont morts en héros[13] » ; « Ribbentrop était le plus bête ; je n'ai jamais vu autant de bêtise de toute ma vie[14] » ; « Himmler s'entendait très mal avec la Wehrmacht ; il voulait pendre tous les généraux, qu'il considérait comme des traîtres : "Après la guerre, disait-il, aucune de ces crapules ne restera en vie**[15]" » ; « La maxime "Le Führer a toujours raison" avait pour Himmler une justification mystique. Il aurait sans la moindre hésitation fait fusiller son propre frère, ou se serait fait fusiller lui-même, si le Führer l'avait ordonné. Car Hitler,

---

* *Totenkopf und Treue*, Hambourg, Robert Mölich Verlag, 1952, et *The Kersten Memoirs*, Londres, Macmillan, 1956. Cela peut expliquer le mépris dans lequel les historiens britanniques ont tenu les Mémoires de Felix Kersten : ils n'en ont consulté que la version anglaise – et l'édition allemande pour les plus courageux –, mais aucun ne s'est intéressé aux versions suédoise et néerlandaise initiales.

** Bien des généraux allemands ayant combattu courageusement pendant la guerre n'ont donc jamais su qu'ils ne devaient la vie qu'à leur défaite…

Führer du Reich grand-germanique, devait connaître le pourquoi de ses décisions, même si lui, Himmler, ne pouvait les comprendre ou même les désapprouvait[16] ».

Entre 1958 et 1959, Felix Kersten confiera beaucoup de ses souvenirs et de ses documents au prêtre et professeur allemand Achim Besgen, ainsi qu'au grand reporter et romancier français Joseph Kessel ; le premier en fera une hagiographie mystique, le second un chef-d'œuvre romanesque*. Mais à ce stade, Kersten se préoccupe davantage de transmettre son expérience médicale, qu'il résumera en moins de 200 pages dans un petit livre très pédagogique : *Die Heilkraft der Hand* – le pouvoir thérapeutique de la main –, où l'on ne trouve plus une seule fois le nom d'Himmler…

« Nous ne comprenions pas toujours, écrira plus tard Arno Kersten, que notre père était quelque peu stressé par sa situation économique. Il voulait assurer la condition familiale de telle manière que s'il lui arrivait quelque chose, la famille ne se retrouverait pas à la rue[17]. » Hélas ! Il a depuis bien longtemps une autre source de stress ; en 1943, Wilhelm Wulff** relevait déjà que « Kersten souffrait d'une maladie de la thyroïde et d'une dangereuse dégénérescence graisseuse du cœur***[18] » – ce qu'il n'avait pas déduit de la position des astres, mais plutôt des confidences d'Irmgard Kersten. Quant à Arno, il se souviendra de cette habitude de son père : « Lorsque nous étions enfants, et plus tard adolescents, nous pouvions constater

* Achim Besgen, *Der stille Befehl*, Munich, Nymphenburger Verlag, 1960 ; Joseph Kessel, *Les Mains du miracle*, Paris, Gallimard, 1960. (En poche : Paris, Folio, 1999.)

** Il est intéressant de constater que l'astrologue Wilhelm Wulff n'apparaît dans aucune des quatre versions des Mémoires de Kersten – soit que celui-ci ait estimé que Wulff ne s'était pas montré égal à sa tâche, soit qu'il ait craint de susciter l'incrédulité du lecteur en introduisant les astres dans une évocation historique.

*** Un processus pathologique au cours duquel les cellules musculaires du myocarde sont progressivement remplacées par des cellules graisseuses ; l'obésité semble en être le facteur déclenchant.

qu'un nombre croissant de cachets multicolores figurait au menu de son petit déjeuner. Nous voulions naturellement savoir pourquoi il prenait tous ces remèdes, et on nous répondait qu'ils servaient à améliorer sa fonction cardiaque[19]. »

Au début de 1960, avec seulement quinze ans de retard, la France s'est avisée des éminents services rendus à ses citoyens prisonniers par le thérapeute d'Himmler, et elle a décidé de lui décerner la Légion d'honneur. Avec son épouse, Kersten prend donc la route de Paris, mais à la hauteur de la ville allemande de Hamm, il a un brutal infarctus suivi d'une embolie, et il décède le 16 avril 1960. Après une émouvante cérémonie à Düsseldorf, à laquelle assistent nombre de ses anciens patients, les cendres de Felix Kersten sont transférées au cimetière de Länna, tout proche du domaine de Stensäter – son second Hartzwalde.

L'avocat et philosophe juif Gerhart Riegner* dira trente-six ans plus tard : « Kersten était sans conteste un homme extraordinaire, et le fait qu'il ait eu ce pouvoir d'influencer Himmler a été un présent du Très-Haut ! Je ne vois pas comment l'expliquer autrement[20]. » Une assertion vraisemblable, mais difficilement vérifiable – et qui le restera aussi longtemps que les archives du Seigneur demeureront impénétrables…

---

* Secrétaire du Congrès juif mondial à Berne pendant la guerre, Gerhart Riegner est l'auteur du télégramme envoyé à Londres le 10 août 1942, qui dévoilait « un projet nazi d'extermination de 3,5 à 4 millions de juifs ».

Sigles, acronymes et titres étrangers

AA : Auswärtiges Amt (ministère allemand des Affaires étrangères)
Abwehr : service de renseignement militaire de l'OKW
Ahnenerbe : Société SS du « patrimoine ancestral »
AK (Armia Krajova) : principal mouvement de résistance non communiste en Pologne
BAM : Bundesarchiv / Militärarchiv (Archives fédérales / Archives militaires, Fribourg)
Einsatzgruppe : groupe d'action du Sipo et du SD
Endlösung : Solution finale
FHQ : Führerhauptquartier (quartier général du Führer)
FO : Foreign Office (ministère britannique des Affaires étrangères)
Gauleiter : chef de région administrative, issu du NSDAP
Gestapo : Geheime Staatspolizei (Police secrète d'État)
GG : Generalgouvernement (Gouvernement général pour la Pologne occupée)
Hjemmefront (Front de l'intérieur) : Mouvement uni de résistance en Norvège
HQ : Hauptquartier allemand ou Headquarters américain et anglais (quartier général, QG)
HSSPF : Höhere SS und Polizeiführer (Haut commandant de la SS et de la police)
IFZ : Institut für Zeitgeschichte (Institut d'histoire contemporaine, Munich)

IMT : International Military Tribunal (Tribunal militaire international, Nuremberg)
Kripo : Kriminalpolizei (Police criminelle allemande)
KZ / KL : Konzentrationslager (camp de concentration)
Lebensborn : « Source de vie », administration SS gérant les orphelinats et les maternités
Luftwaffe : aviation militaire allemande
Medizinälrat : titre honorifique prestigieux, décerné par le président finlandais à des médecins particulièrement méritants (en allemand : *Medizinalrat*, en suédois : *Medicinalråd*, en néerlandais : *Medisinalrat*)
MI 6 ou **SIS :** service secret britannique (renseignement / espionnage à l'étranger)
NA ou **NARA :** National Archives and Records Administration, Washington
NIOD : Nederlands Instituut voor Oorlogsdokumentatie (Institut néerlandais de documentation sur la guerre)
NN : Nacht und Nebel (Nuit et Brouillard : opération d'extermination secrète)
NS : Nasjonal Samling (Rassemblement national, parti collaborationniste de Vidkun Quisling en Norvège)
NSB : Nationaal-Socialistische Beweging (Mouvement national-socialiste néerlandais)
NSDAP : Nationalsozialistische Deutsche Arbeiterpartei
OKH : Oberkommando des Heeres (Haut commandement de l'armée de terre)
OKW : Oberkommando der Wehrmacht (Haut commandement de la Wehrmacht)
Ordedienst (OD) : la plus importante organisation de résistance aux Pays-Bas
Orpo : Ordnungspolizei (police allemande en uniforme)
OSS : Office of Strategic Services (service secret américain, ancêtre de la CIA)
Ostministerium : ministère pour les territoires occupés de l'Est
PRO : Public Record Office, Londres

RFSS : Reichsführer SS
Riksdag : Parlement suédois
RSHA : Reichssicherheitshauptamt (Office central de la sécurité du Reich)
SA : Sturmabteilung (« détachement de choc »)
SD : Sicherheitsdienst (service de renseignement et de contre-espionnage de la SS)
SHAEF : Supreme Headquarters, Allied Expeditionary Force (QG suprême du corps expéditionnaire allié)
Sipo : Sicherheitspolizei (Police de sécurité)
SOE : Special Operations Executive (organisation secrète britannique de subversion et de désinformation)
Sonderkommando : « commando spécial »
SS : Schutzstaffel (échelon de protection – à l'origine, la garde rapprochée d'Hitler)
St. Dept. : State Department (Département d'État, Washington)
Totenkopf : unités SS à tête de mort
UD : Utrikesdepartement (ministère suédois des Affaires étrangères)
Volkssturm : unités de défense locale, improvisées à la fin de la guerre
Waffen-SS : unités militaires de la SS
Warthegau : partie occidentale de la Pologne incorporée au Reich
Werwolf : « Loups-garous », corps franc formé par la SS en septembre 1944 pour semer la terreur derrière les lignes alliées
WJC : World Jewish Congress (Congrès juif mondial)

Sources

L'histoire de Felix Kersten est fondée sur les Mémoires de témoins et acteurs venus de sept pays, sur les documents diplomatiques allemands, suédois, anglais et américains, sur les rapports de commissions parlementaires néerlandaises et suédoises, ainsi que sur le fonds Kersten des archives de l'Institut néerlandais de Documentation sur la Seconde Guerre mondiale (NIOD). Mais ce sont les notes prises par Felix Kersten lui-même, ainsi que ses réminiscences d'après-guerre, qui constituent la source la plus précieuse de ce récit. L'ensemble est contenu dans ses quatre ouvrages publiés entre 1947 et 1956 en suédois, néerlandais, allemand et anglais, toujours sous des angles différents – chaque éditeur ayant apparemment souhaité présenter une version adaptée à l'intérêt de ses propres nationaux. Mais à cela s'ajoutent les souvenirs et les documents publiés par Arno, le fils de Felix Kersten, dans son livre *SS-ledaren Himmlers innersta hemligheter*, ainsi que dans une longue postface au livre en suédois de son père : *Samtal med Himmler*. L'auteur tient à exprimer sa gratitude à M. Arno Kersten, qui a bien voulu l'autoriser à reproduire divers extraits des cinq ouvrages concernés.

Notes

Chapitre I
Entrée en scène

1. Felix Kersten, *Klerk en Beul*, Amsterdam, J.M. Meulenhoff, 1948, p. 24.
2. *Ibid.*
3. NIOD, Map D 6, Mein Lebenslauf, Stockholm, 30/9/45.
4. Arno Kersten, *SS-ledaren Himmlers innersta hemligheter*, Eskilstuna, Vaktel Förlag, 2016, p. 20.
5. Felix Kersten, *Klerk en Beul, op. cit.*, p. 26.
6. Arno Kersten, *SS-ledaren, op. cit.*, p. 21.
7. Felix Kersten, *Klerk en Beul, op. cit.*, p. 27.
8. Achim Besgen, *Der stille Befehl*, Munich, Nymphenburger Verlagshandlung, 1960, p. 18; Joseph Kessel, *Les Mains du miracle*, Paris, Gallimard, 1960, p. 37.
9. Felix Kersten, *Die Heilkraft der Hand*, Ulm, Karl Haug Verlag, 1958, p. 80-81, 121.
10. *Ibid.*, p. 122, 128.
11. Herbert Petersen, « Bericht über den gebürtigen Dorpatenser Felix Kersten », in *Jahrbuch des baltischen Deutschtums*, Bd. 13, 1966, p. 2.
12. Felix Kersten, *Die Heilkraft der Hand, op. cit.*, p. 170.
13. Joseph Kessel, *Les Mains du miracle, op. cit.*, p. 40-41.
14. Felix Kersten, *Jeg var Himmlers lege*, Oslo, Gyldendal, 1947, p. 18; *Klerk en Beul, op. cit.*, p. 29.
15. *Ibid.*
16. NIOD, Map A. Doc. I. 878, Bedankbriefje van prinz Hendrik aan Kersten voor behandeling, 27/10/1928.
17. *Ibid.*, Map D 6, Mein Lebenslauf, 30/9/45, Stockholm, p. 3.
18. *Ibid.*, Map E 15, Antekening van gesprek met J.L. Doedes, L. de Jong, 28 oct. 47.
19. Felix Kersten, *Jeg var Himmlers lege, op. cit.*, p. 18; *Klerk en Beul, op. cit.*, p. 30.

20. *Ibid.*, p. 31.

21. Felix Kersten, *Jeg var Himmlers lege, op. cit.*, p. 68.

22. NIOD, Map F 1, Gesprek prof. Posthumus met Medisinalrat F. Kersten op 1 sept. 47, p. 17.

23. *Enquêtecommissie Regeringsbeleid 1940-1945*, Deel 6 C, Verhoren, Staatsdrukkerij, 's Gravenhage, 1952, p. 132.

Chapitre II
L'engrenage

1. NIOD, Map F 1, Gesprek prof. Posthumus met Medisinalrat F. Kersten, op 1 sept. 47, p. 6.

2. Felix Kersten, *Jeg var Himmlers lege, op. cit.*, p. 20.

3. *Ibid.*, p. 21.

4. Felix Kersten, *Totenkopf und Treue*, Hambourg, Robert Mölich, 1952, p. 389; NIOD, Map F 1, Gesprek prof. Posthumus met Medisinalrat F. Kersten op 1 sept. 47, p. 8; Felix Kersten, *Jeg var Himmlers lege, op. cit.*, p. 21.

5. Felix Kersten, *Totenkopf und Treue, op. cit.*, p. 389.

6. Felix Kersten, *Jeg var Himmlers lege, op. cit.*, p. 22.

7. NIOD, Map F 1, Gesprek prof. Posthumus, *op. cit.*, p. 6-7.

8. Felix Kersten, *Jeg var Himmlers lege, op. cit.*, p. 23.

9. *Ibid.*

10. NIOD, Map H 8, Zusatz zum Memorandum für Holland von 12 juin 1945, 26/9/45, p. 1.

11. Achim Besgen, *Der stille Befehl, op. cit.*, p. 22.

12. NIOD, Map E 44, P.J. Schijf, Waarom ik lid der Beweging werd, 27/5/48.

13. *Enquêtecommissie Regeringsbeleid 1940-1945*, Deel 6 C, Verhoren, *op. cit.*, p. 132.

14. Arno Kersten, *SS-ledaren, op. cit.*, p. 33.

15. *Enquêtecommissie Regeringsbeleid 1940-1945*, Deel 6 C, Verhoren, *op. cit.*, p. 134.

16. Joseph Kessel, *Les Mains du miracle, op. cit.*, p. 79.

17. Arno Kersten, *SS-ledaren, op. cit.*, p. 34.

18. *Ibid.*, p. 35.

19. Felix Kersten, *Jeg var Himmlers Lege, op. cit.*, p. 53-54.

20. NIOD, Map F 1, Gesprek prof. Posthumus met Medisinalrat F. Kersten, *op. cit.*, p. 12.

21. Felix Kersten, *Totenkopf und Treue, op. cit.*, p. 406.

22. Walther Hubatsch, *Hitler's Weisungen für die Kriegsführung 1939-1945, Dokumente des OKW*, Francfort, Bernard und Graefe, 1962, p. 32; Erich Kern, *Verrat an Deutschland*, Göttingen, Schütz, 1963, p. 225.

23. *Enquêtecommissie Regeringsbeleid 1940-1945*, Deel 6 C, Verhoren, *op. cit.*, p. 133.
24. François Kersaudy, *Stratèges et Norvège 1940*, Paris, Hachette, 1977, p. 110-115.
25. Felix Kersten, *Totenkopf und Treue, op. cit.*, p. 290-291.
26. *Ibid.*, p. 236.
27. *Enquêtecommissie Regeringsbeleid 1940-1945*, Deel 6 C, Verhoren, *op. cit.*, p. 133; Felix Kersten, *Klerk en Beul, op. cit.*, p. 34-35.
28. *Ibid.*, p. 35.
29. *Enquêtecommissie Regeringsbeleid 1940-1945*, Deel 6 C, Verhoren, *op. cit.*, p. 133.
30. Felix Kersten, *Klerk en Beul, op. cit.*, p. 35.

Chapitre III
Le réseau Felix

1. Felix Kersten, *The Kersten Memoirs*, New York, Macmillan, 1956, p. 88.
2. *Ibid.*, p. 88-89.
3. NIOD, Map F 1, Gesprek prof. Posthumus met Medisinalrat F. Kersten, *op. cit.*, p. 13; Map F 5 A, p. 1.
4. *Ibid.*, Map F 1, p. 10.
5. Joseph Kessel, *Les Mains du miracle, op. cit.*, p. 108-110.
6. *Enquêtecommissie Regeringsbeleid 1940-1945*, Deel 6 A en B, Verslag, Bijlagen, Memorandum opgesteld door Jacobus Nieuwenhuis, Stockholm, 7/3/1948, p. 171-172.
7. NIOD, Map E 43, attestation de J.P. Schijf recueillie par D.D. Vallgraaf, 21/9/48.
8. *Enquêtecommissie Regeringsbeleid 1940-1945*, Deel 6 a en B, Verslag, Bijlagen, *op. cit.*, p. 113-114.
9. *Ibid.*, Memorandum opgesteld door Jacobus Nieuwenhuis, Stockholm, 7/3/1948, p. 172.
10. NIOD, Map H 7, F. Kersten tot M. de Beaufort, 30/1/46.
11. Arno Kersten, *SS-ledaren, op. cit.*, p. 170.
12. Felix Kersten, *Jeg var Himmlers lege, op. cit.*, p. 68-69.
13. Felix Kersten, *Klerk en Beul, op. cit.*, p. 89.
14. Felix Kersten, *Jeg var Himmlers lege, op. cit.*, p. 70.
15. Felix Kersten, *Klerk en Beul, op. cit.*, p. 89-90.
16. *Ibid.*, p. 90.
17. Galeazzo Ciano, *Diario*, Milan, Rizzoli, 1963, vol. I, p. 372-380.
18. Felix Kersten, *Jeg var Himmlers lege, op. cit.*, p. 71.

19. *Enquêtecommissie Regeringsbeleid 1940-1945*, Deel 6 A en B, Verslag, Bijlagen, *op. cit.*, p. 179, note 2.
20. Arno Kersten, *SS-ledaren, op. cit.*, p. 13-14.
21. Peter Longerich, *Himmler*, Paris, Héloïse d'Ormesson, 2008, p. 432-446.
22. Joseph Kessel, *Les Mains du miracle, op. cit.*, p. 140.
23. Gerhard Engel, *Heeresadjutant bei Hitler, 1938-1943*, Stuttgart, DVA, 1974, p. 105; Otto Dietrich, *Hitler*, Chicago, Regnery, 1955, p. 63; Hans Frank, *Im Angesicht des Galgens*, Munich, Beck Verlag, 1953, p. 411.
24. Arno Kersten, *SS-ledaren, op. cit.*, p. 98-99; Felix Kersten, *Jeg var Himmlers lege, op. cit.*, p. 60.

Chapitre IV
La conquête de l'Est

1. Arno Kersten, *SS-ledaren, op. cit.*, p. 91-92.
2. Alfred Rosenberg, *Journal 1934-1944*, Paris, Flammarion, 2015, p. 395-397.
3. Felix Kersten, *Klerk en Beul, op. cit.*, p. 44-45.
4. Felix Kersten, *The Kersten Memoirs, op. cit.*, p. 302.
5. *Ibid.*, p. 303-304.
6. Felix Kersten, *Klerk en Beul, op. cit.*, p. 47; *The Kersten Memoirs, op. cit.*, p. 305-306.
7. NIOD, Map E 45, Ausführungen zum Umsiedlungsplan, 28/9/48, Den Haag.
8. Karl Wolff, « Eichmanns Chef Heinrich Himmler », *Neue Illustrierte*, n° 17, 23/4/1961, p. 22.
9. NIOD, Map F 1, Gesprek mat Med. F. Kersten, *op. cit.*, p. 11.
10. *Der Dienstkalender Heinrich Himmlers 1941/42*, Hambourg, Hans Christians Verlag, 1999, p. 195.
11. Felix Kersten, *Klerk en Beul, op. cit.*, p. 79.
12. Par exemple Staffan Thorsell, *Warszawasvenskarna*, Stockholm, Bonniers Förlaget, 2015, p. 238.
13. Felix Kersten, *Klerk en Beul, op. cit.*, p. 59.
14. Felix Kersten, *The Kersten Memoirs, op. cit.*, p. 119-120.
15. NIOD, Map E 44, P.J. Schijf, Waarom ik lid der Beweging werd, 27/5/48.
16. Arno Kersten, *SS-ledaren, op. cit.*, p. 110-111.
17. Felix Kersten, *Klerk en Beul, op. cit.*, p. 78-79.
18. *Enquêtecommissie Regeringsbeleid 1940-1945*, Deel 6 A en B, Verslag en Bijlagen, *op. cit.*, p. 172.
19. *Der Dienstkalender Heinrich Himmlers 1941/42, op. cit.*, p. 183.

20. Eugen Kogon, *Der SS Staat*, Munich, Nachdruck, 1974, p. 375; *Der Dienstkalender Himmlers, op. cit.*, p. 283.

21. Felix Kersten, *Jeg var Himmlers Lege, op. cit.*, p. 51.

22. Arno Kersten, *SS-ledaren, op. cit.*, p. 125.

Chapitre V
L'indicible

1. Mario Dederichs, *Heydrich*, Paris, Tallandier, 2007, p. 133.

2. Felix Kersten, *The Kersten Memoirs, op. cit.*, p. 90-91.

3. Arno Kersten, *SS-ledaren, op. cit.*, p. 133-134.

4. François Kersaudy, *Hermann Goering*, Paris, Perrin, 2009, p. 187.

5. Wilhelm M. Carlgren, *Svensk Utrikespolitik 1939-1945*, Stockholm, Allmänna Förlaget, 1973, p. 340-341.

6. *Ibid.*, p. 341.

7. *Ibid.*

8. François Kersaudy, *Vi stoler på England*, Oslo, Cappelen, 1991, p. 120-126.

9. Felix Kersten, *Jeg var Himmlers Lege, op. cit.*, p. 34.

10. NIOD, Map B 1, Kersten tot Brandt, 5/3/42.

11. *Ibid.*, Map B 2, Kersten tot Himmler, 15/6/42.

12. NIOD, Map F 7, Gedeelte van het verhoor van Harster door L. de Jong over Kersten, 7 maart 1949, p. 38.

13. Walter Schellenberg, *Aufzeichnungen des letzten Geheimdienstchefs unter Hitler*, Gütersloh, Moewig, 1981, p. 311.

14. *Ibid.*, p. 314.

15. André Brissaud, *Canaris*, Paris, Perrin, 1970, p. 549.

16. François Kersaudy, *Les Secrets du IIIe Reich*, Paris, Perrin, 2013, chap. 3.

17. Walter Schellenberg, *Aufzeichnungen, op. cit.*, p. 314-315.

18. NIOD, Map F 1, Gesprek met Med. F. Kersten, *op. cit.*, p. 21.

19. Martin Broszat, *Kommandant in Auschwitz*, Stuttgart, DVA, 1958, p. 182.

20. *Ibid.*, p. 183-184.

21. *Der Dienstkalender Heinrich Himmlers 1941/42, op. cit.*, p. 259.

22. Felix Kersten, *Klerk en Beul, op. cit.*, p. 80; *Jeg var Himmlers Lege, op. cit.*, p. 94-95.

23. *Ibid.*, p. 81.

24. *Ibid.*

Chapitre VI
Ligne de crête

1. Felix Kersten, *Jeg var Himmlers Lege, op. cit.*, p. 102.
2. Arno Kersten, *SS-ledaren, op. cit.*, p. 164.
3. Felix Kersten, *Klerk en Beul, op. cit.*, p. 92-93.
4. *Ibid.*, p. 93.
5. *Ibid.*, p. 93-94.
6. Felix Kersten, *Samtal med Himmler*, Stockholm, CKM förlag, 2010, p. 140 (réédition de l'ouvrage de 1947).
7. Arno Kersten, *SS-ledaren, op. cit.*, p. 169.
8. Olli Vehviläinen, *Finland and the Second World War*, Londres, Palgrave Macmillan, 2002, p. 85.
9. Felix Kersten, *Klerk en Beul, op. cit.*, p. 95.
10. Felix Kersten, *Totenkopf und Treue, op. cit.*, p. 181.
11. Felix Kersten, *Samtal med Himmler, op. cit.*, p. 126-127.
12. *Ibid.*, p. 128.
13. Elke Fröhlich (éd.), *Die Tagebücher von Joseph Goebbels*, Munich, K. G. Saur, Teil II, Bd. 5, 1998, p. 353-354.
14. *Ibid.*, Teil I, Bd. 3, p. 55 (23 février 1937).
15. Otto Dietrich, *Hitler, op. cit.*, p. 71.
16. Felix Kersten, *Totenkopf und Treue, op. cit.*, p. 157-163.
17. *Ibid.*, p. 163.
18. *Ibid.*, p. 127-128.
19. *Ibid.*, p. 128-129.
20. André Brissaud, *Canaris, op. cit.*, p. 512.
21. *Ibid.*, p. 513.
22. François Kersaudy, *Les Secrets du IIIe Reich, op. cit.*, p. 75-81.
23. André Brissaud, *Canaris, op. cit.*, p. 511 ; Walter Schellenberg, *The Labyrinth*, Londres, Da Capo, 2000, p. 193.
24. Walter Schellenberg, *Aufzeichnungen, op. cit.*, p. 339.
25. *Der Dienstkalender Heinrich Himmlers 1941/42, op. cit.*, p. 514-515.
26. Walter Schellenberg, *Aufzeichnungen, op. cit.*, p. 331.
27. Felix Kersten, *Klerk en Beul, op. cit.*, p. 127.
28. Walter Schellenberg, *Aufzeichnungen, op. cit.*, p. 332.
29. Achim Besgen, *Der stille Befehl, op. cit.*, p. 155.
30. Reinhard R. Doerries, *Hitler's Last Chief of Foreign Intelligence*, Londres, Routledge, 2003, p. 283.

Chapitre VII
L'ombre d'un doute

1. Elke Fröhlich, *Journal de Joseph Goebbels, 1939-1942*, Paris, Tallandier, 2009, p. 628.

2. Albert Speer, *Erinnerungen*, Berlin, Propyläen Verlag, 1971, p. 252.
3. Alfred Rosenberg, *Journal 1934-1944, op. cit.*, p. 467.
4. *Der Dienstkalender Heinrich Himmlers 19411942, op. cit.*, p. 541-569.
5. Felix Kersten, *Klerk en Beul, op. cit.*, p. 144-145.
6. Didrik Arup Seip, *Hjemme og i Fiendeland*, Oslo, Gyldendal Norsk Forlag, 1946, p. 445, 453, 457-465.
7. *Ibid.*, p. 467, 477-480.
8. *Ibid.*, p. 471.
9. Felix Kersten, *Klerk en Beul, op. cit.*, p. 145.
10. *Ibid.*
11. *Ibid.*
12. *Enquêtecommissie Regeringsbeleid 1940-1945*, Deel 6 A en B, *op. cit.*, p. 172-173.
13. Felix Kersten, *Klerk en Beul, op. cit.*, p. 61.
14. Felix Kersten, *Jeg var Himmlers Lege, op. cit.*, p. 101.
15. Felix Kersten, *Klerk en Beul, op. cit.*, p. 60-61.
16. Felix Kersten, *Samtal med Himmler, op. cit.*, p. 116.
17. Felix Kersten, *Klerk en Beul, op. cit.*, p. 90.
18. *Ibid.*, p. 91 ; *The Kersten Memoirs, op. cit.*, p. 158.
19. Galeazzo Ciano, *Diario 1939-1943, op. cit.*, vol. II, p. 225.
20. Felix Kersten, *Jeg var Himmlers Lege, op. cit.*, p. 89.
21. *Ibid.*, p. 91.
22. François Kersaudy, *Stalingrad*, Paris, Perrin, 2013, p. 61.
23. Felix Kersten, *The Kersten Memoirs, op. cit.*, p. 126-127.
24. *Ibid.*, p. 127-128.
25. *Ibid.*, p. 128.
26. Heinz Linge, *Bis zum Untergang*, Munich, Herbig, 1980, p. 160.
27. Felix Kersten, *Jeg var Himmlers Lege, op. cit.*, p. 155-157.
28. *Ibid.*, p. 159.
29. Felix Kersten, *The Kersten Memoirs, op. cit.*, p. 166-167.
30. *Ibid.*, p. 167.
31. David Irving, *Wie krank war Hitler wirklich ?*, Munich, Heyne, 1980, p. 39.
32. Voir François Kersaudy, *Les Secrets du IIIe Reich, op. cit.*, chap. 5, « L'homme à femmes ».
33. David Irving (éd.), *Die geheimen Tagebücher des Dr. Morell*, Munich, Goldmann, 1983, p. 41.
34. Felix Kersten, *The Kersten Memoirs, op. cit.*, p. 170.

Chapitre VIII
Tangages

1. Felix Kersten, *Klerk en Beul, op. cit.*, p. 38-39.
2. NIOD, Map B 3, Kersten tot H.H., *op. cit.*, 21/3/43.

3. Felix Kersten, *Jeg var Himmlers Lege, op. cit.*, p. 110-111.
4. *Ibid.*, p. 111.
5. *Ibid.*
6. Felix Kersten, *Samtal med Himmler, op. cit.*, p. 157-158.
7. *Ibid.*, p. 158.
8. *Ibid.*, p. 159.
9. *Ibid.*
10. Reinhard R. Doerries (éd.), *Hitler's Last Chief of Foreign Intelligence, op. cit.*, p. 101 ; Walter Schellenberg, *Aufzeichnungen, op. cit.*, p. 352-353.
11. Wilhelm Th. Wulff, *Tierkreis und Hakenkreuz*, Gütersloh, Bertelsmann, 1968, p. 117-126.
12. Felix Kersten, *Samtal med Himmler, op. cit.*, p. 57-58.
13. *Der Dienstkalender Heinrich Himmlers 1943-1945*, Munich, Piper Verlag, 2020, p. 128, 260, 274, 390, 430, 461, 511, 513-514, 537, 553.
14. *Ibid.*, p. 162, 246.
15. *Ibid.*, p. 175.
16. Allen W. Dulles, *Germany's Underground*, New York, Little & Ives, 1947, p. 157-160.
17. Walter Schellenberg, *Aufzeichnungen, op. cit.*, p. 360.
18. NIOD, Map F 4, Verslag van gepreek van K.W. Swart met W. Schellenberg in het Duitse Hospitaal te Nurenberg, 18/10/48.
19. Felix Kersten, *The Kersten Memoirs, op. cit.*, p. 188. Selon d'autres versions, il aurait *remis* la valise à un courrier diplomatique finlandais : Felix Kersten, *Jeg var Himmlers Lege, op. cit.*, p. 37 ; *Samtal med Himmler, op. cit.*, p. 48.
20. Felix Kersten, *Jeg var Himmlers Lege, op. cit.*, p. 131.
21. NIOD, Map A, Kersten 29-47, Kersten an Himmler, 25/9/43.

Chapitre IX
Avis de tempête

1. Felix Kersten, *The Kersten Memoirs, op. cit.*, p. 188.
2. *Ibid.*, p. 189.
3. *Ibid.*, p. 191.
4. *Ibid.*, p. 189-190.
5. US NARA, RG 226, Microfilm 1642, Roll 23, Frames 782-800; A. Hewitt, « Contact with Himmler », *in* William Donovan's Memorandum for the President, March 20, 1944, cité dans John H. Waller, *The Devil's Doctor*, New York, John Wiley & Sons, 2002, p. 146-147.
6. Steven Koblik, *The Stones Cry Out*, New York, Holocaust Library, 1988, p. 225-226.
7. PRO, FO 371/29085, Aide-mémoire from the US Dept of State, 22/1/44, cité dans John H. Waller, *The Devil's Doctor, op. cit.*, p. 147.

8. Felix Kersten, *The Kersten Memoirs, op. cit.*, p. 190.
9. *Ibid.*, p. 191.
10. Walter Schellenberg, *The Labyrinth, op. cit.*, p. 370-371 ; *Aufzeichnungen, op. cit.*, p. 380.
11. Felix Kersten, *Klerk en Beul, op. cit.*, p. 116.
12. *Ibid.*, p. 117.
13. Walter Schellenberg, *Aufzeichnungen, op. cit.*, p. 380.
14. Felix Kersten, *The Kersten Memoirs, op. cit.*, p. 192-193.
15. *Ibid.*, p. 193-194.
16. François Kersaudy, *L'Affaire Cicéron*, Paris, Perrin, 2005, p. 48-49.
17. Walter Schellenberg, *Aufzeichnungen, op. cit.*, p. 382.
18. François Kersaudy, *Les Secrets du IIIe Reich, op. cit.*, p. 227-229.
19. Arno Kersten, *SS-ledaren, op. cit.*, p. 235.
20. *Ibid.*
21. *Ibid.*, p. 236.
22. *Ibid.*, p. 237.
23. NIOD, Map H 8, F. Kersten, Zusatz zum Memorandum für Holland von 12/6/45, p. 5.
24. *Enquêtecommissie Regeringsbeleid 1939-1945*, Deel 6C, Verhoren, *op. cit.*, p. 899, Verhoor van Dr Jan Herman van Rojien.
25. Felix Kersten, *The Kersten Memoirs, op. cit.*, p. 265-267 ; Arno Kersten, *Himmlers innersta Hemligheter, op. cit.*, p. 238-240.
26. *Enquêtecommissie Regeringsbeleid 1939-1945*, Deel 6A en B, Verslag, Bijlagen, *op. cit.*, p. 174, Memorandum opgesteld door Jacobus Nieuwenhuis, Stockholm, 7 Maart 1948.
27. NIOD, Map B 6, F. Kersten an SS Obergruppenführer und General der Polizei Rauter, 7/2/44.
28. Felix Kersten, *Klerk en Beul, op. cit.*, p. 148-149.
29. Wilhelm Th. Wulff, *Tierkreis und Hakenkreuz, op. cit.*, p. 161.
30. Reinhard R. Doerries (éd.), *Hitler's Last Chief of Foreign Intelligence, op. cit.*, p. 138.
31. *Ibid.*, p. 159-162.
32. *Ibid.*, p. 162.
33. *Ibid.*, p. 166.
34. François Kersaudy, *L'Affaire Cicéron, op. cit.*, p. 60.
35. Franz von Papen, *Memoirs*, Londres, André Deutsch, 1952, p. 518.
36. Ludwig C. Moyzisch, *Der Fall Cicero*, Sarrebrück, Presse Verlag, 1949, p. 176-177.
37. PRO, KV 6/8, Extract from P.F. 66886, Y box 6174, Molkenteller, Serial 12a. Sent by HQ OOS/SCI, Ist US Army, APO 230 to AC of S., G-2, 13 May 1945, p. 2.
38. Joseph Goebbels, *Journal 1943-1945, op. cit.*, p. 420, 446.

Chapitre X
Le commencement de la fin

1. Joseph Kessel, *Les Mains du miracle, op. cit.*, p. 249-250.
2. Wilhelm Th. Wulff, *Tierkreis und Hakenkreuz, op. cit.*, p. 167.
3. Albert Speer, *Erinnerungen, op. cit.*, p. 343.
4. Fabian von Schlabrendorff, *The Secret War Against Hitler*, Londres, Hodder & Stoughton, 1966, p. 273.
5. Felix Kersten, *Klerk en Beul, op. cit.*, p. 150-151 ; Arno Kersten, *Himmlers innersta hemligheter, op. cit.*, p. 259-260 ; *The Kersten Memoirs, op. cit.*, p. 201-202.
6. Felix Kersten, *Jeg var Himmlers Lege, op. cit.*, p. 167-168.
7. Felix Kersten, *Klerk en Beul, op. cit.*, p. 104-105 (la lettre est reproduite en fac-similé).
8. Felix Kersten, *Samtal med Himmler, op. cit.*, p. 256.
9. *Ibid.*, p. 261-262.
10. *Ibid.*, p. 262.
11. *Enquêtecommissie Regeringsbeleid*, Deel 6 A en B., Verslag, Bijlagen, *op. cit.*, p. 174.
12. Felix Kersten, *Jeg var Himmlers Lege, op. cit.*, p. 191.
13. Felix Kersten, *Klerk en Beul, op. cit.*, p. 155.
14. Sune Persson, *Escape from the Third Reich*, Londres, Frontline Books, 2009, p. 38-40.
15. Felix Kersten. *Klerk en Beul, op. cit.*, p. 193 (l'attestation du ministre y est reproduite en fac-similé).
16. Felix Kersten, *Jeg var Himmlers Lege, op. cit.*, p. 195.
17. Felix Kersten, *Klerk en Beul, op. cit.*, p. 118.
18. Felix Kersten, *The Kersten Memoirs, op. cit.*, p. 204.
19. *Enquêtecommissie Regeringsbeleid*, Deel 6 C, Verhoren, *op. cit.*, p. 141 ; Arno Kersten, *SS-ledaren, op. cit.*, p. 279.
20. *Ibid.*, p. 278.
21. *Ibid.*, p. 280-281.
22. *Ibid.*, p. 325 (la lettre est reproduite).
23. Felix Kersten, *Klerk en Beul, op. cit.*, p. 119-121.

Chapitre XI
La Providence sous les décombres

1. Mathias Uhl (éd.), *Der Dienstkalender Heinrich Himmlers, op. cit.*, p. 991, 993, 995, 1001, 1026, 1030, 1036, 1040, 1053, 1061.
2. *Enquêtecommissie Regeringsbeleid*, Deel 6 B, Bijlagen, *op. cit.*, p. 175.
3. Achim Besgen, *Der stille Befehl, op. cit.*, p. 38.

4. Theodor Steltzer, *Sechzig Jahre Zeitgenosse*, Munich, List Verlag, 1966, p. 171.
5. Felix Kersten, *Jeg var Himmlers Lege, op. cit.*, p. 169-170.
6. Sune Persson, *Escape from the Third Reich, op. cit.*, p. 57-58.
7. *Ibid.*, p. 69.
8. *Enquêtecommissie Regeringsbeleid*, Deel 6 B, Bijlagen, *op. cit.*, p. 174.
9. *Ibid.*
10. *Ibid.*, p. 175.
11. Folke Bernadotte, *Sidste Akt*, Copenhague, Gyldendal, 1945, p. 33.
12. *Ibid.*, p. 38-39.
13. *Enquêtecommissie Regeringsbeleid*, Deel 6 C, Verhoren, *op. cit.*, p. 92.
14. *Ibid.*, p. 453.
15. Arno Kersten, *Himmlers innersta hemligheter, op. cit.*, p. 290.
16. Affidavit du ministre Günther dans *Klerk en Beul, op. cit.*, p. 193-194.
17. Felix Kersten, *The Kersten Memoirs, op. cit.*, p. 275-276.
18. Arno Kersten, *Himmlers innersta hemligheter, op. cit.*, p. 331 (reproduction d'une page du carnet de Kersten).
19. Felix Kersten, *Klerk en Beul, op. cit.*, p. 169.
20. Arno Kersten, *Himmlers innersta hemligheter, op. cit.*, p. 327.
21. *Ibid.*, p. 329-330.
22. Wilhelm T. Wulff, *Tierkreis und Hakenkreuz, op. cit.*, p. 185-186.
23. *Ibid.*, p. 187-189.
24. *Ibid.*, p. 189.
25. *Ibid.*, p. 189-190.
26. *Ibid.*, p. 193-202.
27. Felix Kersten, *The Kersten Memoirs, op. cit.*, p. 277-278.
28. *Ibid.*
29. Sune Persson, *Escape from the Third Reich*, *op. cit.*, p. 264, note 14.

Chapitre XII
Mission à haut risque

1. Felix Kersten, *The Kersten Memoirs, op. cit.*, p. 279-280.
2. *Ibid.*, p. 281.
3. *Ibid.*, p. 278.
4. *Ibid.*, p. 270.
5. *Enquêtecommissie Regeringsbeleid*, Deel 6 C, Verhoren, p. 453-454.
6. *Enquêtecommissie Regeringsbeleid*, Deel 6 B, Verslag, Bijlagen, p. 174.
7. Nazi conspiracy and aggression, Supplement B (Red Series), USGPO, Washington, 1948, p. 1593.
8. NA, WO 309/217, Deposition of R.F.F. Hoess, OC 92, Field Security Section, 14/3/46, p. 6.

9. David A. Hackett (éd.), *Der Buchenwald-Report*, Munich, Westview Press, 1996, p. 360, 363.

10. Heinz Guderian, *Panzer Leader*, Londres, Futura, 1974, p. 421-422.

11. *Ibid.*, p. 421.

12. Bernd Freytag von Loringhoven, *Dans le bunker de Hitler*, Paris, Perrin, 2005, p. 149.

13. Felix Kersten, *Klerk en Beul, op. cit.*, p. 160-161 (la lettre d'Himmler est reproduite).

14. Sune Persson, *Escape from the Third Reich, op. cit.*, p. 108-109.

15. *Ibid.*, p. 109.

16. Arno Kersten, *Himmlers innersta hemligheter, op. cit.*, p. 299-300.

17. Felix Kersten, *Klerk en Beul, op. cit.*, p. 166-168 (la lettre de Kersten est reproduite).

18. Sune Persson, *Escape from the Third Reich, op. cit.*, p. 154.

19. *Ibid.*, p. 155.

20. NIOD, Map H 9, J. Nieuwenhuis: Memorandum over mijn verksamhed tijdens de Oorlogsjahren in de informatiedienst van Dr Kersten, p. 12.

21. *Enquêtecommissie Regjerings Beleid*, Deel 6 C, Verhoren, p. 454, Verhoor van Jacobus Nieuwenhuis, 2/2/49.

22. *1945 års svenska hjälpexpedition till Tyskland. Förspel och Förhandlingar*, Ny serie II:11, Stockholm, 1956, p. 25.

23. Folke Bernadotte, *Sidste Akt, op. cit.*, p. 62.

24. *Ibid.*, p. 61.

25. *Ibid.*, p. 64.

26. Walter Schellenberg, *Aufzeichnungen, op. cit.*, p. 426.

27. *Ibid.*, p. 426-427.

28. Wilhelm T. Wulff, *Tierkreis und Hakenkreuz, op. cit.*, p. 204-205.

29. *Ibid.*, p. 205.

30. Lena Einhorn, *Handelsresande i liv*, Stockholm, Prisma, 1999, p. 398.

31. *Ibid.*, p. 395.

32. *Ibid.*

33. *Ibid.*, p. 138.

34. Norbert Masur, *En Jude Talar med Himmler*, Stockholm, Bonniers, 1945, p. 7.

35. UD 1920 års HP 1051, Masurs rapport til UD, 24/4/45, *in* Lena Einhorn, *Handelsresande i liv, op. cit.*, p. 410.

36. Walter Schellenberg, *Aufzeichnungen, op. cit.*, p. 427-428.

37. Wilhelm T. Wulff, *Tierkreis und Hakenkreuz, op. cit.*, p. 208.

38. Walter Schellenberg, *Aufzeichnungen, op. cit.*, p. 429.

39. Felix Kersten, *Klerk en Beul, op. cit.*, p. 182.

40. Norbert Masur, *En Jude Talar med Himmler, op. cit.*, p. 12.

41. Walter Schellenberg, *Aufzeichnungen, op. cit.*, p. 429.

42. Wilhelm T. Wulff, *Tierkreis und Hakenkreuz, op. cit.*, p. 208-209.

43. Walter Lüdde-Neurath, *Les Derniers Jours du Troisième Reich*, Paris, Berger-Levrault, 1963, p. 24.
44. Albert Speer, *Erinnerungen, op. cit.*, p. 477.
45. *Ibid.*
46. Felix Kersten, *Klerk en Beul, op. cit.*, p. 184.
47. Lena Einhorn, *Handelsresande i liv, op. cit.*, p. 408.
48. Arno Kersten, *SS-ledaren, op. cit.*, p. 304.
49. Walter Schellenberg, *The Labyrinth, op. cit.*, p. 393.
50. *Ibid.*
51. Norbert Masur, *En Jude Talar med Himmler, op. cit.*, p. 17-26.
52. Arno Kersten, *SS-ledaren, op. cit.*, p. 305.
53. *Ibid.*
54. Norbert Masur, *En Jude Talar med Himmler, op. cit.*, p. 25.
55. Lena Einhorn, *Handelsresande i liv, op. cit.*, p. 411.
56. UD 1920 års HP 1051, Masurs rapport til UD, 24/4/45, *in* Lena Einhorn, *Handelsresande i liv, op. cit.*, p. 411 ; Norbert Masur, *En Jude talar med Himmler, op. cit.*, p. 26-30 ; Arno Kersten, *SS-ledaren, op. cit.*, p. 306.
57. Wilhelm T. Wulff, *Tierkreis und Hakenkreuz, op. cit.*, p. 211-212.
58. Arno Kersten, *SS-ledaren, op. cit.*, p. 306 ; Felix Kersten, *Klerk en Beul, op. cit.*, p. 188 ; Lena Einhorn, *Handelsresande i liv, op. cit.*, p. 412-413.
59. Felix Kersten, *Klerk en Beul, op. cit.*, p. 188.
60. *Ibid.*, p. 189.

Chapitre XIII
Le crépuscule des dieux

1. Folke Bernadotte, *Sidste Akt, op. cit.*, p. 70.
2. *Ibid.*, p. 71.
3. NA, KV 2/98, Fritz Göring report to MI5, *in* Sarah Helm, *Si c'est une femme*, Paris, Calmann-Lévy, 2016, p. 981.
4. *Ibid.*, p. 982.
5. Sune Persson, *Escape from the Third Reich, op. cit.*, p. 216-217.
6. *Ibid.*, p. 213.
7. Felix Kersten, *Totenkopf und Treue, op. cit.*, p. 386.
8. *Ibid.*, p. 387.
9. Karl Koller, *Der letzte Monat*, Mannheim, Norbert Wohlgemuth Verlag, 1949, p. 31.
10. Kazimierz Moczarski, *Entretiens avec le bourreau*, Paris, Gallimard, 1979, p. 313.
11. IMT, Nuremberg trial proceedings vol. XIV, Testimony of Baldur von Schirach, 24 may 1946, p. 439.

12. Walter Schellenberg, *Aufzeichnungen, op. cit.*, p. 433-434.
13. Folke Bernadotte, *Sidste Akt, op. cit.*, p. 74.
14. *Ibid.*, p. 76-77.
15. Walter Schellenberg, *Aufzeichnungen, op. cit.*, p. 435.
16. Folke Bernadotte, *Sidste Akt, op. cit.*, p. 78.
17. FO 954/23, Eden to Churchill, April 1, 1945, Churchill's Comment April 5, *in* Steven Koblik, «No truck with Himmler», *Scandia*, vol. 51, 1985, p. 185.
18. Dwight D. Eisenhower, *Crusade in Europe*, Londres, Heinemann, 1948, p. 462.
19. Harry Truman, *Year of Decisions*, New York, Doubleday, 1955, p. 89-93.
20. Folke Bernadotte, *Sidste Akt, op. cit.*, p. 80-81.
21. Walter Schellenberg, *Aufzeichnungen, op. cit.*, p. 437.
22. Wilhelm Wulff, *Tierkreis und Hakenkreuz, op. cit.*, p. 217.
23. *Ibid.*, p. 218-219.
24. *Ibid.*, p. 223-224.
25. *Ibid.*, p. 225.
26. Walter Schellenberg, *Aufzeichnungen, op. cit.*, p. 437-438.
27. François Kersaudy, *Hermann Goering, op. cit.*, p. 606-621.
28. Albert Speer, *Erinnerungen*, *op. cit.*, p. 489.
29. BACM Research – Paperless archives.com, Hanna Reitsch interrogation, 8 october 1945, p. 8.
30. *Ibid.*, p. 10.
31. *Ibid.*, p. 11.
32. Hugh R. Trevor-Roper, *The Last Days of Hitler*, Londres, Macmillan, 1947, p. 194-195.
33. Walter Warlimont, *Inside Hitler's Headquarters*, Londres, Weidenfeld, 1964, p. 516.
34. Ian Kershaw, *Hitler*, Londres, Penguin, 2000, vol. II, p. 826.
35. Karl Dönitz, *10 Jahre und 20 Tage*, Francfort, Athenäum, 1963, p. 346.
36. *Ibid.*, p. 347-348.
37. *Ibid.*
38. Walter Schellenberg, *Aufzeichnungen, op. cit.*, p. 440.
39. Léon Degrelle, *Hitler pour mille ans*, Paris, La Table ronde, 1969, p. 185.
40. Walter Lüdde-Neurath, *Les Derniers Jours du Troisième Reich, op. cit.*, p. 148-149.
41. Walter Schellenberg, *Aufzeichnungen, op. cit.*, p. 446.
42. Arno Kersten, *SS-ledaren, op. cit.*, p. 308-309.

Chapitre XIV
Gratitude différée

1. Arno Kersten, *SS-ledaren, op. cit.*, p. 309-310.
2. *Ibid.*, p. 310.
3. *Ibid.*, p. 311.
4. *Ibid.*
5. Sune Persson, *Vi åker til Sverige,* Rimbo, Fischer & Co, 2003, p. 441.
6. NIOD, Map D 4, *Aufzeichnungen*, 6/7/46, p. 5.
7. Sune Persson, *Vi åker til Sverige, op. cit.*, p. 141.
8. *Ibid.*, p. 499.
9. Gerald Fleming, « Die Herkunft des "Bernadotte-Briefs" an Himmler vom 10 März 1945 », *in* Walter Schellenberg, *Aufzeichnungen, op. cit.*, p. 484.
10. Louis de Jong, « Hat Felix Kersten das Niederländische Volk gerettet ? », in *Schriftenreihe der Vierteljahrshefte für Zeitgeschichte*, Nr. 28, Stuttgart, DVA, 1974, p. 139
11. *Ibid.*, et avec quelques différences : NIOD, Map E 41, Verklaring van Nagell 29/8/48 ; ainsi que Hugh Trevor-Roper, introduction à *The Kersten Memoirs, op. cit.*, p. 18.
12. *Trots Allt*, 2-8/2/1945.
13. *Enquêtecommissie Regeringsbeleid*, Deel 6 B, *op. cit.*, p. 181 ; NIOD, Map E 41, Von Hentig aan de redacteur van de *Volkskrant*, 30/8/48 ; *ibid.*, Map H 8, Posthumus aan Östen Undén, 24/11/50, p. 2.
14. Lena Einhorn, *Handelsresande i liv, op. cit.*, p. 447.
15. FO 371/48026, Mallet to FO, 25/2/45, cité dans Steven Koblik, « No truck with Himmler », *op. cit.*, p. 175.
16. *Enquêtecommissie Regeringsbeleid*, Deel 6 B, Bijlagen, *op. cit.*, p. 180, note 6, Schrijven van Van der Vulgt aan de minister van Buitenlandse Zaken van 18/10/48.
17. UD 1920 års HP 1692, Brev från Günther till Engzell, 4/11/48, *in* Lena Einhorn, *Handelsresande i liv, op. cit.*, p. 448.
18. *Enquêtecommissie Regeringsbeleid*, Deel 6 B, *op. cit.*, p. 177, Brief van F. Th. Dijkmeester aan de hoofden van de bureaux inlichtingen.
19. NIOD, Map I 17, Van Nagell aan Amici, 19/4/46.
20. *Ibid.*, Map I 18, Secretaris van prinses Juliana, 11/2/46.
21. *Ibid.*, Map F 1, p. 29, Gesprek Prof. Posthumus med Med. F. Kersten, *op. cit.*
22. *Ibid.*, Map H 7, Kersten aan de Beaufort, 30/1/46.
23. Louis de Jong, « Hat Felix Kersten das Niederländische Volk gerettet ? », *op. cit.*, p. 79-141.
24. *Ibid.*, Map E 51, Déposition de F. Kersten au TMI IV, cas 11, Gottlob Berger, 18 oct. 48.
25. Ralph Hewins, *Count Folke Bernadotte*, Londres, Hutchinson, 1948, p. 122, 190.

26. NIOD, F 3 - F 4, Verslag van gesprek [...] met W. Schellenberg in het Duitse Hospitaal te Nuremberg 18 oct. 1948, p. 2.
27. NIOD, Map F 7, Harster over Kersten, 2/5/48, p. 38.
28. Felix Kersten, *Klerk en Beul, op. cit.*, p. 190.
29. NIOD, Map E 48, Rose Raake, verslag over Heer X, 5/10/48.
30. *Enquêtecommissie Regeringsbeleid*, Deel 6 B, *op. cit.*, p. 171, Nota van 2 sept. 48 van Prof. N.W. Posthumus over de Heer E. A. F. Kersten. Copie dans NIOD, Map G 2, 2 sept. 48.
31. *Enquêtecommissie Regeringsbeleid*, Deel 6 C, *op. cit.*, p. 91 ; Verhoor van Mr. J.E.H. Baron van Nagell, 28/7/48.
32. *Ibid.*, p. 139-140, Verhoor van Medizinalrat E. A. F. Kersten, 15/9/48.
33. *Ibid.*, p. 143.
34. *Ibid.*, p. 559-560, Verhoor van Mr. W. C. Graaf van Rechteren Limpurg, 19/8/48.
35. *Enquêtecommissie Regeringsbeleid*, Deel 6 B, *op. cit.*, p. 181-184, Bijlage 63, Zakelijke inhoud van het op 12 januari 1950 aan de Minister van Buitenlandse Zaken uitgebrachte rapport van de Commissie [...] over de Heer E.A. Kersten.
36. *Ibid.*, p. 183-184.
37. *Ibid.*, p. 184.

Chapitre XV
Départ anticipé

1. NIOD, Map H 8, Prof. Posthumus aan Östen Undén, 24/11/50.
2. Reinhard R. Doerries, *Hitler's Last Chief of Foreign Intelligence, op. cit.*, p. 53.
3. *Enquêtecommissie Regeringsbeleid*, Deel 6A, Verslag, *op. cit.*, p. 333-336, 344-347.
4. Östen Undéns Dagbok, 6/10/52, cité dans Sune Persson, *Vi åker til Sverige, op. cit.*, p. 507.
5. *Ibid.*, p. 506-507.
6. Lettre citée intégralement dans la postface de Gerald Fleming, « Die Herkunft des "Bernadotte-Briefs" an Himmler vom 10. März 1945 », *op. cit.*, p. 465.
7. Lena Einhorn, *Handelsresande i liv, op. cit.*, p. 450.
8. Gerald Fleming, « Die Herkunft des "Bernadotte-Briefs" an Himmler vom 10. März 1945 », *op. cit.*, p. 487.
9. *Bihang til Riksdagens Protokoll år 1953*, Stockholm, 1954, p. 17, *in* Walter Schellenberg, *Aufzeichnungen, op. cit.*, p. 486.
10. Riksdagsdebatterna, Andra Kammaren 1953 : 27, 29/4/53 (Decharge-debatten), p. 5-25, *in* Sune Persson, *Vi åker til Sverige, op. cit.*, p. 508 ;

également Gerald Fleming, « Die Herkunft des "Bernadotte-Briefs" an Himmler vom 10. März 1945 », *op. cit.*, p. 486.

11. Postface d'Arno Kersten *in* Felix Kersten, *Samtal med Himmler, op. cit.*, p. XXVII.

12. NIOD, Map H 7, Kersten aan M. de Beaufort, 30/1/46.

13. *Ibid.*, Map D 5, « Die fünfte Kolonnen », 20/9/48.

14. *Ibid.*, Map F 1, p. 19.

15. *Ibid.*, p. 20.

16. Felix Kersten, *Totenkopf und Treue, op. cit.*, p. 395.

17. Postface d'Arno Kersten *in* Felix Kersten, *Samtal med Himmler, op. cit.*, p. XXVII.

18. Wilhelm Th. Wulff, *Tierkreis und Hakenkreuz, op. cit.*, p. 119.

19. Postface d'Arno Kersten *in* Felix Kersten, *Samtal med Himmler, op. cit.*, p. XXVII.

20. Lena Einhorn, *Handelsresande i liv, op. cit.*, p. 455.

Table des matières

Introduction 7

Dramatis personae 11

Chapitre I : Entrée en scène 13

Chapitre II : L'engrenage 33

Chapitre III : Le réseau Felix 53

Chapitre IV : La conquête de l'Est 75

Chapitre V : L'indicible 95

Chapitre VI : Ligne de crête 115

Chapitre VII : L'ombre d'un doute 133

Chapitre VIII : Tangages 155

Chapitre IX : Avis de tempête 177

Chapitre X : Le commencement de la fin 205

Chapitre XI : La Providence sous les décombres 231

Chapitre XII : Mission à haut risque 261

Chapitre XIII : Le crépuscule des dieux 301

Chapitre XIV : Gratitude différée 327

Chapitre XV : Départ anticipé 351

Sigles, acronymes et titres étrangers 361

Sources 364

Notes 365

Composition réalisée par Belle Page

PAPIER À BASE DE FIBRES CERTIFIÉES

Fayard s'engage pour l'environnement en réduisant l'empreinte carbone de ses livres. Celle de cet exemplaire est de :
1,900 kg éq. CO_2
Rendez-vous sur www.fayard-durable.fr

Achevé d'imprimer en Italie par Grafica Veneta, Via Malcanton 2, 35010 Trebaseleghe
pour les éditions Fayard, 13 rue de Montparnasse, 75006 Paris

11-6901-7/01